Regulierung als Erscheinungsform der Gewährleistungsverwaltung

Regensburger Beiträge zum Staats- und Verwaltungsrecht

Herausgegeben von Gerrit Manssen

Band 21

PL ACADEMIC RESEARCH

Inkook Kay

Regulierung als Erscheinungsform der Gewährleistungsverwaltung

Eine rechtsdogmatische Untersuchung zur Einordnung der Regulierung in das Staats- und Verwaltungsrecht

PL ACADEMIC RESEARCH

Bibliografische Information der Deutschen Nationalbibliothek
Die Deutsche Nationalbibliothek verzeichnet diese Publikation in der Deutschen Nationalbibliografie; detaillierte bibliografische Daten sind im Internet über http://dnb.d-nb.de abrufbar.

Zugl.: Regensburg, Univ., Diss., 2012

D 355
ISSN 1860-319X
ISBN 978-3-631-62737-2

PL Academic Research ist ein Imprint der Peter Lang GmbH

www.peterlang.de

Vorwort

Die vorliegende Arbeit wurde im Wintersemester 2012/13 von der Fakultät für Rechtswissenschaft der Universität Regensburg als Dissertation angenommen.

Mein herzlicher Dank gilt zunächst meinem sehr verehrten Doktorvater Herrn Prof. Dr. Gerrit Manssen für die Betreuung der Dissertation. Er hat mich in das Regulierungsrecht eingeführt, von Beginn an stets mit wertvollen Anregungen begleitet und gleichzeitig mir wissenschaftliche Freiheit gewährt. Auch danke ich ihm für die Aufnahme der Arbeit in die Schriftenreihe „Regensburger Beiträge zum Staats- und Verwaltungsrecht“. Herrn Prof. Dr. Udo Steiner danke ich nicht nur für die schnelle Erstellung des Zweitgutachtens, sondern auch für die wertvollen Anregungen.

Ferner danke ich Herrn Prof. Dr. Jürgen Kühling für die konstruktive Beratung und die Anregung. Dank gilt auch den Kolleginnen und Kollegen am Lehrstuhl, Frau Tina Voigt, Frau Veronika Boehlke, Frau Jeanine Greim, Frau Stefanie Sarcher, Herr Marcello Bemmerl und Herr Fabian Michl, die allesamt durch fachliche und sprachliche Anmerkungen zum Gelingen der Arbeit beigetragen haben. Ich danke vielmals Frau Karola Maria Berger LL.M für stete Gesprächsbereitschaft, sorgfältige Korrektur des Manuskripts und freundschaftlichen Anregungen bei der Erstellung der Dissertation.

Alle Personen, die die Arbeit gefördert haben, darf ich vielmals Dank aussprechen. Nicht zuletzt gilt mein ganz besonderer Dank meinen lieben Eltern, die mich während der Promotion in vielfältiger Weise unterstützt haben. Ihnen ist diese Arbeit in herzlicher Dankbarkeit gewidmet.

Soli Deo gloria

Regensburg/Seoul, im Januar 2013 Inkook Kay

Inhaltsverzeichnis

Kapitel 1: Einleitung

A. Problemstellung und Ziel der Untersuchung

Die vorliegende Arbeit will die Regulierung in der Gewährleistungsverwaltung und ihr typisches Instrumentarium beleuchten, um die Regulierung als eine Erscheinungsform der Gewährleistungsverwaltung zu bestätigen. Allerdings ist zunächst notwendig zu ermitteln, was eigentlich „Regulierung" ist und was der Begriff der „Gewährleistungsverwaltung" beinhaltet.

Kaum ein Rechtsbegriff kann lückenlos definiert werden. Aufgrund der wesentlichen Natur der Sprache ist die semantische Unbestimmtheit von Rechtsbegriffen unvermeidlich und infolgedessen eine Auslegung notwendig.[1] Mit den „klassischen" Auslegungsmethoden[2] kann die Regulierung zunächst durch die grammatische Auslegung, bzw. durch die Ermittlung des allgemein-sprachlichen Gebrauchs und der speziellen Fachsprache erklärt werden. Danach wird die Regulierung durch die historische Auslegung analysiert, bei der von der ursprünglichen Form der Regulierung („regulation") ausgegangen wird. Die Spielräume der Auslegung eines Rechtsbegriffs beschränken sich aber nicht auf den allgemeinen Sprachgebrauch oder auf die ursprünglichen Formen, sondern erstrecken sich im Kontext auf die pragmatischen Perspektiven. Es ist nötig, den allgemeinen Sprachgebrauch zu modifizieren, wenn er selbst zur Begriffsklärung nicht beiträgt. Um die Anpassungsfähigkeit des Rechtsbegriffs zu erhöhen, ist es selbstverständlich, dass die Auslegung des Rechtsbegriffs oft auf die Hilfe der interdisziplinären Diskussion angewiesen ist. Zugleich muss man aber beachten, dass die aus der nachbarwissenschaftlichen Analyse ergebende Auslegung der Gefahr innewohnt, die eigene Logik der Rechtsdogmatik zu verzerren.

Seit einiger Zeit wird bereits darüber diskutiert, was Regulierung ist. Eine Einigung ist bisher nicht erreicht worden. In der Literatur finden wir Versuche über die Begriffsbestimmung der Regulierung mit Hilfe von Adjektiven. Der Begriff der Regulierung im deutschen Verwaltungsrecht sei „schillernd", „ganz

1 Vgl. *K. Seelmann*, Rechtsphilosophie, § 4, Rn. 13.
2 Dazu näher, *Röhl/Röhl*, Allgemeine Rechtslehre, § 78.

neu“, „konturlos“ oder „fremd“.[3] Im allgemeinen Sprachgebrauch wird er in vielfältiger Weise verwendet. Die ursprünglichen Rechtsinstitute der Regulierung bzw. „regulation“ sind im deutschen Recht systematisch fremd. Trotz aller Nutzbarkeit bietet uns die interdisziplinäre Diskussion die dispersen Bezugspunkte der Regulierung je nach der Logik der Teilsysteme an. Die Schwierigkeit der Begriffsbestimmung der Regulierung beruht darauf, dass der Umriss der Regulierung durch die jeweiligen Auslegungsmaßstäbe des Begriffs ganz unterschiedlich beschrieben werden kann. Das heißt, dass eine Frage unter dem gleichen Wortlaut „Regulierung“ völlig unterschiedliche Antworten beinhalten kann, wenn die Begriffe der Regulierung den unterschiedlichen Bezugspunkten der Auslegung zugrunde gelegt werden. Stellt sich die Regulierung als Schrankensetzung oder Ausgestaltung dar? Wie können die Regulierung und die Deregulierung jeweils das Gemeinwohl sichern? Bedeutet die Deregulierung oder Privatisierung einen „schlanken Staat“ oder einen völligen „Rückzug des Staates“? Steht die Regulierung dem Liberalismus gegenüber? Ist die heutige Regulierung eine (quantitative) Re-Regulierung? Je nach Standpunkt kann die Regulierung alle staatlichen Interventionen, einschließlich aller Rechtsordnungen, umfassen. Entgegengesetzt könnte die Verwendung des Begriffs der Regulierung nur auf bestimmte Wirtschaftssektoren begrenzt werden.

Die unterschiedlichen Antworten auf diese Fragen beruhen auf den weit auseinandergehenden Bezugspunkten. Es geht darum, dass das sehr pluralistische Verständnis der Regulierung sowohl auf dem quantitativen, sektoralen oder gegenständlichen Unterschied als auch auf dem Unterschied der weiteren Bedeutungsschichten basiert, wie z. B. die unterschiedliche Systematik des Verwaltungsrechts, die Norm- sowie die Sachbezogenheit, die Teilrechtsordnungen zwischen öffentlichem und privatem Recht usw. Da sich die vielfältigen Bedeutungsschichten eng aufeinander beziehen, ist eine trennscharfe Unterscheidung nicht einfach. Aber der bisherige Versuch zur Begriffsbestimmung der Regulierung hat zumindest die Unterscheidung häufig übersehen und die verschiedenen Bedeutungsschichten miteinander vermengt. Ein treffendes Beispiel ist die Debatte um die „Deregulierung“.[4] Ohne diese Differenzierung bleibt der Begriff der Regulierung immer noch „schillernd“, „fremd“ und „konturlos“. Soweit die unterschiedlichen Bedeutungsschichten der Regulierung beachtet werden, wird

---

3 Statt vieler, *M. Ruffert*, Regulierung im System des Verwaltungsrechts - Grundstrukturen des Privatisierungsfolgenrechts der Post und Telekommunikation, AöR 124 (1999), S. 237 (241).

4 Siehe unten, 3. Kap. C III.

vorausgesetzt, dass die Regulierung keineswegs mit dem gesamten Staatshandeln oder dem Recht gleichgesetzt wird.

Aufgrund der Tendenz der Privatisierung in den Netzindustrien wird die Netzregulierung häufig als Privatisierungsfolgenrecht dargestellt. Beim Leitbild im sog. (Netz-) Regulierungsrecht, wie TKG oder EnWG, geht es auch um die wirtschaftliche Ausübung öffentlicher Verwaltung. Unter diesem Blickwinkel unterscheidet sich die Regulierung im engeren und weiteren Sinne.[5] Im Zusammenhang mit dem kodifizierten Regulierungsinstitut in der sektorspezifischen Netzwirtschaft trägt diese Kategorisierung zur Darlegung konkreter Funktionsweisen der Regulierung in den jeweiligen Sektoren bei. Aber sie allein kann nicht die unterschiedlichen Bedeutungsvarianten der Regulierung untereinander abgrenzen und bietet uns weder eine definitorische Präzisierung noch eine systematische Kontur an. Zum einen liegt die Grundidee der Regulierung nicht in der Privatisierung, sondern in der Verantwortungsteilung von Staat und Gesellschaft. Zum anderen kann die Netzregulierung durch die tradierte Aufteilung der wirtschaftlichen Ausübung öffentlicher Verwaltung nicht richtig eingeordnet werden, sondern überschneidet sich häufig oder erscheint als „neue" Form. Dann könnte die Regulierung im engeren Sinne nur als eine „neue" Form der Ausübung öffentlicher Verwaltung in den Netzwirtschaften definiert werden. Die Begriffsbestimmung der Regulierung als „etwas Neues" kann nur eine vorläufige Definition sein, aber keinen endgültig geltenden Rechtsbegriff bilden.

Ausgehend von der ursprünglichen Form der Regulierung - „economic regulation", wird die Einführung der Regulierung mit der Entwicklung der Verwaltungsrechtswissenschaft verknüpft. Der Versuch, den Begriff der Regulierung zu bestimmen, soll sich nicht auf die Darlegung der Rechtsinstitute im geltenden Recht begrenzen. Der Begriff der Regulierung wird nicht nur durch einige Institute, Verfahren oder Gegenstände, sondern auch durch die normative Ordnung des Verwaltungshandelns erklärt und eingeordnet.[6] Es geht darum, worauf „etwas Neues" in der Regulierung beruht, wo und wie das von dem tradierten Verwaltungshandeln unterschieden werden kann. Dann spielt die bereits erklärte Funktionsweise der sektorspezifischen Netzregulierung als induktive Begründung eine Rolle.

---

5 Statt vieler, *J. Kühling*, Sektorspezifische Regulierung in den Netzwirtschaften, S. 14 f.

6 Grundlegend, *E. Schmidt-Aßmann*, Zur Funktion des allgemeinen Verwaltungsrechts, Die Verwaltung 27 (1994), S. 137 (138).

Die vorliegende Arbeit widmet sich keiner festen, einseitigen, ausschließlichen Begriffsbestimmung der Regulierung. Vielmehr werden die verschiedenen Konzepte der Regulierung in der konsistenten Einordnung der Bedeutungsschichten erfasst. Im weiteren Verlauf der Einleitung wird zunächst die normative Perspektive der Regulierung als Ansatzpunkt zur Debatte eingenommen.

Die Hauptteile der vorliegenden Arbeit bilden die folgenden Abschnitte. Im zweiten Kapitel wird der Wandel der staatlichen Aufgabenwahrnehmung herausgearbeitet. Durch die Analyse des Gemeinwohlbegriffs steht die arbeitsteilige Gemeinwohlverwirklichung von Staat und Gesellschaft im Zentrum der Diskussion. Mit Hilfe der Aufgaben- und Verwaltungsverantwortungslehre wird der Wandel der vorkommenden Wahrnehmungsmodi der Staatsaufgabe erklärt. Diese Forschung bietet uns die theoretische Vorstellung der modernen Verwaltung an: die Gewährleistungsverantwortung des Staates. Der Staat übernimmt nicht mehr den Auftrag der eigenhändigen, unmittelbaren Aufgabenerfüllung, sondern eine Verantwortung dafür, die Gemeinwohlverwirklichung im gesellschaftlichen Rahmen zu gewährleisten. Das Modell der Verwaltungsverantwortung trägt dazu bei, die Umwandlung der Wahrnehmungsmodi der Staatsaufgabe und die arbeitsteilige Gemeinwohlverwirklichung zu erklären.

Im dritten Kapitel wird die US-amerikanische „economic regulation“ zuerst analysiert. Aus der geschichtlichen Besonderheit und der rechtssystematischen Fremdheit ergibt sich der Unterschied zwischen der Regulierung im deutschen Verwaltungsrecht und der „economic regulation“. Anders als die „regulation“ im US-amerikanischen „administraion law“ bedarf die dogmatische Systematisierung der deutschen Verwaltungsrechtswissenschaft der Bedeutungsschichtung des Regulierungsbegriffs. Das heißt, dass die umfassende Intervention des Staates von der Erscheinungsform der Verwaltung unterschieden werden muss. Die Schichtung der Regulierungsbedeutungen entspricht der rechtsdogmatischen Methode und fungiert als Voraussetzung, die Regulierung unter der Entwicklung der Verfassungs- und Verwaltungsrechtswissenschaft richtig zu erfassen.

Vor allem konzentriert sich die Rezeption der gesellschaftlichen Fragen im Rechtsstaatsprinzip. Die Tendenz der „Liberalisierung“, „Deregulierung“ und „Privatisierung“ beruht auf der „Krise des regulativen Rechts“. Diese Umwandlungen werden zwar als die quantitativen Beschränkungen betrachtet, führten aber vielmehr zur qualitativen Entwicklung des Staatsbildes. Die quantitative und qualitative Umwandlung soll in dieser Arbeit, trotz ihres engen Zusammenhangs, getrennt werden. Der qualitative Wandel des Rechtsstaats hat das neue

Staatsbild des „Gewährleistungsstaates“ zur Folge, das als „Chiffre für die gewandelte Rolle des Staates“[7] dargestellt wird. Um die Handlungsweise der Verwaltung im Gewährleistungsstaat richtig zu erfassen und zu begründen, wird die Notwendigkeit und dogmatische Erklärung der Gewährleistungsverwaltung im Folgenden hineingestellt. Soweit das Verwaltungshandeln der Vorstellung des Gewährleistungsstaates Rechnung trägt, bedarf es der Aktionsformel, die durch die Reaktion im betroffenen gesellschaftlichen Bereich zur Gemeinwohlverwirklichung führt.[8] Die Regulierung lässt sich hier erst als treffende Erscheinungsform der Gewährleistungsverwaltung erfassen. Statt einer festen Begriffsbestimmung werden hier einige Thesen der Regulierung aufgeführt, die die veränderten Anforderungen an die staatliche Aufgabenerfüllung und die dialektische Entwicklung zur Gewährleistungsverwaltung widerspiegeln. Nach der Erklärung der These und der Skala der Regulierung wird die Debatte zur (wirtschaftlichen) Netzregulierung verengt. Die verfassungsrechtlichen Grundlagen der (Netz-) Regulierung - das soziale Rechtsstaatsprinzip, die Gewährleistungsklausel in Art. 87e Abs. 4 und Art. 87f Abs. 1 GG und die wirtschaftsrelevanten Grundrechte - werden ermittelt.

Wird die Regulierung als eine typische Erscheinungsform der Gewährleistungsverwaltung dargestellt, können die weitgehenden Anwendungsbereiche der Regulierung genannt werden. Im vierten Kapitel wird die wirtschaftliche Netzregulierung als ausgewähltes Thema herausgearbeitet. Bei den Regulierungsinstrumenten in den sektorspezifischen Netzwirtschaften geht es darum, wie die tradierten Instrumente der Wirtschaftsverwaltung in der Regulierung verwendet und verändert werden. Zunächst wird das Verhältnis von der Zielsetzung und den Instrumenten der Regulierung untersucht. Anschließend wird die wirtschaftliche Ausübung öffentlicher Verwaltung im Gewährleistungsstaat konkretisiert. Dies geht über den liberalen Staat oder das wohlfahrtsstaatliche Denken hinaus. Im Zentrum der Debatte spielt der Begriff des Gemeinwohls eine Rolle. In Hinblick auf das Konzept der Regulierung werden die Aufteilung der tradierten Wirtschaftsverwaltungsformen und ihre jeweiligen typischen Instrumente mit der Regulierung und ihren Instrumenten verglichen. Vor allem wird das Verhältnis zwischen der Regulierung und der Kartellaufsicht herausgearbeitet.

---

7 *M. Eifert*, Grundversorgung mit Telekommunikationsleistungen im Gewährleistungsstaat, S. 18.

8 Vgl. *W. Hoffmann-Riem*, Rechtsformen, Handlungsformen, Bewirkungsformen, in: *ders./Schmidt-Aßmann/Voßkuhle* (Hrsg.), GVwR II., § 33, Rn. 25.

Da die Gemeinwohlverwirklichung im Gewährleistungsstaat nicht einseitig, hierarchisch und ausschließlich ist, sondern kooperativ, heterarchisch und arbeitsteilig geprägt, wird vorausgesetzt, dass die gesellschaftlichen Angelegenheiten vorrangig im gesellschaftlichen Feld erledigt werden. Das Verwaltungshandeln in der Gewährleistungsverwaltung soll dieser kooperativen oder arbeitsteiligen Gemeinwohlverwirklichung und dem Ausgleich kollidierender Privatinteressen Rechnung tragen. So liegt es folglich häufig an der Verzahnung zwischen öffentlichem und privatem Recht. In der Vorstellung der Gewährleistungsverwaltung entstehen die vielfältigen Verflechtungen beider Teilrechtsordnungen und ihren jeweiligen Instrumenten.[9] Regulierung als eine typische Erscheinungsform der Gewährleistungsverwaltung führt sowohl zur Veränderung der tradierten Formen des Verwaltungshandelns als auch zur gegenseitigen Verschränkung der Teilrechtsordnungen, wie bei dem privatrechtsgestaltenden Verwaltungsakt.[10] Darüber hinaus wird hier nicht nur diese „Querschnittsaufgabe der Regulierung“[11], sondern es werden auch die Regulierungsinstrumente im mehrpoligen Rechtsverhältnis ermittelt.

Um die Regulierung rechtlich zu erfassen, sollen sowohl die Spezifik des Instrumentariums der Netzregulierung als auch die Entwicklungstendenz des modernen Staates und gegenwärtige Verwaltungsverständnisse in ihrer definitorischen Kontur sichtbar werden. Bemerkenswert ist, dass die Entwicklung oder Reform des Verwaltungsrechts nicht zum Abbruch der tradierten Rechtsdogmatik führen soll. Die vorliegende Arbeit ist also ein Versuch zur dogmatischen Erklärung der Regulierung.

---

9 Vgl. *H.-H. Trute*, Verzahnungen von öffentlichem und privatem Recht, in: *Schmidt-Aßmann/Hoffmann-Riem* (Hrsg.), Öffentliches Recht und Privatrecht als wechselseitige Auffangordnungen, S. 167 (197).

10 Dazu näher, *G. Manssen*, Privatrechtsgestaltung durch Hoheitsakt, passim; *W. Hoffmann-Riem*, Reform des Allgemeinen Verwaltungsrechts: Vorüberlegungen, DVBl. 1994, S. 1381 (1386 f.).

11 Siehe unten, 4. Kap. D. I. 1. (4).

B. Grundriss der Regulierung

I. Hintergrund der Regulierung

1. Der allgemeine Sprachgebrauch

Der allgemeine Gebrauch des Begriffs der Regulierung in der Alltagssprache hat grundsätzlich drei Hauptpunkte: „Regelung; Herstellung des gleichmäßigen, richtigen Gangs einer Maschine und die Begradigung eines Flusslaufes".[12] In der Tat wird der Wortlaut der „Regulierung" oder „regulieren" im allgemeinen Sprachgebrauch nicht nur auf diese Punkte beschränkt, sondern im sehr weitgehenden Sinne verwendet. Vor allem kann der Wortlaut eine Ordnungslogik in den jeweiligen sozialen Systemen darstellen. Zunächst setzt der Begriff der Regulierung einen Akt, aber kein spontanes Ereignis voraus. Das Subjekt dieses Aktes vollzieht die Steuerung, die Kontrolle, die Planung und die Bewirtschaftung. Dem Subjekt steht eine Befugnis zu. Diese Befugnis kann den ausschließlichen und konkurrierenden, ordnenden und autonomen Begründungen zugrunde liegen. Und Regulierung richtet sich im Allgemein auf ein bestimmtes Ziel.

Diese Vorstellung entspricht der lateinischen Wortherkunft: „Die eingreifende, planmäßige Herstellung eines gewünschten Ergebnisses in den verschiedenen Sachgebieten."[13] Diese Wortherkunft weist darauf hin, dass die Regulierung ein Inbegriff der intervenierenden Tätigkeiten für bestimmte Ziele ist. Sowohl nach der antiken und modernen Staatsphilosophie als auch nach der Grundidee des *Sozialvertrags* kann der Staat als Subjekt der Regulierung betrachtet werden. Regulierung ist einerseits als spezifisch und sachbezogen zu kennzeichnen, weil die Regulierung die Verschiedenheit der gewünschten Ziele in den unterschiedlichen Sachgebieten voraussetzt. Anderseits aber bedeutet die Regulierung die Verallgemeinerung dieser Ziele. Diese verschiedenen Aspekte der Regulierung im allgemeinen Sprachgebrauch und der Wortherkunft zeigen das Bedürfnis der Systematisierung in der Rechtswissenschaft und zugleich die Schwierigkeiten der Begriffserklärung.

---

12 Zum Stichwort „Regulierung" in: Duden-Fremdwörterbuch.

13 Vgl. *H. Wießmann*, in: *Heun/Wieland* (Hrsg.), Evangelisches Staatslexikon, Bd. III., zum Stichwort „Regulierung", S. 1978 ff.

2. Die gemeinsamen Ansätze des tradierten Regulierungsbegriffs

In der vorkonstitutionellen Zeit stand die Regulierung als Synonym für die bloße Regelung.[14] Die Regulierung als „formfreie Regelung" wurde jedoch durch das Rechtsstaatsprinzip und die „juristische Methode" überwunden. Bei der tradierten deutschen Rechtswissenschaft ging es deshalb nicht darum, was die Regulierung ist, sondern um den Vergleich mit dem US-amerikanischen „economic regulation", dem ökonomischen Sprachgebrauch und der wissenschaftlichen Theorie. Die „economic regulation" in den USA entwickelte sich mit der Besonderheit der amerikanischen Geschichte und ihrer „common law" Tradition und wurde selbst schließlich zum Verwaltungsrecht geprägt.[15] Sie hatte die Ansätze für die staatliche Intervention in den Wirtschaftssektoren geliefert. Diese Ansätze wurden besonders im Zusammenhang mit dem ökonomischen Sprachgebrauch behandelt. Seit (oder schon vor) der Herstellung des Prinzips „Laissez-Faire" von *Adam Smith* sind die staatlichen Interventionen umstritten. Die Frage, ob und wie der Staat eine Rolle der Wirtschaftslenkung in den verschiedenen Situationen wahrnehmen soll, ist nach wie vor offen geblieben. Ferner wird die „economic regulation" als das ganze (Wirtschafts-) Verwaltungsrecht an sich angesehen. Die in den USA entwickelten wirtschaftlichen Theorien setzen voraus, dass das (Wirtschafts-) Verwaltungsrecht mit der„economic regulation" fast gleichzusetzen ist. Darauf haben die (rechts-) soziologischen und politischen Theorien ebenfalls Einfluss genommen. Die Analyse über das Verhältnis von Staat und Gesellschaft und die Steuerungsfähigkeit des Rechts mit der soziologischen, politischen Theorie gilt auch für die Herausforderung, die Krise, den Wandel und die neue Ausrichtung des (Verwaltungs-) Rechts. Die typischen Themen des Wirtschaftsrechts, die als Wirtschaftsaufsicht, -lenkung, und -überwachung repräsentiert werden, gehören in den USA insgesamt zur „economic regulation".

Unter diesem Blickwinkel wurde die bedeutungsvolle Darstellung der Regulierung schon im Jahr 1878 eingeführt: *E. Sax* verstand „Staatliche regulierte Unternehmen" als ein Übergangsgebilde zwischen Privat- und Gemeinwirtschaft, durch welches unter den Formen der Privatwirtschaft gemeinwirtschaftliche

---

14 Vgl. *H. Wießmann*, in: *Heun/Wieland* (Hrsg.), Evangelisches Staatslexikon, Bd. III., zum Stichwort „Regulierung", S. 1978 ff.

15 Siehe unten, 3. Kap. B I.

Zwecke realisiert werden".[16] Dieser Ansatz legte den Grundstein zur Definition der Regulierung als staatliche Eingriffe in den Marktprozess, die sowohl Exekutive als auch teilweise Legislative umfassen.[17] Dieses Verständnis der Regulierung ist bis heute anzutreffen. Die Deregulierungskommission beschreibt die Regulierung als „jede staatliche oder staatlich sanktionierte Beschränkung der Handlungsmöglichkeiten, der Verfügungsmöglichkeiten des Menschen".[18] Dieses Verständnis kommt dem Ansatz nahe, der die Regulierung als Spielregeln für staatliche Intervention bezeichnet.

Ein gemeinsamer Punkt bei diesen traditionellen Begriffen ist, dass die Regulierung stark ökonomisch geprägt ist und als Spielregel im Verhältnis von Staat und Gesellschaft betrachtet wird. Dann kann man eine Frage stellen, warum sich die Regulierung eng auf den wirtschaftlichen Gesichtspunkt bezogen hat. Zunächst rekurriert dies wieder die ursprüngliche Form der Regulierung, die US-amerikanische „economic regulation". Die US-amerikanische geschichtliche Besonderheit und der damit gebildete rechtliche Hintergrund der „economic regulation", - z. B. die Tradition des „common laws", die ungenaue Kategorisierung des öffentlichen Rechts sowie die starke Unabhängigkeit der Regulierungsbehörde - haben auch die ökonomische oder soziologische Definition der Regulierung beeinflusst, wie sie sich auch gegenseitig beeinflusst haben.

Es wurden bereits manche ökonomischen Begründungen für die staatlichen Eingriffe aufgezeigt. Aber es ist immer noch umstritten, wann und wie der Staat intervenieren soll. Die ökonomischen Maßstäbe können nicht immer konkrete, deutliche und sachgemäße Lösungen bieten. Im Grenzfall kann die Rechtwissenschaft als Normwissenschaft eine abstrakte, allgemeine und - in der Folge zumindest - vorläufige Antwort geben, die sich von dem Verwaltungsmonopol[19] bis auf den korrigierenden Eingriff erstreckt.

Bei der Debatte um die Regulierung geht es um die Besonderheit der staatlichen Intervention in den Markt. Das ökonomische System hat einerseits eine eigene und hochkomplexe Logik, anderseits ist es erforderlich, die Privatinteres-

---

16 *E. Sax*, Die Verkehrsmittel in der Volks- und Staatswirtschaft, Bd. 1, 1878, S. 65, zitiert nach *R. Ruge*, Die Gewährleistungsverantwortung des Staates und der regulatory State, S. 33.

17 Zu den weiteren Beispielen, Vgl. *C. Berringer*, Regulierung als Erscheinungsform der Wirtschaftsaufsicht, S. 85 ff.

18 *Deregulierungskommission Unabhängige Expertenkommission zum Abbau marktwidriger Regulierung*, Marktöffnung und Wettbewerb, Berichte 1990/91, S. 1, Tz. 2.

19 Vgl. *Schmidt/Vollmöller* (Hrsg.), Kompendium Öffentliches Wirtschaftsrecht, , S. 375.

sen möglichst auf einer hohen Stufe zu wahren und das System ggf. dafür zu korrigieren. Die Frage, wann und wie staatliche Interventionen in den Markt nötig werden, soll unter den vielfältigen Perspektiven beantwortet werden. Die Eigenlogik des Rechtssystems, die die staatliche Interventionsweise rechtlich begründet, bezieht sich auf die Rechtsdogmatik. Die Resonanz der unterschiedlichen Eigenlogik steht dabei zur Diskussion um die Regulierung.

Im Bereich des staatlichen Einschreitens befinden sich die Modi der staatlichen Aufgabenwahrnehmung und Intervention im Wandel. Diese Veränderung zeigt sich deutlich in der Tendenz der Privatisierung, vor allem im Bereich der Netzwirtschaft. Es geht aber heutzutage nicht nur um die wirtschaftliche Regulierung, sondern auch um die nichtwirtschaftliche Regulierung. Allerdings sollte bei der Unterscheidung der wirtschaftlichen von der nichtwirtschaftlichen Regulierung darauf geachtet werden, dass die Regulierung nicht als jegliche staatliche Einflussnahme auf die gesellschaftlichen Prozesse verstanden werden kann. Regulierung ist eine Erscheinungsform der Einwirkung von Staat und Verwaltung auf die Gesellschaft, die nicht als eine bloße Übergangserscheinung (z. B. „Privatisierungsfolgenrecht") verstanden wird, sondern sie kann einen grundlegenden Umbau des Staatsbildes und der Verwaltungstypen widerspiegeln.[20] Dann geht es um die Erklärung der Konzepte der Regulierung.

II. Theorie der Wirtschaftsregulierung

Die Idee und der Begriff der Regulierung stammen aus den wirtschaftswissenschaftlichen Theorien und dem US-amerikanischen Begriff „economic regulation". Die US-amerikanische Regulierung („economic regulation") an sich bezeichnet vor allem das Verhältnis von Staat und Markt aus der wirtschaftswissenschaftlichen Sicht. Aus liberaler Sicht[21] wird die Einschränkung von freien Marktprozessen durch staatliche Regulierung als Fremdkörper verstanden.[22] So wird staatliche Regulierung als eine ausnahmsweise und begrenzte Verhaltensbeeinflussung und -steuerung vom Staat gegenüber dem Wirtschaftssubjekt un-

---

20 So auch *M. Fehling*, Regulierung als Staatsaufgabe im Gewährleistungsstaat Deutschland - Zu den Konturen eines Regulierungsverwaltungsrechts, in: *H. Hill* (Hrsg.), Die Zukunft des öffentlichen Sektors, S. 91 (97).; *C. Franzius*, Gewährleistung im Recht, S. 3.

21 Die ökonomische Idee in den USA liegt dem Liberalismus zugrunde. Siehe unten, 3.Kap. B. I. 1.

22 Vgl. *T. Höppner*, Die Regulierung der Netzstruktur, S. 30.

ter bestimmten Umständen bezeichnet.[23] Die „economic regulation" geht zunächst von der Unvollkommenheit des Marktmechanismus und der Gefahr der negativen Wirkung des Marktprinzips aus. Die ökonomische Theorie der Regulierung beschäftigt sich mit den Fragen, warum der Staat interveniert, wann er in die Marktwirtschaft eingreifen und wie er tatsächlich regulieren soll.

1. Denkansätze der Regulierung

Bei dem alten Typ der Regulierung („old-style economic regulation") geht es darum, ob ein funktionsfähiger Wettbewerb auf einem Markt besteht und wie der Wettbewerb gefördert werden kann. Im Laufe der Zeit näherte man sich aber der Frage, warum es der Regulierung bedarf und wie sie zu rechtfertigen ist. Hier sind zwei Denkansätze der Regulierung zu unterscheiden: Die „positive" und die „normative" Theorie der Regulierung.[24] Gemeinsam haben beide Theorien das Verständnis, dass der Staat im Bereich der Ökonomie eine Rolle spielt, sei es ein Subjekt der wirtschaftlichen Tätigkeit, sei es als Regulierungssubjekt.

(1) Normative Regulierungstheorie

Die normative Regulierungstheorie ermittelt das Erfordernis der staatlichen Regulierung. Sie fragt danach, ob eine staatliche Regulierung erforderlich ist[25] und wie sie zu rechtfertigen ist. Dies zeigt, dass der normative Regulierungsansatz schon eine Präferenz für den Marktprozess und die marktwirtschaftliche Ordnung voraussetzt und die staatliche Regulierung als Ausnahme verstanden

---

23 Dazu näher, *Müller/Vogelsang*, Staatliche Regulierung, S. 342.; *W. Möschel*, Regulierung und Deregulierung - Versuch einer theoretischen Grundlegung, in: *Fuchs/Schwintowski/Zimmer* (Hrsg.), FS Immenga, S. 277 (277 ff).; *T. Höppner*, Die Regulierung der Netzstruktur, S. 29.

24 Vgl. *Müller/Vogelsang*, Staatliche Regulierung, S. 101 ff.; *W. Möschel*, Privatisierung, Deregulierung und Wettbewerbsaufsicht, JZ 1988, S. 885 (890).; *Fritsch/Wein/Ewers* (Hrsg.), Marktversagen und Wirtschaftspolitik, S. 414 ff.; *G. Knieps*, Wettbewerbsökonomie, S. 96.; *J. Basedow*, Wirtschaftsregulierung zwischen Beschränkung und Förderung des Wettbewerbs, in: *Fuchs/Schwintowski/Zimmer* (Hrsg.), FS Immenga, S. 3 (5).

25 Vgl. *T. Höppner*, Die Regulierung der Netzstruktur, S. 30.

wird.[26] Unter diesem Gesichtspunkt muss die Regulierung deshalb ihre Rechtfertigung und ein für sie bestehendes Bedürfnis beweisen. Hierfür können nicht nur Marktversagen, sondern auch verschiedene andere Gründe, die nicht nur ökonomisch sind, dienen.[27] In der deutschen Rechtsdogmatik werden die Rechte der Bevölkerung in den privatwirtschaftlichen Bereichen, besonders die Grundrechte wie Eigentumsfreiheit, Handlungsfreiheit und Berufsfreiheit, ausdifferenziert und konkretisiert. Ihre Schutzbereiche werden anhand eigener Kriterien und Theorien bestimmt. Nach der normativen Regulierungstheorie kann es mehrere Gründe für eine staatliche Regulierung geben. Trotz (oder wegen) der freien Marktwirtschaft ist die Grundlage der sektorspezifischen Regulierung in Deutschland deshalb die normative Regulierungstheorie.[28]

(2) Positive Regulierungstheorie

Die positive Regulierungstheorie fragt, „warum es in der politischen Wirklichkeit zu Regulierung kommt“[29] und versucht die konkreten historischen Gründe für das Entstehen einer Regulierung aus der ex-post-Sicht zu ermitteln.[30] Die Unterfälle der positiven Regulierungstheorien, wie „Capture-Theory“[31] oder „Public-Interest-Theory“,[32] untersuchen nur die Frage, warum tatsächlich die Regulierung erfolgt und nehmen das Eigeninteresse der beteiligten Akteure in den Blick.[33] Die positive Regulierungstheorie kann nur zur Ermittlung dienen, wie die Reglementierung der Wirtschaft durch das Politiksystem erhöht wird.[34]

---

26 Vgl. *P. A. Neuhaus*, Regulierung in Deutschland und den USA, S. 62.; *W. Möschel*, Privatisierung, Deregulierung und Wettbewerbsaufsicht, JZ 1988, S. 885 (890).

27 Dazu näher, *W. Möschel*, Privatisierung, Deregulierung und Wettbewerbsaufsicht, JZ 1988, S. 885 (890).; *P. A. Neuhaus*, Regulierung in Deutschland und den USA, S. 62 ff.

28 Vgl. *T. Höppner*, Die Regulierung der Netzstruktur, S. 30.

29 *J. Basedow*, Wirtschaftsregulierung zwischen Beschränkung und Förderung des Wettbewerbs, in: *Fuchs/Schwintowski/Zimmer* (Hrsg.), FS Immenga, S. 3 (5).

30 Vgl. *W. Möschel*, Privatisierung, Deregulierung und Wettbewerbsaufsicht, JZ 1988, S. 885. (890).

31 Dazu näher, *Müller/Vogelsang*, Staatliche Regulierung, S. 121 ff.

32 Dazu näher, *G. Knieps*, Wettbewerbsökonomie, S. 80 f.

33 Da die positive Regulierung das Eigeninteresse aller beteiligter Akteure in den Blick nimmt, kommt sie dem Interessenjurisprudenz nahe. Vgl. *J. Basedow*, Wirtschaftsregulierung zwischen Beschränkung und Förderung des Wettbewerbs, in: *Fuchs/Schwintowski/Zimmer* (Hrsg.), FS Immenga, S. 3 (5).

34 Vgl. *C. Berringer*, Regulierung als Erscheinungsform der Wirtschaftsaufsicht, S. 26.

Sie legt aber auf die Bedeutung der staatlichen Regulierung an sich nur wenig Gewicht. Beim positiven Denkansatz geht es weniger um das Gemeinwohl.[35]

2. Die Gründe für staatliche Intervention in die Marktwirtschaft

(1) Ökonomisches Marktversagen

Das Marktversagen ist ein Antonym des „funktionierenden Marktes". Es bestehen keine exakten Kriterien, wann von einem Marktversagen auszugehen ist.[36]

Eines der Ziele der Marktwirtschaft ist vor allem die Effizienz. Das Grundkonzept der Marktwirtschaft liegt darin, dass Effizienz sich grundsätzlich im freien Wettbewerb einstellt. Auf gesamtwirtschaftlicher Ebene wird die ökonomische Effizienz darüber hinaus als Kriterium der Ressourcenallokations- und Produktionseffizienz (oder Qualitätseffizienz) begriffen. Wenn der Markt nicht in der Lage ist, Effizienzgewinne zu erzeugen, wird dies Marktversagen genannt.

Wenn ein Markt „wegen seiner strukturellen Eigenarten" nicht mehr funktionsfähig ist, stellt dies ein Marktversagen (im weiteren Sinne) dar.[37] Eine funktionsfähige Marktstruktur soll vor allem einen funktionsfähigen Wettbewerb im Markt erhalten, weil die Marktprozesse untrennbar mit dem Wettbewerb verbunden sind.[38] Aufgrund der Marktmechanismen wird die Wettbewerbsstörung vor allem durch die Wirtschaftsteilnehmer selbst herbeigeführt.[39] Und die Störung des Wettbewerbs und die nachfolgende Marktkonzentration verursachen den Verfall der Kernfunktion des Markts. Zu hohe Marktkonzentrationen bieten dem Staat einen hinreichenden Grund, um staatliche Eingriffe zur Korrektur des Marktversagens zu rechtfertigen.[40] In der Vergangenheit (und zum Teil auch bis vor kurzem) bestand das Modell der vollständigen (vollkommenen) Konkur-

---

35 Dazu näher, *W. Möschel*, Privatisierung, Deregulierung und Wettbewerbsaufsicht, JZ 1988, S. 885 (890).; *ders.*, Regulierung und Deregulierung - Versuch einer theoretischen Grundlegung, in: *Fuchs/Schwintowski/Zimmer* (Hrsg.), FS Immenga, S. 277 (280).

36 Dazu näher, *G. Knieps*, Wettbewerbsökonomie, S. 11 ff.; *Fritsch/Wein/Ewers*, Marktversagen und Wirtschaftspolitik, passim.

37 *T. Höppner*, Die Regulierung der Netzstruktur, S. 31.

38 Vgl. *Fritsch/Wein/Ewers* (Hrsg.), Marktversagen und Wirtschaftspolitik, S. 7.

39 Vgl. *C. Berringer*, Regulierung als Erscheinungsform der Wirtschaftsaufsicht, S. 27.

40 Vgl. *G. Knieps*, Wettbewerbsökonomie, S. 21.

renz.[41] Diesem Modell liegt das Vertrauen dadurch zugrunde, dass die Marktprozesse durch die vollständige Konkurrenz am effizientesten und funktionsfähigsten sind. Aber es ist erwiesen, dass dieses Modell in der Realität nicht existiert. Wenn es zu wenige oder zu viele Wettbewerber (sog. „ruinöser Wettbewerb“) auf einem bestimmten Markt gibt, dann könnten Verdrängungserscheinungen eine Preisbildung unter den Durchschnittskosten verursachen.[42] Diese strukturelle Grenze und Unvollständigkeit des Marktprozesses bietet daher Anlass für staatliche Eingriffe zur Erhöhung der Effizienz.[43] Um den freien und damit funktionsfähigen Wettbewerb innerhalb der Marktprozesse zu fördern, betreibt der Staat die Wirtschaftsaufsicht. Sie gehört in der Regel zum Bereich des allgemeinen Wettbewerbsrechts wie es im Gesetz gegen Wettbewerbsbeschränkungen (GWB) oder dem Gesetz gegen den unlauteren Wettbewerb (UWG) als allgemeines Wettbewerbsaufsichtsrecht enthalten ist.

Problematisch ist aber, dass die staatliche Wirtschaftsaufsicht aufgrund der Wettbewerbspolitik nicht in allen Fällen den Wettbewerb in der Marktwirtschaft funktionsfähig machen kann, weil im bestimmten Rahmen der funktionsfähige Wettbewerb nicht von vornherein geschaffen wird oder es nicht zu pareto-optimalen Zuständen kommt.[44] In diesen Fällen ist der staatliche Eingriff anders zu begründen, etwa durch ein natürliches Monopol.

Das Marktversagen bezieht sich auf die Allokation der Ressourcen. Die Ressourcenallokation orientiert sich nicht an der Gewinnmaximierung, sondern an der optimalen bzw. effizienten Zuteilung von Ressourcen. Dieses Marktversagen (im engeren Sinne) bezieht sich auf die „Wohlfahrtsökonomie“ und wendet das Kriterium der „pareto-Optimalität“ an. Wenn die Ressourcen durch die Marktmechanismen nicht „pareto-optimal“ zugeteilt werden, kann diese Allokation nicht mehr effizient sein. Es liegt ein Marktversagen vor. Der Staat soll in die Allokationsverfahren der Ressourcen eingreifen, um die möglichst „pareto-optimale“ Ressourcenallokation zu erreichen, damit das Marktversagen verhindert werden kann. Diese staatliche Intervention liegt auch der ökonomischen Effizienz (allokativen Effizienz) zugrunde. Der Staat soll in dieser Phase gemäß der Idee des Wohlfahrts- und Sozialstaats den Gemeinwohlbelangen dienen.

---

41 Vgl. *Fritsch/Wein/Ewers* (Hrsg.), Marktversagen und Wirtschaftspolitik, S. 27 ff.

42 Vgl. *W. Möschel*, Privatisierung, Deregulierung und Wettbewerbsaufsicht, JZ 1988, S. 885 (891).

43 Vgl. *C. Berringer*, Regulierung als Erscheinungsform der Wirtschaftsaufsicht, S. 27.

44 Vgl. *C. Berringer*, Regulierung als Erscheinungsform der Wirtschaftsaufsicht, S. 28.

Das ökonomische Marktversagen ist die Rechtfertigung für die staatlichen Eingriffe. In der freien Marktwirtschaft, die auf Gewinnmaximierung und Effizienzsteigerung durch freien Wettbewerb abzielt, bedarf es der Korrektur bei Verzerrung oder Störung des Wettbewerbs und der Effizienz. Abgesehen von vielfältigen wirtschaftlichen Rechtfertigungstheorien ist nichts dagegen einzuwenden, dass andere Begründungen für staatliche Eingriffe als das ökonomische Marktversagen bestehen. So geht die ökonomische Sicht bei der Ressourcenallokation davon aus, dass die erwünschte Effizienz durch die pareto-optimale Allokation erreicht wird. Aber es ist erwiesen, dass der Staat auch im Falle des Nicht-Marktversagens bzw. im Falle der pareto-optimalen Allokation in den Marktprozess eingreift. Damit werden sich die beiden folgenden Schwerpunkte beschäftigen.

(2) Ausnahmegründe der allgemeinen Wirtschaftsaufsicht

(a) Natürliches Monopol

Die Theorie des „natürlichen Monopols" steht unter der Voraussetzung der „Subadditivität der Kostenfunktion".[45] Wenn die erforderliche Produktionsleistung durch einen einzigen Anbieter in einem bestimmten Bereich günstiger erbracht werden kann als durch mehrere Unternehmen, dann wird ein Monopol gerechtfertigt, um Größenvorteile („economies of scale") und Verbundvorteile („economies of scope") zu erlangen, und die Verschwendung von Ressourcen zu vermeiden.[46] Das natürliche Monopol ist besonders in der Netzinfrastruktur und -industrie zu beobachten.

(b) Externe Effekte

Externe Effekte liegen vor, wenn die Aktivität eines Wirtschaftssubjektes den Nutzen oder die Produktionsmöglichkeiten (sog. Nutzen- bzw. Gewinnfunktion) eines anderen Wirtschaftssubjektes positiv oder negativ beeinflusst, ohne

---

45 *Müller/Vogelsang*, Staatliche Regulierung, S. 36 ff.; *K. König/C. Theobald*, Liberalisierung und Regulierung netzgebundener Güter und Dienste, in: FS W. Blümel, S. 277 (280).

46 Vgl. *G. Knieps*, Wettbewerbsökonomie, S. 21.; *Baldwin/Cave* (Hrsg.), Understanding Regulation, S. 9 f.

dass dies vollständig von ihm kontrolliert wird.[47] Anders als die positive Externalität, wie das „Trittbrettfahrer" Problem, kann die negative Externalität zum Verbrauch zu vieler Ressourcen oder zu fehlender Allokation führen (sog. „technologische Externalität").[48] Damit wird der staatliche Eingriff in das Marktverhalten gerechtfertigt.[49]

(c) Informationsdefizit

Die vollständige - also imaginäre - Konkurrenz setzt die symmetrische Möglichkeit voraus, rechtzeitige und kostenlose Informationen zu erlangen.[50] Die Akteure im Marktprozess befinden sich zur selben Zeit an verschiedenen Orten, haben unterschiedliche Kenntnisse und Fähigkeiten. Informationsdefizite sind deshalb üblicherweise unvermeidlich. Aber eine richtige Information ist notwendig für die Wahl der Güter und die Allokation der Ressourcen. Bei der Informationssammlung entstehen viele Kosten. Je komplizierter und komplexer die jeweilige Marktsituation wird, desto höher fallen die Informationskosten aus. Der Informationsbesitzer kann so eine herrschende Stellung im Markt übernehmen. So kann das Informationsdefizit zu Marktversagen führen. Die Frage der asymmetrischen Informationsverteilung stellt sich nicht nur zwischen Käufer und Verkäufer, sondern auch Regulierer und Reguliertem (sog. Prinzipal-Agent-Theorie).[51]

(d) Bereitstellung öffentlicher Güter

Ein weites Verständnis öffentlicher Güter erstreckt sich auf die Resultate, die staatlichen Institutionen tatsächlich erbringen sollen (staatliche Güter und Dienstleistungsangebot).[52] Aber aus der ökonomischen Sicht fallen nicht alle

---

47 Vgl. *G. Knieps*, Wettbewerbsökonomie, S. 11.; *Fritsch/Wein/Ewers* (Hrsg.), Marktversagen und Wirtschaftspolitik, S. 90 ff.

48 Dazu näher, *Fritsch/Wein/Ewers* (Hrsg.), Marktversagen und Wirtschaftspolitik, S. 102 ff.

49 Vgl. *W. Möschel*, Privatisierung, Deregulierung und Wettbewerbsaufsicht, JZ 1988, S. 885 (891).

50 *Fritsch/Wein/Ewers* (Hrsg.), Marktversagen und Wirtschaftspolitik, S. 282.

51 Vgl. *G. Knieps*, Wettbewerbsökonomie, S. 12, 82 f.; *Fritsch/Wein/Ewers* (Hrsg.), Marktversagen und Wirtschaftspolitik, S. 294 ff.

52 Vgl. *C. Gramm*, Privatisierung und notwendige Staatsaufgaben, S. 192 f.

öffentlichen Güter in dieser Kategorie, sondern nur die im Einzelfall konkretisierten Güter. Dann kann man die Frage stellen, warum der Staat öffentliche Güter meistens selbst bereitstellen soll. Aus dem Ergebnis lässt sich schließen, dass bei öffentlichen Gütern ein ökonomisches Marktversagen auftritt. Die privaten Anbieter, sofern sie sich ökonomisch und rational verhalten, wollen sich nicht mit den Zusatzkosten oder dem Risiko bei der Herstellung öffentlicher Güter belasten, sondern warten stattdessen auf die Bereitstellung öffentlicher Güter durch einen anderen (sog. Trittbrettfahrer-Position). Die Bereitstellung öffentlicher Güter gehört daher zu den externen Effekten. Insbesondere fordert die Theorie der öffentlichen Güter die Bereitstellung durch den Staat, weil die Produktion oder der Konsum dieser Güter mit anderem Interesse eng verbunden ist und davon beeinflusst wird,[53] und weil durch den (klassischen) Marktmechanismus keine effiziente Güterallokation erreicht werden kann. Die Bereitstellung öffentlicher Güter bietet sowohl einen Anlass für den staatlichen Eingriff, und zeigt zugleich die Grenzen ökonomischen und außerökonomischen Marktversagens.[54]

(e) Zielkonflikte

Öffentliche Güter als ein staatlicher Interventionsgrund zeigen die Grenzen ökonomischen und außerökonomischen Marktversagens. Die gleichen Gründe werden durch die normative Regulierungstheorie herausgearbeitet, ohne jedoch zuvor ein Marktversagen festzustellen.

Ein wichtiges Beispiel ist der sog. „Zielkonflikt". Wenn das wirtschaftliche Ziel unter bestimmten Umständen dem nichtwirtschaftlichen Ziel untergeordnet werden soll, ist von einem Zielkonflikt die Rede.[55] Man spricht insbesondere von einem Zielkonflikt, wenn es weitere Gemeinwohlziele und -belange gibt. Diese Ziele können nicht immer durch eine pareto-optimale Ressourcenallokation erreicht werden. Das heißt, die ökonomische Effizienz kann nicht immer den „ethischen, politischen und sozialen Vorstellungen der Bevölkerung von einer angemessenen Verteilung entsprechen"[56] und diese gewährleisten. Unter be-

---

53 Die sog. „klassische Theorie des öffentlicher Güter". vgl. Müller/Vogelsang, Staatliche Regulierung, S. 43.; *Fritsch/Wein/Ewers* (Hrsg.), Marktversagen und Wirtschaftspolitik, S. 102 ff.

54 Vgl. *C. Berringer*, Regulierung als Erscheinungsform der Wirtschaftsaufsicht, S. 34.

55 Vgl. *J. Basedow*, Wirtschaftsregulierung zwischen Beschränkung und Förderung des Wettbewerbs, in: *Fuchs/Schwintowski/Zimmer* (Hrsg.), FS Immenga, S. 3 (8).

56 *T. Höppner*, Die Regulierung der Netzstruktur, S. 36.

stimmten Umständen wird das wettbewerbsorientierte Verständnis oder die ökonomische Effizienz (sog. pareto-optimale Kriterium) der Gemeinwohlförderung untergeordnet. Ein typisches Beispiel ist die Grundversorgung oder Daseinsvorsorge in der Infrastrukturverwaltung und in der Netzwirtschaft. Der Zielkonflikt ist kein Regelfall,[57] aber er prägt die Notwendigkeit der normativen Umsetzung des Marktmechanismus auf die staatliche Verwaltung.

Der Zielkonflikt entsteht aufgrund des Unterschieds zwischen dem Marktmechanismus und den staatlichen Gemeinwohlzielen. Der Marktmechanismus setzt zunächst den funktionsfähigen Wettbewerb voraus und verfolgt damit Gewinnmaximierung und Effizienzgewinn. Aber der Staat (die staatliche Verwaltung) zielt nicht nur auf Gewinnmaximierung, sondern auch auf das Gemeinwohl ab. Genauer gesagt, die staatliche Verwaltung ist grundsätzlich dem Gemeinwohl verpflichtet, weil dieses als das allgemeinste Staatsziel angesehen wird.[58] Der staatliche Eingriff soll deshalb in enger Verbindung mit der Erfüllung des Gemeinwohls stehen. Aufgrund des Gemeinwohls und der sozialen Gerechtigkeit enthalten die Verfassung und das einfache Recht das Sozialstaatsprinzip und die dementsprechende Verpflichtung im Hinblick auf Verfahren und Ordnung des Staates. Diese gemeinwohlorientierte Tätigkeit des Staates kann deshalb oft nicht (ökonomisch) effizient sein. Demgegenüber kann eine paretooptimale Ressourcenverteilung und die Wettbewerbsförderung nicht immer die Gesamtvolkswirtschaft befriedigen. Die staatliche Regulierung wird deshalb nicht durch die bloße Umsetzung der Märkte gerechtfertigt. Auch soll sie nicht von der wirtschaftlichen Realität losgelöst werden. Die Frage, wie die Regulierung auf normative Weise zu rechtfertigen ist, wird hier thematisiert. Der staatliche Eingriff in den Marktprozess muss die Gesetzmäßigkeit und die Bindung an Grundrechte beachten und die (verwaltungs-)rechtsdogmatische Verfahren und Maßstäbe erfüllen. Diese Faktoren zeigen das Bedürfnis für die Rekonstrukturierung der ökonomischen Sicht in der staatlichen Regulierung.

3. Die normative Regulierungstheorie als Ausgangspunkt

Die Grundlagen der ökonomischen Regulierung bilden die Marktwirtschaft und die Marktmechanismen. Mit den empirischen konkreten Fällen entfaltet die

---

57 Vgl. *J. Basedow*, Wirtschaftsregulierung zwischen Beschränkung und Förderung des Wettbewerbs, in: *Fuchs/Schwintowski/Zimmer* (Hrsg.), FS Immenga, S. 3 (8).

58 Vgl. *J. Isensee*, Gemeinwohl im Verfassungsstaat, in: *ders/Kirchhof* (Hrsg.), HStR IV, § 71, Rn. 1 ff.

positive Regulierungstheorie die tatsächlichen Gründe des staatlichen Eingriffs. Demgegenüber analysiert die normative Regulierungstheorie das Bedürfnis der staatlichen Intervention.

Die positive Theorie kritisiert den Einstieg der normativen Sicht, die das Bedürfnis der staatlichen Regulierung ermittelt, weil die empirisch einzelfallbezogene Rechtfertigung der Regulierung nicht an normativen Belangen wie Gemeinwohl oder öffentliches Interesse angepasst sei. Aber die positive Regulierungstheorie - wie auch die „capture theory" - wird auch durch andere empirische Begründungen kritisiert, die die Abweichung von der positiven Theorie und der tatsächlichen Regulierung oder Regulierungspolitik nachweisen. Die empirische Kritik über Existenz einer Situation oder ihre Entfaltung kann wiederum mit einer anderen empirischen Begründung begegnet werden. Darin besteht die Grenze der empirischen Kritik.

Nach der positiven Theorie werden die Regulierungspolitik und die Regulierungsinstitute durch die vielfältigen Mechanismen und Verhältnisse im Zusammenhang mit der Hierarchie und der Macht gebildet. Sie basiert auf dem Verständnis, dass die Rechtsnorm und die bloß „tatsächliche soziale Rechtsordnung" gleichzusetzen und von anderen normativen Faktoren auszuschließen sind. Aber, wie *Thomas von Aquin* bereits definiert hatte: „Jus est ars qua cognoscitur quit sit justum" („Recht ist die Kunst, zu erkennen, was gerecht ist").[59] Seine normativen Faktoren sind daher das wichtigste Merkmal. Abgesehen von der weiteren rechtstheoretischen Debatte, ist es unmöglich, die normativen Faktoren auszuschließen, weil die Rechtsnorm dann nicht mehr „Rechts"-Norm wäre. Und das Recht beinhaltet zunächst seinen abstrakten, allgemeinen Charakter, um eine neue Materie zu erfassen und die Wirklichkeit widerzuspiegeln.

Um die Regulierung rechtswissenschaftlich zu erklären, legt die vorliegende Arbeit grundsätzlich die normative Regulierungstheorie zugrunde. Jedoch bedeutet dies nicht die Verdienste der positiven Theorie außer Acht zu lassen. Zur Rezeption der Regulierung in der Rechtswissenschaft sollen beide Aspekte ausgeführt werden, sowohl der Aspekt der Instrumentalisierung, wie ihn die ökonomische Theorie erwägt, als auch die darüber hinausgehende normative Perspektive, die allgemeine Theorie staatlichen Handelns.

---

59 Vgl. *K. Seelmann*, Rechtsphilosophie, § 2, Rn. 3.

Kapitel 2: Der Wandel der staatlichen Aufgabenwahrnehmung

A. Einleitung

Privatisierung führt dazu, dass der Staat viele Aufgaben nicht mehr selbst erfüllt. Es handelt sich um eine Form der Aufgabenwahrnehmung, bei der der Staat als Folge der Übertragung einer Aufgabe zusammen mit Privaten erfüllt oder durch Private erfüllen lässt. Dieses Problem wird unter verschiedenen Begriffen und Ausdrücken, wie „öffentliche Unternehmen", „Verleihung", „beliehene Unternehmen" und „öffentliche Verwaltung durch Private",[60] schon seit Langem diskutiert. Die bisherige Staatsaufgabenlehre beschäftigt sich vor allem damit, was der Staat tun soll und wie die Rolle des Staates bei der Wahrnehmung von Aufgaben der öffentlichen Verwaltung durch Private, nämlich die staatliche Aufsicht, Beleihung, Konzession, Ermächtigung und Verwaltungshilfe, verstanden werden kann.

Mit der Tendenz der Liberalisierung und Privatisierung ist die tradierte Staats- und die Staatsaufgabenlehre in eine Reformphase getreten. In zahlreichen Bereichen ist der Staat sowohl von seiner eigenhändigen Aufgabenerfüllung als auch von seiner klassischen Aufsichtsaufgabe entbunden. Anders als bei der tradierten Aufgabenlehre geht es bei dieser „neuen" Tendenz darum, wer das Gemeinwohl im Gemeinwesen wie produziert, und welcher Anteil dem Staat dabei eigentlich noch zukommen soll.[61] In der Privatisierungsdiskussion ist zunächst die Debatte um die Unterscheidung von Staat und Gesellschaft und ihre umgewandelten Zusammenhänge bei der Wahrnehmung der staatlichen und öffentlichen Aufgaben eröffnet.[62]

Trotz aller Tendenz zum „schlanken Staat" kann und soll der Staat Einfluss auf die Privatisierungsfolgen nehmen. Im Zuge der Privatisierung kommt man zu der Einsicht, dass so etwas wie eine residuale „Verpflichtung" des Staates besteht. Es geht daher nicht mehr um die „Privatisierung von Staatsaufgaben",

---

60 Dazu näher, *U. Steiner*, Öffentliche Verwaltung durch Private, S. 17 ff.

61 Vgl. *C. Gramm*, Privatisierung und notwendige Staatsaufgaben, S. 28.

62 Vgl. *W. Weiß*, Privatisierung und Staatsaufgaben, S. 1 ff.

sondern um „Privatisierung und Staatsaufgaben".[63] Um diese etwas residuale Angelegenheit zu erklären, versucht man zunächst, die formale oder materielle Kernstaatsaufgabe als Grenze der Privatisierung zu finden. Anderseits wird die Vorstellung der Verwaltungsverantwortung eingeführt, die eine differenziertere Betrachtung erlaubt als die allgemeine Diskussion über staatliche Aufgaben.[64]

Es geht bei diesem Wandel darum, ob und wie diese Tendenz mit dem tradierten Staatsbild und seiner Aufgabenlehre angemessen erklärt werden kann und wie dabei die Rolle staatlicher Verwaltung verändert wird. In der tradierten Aufgabenlehre beschränkt sich die Definition der Regulierung so oft auf das Privatisierungsfolgenrecht, das zur Übergangserscheinung in der Liberalisierungstendenz abgewertet ist. Häufig stellt man daher die „Regulierung" als eine neue Rechtsform in der Privatisierungsfolgephase (sog. Privatisierungsfolgenrecht) dar.[65] Aber die Regulierung bleibt nicht bei der Privatisierungsdebatte stehen, sondern führt weiter zur positiven oder negativen Steuerung des Staates. Die Lehre der Verantwortung begründet die Intersubjektivität von Staat und Gesellschaft in der Gemeinwohlverwirklichung, die als Grundlage der arbeitsteiligen Gemeinwohlverwirklichung zu begreifen ist. Die Debatte um die Wahrnehmung von Aufgaben der öffentlichen Verwaltung dreht sich um das zentralen Problem des modernen Staatsbildes und der staatlichen Handlungsstrategie,[66] was den theoretischen Unterbau für die Regulierung schafft.[67]

---

63 *R. Schröder*, Verwaltungsrechtsdogmatik im Wandel, S. 156.

64 Vgl. *R. Uerpmann*, Das öffentliche Interesse, S. 33

65 Ausführlich, siehe unten, 3. Kap., C. III. 2. (3) und C. IV. 2. (3) (a)

66 Vgl. *G. F. Schuppert*, Möglichkeiten und Grenzen der Privatisierung von Gemeinwohlvorsorge, in: *von Arnim/Sommermann* (Hrsg.), Gemeinwohlgefährdung und Gemeinwohlsicherung, S. 269 (293).; *A. Voßkuhle*, Beteiligung Privater an der Wahrnehmung öffentlicher Aufgaben und staatliche Verantwortung, VVDStRL 62 (2003), S. 266 (306).

67 Demensprechend, *R. Schröder*, Verwaltungsrechtsdogmatik im Wandel, S. 148.; *C. Gramm*, Privatisierung und notwendige Staatsaufgaben, S. 28 ff.; *W. Weiß*, Privatisierung und Staatsaufgaben, S. 1 ff.

B. Die staatliche Aufgabenwahrnehmung

I. Problemstellung

Das rechtsdogmatische Thema der Aufgabenlehre ist die staatliche Aufgabe, es umfasst aber auch die gesellschaftliche Aufgabe. Nach der tradierten Dichotomie von Staat und Gesellschaft wird sichtbar, dass beiden Bereiche ihre jeweiligen Funktionen haben. Und der Bereich des „Öffentlichen“ wird als Zwischenbereich betrachtet, wenn man die tradierte Dichotomie von Staat und Gesellschaft voraussetzt. Die Typisierung der staatlichen, öffentlichen und gesellschaftlichen Aufgaben bezieht sich tatsächlich auf die Modi der Gemeinwohlverwirklichung eines bestimmten Gemeinwesens. Nach den jeweiligen Umständen eines Gemeinwesens, nämlich nach den raum- und zeitspezifischen, wirtschaftlichen und rechtlichen Kontexten, ist die Rolle der Akteure der Gemeinwohlverwirklichung unterschiedlich zu verstehen. Im konkreten Fall bietet die vorausgesetzte Dichotomie von Staat und Gesellschaft jedoch keinen trennscharfen Maßstab an,[68] welche Rolle einem Akteur, insbesondere dem Staat, als ein traditionelles Subjekt der Gemeinwohlverwirklichung zugeteilt werden soll und wie er diese wahrzunehmen hat. Dies ist aber der Kern der Debatte um die Typisierung der Aufgabenbereiche. Und die Typologie der Aufgaben ist schließlich nur eine bewusste Abgrenzung, um das Staatsbild zu erklären.

Es ist daher richtig, dass die Definition und die Kategorisierung von staatlichen und öffentlichen Aufgaben im konkreten Fall ebenfalls umstritten sind. Die Fragen, ob die Trägerschaft als ein einziger Maßstab funktionieren kann, ob das Verhältnis zwischen Staat und Gesellschaft neu zu beschreiben ist, führen zu einer endlosen - aber nur wenig sinnvollen - Debatte. Wegen der unklaren und offenen Begriffsbestimmung ist es erforderlich, die Begriffe der staatlichen und öffentlichen Aufgabe nicht nur nach ihrem eigenen Inhalt, Sinngehalt und Geltungsbereich, sondern auch anhand ihres Verhältnisses zueinander zu bestimmen. Es handelt sich dann auch um die Frage, wie das Verhältnis der jeweiligen Aufgaben zueinander zu verstehen ist.

Heute ist problematisch, dass der Staat nicht nur in die Gesellschaft interveniert, sondern auch mit den gesellschaftlichen Kräften zusammenwirkt, um seine

---

68 Vgl. *G. Manssen*, Privatrechtsgestaltung durch Hoheitsakt, S. 113.

Aufgabe wahrzunehmen.[69] Mit verschiedenen Stichwörtern,[70] wie „Krise des Sozialstaates“, „Überforderung des Staates“, „Staatsversagen“ oder „der müde und gestresste Leviathan“[71] werden die Grenzen der bestehenden Handlungsstrategie des Staates beschrieben. Die Expansion der staatlichen Aufgaben und die „sinkende Steuerungsfähigkeit“ des Staates suggerieren das Zusammenwirken mit der Gesellschaft.[72] *P. Häberle* hat zutreffend das gemischte Zusammenwirken beschrieben: „Die Vermehrung der Staatsaufgaben, die sozialgestaltend in die Gesellschaft hineinwirken, bestätigt die „Osmose“ von Staat und Gesellschaft“.[73] Aus rechtswissenschaftlicher Sicht stellt sich hier die Frage, wie der Staat und die Gesellschaft bei der Erfüllung öffentlicher Aufgaben zusammenspielen können. Schließlich kommt es im Bereich der Beteiligung Privater an der Erledigung öffentlicher Aufgabe darauf an, anhand welcher Maßstäbe Staatsaufgaben und öffentliche Aufgaben ins Verhältnis zu setzen ist.

II. Die staatliche Aufgabe und Gemeinwohlverwirklichung

Es ist nicht immer klar, wie sich die Begriffe „Aufgabe“, „Zweck“, „Funktion“ und „Ziel“ unterscheiden. Trotz aller Unklarheit der Begriffsbestimmung ist der zentrale Anhaltspunkt für die staatsrechtliche Aufgabenlehre das Gemeinwohl und seine Verwirklichung.[74]

---

69 Die Ausdrücke der „Intervention“ oder der „Zusammenwirken“ setzen schon die begriffliche Unterscheidung zwischen Staat und Gesellschaft voraus. vgl. *M. Knauff*, Der Gewährleistungsstaat: Reform der Daseinsvorsorge, S. 172 f.

70 Vgl. *G. Teubner*, Verrechtlichung - Begriffe, Merkmale, Grenzen, Auswege, in: *F. Kübler* (Hrsg.) Verrechtlichung von Wirtschaft, Arbeit und sozialer Solidarität, S. 289 (325).

71 *A. Voßkuhle*, Gesetzgeberische Regelungsstrategien der Verantwortungsteilung zwischen öffentlichem und privatem Sektor, in: *G. F. Schuppert* (Hrsg.), Jenseits von Privatisierung und schlankem Staat, S. 47 (90).

72 *D. Grimm* (Hrsg.), Wachsende Staatsaufgaben – sinkende Steuerungsfähigkeit des Rechts, passim.

73 *P. Häberle*, Grundrechte im Leistungsstaat, VVDStRL 30 (1972), S. 43 (61).

74 Vgl. *J.-C. Pielow*, Grundstrukturen öffentlicher Versorgung, S. 293.

1. Staatliche Gemeinwohlverwirklichung

Die Frage, was der Staat tun soll, führt zur griechischen Philosophie zurück,[75] und wurde noch nicht gelöst. Man kann als spontane Antwort vorbringen, dass der Staat auf die Gemeinwohlverwirklichung abzielen soll.[76] Aber es besteht noch keine allgemein anerkannte Definition, was das Gemeinwohl ist. Die vorliegende Arbeit untersucht eher die Gemeinwohlverwirklichung im modernen Verfassungsstaat, als die „endlose" Debatte um die präzise Definition des Gemeinwohls.[77]

(1) Gemeinwohl und Staat

Ganz allgemein gesagt ist das Gemeinwohl als das „Wohl" eines bestimmten „Gemeinwesens" zu verstehen. Der Staat im weiteren Sinne ist als das Gemeinwesen zu verstehen, das alle Bürger, Verbände und Gesellschaft umgreift.[78] So ist das substantielle Wohl des Staates als das Gemeinwohl zu verstehen. Dieses „Wohl" des Gemeinwesens bezieht sich daher auf das Ganze des Lebens in allen seinen Dimensionen, vor allem auf das „gute Leben" des Menschen.[79] Dieses lässt sich zwar nicht abschließend definieren,[80] aber die Rechtfertigung des

---

75 Dazu näher, *E.-W. Böckenförde*, Gemeinwohlvorstellungen bei Klassikern der Rechts- und Staatsphilosophie, in: *Münkler/Fischer* (Hrsg.), Gemeinwohl und Gemeinsinn im Recht, S. 43 ff.; *J. Isensee*, Gemeinwohl im Verfassungsstaat, in: *ders./Kirchhof* (Hrsg.), HStR IV, § 71; *ders.*, Die alte Frage nach der Rechtfertigung des Staates, JZ 1999, S. 265 ff.; *S. Fisch*, Der Wandel des Gemeinwohlverständnisses in der Geschichte, in: *von Arnim/Sommermann* (Hrsg.), Gemeinwohlgefährdung und Gemeinwohlsicherung, S. 43 ff.

76 Vgl. *J. Isensee*, Gemeinwohl im Verfassungsstaat, in: *ders./Kirchhof* (Hrsg.), HStR IV, § 71, Rn. 1.; *A. Musil*, Wettbewerb in der staatlichen Verwaltung, S. 380.

77 Vgl. *A. Voßkuhle*, Beteiligung Privater an der Wahrnehmung öffentlicher Aufgaben und staatliche Verantwortung, VVDStRL 62(2003), S. 266 (273 ff.).

78 Vgl. *J. Isensee*, Die alte Frage nach der Rechtfertigung des Staates, JZ 1999, S. 265 (270).

79 Dazu näher, *E.-W. Böckenförde*, Gemeinwohlvorstellungen bei Klassikern der Rechts- und Staatsphilosophie, in: *Münkler/Fischer* (Hrsg.), Gemeinwohl und Gemeinsinn im Recht, S. 43 (45 ff).; *J. Isensee*, Die alte Frage nach der Rechtfertigung des Staates, JZ 1999, S. 265 (268).

80 Vgl. *J. Isensee*, Konkretisierung des Gemeinwohls in der freiheitlichen Demokratie, in: *von Arnim/Sommermann* (Hrsg.), Gemeinwohlgefährdung und Gemeinwohlsicherung, S. 95 (104).

Staates ergibt sich im Grunde aus der des Gemeinwohls. Diese hoch abstrakten Rechtfertigungsgründe für den Staat sollten durch das positive Recht konkretisiert und optimiert werden.[81] Der Staat im engeren Sinne bezieht sich daher auf die sich aus dem Willen des Volks legitimierende Staatsgewalt, die gemeinnützig handeln und eigennützige Tätigkeit der Privaten sichern darf, und damit der Gewährleistung individueller Freiheit und Rechte dienen soll.[82] Auf dieser Ebene unterscheidet sich der Staat deutlicher von der Gesellschaft.

Es besteht keine Gemeinschaft, die kein ihr gemeinsames *bonum commune* begründet und sich auf daraus abgeleitete gemeinsame Ziele auszurichtet. „Jedes Gemeinwesen hat sein Gemeinwohl."[83] Durch das Gemeinwohl kann der Staat seine Existenz erkennen und seine Rechtfertigung darauf gründen.[84] Zugleich ist die gemeinnützige Tätigkeit des Staates (im engeren Sinne) zu erklären. Sicher ist, dass der Begriff des Gemeinwohls erforderlich ist.[85] Der Begriff des Gemeinwohls ist nicht leer oder unbestimmbar, sondern offen zu halten und die Gemeinwohlverwirklichung ist als offene Zielsetzung zu begreifen.[86] Die Gemeinwohlverwirklichung als offene Zielsetzung bedarf sowohl einer situationsgebundenen Konkretisierung als auch einer Optimierung. Nach den jeweiligen Interessen und den zeitlichen, örtlichen oder kulturellen Umständen ist die Gemeinwohlverwirklichung mit unterschiedlichem Inhalt zu ergänzen.

(2) Gemeinwohlverwirklichung durch den Staat oder durch die Gesellschaft?

Die Debatte um die Akteure der Gemeinwohlverwirklichung nimmt ihren Ausgang beim Staat im engeren Sinne. Es liegt dann auf der Hand, dass staatli-

---

81 Vgl. *J. Isensee*, Konkretisierung des Gemeinwohls in der freiheitlichen Demokratie, in: *von Arnim/Sommermann* (Hrsg.), Gemeinwohlgefährdung und Gemeinwohlsicherung, S. 95 (105).

82 Vgl. *A. Musil*, Wettbewerb in der staatlichen Verwaltung, S. 381.

83 *J. Isensee*, Konkretisierung des Gemeinwohls in der freiheitlichen Demokratie, in: *von Arnim/Sommermann* (Hrsg.), Gemeinwohlgefährdung und Gemeinwohlsicherung, S. 95 (106).

84 Als eine „materielle Grundlage" des Staates betrachtet, *C. Gröpl*, Staatsrecht I, Rn. 555b.

85 Vgl. *R. Wahl*, Privatorganisationsrecht als Steuerungsinstrument bei der Wahrnehmung öffentlicher Aufgaben, in: *Schmidt-Aßmann/Hoffmann-Riem* (Hrsg.), Verwaltungsorganisation als Steuerungsressource, S. 301 (326).

86 Vgl. *C. Kirchner*, Privates Wettbewerbsrecht und Gemeinwohlverwirklichung, in: *P. Kirchhof* (Hrsg.), Gemeinwohl und Wettbewerb, S. 45 (51).

ches Handeln grundsätzlich die Bemühung zum Ziel des Gemeinwohls ist[87] und der Staat als das Mittel zur Gemeinwohlverwirklichung anzusehen ist. Sowohl aus der antiken und der modernen Staatsphilosophie als auch aus der Grundidee des *Sozialvertrags* kann man dies schnell herleiten. Die sich daraus ergebenden Elemente des Staates haben zwar die Gemeinwohlverpflichtung des Staates konkretisiert und dadurch die Rolle des Staates in der allgemeinen Auffassung geprägt. Aber diese Rolle des Gemeinwohls und der Gemeinwohlverwirklichung ist je nach Staatsbild - wie Nachtwächterstaat, Wohlfahrtsstaat, Kooperationsstaat oder Umweltstaat - unterschiedlich zu bestimmen.[88] Trotz aller Wandlungen moderner Staatlichkeit gehört es zu den tradierten und Orientierung vermittelnden Gewissheiten, dass der Staat und die staatliche Verwaltung primär dem Gemeinwohl verpflichtet sind.[89]

Demgegenüber kann die Gesellschaft grundsätzlich als eigennützig gekennzeichnet werden. Aber das „Wohl", das die Gesellschaft verfolgt, ist nicht immer gleichzusetzen mit dem Eigen- oder Partikularinteresse. Die Gesellschaft bzw. Private können auch der Gemeinwohlverwirklichung dienen.[90] Gegebenenfalls kann die eigennützige Tätigkeit von Privaten als ein gemeinwohlorientiertes Handeln qualifiziert werden,[91] wenn die private Handlungsrationalität mit der Gemeinwohlverwirklichung kompatibel oder für das Gemeinwohl einsetzbar ist.[92] Bei der Gemeinwohlverwirklichung hat der Staat daher kein Monopol und keine Allzuständigkeit.[93] Die staatliche Gemeinwohlverwirklichung

---

87 Vgl. *U. Palm*, Die Berücksichtigung von Gemeinwohlbelangen im europäischen Wettbewerbsrecht, in: *P. Kirchhof* (Hrsg.), Gemeinwohl und Wettbewerb, S. 101 (103).; *J. Isensee*, Gemeinwohl im Verfassungsstaat, in: *ders./Kirchhof* (Hrsg.), HStR IV, § 71, Rn. 1.

88 Vgl. *G. F. Schuppert*, Möglichkeiten und Grenzen der Privatisierung von Gemeinwohlvorsorge, in: *von Arnim/Sommermann* (Hrsg.), Gemeinwohlgefährdung und Gemeinwohlsicherung, S. 269 (270).; *A. Musil*, Wettbewerb in der staatlichen Verwaltung, S. 381 ff.

89 Vgl. *G. F. Schuppert*, Möglichkeiten und Grenzen der Privatisierung von Gemeinwohlvorsorge, in: *von Arnim/Sommermann* (Hrsg.), Gemeinwohlgefährdung und Gemeinwohlsicherung, S. 269.

90 Dazu näher, *W. Weiß*, Privatisierung und Staatsaufgaben, S. 23 ff.

91 Vgl. *J. Isensee*, Gemeinwohl im Verfassungsstaat, in: *ders./Kirchhof* (Hrsg.), HStR IV, § 71, Rn. 78 ff.

92 Vgl. *A. Musil*, Wettbewerb in der staatlichen Verwaltung, S. 384.; Konkreter Beispiele, vgl. *W. Weiß*, Privatisierung und Staatsaufgaben, S. 23 ff.; *M. Heise*, Das Verhältnis von Regulierung und Kartellrecht im Bereich der Netzwirtschaften, S. 126 ff.

93 Vgl. *K. Stern*, Staatsrecht, Bd. II, S. 746.; *M. Burgi*, Funktionale Privatisierung und Verwaltungshilfe, S. 26 ff.; *G. F. Schuppert*, Möglichkeiten und Grenzen der Privatisie-

ist vielmehr als ausschließlich am Gemeinwohl orientiert darzustellen. Der Staat dient nur der Gemeinwohlverwirklichung, aber keinen Eigen- oder Sonderinteressen, die er um seiner selbst willen verfolgen soll.[94]

Diese alternative oder kumulative Möglichkeit zur Gemeinwohlverwirklichung kann auch Konflikte zwischen dem Gemeinwohl und den Eigenbelangen verursachen. Aufgrund der Dichotomie von Staat und Gesellschaft ist die Strategie zum gesellschaftlichen Selbstausgleich und staatlichen Ausgleich zu teilen. Der Staat soll die widerstreitenden Belange gemeinverträglich ausgleichen,[95] zudem den fairen Prozess des gesellschaftlichen Ausgleichs rechtlich gewährleisten, um den Interaktions- und Aushandlungsprozess multipler Akteure funktionsfähig mitzuwirken.[96] Vor allem soll der staatliche Ausgleich des Konflikts im modernen Verfassungsstaat durch die demokratisch legitimierten Organe erreicht werden.[97] Diese staatliche Letztverantwortung für die *salus publica* indiziert die rechtsstaatliche Distanz zum Interessenkampf der Gesellschaft und die innere Souveränität.[98]

(3) Arbeitsteilige Gemeinwohlverwirklichung von Staat und Gesellschaft

Es liegt auf der Hand, dass das Gemeinwohl nicht ausschließlich durch den Staat, sondern auch durch Private verwirklicht werden kann. Im modernen Ver-

---

rung von Gemeinwohlvorsorge, in: *von Arnim/Sommermann* (Hrsg.), Gemeinwohlgefährdung und Gemeinwohlsicherung, S. 269 (292).; *J. Isensee*, Konkretisierung des Gemeinwohls in der freiheitlichen Demokratie, in: *von Arnim/Sommermann* (Hrsg.), a. a. O. S. 95 (106).; *ders.* Gemeinwohl im Verfassungsstaat, in: *ders./Kirchhof* (Hrsg.), HStR IV, § 71, Rn. 110.

94 Vgl. *A. Musil*, Wettbewerb in der staatlichen Verwaltung, S. 382.; auch „Wohl aller Bürger“, BVerfGE 44, 125 (141).

95 Vgl. *J. Isensee*, Konkretisierung des Gemeinwohls in der freiheitlichen Demokratie, in: *von Arnim/Sommermann* (Hrsg.), Gemeinwohlgefährdung und Gemeinwohlsicherung, S. 95 (106).

96 Vgl. *W. Kahl*, Die Staatsaufsicht, S. 368 f.

97 Vgl. *K. Hesse*, Grundzüge des Verfassungsrechts der Bundesrepublik Deutschland, Rn. 7.

98 Vgl. *J. Isensee*, Konkretisierung des Gemeinwohls in der freiheitlichen Demokratie, in: *von Arnim/Sommermann* (Hrsg.), Gemeinwohlgefährdung und Gemeinwohlsicherung, S. 95 (109).

fassungsstaat ist die Gemeinwohlverantwortung prinzipiell teilbar.[99] Anders gesagt: Sowohl der Staat als auch die Gesellschaft sind für die Gemeinwohlverwirklichung verantwortlich. Zunächst fällt die Kompetenz für das „gute Leben" des Gemeinwesens den Individuen oder nichtstaatlichen Verbänden zu.[100] Der individuelle oder organisierte Bürger wirkt durch das Gebrauchsmachen von seinen Grundrechten an der Hervorbringung des Gemeinwohls mit.[101] Bemerkenswert ist, dass Private im Prozess der arbeitsteiligen Gemeinwohlverwirklichung mit keiner bestimmten Zwangspflicht für das Gemeinwohl belastet werden. Der Staat hat zwar eine primäre und letztere Verantwortung für die Gemeinwohlverwirklichung. Bei der Gemeinwohlverwirklichung ist der Staat jedoch darauf angewiesen, dass die Mehrzahl Privater ihre freiheitlichen Grundrechte tatsächlich in Anspruch nehmen.[102] Da der Egoismus als ein Beweggrund der Grundrechtsaktivität und als ein wesentliches Mittel zum Gemeinwohlbeitrag vorausgesetzt wird, befinden Private als der Grundrechtsträger nach ihrem Eigennutz über das Ob und das Wie seines Handelns.[103] Im Grunde verwirklicht sich ein wesentliches Stück des Gemeinwohls durch das Angebot von Freiheitsrechten und in deren Rahmen durch Wettbewerb.[104]

Es geht dann um die Letztverantwortung des Staates für die Gemeinwohlverwirklichung. Der Staat hat die Initiative und die Autonomie der Grundrechtsträger zu respektieren, zu fördern und es obliegt ihm, im Rahmen seiner rechtlich wie real beschränkten Möglichkeiten die Bedingungen und die Voraussetzungen des guten Lebens zu gewährleisten, die erforderlichen rechtlichen Vorhaltungen zu treffen.[105] Bei der modernen Staatlichkeit handelt es sich um die Frage, wie der Staat in diesem Prozess der arbeitsteiligen Gemeinwohlverwirkli-

---

99 *G. F. Schuppert*, Möglichkeiten und Grenzen der Privatisierung von Gemeinwohlvorsorge, in: *von Arnim/Sommermann* (Hrsg.), Gemeinwohlgefährdung und Gemeinwohlsicherung, S. 269 (292).

100 Vgl. *J. Isensee*, Gemeinwohl im Verfassungsstaat, in: *ders./Kirchhof* (Hrsg.), HStR IV, § 71, Rn. 110.

101 Vgl. *G. F. Schuppert*, Möglichkeiten und Grenzen der Privatisierung von Gemeinwohlvorsorge, in: *von Arnim/Sommermann* (Hrsg.), Gemeinwohlgefährdung und Gemeinwohlsicherung, S. 269 (281).

102 Vgl. *P. Kirchhof*, Das Wettbewerbsrecht als Teil einer folgerichtigen und widerspruchsfreien Gesamtrechtsordnung, in: *ders.* (Hrsg.), Gemeinwohl und Wettbewerb, S. 1 (2).

103 Vgl. *J. Isensee*, Gemeinwohl im Verfassungsstaat, in: *ders./Kirchhof* (Hrsg.), HStR IV, § 71, Rn. 116.

104 Vgl. *P. Kirchhof*, Das Wettbewerbsrecht als Teil einer folgerichtigen und widerspruchsfreien Gesamtrechtsordnung, in: *ders.* (Hrsg.), Gemeinwohl und Wettbewerb, S. 1 (3).

105 Vgl. *J. Isensee*, Gemeinwohl im Verfassungsstaat, in: *ders./Kirchhof* (Hrsg.), HStR IV, § 71, Rn. 111 und 123.

chung die verschiedenen Gemeinwohlbeiträge koordinieren kann.[106] Sichtbar ist, dass die kooperative und arbeitsteilige Gemeinwohlverwirklichung durch den demokratisch legitimierten staatlichen Akteur und nichtstaatlichen sowie den „halbstaatlichen" Akteur dem modernen Verfassungsstaatsbild entspricht.[107] Der moderne Rechtsstaat bedient sich verschiedener Handlungsformen und -strategien, um die unterschiedlichen Gemeinwohlbeiträge in den arbeitsteiligen Prozessen der Gemeinwohlverwirkung zu koordinieren. Diese Strategie beschränkt sich nicht auf den ausschließlich hierarchischen Hoheitsakt, sondern bezieht sich auf den weitgehenden Gemeinwohlbezug aller Akteure. Das Gemeinwohl geht aus einem arbeitsteiligen Prozess aller Akteure im Gemeinwesen hervor.[108]

III. Entwicklung der Staatsaufgabenlehre

1. Klassische Staatszwecklehre: Anleihe bei der Allgemeinen Staatslehre[109]

Der Begriff der „Staatsaufgabe" geht auf den „Staatszweckbegriff" der allgemeinen Staatslehre zurück. In jüngster Zeit erst wird die Bezeichnung „Staatsaufgabe" verwendet. Um die Entwicklung der Aufgabenlehre zu erklären, sollte man nicht nur einen Teil der Allgemeinen Staatslehre untersuchen, sondern auch andere wissenschaftliche Bereiche, etwa Politologie, Philosophie, Geschichte usw. Von der *Jellinek*schen - oder früheren - Staatslehre bis zur modernen Staatsaufgabenlehre werden hier zuerst die verschiedenen Begriffsdefinitionen von staatlichen und öffentlichen Aufgaben beleuchtet.

---

106 Vgl. *C. Franzius*, Gewährleistung im Recht, S. 75 ff.

107 Bemerkenswert ist, dass die „kooperative" und „arbeitsteilige" Gemeinwohlverwirklichung nicht immer gleichzusetzen sind. Dazu näher, *A. Voßkuhle*, Beteiligung Privater an der Wahrnehmung öffentlicher Aufgaben und staatliche Verantwortung, VVDStRL 62(2003), S. 266 (277 ff.).; *G. F. Schuppert*, Möglichkeiten und Grenzen der Privatisierung von Gemeinwohlvorsorge, in: *von Arnim/Sommermann* (Hrsg.), Gemeinwohlgefährdung und Gemeinwohlsicherung, S. 269 (294).

108 Vgl. *J. Isensee*, Konkretisierung des Gemeinwohls in der freiheitlichen Demokratie, in: *von Arnim/Sommermann* (Hrsg.), Gemeinwohlgefährdung und Gemeinwohlsicherung, S. 95 (107).

109 Vgl. *P. Häberle*, Verfassungsstaatliche Staatsaufgabenlehre, AöR 111 (1986), S. 600.

Nach dem Staatsgedanken des 19. Jahrhunderts wurden zum Staatszweck zwei gegensätzliche Positionen bezogen. Einerseits wurde der Staat als notwendige, überindividuelle Erscheinung oder Selbstzweck verstanden, so dass der Staatszweck als Zusammenfassung aller denkbaren Zwecke des Staates zu betrachten ist. Anderseits zielte die Staatszwecktheorie auf den Zweck der Sicherheits- und Freiheitswahrung, wegen der Entwicklung individueller Freiheit im pluralistischen Verfassungsstaat.[110] Diese Staatszwecklehre entspricht der Auffassung des Staates in Bezug auf die Gemeinwohldefinition: Staat im weiteren/engeren Sinne. Die Staatszwecke entsprachen letztlich dem Gemeinwohl und seiner Verwirklichung durch den Staat. Unter dem Einfluss des Rechtspositivismus wurde die Staatszwecklehre aber stark kritisiert und schließlich abgelehnt. Die Anhänger des Positivismus, besonders *Laband* oder *Gerber*, betrachteten die Staatszwecklehre oder den Staatsbegriff nur als rein politisches Thema.[111] *Hans Kelsen* betrachtete darüber hinaus die Staatszwecklehre oder das Gemeinwohl als „irrationales Ideal“ und bezeichnet beides als „Leerformel“.[112] In der rechtspositivistischen Staatslehre verkümmerte der Begriff des Staatszwecks, weil es offenbar keine Staatszwecke „an sich“ gebe, sondern „nur solche, die ein je konkretes Gemeinwesen in einer je konkreten Zeit einem je konkreten Staat zuweist“.[113]

Konsequenterweise führt die weitergehende Staatszwecklehre zum „Ende der Staatszwecklehre“, weil eine Selbstzweckhaftigkeit die Zwecklosigkeit bedeutet.[114] Zugleich ist es aber erforderlich, das Gemeinwohl im bestimmten Gemeinwesen - insbesondere im Staat - zu erkennen.[115] Die Frage nach dem Staatszweck entwickelte sich in der Rechtswissenschaft fort und konkretisierte sich oder mutierte vielmehr zur Frage nach den Staatsaufgaben.

---

110 Dazu näher, *J. Isensee*, Die alte Frage nach der Rechtfertigung des Staates, JZ 1999, S. 265 (268 ff.).; *H. Schulze-Fielitz*, Grundmodi der Aufgabenwahrnehmung, in: *Hoffmann-Riem/Schmidt-Aßmann/Voßkuhle* (Hrsg.), GVwR I, § 12, Rn. 21.

111 Vgl. *H. Schulze-Fielitz*, Staatsaufgabenentwicklung und Verfassung, in: *D. Grimm* (Hrsg.), Wachsende Staatsaufgaben – sinkende Steuerungsfähigkeit des Rechts, S. 11 (12 f.).; auch *W. Weiß*, Privatisierung und Staatsaufgabe, S. 61 f.

112 *J. Isensee*, Konkretisierung des Gemeinwohls in der freiheitlichen Demokratie, in: *von Arnim/Sommermann* (Hrsg.), Gemeinwohlgefährdung und Gemeinwohlsicherung, S. 95 (96 f.).

113 *H. Schulze-Fielitz*, Staatsaufgabenentwicklung und Verfassung, in: *D. Grimm* (Hrsg.), Wachsende Staatsaufgaben – sinkende Steuerungsfähigkeit des Rechts, S. 11 (13).

114 Vgl. *W. Weiß*, Privatisierung und Staatsaufgabe, S. 60 f.

115 Siehe oben, 2. Kap. B II 1 (1)

2. Vom Staatszweck zur Staatsaufgabe

Ein sinnvoller Versuch, in der Soziologie relative Staatszwecke zu finden und anhand der Tätigkeit des Staates und des Nichtstaates den Staatszweck zu bestimmen, wurde bei *G. Jellinek* gemacht. *Jellinek* war der Ansicht, dass eine Grenzlinie zwischen staatlicher und nichtstaatlicher Tätigkeit gezogen werden könne.[116] So hat er zwei Arten „relativer Staatszwecke" unterschieden: „ausschließliche und „konkurrierende Staatsaufgaben".[117] Ausschließliche Staatsaufgaben seien diejenigen, deren Erfüllung wesentlich und notwendig durch Einsatz des staatsvorbehaltlichen Mittels, des physischen Zwangs, geprägt sei.[118] Im Gegenteil dazu finden konkurrierende Staatsaufgaben sich in der staatlichen Bildungs-, Kultur- und Wirtschaftsförderung sowie in der Daseinsvorsorge.

Nach der *Jellinek*schen Staatszwecklehre erstreckt sich die Debatte nicht nur darauf, was Staatszweck bzw. Staatsaufgaben per se sind, sondern wie die Aufgaben kategorisiert werden können und wie sie wahrzunehmen sind. Besonders wichtig ist die Frage, in welchen Bereichen der Gesellschaft der Staat aus Gründen des öffentlichen Interesses Rahmenbedingungen durch Privatrecht oder durch öffentliches Recht setzen soll.[119] Von der *Jellinek*schen Staatsaufgabenlehre bis zur Moderne kann man zahlreiche Begriffe und Kategorien zur Bildung von Staatsaufgaben finden. Eine Methode der Trennung von Staatsaufgaben wie in der *Jellinek*schen Aufgabenlehre, also in „ausschließliche- und konkurrierende Staatsaufgaben" wird in verschiedenen Varianten weitergeführt: obligatorische- und fakultative Staatsaufgaben, vertretbare und unvertretbare Staatsaufgaben usw.[120] Dieser Versuch zeigt, dass der Staat grundsätzlich die Aufgaben selbst durchführen soll, aber nicht klar ist, wo die Abgrenzung der Aufgabenträgerschaft zwischen Staat oder Privaten gezogen werden kann. Man findet nur einige Ausdrücke wie „notwendige Wahrnehmung", „Bedürfnis", „Ausübung der elementaren Staatsfunktionen", um die Trägerschaft zu bestimmen. Anhand

---

116 *G. Jellinek*, Allgemeine Staatslehre, S. 259.; zitiert nach *R. Ruge*, Die Gewährleistungsverwaltung des Staates und der „regulatory State", S. 140.

117 *Jellinek*scher Begriff der „relativen Staatszwecke" ist jetzt als „Staatsaufgaben" anzusehen. Vgl. *J. Isensee*, Staatsaufgaben, in: *ders./Kirchhof* (Hrsg.), HStR IV, § 73, Rn. 27.

118 Vgl. *J. Isensee*, Staatsaufgaben, in: *ders./Kirchhof* (Hrsg.), HStR IV § 73, Rn. 27 f.

119 Vgl. *T. Fleiner-Gerster*, Kriterien für die Aufgabenverteilung von Staat und Gesellschaft, in: Gesellschaft für Rechtspolitik, Bitburger Gespräche, Jahrbuch 1984, S. 26 f.; *H. Schulze-Fielitz*, Staatsaufgabenentwicklung und Verfassung, in: *D. Grimm* (Hrsg.), Wachsende Staatsaufgaben – sinkende Steuerungsfähigkeit des Rechts, S. 11 (17).

120 Vgl. *J. Isensee*, Staatsaufgaben, in: *ders./Kirchhof* (Hrsg.), HStR IV § 73, Rn. 29-35.

dieser Ausdrücke lässt sich aber nicht leicht bestimmen, ob eine Aufgabe vom Staat selbst oder durch Private wahrgenommen werden kann. Noch unklar ist, ob der Maßstab bei der Trennung der Staatsaufgaben nicht nur ein rechtlicher, sondern auch ein interdisziplinärer ist,[121] weil die Theorie von *Jellinek* nicht nur auf normativem, sondern auch auf soziologischem Boden steht. Je nach den Umständen und den betreffenden Fachbereichen gelangt man zu ganz unterschiedlichen Ergebnissen.

Umgekehrt hat *H. Peters* die staatlichen und die öffentlichen Aufgaben streng voneinander getrennt. Zuerst hat er eine Abgrenzung der Staatsaufgaben von den öffentlichen Aufgaben vorgenommen und danach die öffentliche Aufgaben als Oberbegriff angenommen. Die öffentlichen Aufgaben sollten diejenigen sein, an deren Erfüllung die Öffentlichkeit maßgeblich interessiert ist. Sie könnten aber vollkommen den Privaten überlassen bleiben. Demgegenüber werden die Staatsaufgaben nur vom Staat von sich aus durchgeführt.[122] Vor allem ist es sinnvoll, dass er im Kern der Debatte auf die Öffentlichkeit und das öffentliche Interesse gelegt hat. Diese Ansicht von *Peters* hat die spätere Aufgabenlehre beeinflusst.

IV. Wandel der Staatsaufgabenlehre

1. Hintergrund der Umwandlung

Der Staat führt seine Aufgaben, die sogenannten „ausschließlichen" oder „obligatorischen" Staatsaufgaben, in der Regel selbst durch. Dieser Gedanken liegt vor allem der Gemeinwohlverpflichtung des Staates zugrunde: „Der Staat hat dem Gemeinwohl zu dienen".[123] Eine Staatsaufgabe muss immer mit dem Bezug auf das Gemeinwohl definiert werden. Aber diese Grundidee des Gemeinwohls gilt auch für die öffentliche Aufgabe: „die Aufgaben, deren Erfüllung im öffentlichen Interesse liegt". Sodann ist zweifelhaft, ob und wie Staatsaufgaben und öffentlichen Aufgaben voneinander unterschieden werden können.

---

121 Vgl. *P. Häberle*, Verfassungsstaatliche Staatsaufgabenlehre, AöR 111 (1986), S. 600.

122 Vgl. *H. Peters*, Öffentliche und staatliche Aufgaben, in: *Dietz/Hübner* (Hrsg.), FS Nipperdey zum 70. Geburtstag, Bd. II, S. 875 (878 f.).; *U. Di Fabio*, Privatisierung und Staatsvorbehalt, JZ 1999, S. 585 (586).

123 Das Bundesverfassungsgericht erklärt sich so auch dafür. Statt vieler, BVerfGE 42, 312 (332); 44, 124 (141 f.).

Diese Frage greift auf das schon lange diskutierte staatsrechtliche Thema, Staat und Gesellschaft, zurück. Nach der großen Debatte von *E.-W. Böckenförde*[124] und *K. Hesse*[125] eröffnete man diese Diskussion wieder. Auf der 1971 stattgefundenen Jahrestagung der Vereinigung der Deutschen Staatsrechtslehrer in Regensburg hat man schon das Handeln und Wirken der Verwaltung im gesellschaftlichen Bereich[126] diskutiert. Seitdem stehen die Erscheinungsformen der gesellschaftlichen Steuerung und Kooperation durch den Staat[127] in weitgehender Diskussion. Die Aufgabenlehre steht im Mittelpunkt dieser aktiven Entwicklung.

Aufgrund des Gewaltenteilungsprinzips nach Art. 20 Abs. 3 GG hat die Verwaltung eine primäre Verantwortung für die Wahrnehmung staatlicher Aufgaben, die ihr durch den verfassungsrechtlich legitimierten Gesetzgeber übertragen werden.[128] In Abhängigkeit von den unterschiedlichen Umständen hat der Gesetzgeber weitgehende Gestaltungsspielräume bei der Aufgabenteilung. Unter diesem Blickwinkel findet sich eine Möglichkeit, die staatliche Aufgabe zu verändern. Der heutige Wandel oder der Abbau der Staatsaufgabe ist bereits fortgeschritten. Diese Behauptung beruht vor allem auf der sog. Liberalisierungs-, Privatisierungs- und Deregulierungsdebatte.[129] Die weitergehende Tendenz zur Liberalisierung wurde früher oft als „Rückzug des Staates“ oder als „Abschied vom Staat“ sowie als „Verlagerung der Form der Wahrnehmung staatlicher Aufgaben“ dargestellt.[130] In der aktuellen Diskussion um die Staatlichkeit geht es nicht darum, den Staat zu verabschieden, sondern darum, den richtigen Standort des Staates zu bestimmen.[131] Dieser Wandel führt dazu, dass die staat-

---

124 *E.-W. Böckenförde*, Die Bedeutung der Unterscheidung von Staat und Gesellschaft im demokratischen Sozialstaat der Gegenwart, in: *P. Möhring* (Hrsg.), Neue Entwicklungen im Wettbewerbs- und Warenzeichenrecht, FS Hefermehl zum 65. Geburtstag, S. 11 ff.

125 *K. Hesse*, Bemerkung zur heutigen Problematik und Tragweite der Unterscheidung von Staat und Gesellschaft, DÖV 28 (1975), S. 437 ff.

126 Vgl. *W. Brohm*, Die Dogmatik des Verwaltungsrechts vor den Gegenwartsaufgabe der Verwaltung, VVDStRL 30 (1971), S. 245 (289 ff.).

127 So ähnlich, *E. Schmidt-Aßmann*, Aussprache und Schlussworte, VVDStRL 56 (1997), S. 283 (294).

128 Vgl. *H. Schulze-Fielitz*, Grundmodi der Aufgabenwahrnehmung, in: *Hoffmann-Riem/Schmidt-Aßmann/Voßkuhle* (Hrsg.), GVwR I, § 12, Rn. 1.

129 Siehe unten, 3. Kap. C III 2

130 *A. Benz*, Privatisierung und Deregulierung - Abbau von Staatsaufgaben?, Die Verwaltung, 28 (1995), S. 337 (347).

131 Grundlegend, *A. Voßkuhle*, Beteiligung Privater an der Wahrnehmung öffentlicher Aufgaben und staatliche Verantwortung, VVDStRL 62(2003), S. 266 ff.; *H. Bauer*, Privati-

liche Aufgabenerfüllung zugunsten der staatlichen Gewährleistung der Aufgabenerfüllung durch Private zurücktritt.[132] So gelingt eine richtige Abgrenzung zwischen staatlichen und privaten Akteuren bei der Definition und der Verwirklichung des Gemeinwohls.[133] Aufgrund der Grundidee der Gemeinwohlverwirklichung, nach der das Gemeinwohl durch Staat oder durch Gesellschaft bzw. Private verwirklicht werden kann, spielt der schlichte Maßstab der staatlichen und nicht-staatlichen Aufgaben nur eine begrenzte Rolle. Vielmehr könnte der Maßstab an der Kernaufgabe des Staates aufgezeigt werden. Dann steht die Frage im Raum, wann man die inhaltliche Existenz einer Kernaufgabe des Staates annehmen kann. Inwieweit die staatlichen Kernkompetenzen einer inhaltlichen Konturierung zugänglich sind, wird von der Vertreten der Kernstaatsaufgabenlehre unterschiedlich beantwortet.[134]

2. Debatte um die Kernstaatsaufgabe

Die Ansicht, die von der Existenz einer Kernstaatsaufgabe ausgeht, ist zunächst eine Lehre, die die vorgegebene, natürliche Aufgabe und die formale Bestimmungskompetenz des Staates als Kernaufgabe unterscheidet.

(1) Zu einer vorgegebenen Kernstaatsaufgabe

Die Frage der Existenz einer Kernstaatsaufgabe geht vor allem von der Debatte um die Grenze der Privatisierung aus.[135] Man könnte sich spontan vorstellen, dass einige natürliche Angelegenheiten dem Staat ausschließlich vorbehalten sind. Die Lehre, die eine materielle Kernstaatsaufgabe im Sinne des natürli-

---

sierung von Verwaltungsaufgaben, VVDStRL 54 (1995), S. 243 ff.; *M. Fehling*, Regulierung als Staatsaufgabe im Gewährleistungsstaat Deutschland, in: *H. Hill* (Hrsg.), Die Zukunft des öffentlichen Sektors, S. 91 (108 ff.).; *W. Weiß*, Privatisierung und Staatsaufgaben, S. 135.

132 Vgl. *H. Bauer*, Privatisierung von Verwaltungsaufgaben, VVDStRL 54 (1995), S. 243 (277 f.).

133 Vgl. *C. Gramm*, Privatisierung und notwendige Staatsaufgabe, S. 58.

134 Vgl. *T. Lämmerzahl*, Die Beteiligung Privater an der Erledigung öffentlicher Aufgaben S. 41.

135 Dazu näher, *M. Ronellenfitsch*, Staat und Markt: Rechtliche Grenzen einer Privatisierung kommunaler Aufgaben, DÖV 1999, S. 705 ff.

chen Staatsvorbehalts anerkennt, bezeichnet sich hier als „Aufgabentheorie".[136] Die Aufgabentheorie geht von der metaverfassungsrechtlichen Bestimmbarkeit aus, wonach ein privatisierungsfester Kreis *a priori* zu bestimmen ist.[137] Nach der Aufgabentheorie markiert die „Herstellung vorstaatlicher Zustände"[138] eine Grenze der Privatisierung.

Eine solche strikte materielle Lehre wird oft dahingehend kritisiert, dass im modernen Verfassungsstaat eine metaverfassungsrechtliche Auslegung und das Vorhandenseins des Staates nicht erlaubt sind.[139] Anstatt einer originären, geborenen Staatsaufgabe vorrechtliche zu begründen, sei die privatisierungsfeste Staatsaufgabe bzw. eine Kernstaatsaufgabe vom Verfassungsgeber zu bestimmen. Diese Lehre wird als „Befugnistheorie" bezeichnet.[140] Nach der Befugnistheorie ergibt sich die Bestimmbarkeit einer Aufgabe danach, ob sie staatlich oder gesellschaftlich ist, nur unter der Geltung des Verfassungsrechts.

Aus der Befugnistheorie ergibt es sich nur, dass eine Staatsaufgabe nicht metaverfassungsrechtlich zu bestimmen ist. Die weitere Frage, ob eine konkrete Kernstaatsaufgabe besteht, ob und wie die Befugnis des Verfassungsgebers mit der Kernstaatsaufgabe des Staates direkt gleichzusetzen ist, wird unterschiedlich beantwortet. Die Vertreter der Befugnistheorie komplementieren sie oft mit den materiellen Bestandteilen,[141] wie „wesentliches Element der rechts-, sozial- oder umweltstaatlichen Aufgaben vorausliegenden Staatsaufgabe"[142] oder „Prinzip der Menschenwürde und der Menschenrechte".[143] Die Aufgaben- und Be-

---

136 Grundlegend, *M. Krautzberger*, Die Erfüllung öffentlicher Aufgaben durch Private, S. 53.; *T. Lämmerzahl*, Die Beteiligung Privater an der Erledigung öffentlicher Aufgaben, S. 116.; *J. A. Kämmerer*, Privatisierung, S. 158.

137 Vgl. *T. Lämmerzahl*, Die Beteiligung Privater an der Erledigung öffentlicher Aufgaben, S. 116 f.; *J. A. Kämmerer*, Privatisierung, S. 157 f.

138 Vgl. *M. Ronellenfitsch*, Staat und Markt: Rechtliche Grenzen einer Privatisierung kommunaler Aufgaben, DÖV 1999, S. 705 (708).

139 *J. A. Kämmerer*, Privatisierung, S. 157 f.

140 Statt vieler, *M. Krautzberger*, Die Erfüllung öffentlicher Aufgaben durch Private, S. 51 f.

141 Dazu näher, *H. Bauer*, Privatisierung von Verwaltungsaufgaben, Leitsatz 13, VVDStRL 54 (1995), S. 243 (283).; Diskussionsbeitrag, VVDStRL 54 (1995), S. 317 f., 325 f. und S. 329; *J. A. Kämmerer*, Privatisierung, S. 161, 165.; Ähnlich, *T. Lämmerzahl*, Die Beteiligung Privater an der Erledigung öffentlicher Aufgaben, S. 121 ff.

142 *G. Hermes*, Staatliche Infrastrukturverantwortung, S. 352.

143 *C. Gramm*, Privatisierung und notwendige Staatsaufgabe, S. 79.

fugnistheorie werden heute nicht mehr so strikt aufrechterhalten,[144] sondern haben sich einander angenähert.

(2) Die formale Kernstaatsaufgabe

Die strikt formale Lehre basiert auf einer „General- und Blankovollmacht". Nach dieser Auffassung erfolgt der Prozess der Herausbildung von Staatsaufgaben aus der öffentlichen Aufgabe durch eine Entscheidung des Staates. Aufgrund dieser Kompetenz-Kompetenz bestimmt der Staat seine Aufgaben je nach den Erfordernissen. Anders als die natürliche Kernaufgabelehre lehnt es die strikte formale Aufgabenlehre ab, die Staatsaufgabe *a priori* festzulegen. Die Vertreter der formalen Staatsaufgabenlehre behaupten, dass die formale Lehre heute weder die Annahme einer „General- und Blankovollmacht" noch einer „originären" Staatsaufgabe bedeute. Alle Kompetenz des Staates werde zuerst an der Verfassung ausgerichtet. Er setzt zur Bestimmung der Staatsaufgaben fest, dass Staatsaufgaben als solche diejenigen sind, die der Staat durch eine ihm institutionell zuzurechnende Organisationseinheit im Einklang mit den Verfassungsbestimmungen wahrnimmt, und zwar im Umfang ihrer Wahrnehmung.[145] Dieser Prozess sei eine Entscheidung des Staates und dies sei unstrittiger Kern aller Überlegungen zur Staatsaufgabenkompetenz und zugleich der Kern des Staatsaufgabenbegriffs, welcher deshalb ein formaler sei.[146] Hier stellt sich die Kernstaatsaufgabe nämlich eine Entscheidungs- und Bestimmungskompetenz des Staates („Kernkompetenz des Staates") dar. Die Kernaufgabe bzw. Kernkompetenz liegt die Menschenwürde in Art. 1 GG und das Gleichheitsprinzip in Art. 3 GG zugrunde. In Hinblick auf dieser Kernkompetenz erkennen die Vertreter der formalen Staatsaufgabenlehre, - auf unterschiedlichem Niveau - das Bestehen der Kernaufgabe an. Entscheidendes Kriterium der formalen Kernstaatsaufgabenlehre ist schließlich die Trägerschaft der Aufgaben.

(3) Notwendige Staatsaufgabe

Christof Gramm hat in seiner Habilitationsschrift den Begriff der „notwendige Staatsaufgabe" erklärt. Als sicher setzt er voraus, dass das Grundgesetz keine Aufgabenhierarchie, keinen Kernbereich notwendiger Staatsaufgaben

144 Vgl. *M. Burgi*, Funktionelle Privatisierung, S. 50.
145 Vgl. *M. Burgi*, Privatisierung, in: *Isensee/Kirchhof* (Hrsg.) HStR IV, § 75, Rn.2
146 *M. Burgi*, Funktionelle Privatisierung, S. 51.

kenne.[147] Zugleich sei eine ausdrückliche Hervorhebung vom Verfassungsgeber (oder Gesetzgeber) nicht konstitutiv.[148] Weder die metaverfassungsrechtliche Aufgabe noch ein geschlossenes Konzept der formalen Staatsaufgaben aufgrund der geschriebenen Verfassung könne erfolgreich sein. Er meint, dass es unmöglich sei, einen zeitlos gültigen und abgeschlossenen Katalog eines vorgegebenen staatlichen Mindestaufgabenstandes zu definieren.[149] In diesem Sinne wird die „notwendige Staatsaufgabe" nicht als die staatliche Kernaufgabe qualifiziert.

Trotz aller Schwierigkeiten bei der Klärung des staatlichen Aufgabenbestands bedarf es dennoch eines grundlegenden Bestandes von Aufgaben- und Funktionen, die tatsächlich vom Staat wahrgenommen werden, weil der Staat ohne einen grundlegenden Funktions- und Aufgabenbestand nicht auskommt.[150] *Gramm* findet die grundlegende Funktion und Aufgabe nicht durch die Dekonstruktion der Verfassung, sondern durch ihre Ergänzung um eine tragfähige Theorie der notwendigen Staatsaufgaben. Diesem existenziellen Interesse liege die Menschenwürde zugrunde.[151] Aber seine Lehre bleibt nicht nur in dieser abstrakte Phase. Er betrachtet die notwendige Staatsaufgabenlehre als „Bereitstellung öffentlicher Güter".[152] Diese Aufgabenlehre lehnt an die ökonomische Theorie der „ökonomischen Güter" an.

Das Bundesverfassungsgericht spricht in einer seiner Entscheidung auch von „notwendigen Staatsaufgaben".[153] Es ist aber unklar, ob dieser Ausdruck auf die Existenz einer (formalen) Kernstaatsaufgabe hindeutet. Wiederum hat eine andere Entscheidung festgestellt, dass „die Bestattung keine dem Staat exklusiv zugewiesene Kernaufgabe" ist.[154] Zwar werden unterschiedliche Ausdrücke - „notwendige Aufgabe" und „Kernaufgabe" - benutzt, aber die beiden Entscheidungen führen sie in ihrer Begründung als gleichbedeutend an. Nur anhand dieser Ausdrücke ist also nicht zu ermitteln, ob das Bundesverfassungsgericht einen Kernbereich der Staatsaufgaben anerkennt.

---

147 *C. Gramm*, Privatisierung und notwendige Staatsaufgaben, S. 41 f.

148 *C. Gramm*, Privatisierung und notwendige Staatsaufgaben, S. 43.

149 *C. Gramm*, Privatisierung und notwendige Staatsaufgaben, S. 75.

150 Vgl. *T. Lämmerzahl*, Die Beteiligung Privater an der Erledigung öffentlicher Aufgaben, S. 121.

151 Vgl. *C. Gramm*, Privatisierung und notwendige Staatsaufgaben, S. 79.

152 Dazu näher, *C. Gramm*, Privatisierung und notwendige Staatsaufgaben, S. 192 ff.

153 BVerfGE 95, 250 (265): „Die Stromversorgung stellt keine von Verfassung wegen notwendige Staatsaufgabe dar."

154 BayVGH, NVwZ 1997, S. 481; *S. Baer*, Verwaltungsaufgaben, in: *Hoffmann-Riem/Schmidt-Aßmann/Voßkuhle* (Hrsg.), GVwR I, § 11, Rn. 28 (Fn. 89).

3. Kritik an der Annahme einer Kernstaatsaufgabe

(1) Kein dauerhafter Katalog der Kernstaatsaufgaben

Es besteht ein Bereich, in dem die Aufgabenerfüllung durch private Akteure unzulässig ist. Im Verfassungsrecht ist die Aufgabe, die für sich als staatsnotwendig gelten soll, aber nicht immer deutlich von den anderen abgrenzbar.[155] Der schlichte Maßstab der Trägerschaft einer Aufgabe - „wenn eine Angelegenheit vom Staat wahrgenommen ist, dann ist sie eine Staatsaufgabe" - ist nicht akzeptabel. Wenn eine Kernstaatsaufgabe mit diesem Maßstab zu bestimmen wäre, müsste die Begrenzung dauerhaft feststehen. Denn der Kernbereich geht von der grundlegenden Funktion des Staates aus und charakterisiert zugleich den Staat. Aber es besteht keine klare, dauerhafte Abgrenzung zwischen dem staatlichen und nicht-staatlichem Aufgabenkatalog.

Mittels der Debatte um die Kernaufgabe versuchte man die staatsmonopolisierten Aufgaben zu bestimmen. Aber die (materielle) Kernaufgabentheorie bietet entweder einen hoch abstrakten Maßstab, der von der „Gemeinwohlverpflichtung" nicht deutlich verschieden ist, oder den empirischen Maßstab an, welche bestimmte Aufgabe durch den Staat momentan wahrzunehmen ist. Es gibt viele Beispiele für Aufgaben, die früher als „Kern"staatsaufgaben betrachtet wurden, aber nun nicht mehr vom Staat selbst wahrgenommen werden. Das bedeutet, dass diese Aufgaben nur praktische Kernstaatsaufgaben je nach den unterschiedlichen Anforderungen sind. Eine praktische Kernstaatsaufgabe ist eher die aufgegebene Weise zur Erfüllung derjenigen Aufgabe gemeint, die vom Gesetzgeber bestimmt wurde. Tatsächlich kann jede Aufgabe im Rahmen der verfassungsrechtlichen Vorgaben vom Gesetzgeber zu einer „staatlichen" gemacht werden[156] und es ist auch möglich, sie zu einer „nicht-staatlichen" zu machen.

Als Beispiel dient die Entwicklung des staatlichen Monopols der Post und Telekommunikation. In §§ 41-44 der Paulskirchenverfassung war vorgesehen, dass die Kompetenz sowohl für die Gesetzgebung als auch für die Verwaltung der Post stets beim Reich respektive beim Bund zu liegen habe.[157] Wird die

---

155 Aber, *W. Weiß*, Privatisierung und Staatsaufgaben, S. 411 ff.

156 Vgl. *A. Voßkuhle*, Beteiligung Privater an der Wahrnehmung öffentlicher Aufgaben und staatliche Verantwortung, VVDStRL 62(2003), S. 266 (274 f.).

157 Dazu näher, *J. Masing*, Post und Telekommunikation, in: *Isensee/Kirchhof* (Hrsg), HStR IV, § 90, Rn. 5.

Aufgabe der Post und Telekommunikation als Kernstaatsaufgabe betrachtet, dann stehen die Postreformen seit 1989 dazu im Widerspruch. Als andere Beispiele wären hier zu nennen, die unterschiedlichen Angebote von Sicherheitsdiensten durch Private, die beschränkten auswärtigen Dienste in (Kleinst-)Staaten, die ihre äußere Sicherheit nicht selbst gewährleisten können, die Übertragung militärischer Aufgaben auf private Sicherheits- und Militärunternehmen,[158] auf befreundete Nachbarstaaten[159] oder Staatenverbindungen.[160]

Ein Versuch, die wesentliche dem Staat obliegende Aufgabe auf empirische Weise zu finden, stößt immer wieder auf einen entgegenstehenden empirischen Einwand.[161] Es gibt viele ähnliche Beispiele von Aufgaben, die früher als unverzichtbare Staatsaufgaben betrachtet wurden, und heute staatsfern erledigt werden.[162]

(2) Kein vorgegebener Staat

Eine Ansicht, die Lehre von den „natürlichen" Staatsaufgaben genannt wird, setzt die Existenz eines Staates als vorgegeben voraus und verlässt den Methodenrahmen der jüngeren Staatsrechtslehre, die sich am positiven Verfassungsrecht orientiert.[163] Das Verständnis formaler Aufgabenlehre wird auch jedenfalls mit dem grundlegenden Streit um die Existenz von Staatsreservaten aufgeladen.[164] Die Vorstellung, dass es den vorgegebenen Staat als etwas ursprüngli-

---

158 Beispielsweise, „Blackwater Security Consulting (BSC)" in USA, vgl. „Sicherheitsunternehmen im Irak - Wenn Rambos aufräumen", Süddeutsche Zeitung, 18. Sep. 2007.; „Sicherheitsfirmen im Irak: ‚Huren des Krieges' unter Feuer", Spiegel Online, 19. Sep. 2007.; Beispiel für innere Sicherheit durch die private Sicherheitsdienste, vgl. *A. Voßkuhle*, Beteiligung Privater an öffentliche Aufgaben und staatliche Verantwortung, VVDStRL 62 (2003), S. 266 (275).

159 Vgl. *T. Lämmerzahl*, Die Beteiligung Privater an der Erledigung öffentlicher Aufgaben, S. 119.

160 Dazu näher, *H. Kristoferitsch*, Vom Staatenbund zum Bundesstaat?, S. 33 ff.; *K. Doering*, Allgemeine Staatslehre, S. 71 ff.

161 Vgl. *J. A. Kämmerer*, Privatisierung, S. 157.

162 Vgl. *C. Gramm*, Privatisierung und notwendige Staatsaufgabe, S. 191.

163 Vgl. *R. Ruge*, Die Gewährleistungsverantwortung des Staates und der regulatory State, S. 182.

164 Vgl. *T. Lämmerzahl*, Die Beteiligung Privater an der Erledigung öffentlicher Aufgaben, S. 41.

ches Vorfindliches gibt, ist in heutiger Zeit überwunden.[165] Die Begriffe der „geborenen", „originären" und „primären" Staatsaufgaben sind abzulehnen, da sie die grundsätzliche Differenz zwischen dem totalitären Staatstypus und dem Verfassungsstaat überdecken.[166] Von dieser Vorstellung des Staatsbildes muss sich die heutige Verfassung auch notwendig lösen.[167] Von natürlichen Kernaufgaben sollte deshalb nicht gesprochen werden.[168] Noch ist unklar, wie ein „wesentlicher Bereich" im natürlichen Aufgabenfeld bestimmt werden kann - ähnlich wie das Problem der Wesensgehaltgarantie in Grundrechtslehre.[169] Das Staatsbild im Verfassungsstaat wird immer wieder neu aufgegeben und aktualisiert. Hier spielt der demokratisch legitimierte Gesetzgeber eine große Rolle. Aber die Rolle des Gesetzgebers wird im formalen Aufgabenbegriff zu stark akzentuiert. Trotz aller seiner Erklärungen, wonach der formale Aufgabenbegriff nicht originäre, wesensmäßige Aufgaben bedeutet,[170] erkennt er die Entscheidungskompetenz des Gesetzgebers (oder Verfassungsgebers) grundsätzlich als Kernkompetenz an. Zum Äußersten gebracht hieße das, dass der Staat alle Sachfragen selbst festlegen muss und alle Angelegenheiten des Gemeinwesens davon abhängig sind. Wenn die Kompetenz zur Entscheidung als die staatliche Kernaufgabe betrachtet würde, wäre die staatliche Aufgabe diejenige Aufgabe, die durch die Wahrnehmung dieser staatlichen Aufgabe als staatliche Aufgabe bestimmt wird. Dieser endlose dezisionistische Zirkelschluss führt nicht zu richtigen Lösungen und hat keine Überzeugungskraft mehr.

(3) Gleichsetzung von Kompetenz und Aufgabe?

Es ist umstritten, wie der Begriff der Aufgabe zu definieren ist. Ein substantielles Element der Definition „Aufgabe" ist etwas, das in Zukunft getan werden soll.[171] Demgegenüber kennzeichnet die den staatlichen Organen gegebene

---

165 Dazu näher, *K. Hesse*, Grundzüge des Verfassungsrechts der Bundesrepublik Deutschland, Rn. 5 ff.

166 *P. Häberle*, Verfassungsstaatliche Staatsaufgabenlehre, AöR 111 (1986), S. 595 (600).

167 Vgl. *K. Hesse*, Grundzüge des Verfassungsrechts der Bundesrepublik Deutschland, Rn. 482.

168 Vgl. *P. Häberle*, Verfassungsstaatliche Staatsaufgabenlehre, AöR 111 (1986), S. 595 (600 f.).

169 Dazu näher, *P. Häberle*, Wesensgehaltgarantie des Art. 19 Abs. 2 GG, S. 64.

170 Vgl. *M. Burgi*, Funktionelle Privatisierung, S. 50.

171 Vgl. *S. Baer*, Verwaltungsaufgaben, in: *Hoffmann-Riem/Schmidt-Aßmann/Voßkuhle* (Hrsg.), GVwR I, § 11, Rn. 11.

„Kompetenz“ im Verfassungsstaat eine „aufgegebene“ Befugnis, alle zukünftigen Aufgaben, Ziele und Zwecke zu realisieren.

Die aufgegebene Kompetenz bezieht sich auf das gesamte abstrakte Wohl des Gemeinwesens, wie Demokratie, Rechtsstaatsprinzip, Gleichheitsprinzip und Sozialstaatsprinzip, sonst mündet das Modell der Kompetenz-Kompetenz in ein totalitäres Staatsbild. Die Entscheidung, welche Aufgabe durch den Staat selbst wahrgenommen werden soll, kommt dem Prozess des Gemeinwesens zur politischen Willensbildung nahe, und wird schließlich auf das „Gemeinwohl“ zurückgeführt. Anhand der formalen Staatsaufgabenlehre kann man vielmehr den Unterschied zwischen der staatlichen „Gemeinwohlverwirklichung“ und den staatlichen Aufgaben als eine konkrete Form der staatlichen „Gemeinwohlverpflichtung“ nicht deutlich erkennen. Die formale Staatsaufgabenlehre führt schließlich zum Ergebnis, dass die Staatsaufgabe „in der Zeit oder in der Sache nicht abschließend und endgültig definiert“ werden kann[172] und daher mit Hilfe von materiellen Elementen, wie etwa die Definition des Gemeinwohls, zu ergänzen ist.

Die Verfassung als rechtliche Grundordnung des Gemeinwesens begründet staatliche Kompetenz zur sachgemäßen Wahrnehmung der Aufgaben.[173] Die staatliche Kompetenz wird gewährleistet zunächst durch Organisation, Verfahren zur Wahrnehmung jener Aufgaben und durch Funktionssicherung. Damit bestimmt die Kompetenz das Aufgabenziel, das wiederum die Grundlagen der Ordnung des Gemeinwesens ist. Soweit die Verfassung die staatliche Kompetenz begründet, wird nicht die Kompetenz selbst zur Aufgabe,[174] sondern ermöglicht die Aufgabenerfüllung.

4. Zwischenergebnis

Die Untersuchung, wie der Begriff der Staatsaufgabe angemessen zu definiert ist, hat nur teilweise zum Erfolg geführt. Der Begriff der Staatsaufgabe hat heute nur noch abstrakte Bedeutung, die sich aus dem staatsrechtlichen Gedan-

---

172 *J. Isensee*, Konkretisierung des Gemeinwohls in der freiheitlichen Demokratie, in: *von Arnim/Sommermann* (Hrsg.), Gemeinwohlgefährdung und Gemeinwohlsicherung, S. 95 (104).

173 Vgl. *K. Hesse*, Grundzüge des Verfassungsrechts der Bundesrepublik Deutschland, Rn. 17 und 24 ff.

174 So ähnlich, *J.-C. Pielow*, Grundstrukturen öffentlicher Versorgung, S. 313.

ken ergibt, oder sich als die weitgehende Schutzaufgabe für die Menschenwürde darstellt, die wiederum aus der grundrechtlichen Schutzpflicht des Staates herzuleiten ist,[175] oder aus dem Versuch, durch die Annahme interdisziplinärer Theorien einen möglichen Ansatz zu finden.[176] Allen Ansätzen liegen weitgehende Gestaltungsspielräume zugrunde und alle sind letztlich politisch zu begründen.[177] Soweit die normative Abstufung innerhalb der Staatsaufgabe unmöglich ist,[178] bedeutet Staatsaufgabe die nur vorläufig festzulegende, sachliche, konkrete Aufgabe. Nach der Auslegung der positiven Rechte, insbesondere der des Grundgesetzes kann der Staat auf eine bestimmte Verfassungsordnung oder ein Gemeinwohl abzielen. Dieses Ziel der Verfassungsordnung und des Gemeinwohls bildet die Grundlage der konkreten Staatsaufgabe und fungiert als Rechtfertigungsgrund, ist aber nicht mit der Staatsaufgabe gleichzusetzen. Die Frage, wie die Staatsaufgabe innerhalb der Verfassungsordnung festzulegen ist, ist grundsätzlich vom Gesetzgeber zu beantworten. Angesichts dieser These von offenen Staatsaufgaben findet sich keine Kernstaatsaufgabe. Bei der Festlegung der Aufgabe geht es daher nicht um die inhaltliche Abstufung, sondern um die politische Frage der staatlichen Willensbildung.[179]

Die Staatsaufgabe stellt dann die Aufgabe dar, die der Staat eigenhändig erfüllen kann und soll. In der aktuellen Debatte um die Liberalisierung und die Privatisierung kann die Staatsaufgabenlehre nur eine begrenzte Rolle spielen. Die Fragen, ob eine privatisierungsfeste Staatsaufgabe existiert, inwieweit der Staat seine Aufgabe selbst erfüllen muss, und vor allem welche residuale Verantwortung ihm in der Privatisierungsfolgephase auferlegt wird, sind nicht durch die Aufgabenlehre gelöst werden. Nur ist die Aufgabenlehre zu beantworten, welche Aufgabe durch das positive Recht, insbesondere durch die Verfassung dem Staat verpflichtet. Es ist daher keine zufällige Tendenz, dass nicht mehr von staatlichen Aufgaben, sondern von staatlicher Verantwortung gesprochen wird.[180]

---

175 Dementsprechend, *W. Weiß*, Privatisierung und Staatsaufgaben, passim.

176 Wie die öffentlichen Güter als „notwendige Staatsaufgabe", *C. Gramm*, Privatisierung und notwendige Staatsaufgabe, passim.

177 Vgl. *C. Gramm*, Privatisierung und notwendige Staatsaufgabe, S. 47.; *M. Fehling*, Regulierung als Staatsaufgabe im Gewährleistungsstaat Deutschland, in: *H. Hill* (Hrsg.), Die Zukunft des öffentlichen Sektors, S. 91 (108 ff.).

178 Vgl. *C. Gramm*, Privatisierung und notwendige Staatsaufgabe, S. 48.

179 Vgl. *M. Fehling*, Regulierung als Staatsaufgabe im Gewährleistungsstaat Deutschland, in: *H. Hill* (Hrsg.), Die Zukunft des öffentlichen Sektors, S. 91 (108 ff.). *M. Krautzberger*, Die Erfüllung öffentlicher Aufgaben durch Private, S. 58.

180 Vgl. *C. Franzius*, Der „Gewährleistungsstaat", Der Staat 42 (2003), S. 493 (504).

V. Das Verhältnis der Aufgabenfelder

Die vorliegende Arbeit geht davon aus, dass keine normative Kernstaatsaufgabe besteht. Deshalb geht es darum, im welchen Verhältnis die Aufgabekategorien zueinander stehen. Vorausgesetzt wird, dass die tradierte Dichotomie von Staat und Gesellschaft aufrechterhalten wird, aber dieses Verhältnis in funktioneller Hinsicht flexibel ist.

1. Begriffsbestimmung der öffentlichen Aufgabe

(1) Verwendungsweise des „Öffentlichen"

Der Begriff der öffentlichen Aufgabe wird häufig nur deskriptiv und normativ unklar beschrieben.[181] Die traditionelle Definition der öffentlichen Aufgabe ist etwa „eine Aufgabe, deren Erfüllung im öffentlichen Interesse liegt".[182] Diese Definition führt auf die Frage zurück,[183] wie das öffentliche Interesse zu definieren ist. Es ist aber umstritten, wie die beiden Elemente - „Öffentlich" und „Interesse" zu bestimmen sind. Es bestehen verschiedene Bedeutungen und Verwendungsweisen dieser Begriffe „Öffentlich" und „Interesse".[184]

Unter den verschiedenen - politischen, soziologischen und normativen - Aspekten hat der Begriff des „Öffentlichen" zwar vielfältige Bedeutungen, aber es bestehen zwei übereinstimmende Verwendungsweisen.[185] Zum einen steht der Begriff des „Öffentlichen" dem Begriff „Privat" entgegen. In diesem Sinne ist das „Öffentlich" mit der „Allgemeinheit" gleichbedeutend. Dann kommt das öffentliche Interesse dem Allgemeinwohl nahe.

---

181 Vgl. *H. H. Klein*, Zum Begriff der öffentlichen Aufgaben, DÖV 1965 , S. 755 (758 f.).; *A. v. Hagemeister*, Die Privatisierung öffentlicher Aufgaben, S. 8.

182 *H. Peters*, Öffentliche und staatliche Aufgaben, in: *Dietz/Hübner* (Hrsg.), FS Nipperdey zum 70. Geburtstag, Bd. II, S. 875 (878 f.).; *R. Uerpmann*, Das öffentliche Interesse, S. 32.

183 *P. Häberle*, Öffentliches Interesse als juristisches Problem. S. 213.

184 Dazu näher, *R. Uerpmann*, Das öffentliche Interesse, S. 23 ff.

185 Vgl. *E. Schmidt-Aßmann*, Das allgemeine Verwaltungsrechts als Ordnungsidee, 2.Kap., Rn. 113.

Zum anderen lässt sich der Begriff des „Öffentlichen“ als sen“ bezeichnet werden, nicht nur den Staat im engeren Sinne, sondern auch die Gesellschaft.[186] Aus dieser Sicht liegt das öffentliche Interesse daher im weiteren „öffentlichen Bereich“.[187] Vor allem ist das öffentliche Interesse nun aufgegeben, nicht mehr vorgegeben.[188]

(2) Öffentliche Aufgabe und Gemeinwohl

Mit Hilfe dieser beiden Verwendungsweisen kann das öffentliche Interesse dadurch definiert werden, dass sich das öffentliche Interesse von den Eigen- oder Partikularinteressen unterscheidet, aber zugleich als das Interesse des Gemeinwesens zu betrachten ist, das durch die Verfolgung der Sonderinteressen oder durch das eigennützige Handeln Privater verwirklicht werden kann. Unter diesem Blickwinkel kann man öffentliches Interesse und öffentliche Aufgabe mit dem „Gemeinwohl“ oder der „Gemeinwohlverpflichtung“ verknüpfen. Der Staat wird zwar als der primäre Akteur der Gemeinwohlverwirklichung genannt und berufen, aber das Gemeinwohl ist auch durch die Gesellschaft bzw. die privaten Akteure zu verwirklichen. Die zahlreichen öffentlichen Aufgabe werden nicht ausschließlich durch den Staat wahrgenommen, sondern durch das Zusammenwirken erledigt. Es ist daher nicht verwunderlich, dass das „Gemeinwohl“ häufig mit den verschiedenartigen Begriffsdefinitionen des öffentlichen Interesses oder der öffentlichen Aufgaben verknüpft wird.[189]

Der Bereich des „Öffentlichen“ stellt sich die staatsrechtliche Frage der „zweidimensionalen Struktur“ von Staat und Gesellschaft.[190] Die Lehre der öffentlichen Aufgabe leugnet nicht die tradierte Dichotomie. Auch wird hier vorausgesetzt, dass der Staat von der Gesellschaft getrennt ist. Aber diese Trennung bedeutet keine „zwei Reiche“,[191] sondern eine „funktionelle Differenzie-

186 Siehe oben, 2. Kap. B. II. 1. (1).

187 Grundlegend, *K. Hesse*, Die verfassungsrechtliche Stellung der politischen Parteien im modernen Staat, VVDStRL 17 (1959), S. 11 (17)

188 Vgl. *P. Häberle*, Öffentliches Interesse als juristisches Problem, S. 209.

189 Beispielsweise *P. Häberle* Öffentliches Interesse als juristisches Problem, S. 213 f. Er beschreibt die öffentliche Aufgabe als „die öffentliche Gemeinwohlaufgabe“. Auch *J.-C. Pielow*, Strukturen öffentlicher Versorgung, S. 302.

190 *U. Steiner*, Öffentliche Verwaltung durch Private, S. 63.

191 Dazu näher, *R. Wahl*, Privatorganisationsrecht als Steuerungsinstrument, in: *Schmidt-Aßmann/Hoffmann-Riem* (Hrsg.), Verwaltungsorganisationsrecht als Steuerungsressource, S. 301 (319 ff.).; *W. Kahl*, Staatsaufsicht, S. 369.

rung“[192] oder eine „republikanische Bereichstrias mit fließenden Übergängen“.[193] Eine Aufgabe im öffentlichen Bereich lässt sich durch vielfältige Mischformen und Modelle der wechselseitigen Aufgabenerfüllung verwirklicht werden.[194] Es handelt sich um das Verhältnis der jeweiligen Aufgaben, um die öffentliche Aufgabe möglichst deutlicher zu bestimmen.

2. Öffentliche Aufgabe und Privataufgabe

Zunächst dienen die Begriffe „privat“ und „öffentlich“ der Abgrenzung und Bezeichnung von sozialen Handlungs- und Verantwortungsbereichen.[195] Daraus ist zu schließen, dass die „öffentliche Aufgabe“ von der „reinen“ Privataufgabe begrifflich zu unterscheiden ist. Aber dies bedeutet nicht, dass die Privaten von der Trägerschaft öffentlicher Aufgaben ausgeschlossen werden. Private Tätigkeit kann auch dem Gemeinwohl dienen - der private Egoismus kann es sogar fördern.[196] Die Trägerschaft selbst legt nicht eine Aufgabe als öffentlich oder privat fest. Nur bei einer „Staatsaufgabe“ von Gesetzes und Verfassungs wegen kann der Staat als Träger festgestellt werden. Die öffentliche Aufgabe ist als trägerneutral zu kennzeichnen.[197]

Das Verhältnis von privaten und öffentlichen Aufgabe wird nicht durch die bloße Trägerschaft, sondern durch die Unterscheidung anhand der mit ihnen verfolgten Interessen erfasst.[198] Öffentliches Interesse und Eigeninteresse sind qualitativ verschieden und das öffentliche Interesse ist nicht mit der Summe der einzelnen Interessen gleichzusetzen.[199] Selbst wenn die trägerneutrale Aufgabenwahrnehmung oder das Zusammenwirken von Staat und Gesellschaft im öffentlichen Bereich betont werden und eine gleiche Leistung im Zusammenwirken

---

192 *K. Hesse*, Grundzüge des Verfassungsrechts der Bundesrepublik Deutschland, Rn. 11.

193 *P. Häberle*, Verfassungslehre als Kulturwissenschaft, S. 621.; *W. Kahl*, Staatsaufsicht, S. 369.

194 Vgl. *C. Gramm*, Privatisierung und notwendige Staatsaufgabe, S. 28 f.

195 Vgl. *E. Schmidt-Aßmann*, Das allgemeine Verwaltungsrechts als Ordnungsidee, 2.Kap., Rn. 113, S. 107.

196 Vgl. *W. Weiß*, Privatisierung und Staatsaufgaben, S. 23.

197 Vgl. *M. Knauff*, Der Gewährleistungsstaat, S. 172.; *J.-C. Pielow*, Strukturen öffentlicher Versorgung, S. 302 ff.

198 Vgl. *T. Lämmerzahl*, Die Beteiligung Privater an der Erledigung öffentlicher Aufgaben, S. 33.

199 Vgl. *R. Uerpmann*, Das öffentliche Interesse, S. 35.

erbracht werden kann, bleibt die Wahrnehmung dieser Aufgabe nicht gleich.[200] Die „Letztverantwortung" für die Gemeinwohlverwirklichung ist immer noch dem Staat auferlegt. Von dieser staatlichen Letztverantwortung sind der staatliche Einfluss auf die private Tätigkeit für die öffentliche Aufgabe[201] oder die Rolle des Staates in der materiellen Privatisierung abzuleiten. Aber zugleich findet sich darin eine deutliche Grenze der Aufgabenlehre wieder.

3. Öffentliche Aufgabe und Staatsaufgabe

Während die Staatsaufgaben in der Abgrenzung von Staat und Gesellschaft hinreichend distinktiv sind, ist nicht so genau zu sagen, ob öffentliche Aufgaben außerhalb der „klassischen" Beteiligung Privater an den öffentlichen Aufgaben - Beleihung, gesetzliche Indienstnahme und Verwaltungshilfe[202] - nur durch den Staat oder auch durch Private wahrgenommen werden können.[203] Es ist umstritten, wie das Verhältnis zwischen Staats- und öffentlichen Aufgabe zu bestimmen ist.

(1) Gleichsetzung oder Gegenbegriff?

Obwohl der Begriff des „Öffentlichen" in den unterschiedlichsten Zusammenhängen diskutiert worden ist,[204] wird er häufig nur noch staatsbezogen gesehen.[205] Ein Standpunkt, der die Begriffe Staatsaufgabe und öffentliche Aufgabe gleichsetzt, lehnt daher die Abgrenzung zwischen Öffentlichem und Staatlichem ab. Umgekehrt versteht *H. H. Klein* Staatsaufgaben als diejenigen Angelegenheiten, die dem Staat zur eigenen Erledigung nach dem jeweils geltenden

---

200 Vgl. *J. A. Kämmerer*, Privatisierung, S. 33.

201 Zum Beispiel, (Klassische) Wirtschaftsaufsicht. Siehe unten. 4. Kap. C I 1; Zur Staatsaufsicht über Private, vgl. *U. Steiner*, Öffentliche Verwaltung durch Private, S. 82 ff.; *W. Kahl*, Staatsaufsicht, S. 362 ff.

202 Vgl. *U. Steiner*, Öffentliche Verwaltung durch Private, S. 106 ff.; *H. Schulze-Fielitz*, Grundmodi der Aufgabenwahrnehmung, in: *Hoffmann-Riem/Schmidt-Aßmann/Voßkuhle* (Hrsg.), GVwR I, § 12, Rn. 104 ff.

203 Vgl. *U. Di Fabio*, Privatisierung und Staatsvorbehalt, JZ 1999, S. 585 (586).

204 Vgl. *P. Häberle*, Öffentlichkeit und Verfassung, in: *ders.*, Verfassung als öffentlicher Prozeß, S. 225.

205 Vgl. *P. Kirmer*, Der Begriff der öffentlichen Aufgaben in der Rechtsprechung des Bundesverfassungsgerichts, S. 55.

Recht übertragen werden. Öffentliche Aufgaben werden dann nicht vom Staat, sondern von der Gesellschaft erfüllt.[206] Nach seiner Auffassung muss anhand der Trägerschaft der Aufgaben ein klarer Trennungsmaßstab angelegt werden.

Die These von der „funktionellen Differenzierung von Staat und Gesellschaft“ oder des „wechselseitigen Durchdringens von Staat und Gesellschaft“ ist heute kaum noch umstritten. Dabei geht es nicht mehr um die Gleichsetzung oder einen trennscharfen Blockabschnitt. Aus der sprachgeschichtlichen Sicht braucht der Begriff des „Öffentlichen“ auch nicht unbedingt mit dem Begriff des „Staatlichen“ gleichgesetzt zu werden.[207] Die Ansicht, wonach die beiden Begriffe der „öffentlichen“ und „staatlichen“ Aufgaben synonym oder völlig antonym sind, ist nun sowohl rechtlich als auch empirisch überwunden.[208] Die Trägerschaft öffentlicher Aufgaben lässt sich a posteriori feststellen

Zum anderen lässt sich der Begriff der „öffentlichen Aufgabe“ vorrechtlich ansehen. Dann ist der Rechtsbegriff der „öffentlichen Aufgabe“ eher eine sog. Zwischenform oder ein Vermittlungsbegriff.[209] *Di Fabio* postuliert, dass die „Staatsaufgabe“ von Verfassungs wegen eine „öffentliche Aufgabe“ sei, die eher zur Sphäre des Staates als zum Gewaltmonopol gehöre.[210] Damit meint diese Ansicht, dass die unklare Dualität der Begriffe öffentliche Aufgabe und Staatsaufgabe sich gerade nicht verträgt, weil es an distinktiver Abgrenzungsfähigkeit fehlt.[211]

Der Begriff der öffentlichen Aufgaben oder der Öffentlichkeit werden aber nicht von außen her an das Recht herangetragen, sondern sind vielmehr aus dem Recht, insbesondere aus dem Verfassungsrecht heraus zu entwickeln.[212] Sowohl das Verfassungsprinzip als auch die Institute des Verfassungsstaates sind Versu-

---

206 Vgl. *H. H. Klein*, Zum Begriff der öffentlichen Aufgaben, DÖV 1965, S. 755 (758).

207 Vgl. *W. Martens*, Öffentlich als Rechtsbegriff, S. 45 ff.

208 Vgl. *K. Hesse*, Die verfassungsrechtliche Stellung der politischen Parteien im modernen Staat, VVDStRL 17 (1959), S. 11 (17).; *H. Peters*, Öffentliche und staatliche Aufgaben, in: *Dietz/Hübner* (Hrsg.), FS Nipperdey zum 70. Geburtstag, Bd. II, S. 875 (882 ff.).; *F. Ossenbühl*, Die Erfüllung von Verwaltungsaufgaben durch Private, VVDStRL 29 (1971), S. 137 (150).; *P. Häberle*, Verfassungslehre als Kulturwissenschaft, S. 621.

209 Vgl. *U. Di Fabio*, Privatisierung und Staatsvorbehalt, JZ 1999, S. 585 (586).

210 *U. Di Fabio*, Privatisierung und Staatsvorbehalt, JZ 1999, S. 585 (587).

211 Vgl. *U. Di Fabio*, Privatisierung und Staatsvorbehalt, JZ 1999, S. 585 (586).

212 Vgl. *J.-C. Pielow*, Strukturen öffentlicher Versorgung, S. 310.

che, die Öffentlichkeit juristisch wirklich zu machen.[213] Der Begriff „Öffentlichkeit" weicht nicht von dem normativen Bereich ab und die betroffene Zwischenform bedient sich auch normativer Entscheidungen. Die „öffentliche Aufgabe" als Zwischenform ist normativ und die damit zusammenhängenden Fragen sind auch normativ zu erläutern.[214]

(2) Staatsaufgabe als Teil- oder Schnittmenge der öffentlichen Aufgaben

Das Öffentliche geht einerseits über den Staat hinaus, auf der anderen Seite ist es vom Privaten zu trennen. Und der Terminus Aufgabe steht in der Nähe von pflichtbegründender Wirkung.[215] Hier kann man eine Einordnung der öffentlichen Aufgaben finden. Öffentliche Aufgabe ist eine Aufgabe, die zum Gemeinwohl beiträgt und deren Erfüllung im öffentlichen Interesse liegt. Der Staat verpflichtet sich primär zur Gemeinwohlverwirklichung. So ist der Staat irgendwie mit dem öffentlichen Interesse verknüpft. Dann entspricht die öffentliche Aufgabe der Gemeinwohlverwirklichung durch den Staat, die er eigenhändig oder mit unterschiedlichen Mitteln realisiert.

Das Vorliegen eines öffentlichen Interesses ist notwendige und hinreichende Bedingung für die Einordnung als öffentliche Aufgaben, aber für die Einordnung als Staatsaufgabe ist eine notwendige Bedingung. Es gibt öffentliche Aufgaben, die keine Staatsaufgaben sind, für deren Wahrnehmung der Staat aber gleichwohl verantwortlich ist.[216] Staatsaufgaben sind immer öffentlichen Aufgaben aber nicht alle öffentlichen Aufgaben sind Staatsaufgaben. So ist Staatsaufgabe der Unterbegriff[217] oder eine Teilmenge[218] der öffentlichen Aufgaben. Wenn eine Zuweisung dahingehend erfolgt, ob eine bestimmte öffentliche Auf-

---

213 Vgl. *P. Häberle*, Öffentlichkeit und Verfassung, in: *ders.*, Verfassung als öffentlicher Prozess, S. 225 (237).

214 So auch *P. Kirmer*, Der Begriff der öffentlichen Aufgaben in der Rechtsprechung des Bundesverfassungsgerichts, S. 57.

215 Vgl. *W. Weiß*, Privatisierung und Staatsaufgaben, S. 26.; *P. Kirmer*, Der Begriff der öffentlichen Aufgaben in der Rechtsprechung des Bundesverfassungsgerichts, S. 45 f.

216 Vgl. *M. Heintzen*, Beteiligung Privater an der Wahrnehmung öffentlicher Aufgaben und staatliche Verantwortung, VVDStRL 62 (2002), S. 220 (228).

217 Vgl. *W. Weiß*, Privatisierung und Staatsaufgaben, S. 25.

218 Vgl. *P. Kirmer*, Der Begriff der öffentlichen Aufgaben in der Rechtsprechung des Bundesverfassungsgerichts, S. 57.

gabe aufgrund gesetzlicher Anordnung der staatlichen Sphäre zuzuordnen ist, so qualifiziert sie dies als Staatsaufgabe.[219]

Bemerkenswert ist, dass das Verhältnis der beiden Aufgaben tatsächlich nicht immer deutlich unterschieden wird. Beispielsweise bei dem privatrechtlichen Handeln der Verwaltung - fiskalische Hilfsgeschäfte und erwerbswirtschaftliche Tätigkeit, bei denen keine allgemeinen, sondern privaten Interessen des Staates verfolgt werden.[220] Die Erfüllung öffentlicher Aufgaben liegt im öffentlichen Interesse, aber nicht bei aller staatlichen Tätigkeit. Dann ist zwischen den Kategorien der Staatsaufgaben im weiteren und engeren Sinne zu trennen. Die Staatsaufgabe im weiteren Sinne hat Schnittmengen mit den öffentlichen Aufgaben und Privataufgaben. Fiskalische Geschäfte gehören zu der mit den Privataufgaben gebildeten Schnittmenge. Sicher ist, dass staatliche Aufgaben existieren, deren Erfüllung nicht im öffentlichen Interesse liegt. Die präzise Kategorisierung ist immer nur begrenzt möglich.

4. Fazit

„Die Erkenntnis der steigenden Zahl vielfältiger, wechselseitiger Durchdringungen von Staat und Gesellschaft kann heute als *communis opinio* gelten".[221] Daraus ist die Existenz des „Öffentlichen" als „Zwischenbereich" von Staat und Gesellschaft erwiesen. Der öffentliche Bereich lehnt nicht an die zweidimensionale Struktur von Staat und Gesellschaft an, sondern ergibt sich aus der funktionellen Differenzierung. Unter diesem Blickwinkel sind die Ansichten, die öffentliche Aufgaben auf eine Seite zuschreiben, nicht mehr vertretbar.

Im Zusammenhang mit der Gemeinwohlverfolgung unterscheiden sich die öffentlichen Aufgaben von den gesellschaftlichen Aufgaben. Es ist aber umstritten, wie Staatsaufgabe und öffentliche Aufgaben zu qualifizieren sind. Mit dem Maßstab der Trägerschaft lassen sich die beiden Aufgaben nicht angemessen zuordnen. Die Fragen, was eine „ganz eigentliche" Angelegenheit des einen ist und wo die „klare" Grenze liegt, sind ein unfruchtbares Thema in der Rechts-

219 Vgl. *T. Lämmerzahl*, Die Beteiligung Privater an der Erledigung öffentlicher Aufgaben, S. 43.

220 Dem Modell grundlegend, *T. Lämmerzahl*, Die Beteiligung Privater an der Erledigung öffentlicher Aufgaben, S. 42 ff.

221 *W. Kahl*, Die Staatsaufsicht, S. 369.

wissenschaft. Eine Ansicht, die die öffentliche Aufgabe als Teil- oder Schnittmenge betrachtet, ist Bezugspunkt dieser Untersuchung.

VI. Zwischenergebnis

Die Aufgabenlehre spielt nur eine begrenzte Rolle für die Lösung des Problems, wie das umgewandelte Staatsbild angemessen zu erklären ist. Es ist erwiesen, dass die eine Bestimmung einer Kernaufgabe des Staates nicht möglich ist. Die Terminologie der Staatsaufgabe erreicht eine Grenze wegen der qualitativen Umwandlung des Staatsbildes und der darauf beruhenden Staatstätigkeit. Der Begriff der Staatsaufgabe ist nur dort von Bedeutung, wo das Staatsbild mit anderen Maßstäben bereits vorgegeben ist, und ihr Inhalt und Bereich durch die Verfassung und Gesetze eingerahmt sind. Nicht zufällig ist der Begriff des Gemeinwohls in den letzten Jahren wieder zum wissenschaftlichen Thema geworden.[222] Aber es besteht auch ein Bedürfnis, das Verhältnis beider Aufgaben zumindest zu verstehen, nicht nur für die unmittelbare Verwertbarkeit des Aufgabenbezugs einer Tätigkeit für die Entscheidung konkreter Einzelfälle,[223] sondern auch für eine Reform der Handlungsformen des Verwaltungsrechts. Der Wandel der Aufgabenlehre wirkt als eine wichtige Motivation, um die arbeitsteilige Gemeinwohlverwirklichung richtig zu erfassen.

Da die Gemeinwohlverwirklichung nicht beim Staat monopolisiert und die Gesellschaft auch zu ihr beitragen soll, erfolgte bereits die Instrumentalisierung Privater für die Erfüllung öffentlicher Aufgaben. Es geht bei der modernen Verwaltung darum, dass die Modi der Beteiligung Privater an der Wahrnehmung öffentlicher Aufgaben einen qualitativen Wandel erfahren.[224] Die Erklärung dieses qualitativen Wandels wird durch die Verantwortungslehre ergänzt.

---

222 Vgl. *C. Kirchner*, Privates Wettbewerbsrecht und Gemeinwohlverwirklichung, in: *Kirchhof* (Hrsg.), Gemeinwohl und Wettbewerb, S. 45 (50).

223 Vgl. *R. Wahl*, Die Aufgabenabhängigkeit von Verwaltung und Verwaltungsrecht, in: *Hoffmann-Riem/Schmidt-Aßmann/Schuppert* (Hrsg.) Reform des Allgemeinen Verwaltungsrechts - Grundfragen, S. 177 (182).

224 Grundlegend, *A. Voßkuhle*, Beteiligung Privater an der Wahrnehmung öffentlicher Aufgaben und staatliche Verantwortung, VVDStRL 62 (2003), S. 266 ff.

C. Die staatliche Verantwortung für die Gemeinwohlverwirklichung

Nicht alle Aufgaben, deren Erfüllung im öffentlichen Interesse liegen, werden immer vom Staat selbst wahrgenommen. Außerdem ergeben sich die Staatsaufgaben von Einzelfall zu Einzelfall.[225] Die Staatsaufgabe ist deshalb nur deskriptiv zu beschreiben.

Im Zuge der Privatisierung der Aufgaben, die früher als Staatsaufgaben anerkannt wurden, erscheinen die Veränderungen der Wahrnehmungsmodi der Aufgaben in den verschiedenen Spektren der Steuerungs-, Einschreitungs- und Übergriffsintensität der öffentlichen Verwaltung. Der Staat erfüllt seine Aufgabe nicht immer selbst, sondern gewährleistet die Wahrnehmung dieser Aufgabe und belastet sich - trotz der Verlagerung der Aufgaben oder der Privatisierung - mit einigen (Letzt-) Verantwortungen. So geht es nicht mehr darum, ob eine Staatsaufgabe auf Private übertragen werden darf, sondern aus welchem Grund sie verlagert wird und mit welcher Verantwortung der Staat belastet werden soll.[226] Die Frage, ob und inwieweit der Staat für die den Privaten überlassene Aufgabe noch verantwortlich ist, wird mit Hilfe der Verantwortungslehre beantwortet. Der Zusammenhang mit der Verantwortung ist ein Versuch, den Formwandel staatlicher Steuerung[227] im Prozess arbeitsteiliger Gemeinwohlverwirklichung zu erklären und damit die Perspektive von Gewährleistungsstaat und -verwaltung zu begründen.

I. Einführung in die Verantwortungslehre

Der allgemein sprachlich gebräuchliche Begriff „Verantwortung" hat verschiedene Bedeutungen. Der Bedeutungsgehalt der „Verantwortung" reicht von Haftung, Schuld, Pflicht, Verpflichtung bis zur Zurechnung. Im rechtswissenschaftlichen Gebrauch dürften sich diese vielfältigen Inhalte in den jeweiligen

225 Vgl. *M. Knauff*, Der Gewährleistungsstaat: Reform der Daseinsvorsorge, S. 177.

226 Vgl. *G. F. Schuppert*, Rückzug des Staates?, DÖV 1995, S. 761 (768).

227 Dazu näher, *H.-H. Trute*, Verantwortungsteilung als Schlüsselbegriff eines sich verändernden Verhältnisses von öffentlichem und privatem Sektor, in: *G. F. Schuppert* (Hrsg.), Jenseits von Privatisierung und „schlankem Staat", S. 13 (15).

Rechtsgebieten voneinander unterscheiden.[228] Trotz dieser Unterscheidungen bieten sie kein absolutes, gebietsmäßiges Trennungskriterium an.

1. Entwicklung des Verantwortungsbegriffs

Ursprünglich kommt der Verantwortungsbegriff aus dem Christentum: Jeder Mensch ist vor Gott verantwortlich.[229] Diese Verantwortlichkeit besteht nicht nur im Verhältnis zu Gott, sondern auch zu anderen Menschen, insofern als diese Würde für sich zu beanspruchen.[230] Der große Einfluss dieser zentralen Idee christlicher Ethik und christlicher Anthropologie auf die europäische Wissenschaft ist deutlich.[231] Aus verschiedenen Disziplinen - Ethik, Philosophie, Politologie und Psychologie - ergibt sich ein jeweiliger Verantwortungsgehalt. Die Grundlage dieses Gehalts ist, dass sich beide Betroffenen miteinander in einer normativen Beziehung gegenüberstehen. Gemeinsam ist ihnen allen, dass der Mensch verantwortlich für andere Menschen, Folgen eines menschlichen Handelns, Geist, Natur, Gott und letztlich für das Gegenüber ist. Die erste Prägung erfährt die Verantwortung im rechtswissenschaftlichen Gebiet auch in diesem gemeinsamen Punkt. Der im Mittelhochdeutschen zuerst aufgetretene Ausdruck „Verantwortung“[232] war die Antwort auf eine Anklage, zu der die Betroffenen ihre Verteidigung vorbringen. Bisher kann als Ausgangspunkt des Verantwortungsbegriffs festgesetzt werden, dass er ursprünglich vom Christentum ausgegangen ist und einer Grundkategorie der (christlichen) Ethik angehört.[233]

Der gegenwärtige Verantwortungsbegriff wird auch aus politischer, ethischer und philosophischer Sicht beleuchtet. *Hans Jonas* hat in seinem Werk „Das Prinzip Verantwortung“ eine ethische Sicht der Verantwortung entfaltet. In der damalige gesellschaftlichen Situation herrschte das allgemeine Interesse am Umweltschutz und die Übereinstimmung mit menschheitlicher Heilbringung

228 Dazu näher, *P. Saladin*, Verantwortung als Staatsprinzip, S. 26.

229 Vgl. *D. Murswiek*, Die staatliche Verantwortung für die Risiken der Technik, S. 30.; *R. Ruge*, Die Gewährleistungsverantwortung des Staates und der regulatory State, S. 161.

230 Dazu näher, *D. Bonhoeffer*, Ethik, S. 235 ff. und 264 ff.; *P. Saladin*, Verantwortung als Staatsprinzip, S. 19.; *J. Schubert*, Das „Prinzip Verantwortung“ als verfassungsrechtliches Rechtsprinzip, S. 325 ff.

231 *P. Saladin*, Verantwortung als Staatsprinzip, S. 19.

232 Vgl. *D. Murswiek*, Die staatliche Verantwortung für die Risiken der Technik, S. 29 f.; *R. Ruge*, Die Gewährleistungsverantwortung des Staates und der regulatory State, S. 161.

233 Vgl. *P. Saladin*, Verantwortung als Staatsprinzip, S. 19.

und anti-radikaltechnischem Fortschritt vor.[234] Nach dem Aufkommen des Verantwortungsbegriffs von *Jonas* wurde diese Tendenz auf die Soziologie, die Politologie, und schließlich auf die Rechtswissenschaft übertragen. Ihre Hauptthese beruht darauf, dass der Mensch das gefährliche Potential innehat, die Natur zu vernichten und schließlich auch sich selbst zu zerstören.[235] Das Prinzip der Verantwortung von *Jonas* legt zugrunde, dass das Subjekt der Macht dementsprechend verantwortlich ist. Die Verantwortung ist logisch an die Macht gebunden, denn auf Seiten des Adressaten kann die Verantwortung nur soweit bestehen, wie der Handelnde die Möglichkeit hat, Einfluss auf die Umwelt zu nehmen.[236] Das Verhältnis der Macht zwischen dem Subjekt und den Adressanten ist zwar grundsätzlich hierarchisch gebildet. Aber das Subjekt der Macht ist nicht immer unter dieser Hierarchie seine Subjektivität zu erfassen. Diese Subjektivität geht über den phänomenologischen Ansatz bis hin zur Intersubjektivität zwischen dem Staat und der Gesellschaft für das Gemeinwohl.

2. Der Verantwortungsbegriff im öffentlichen Recht

(1) Der Verwaltungsbegriff als Staatsprinzip

Die oben erwähnte These spiegelt sich auch in der Rechtswissenschaft wider. Schon seit den 1970er Jahren wurde der Begriff der Verantwortung in die Verwaltungsrechtswissenschaft angenommen. *Eberhard Schmidt-Aßmann* hat die Verwaltungsverantwortung als „System zur tagtäglichen Verwirklichung der sozialrechtsstaatlichen Verfassung, als Arbeit und Leistung, an der sie als Institution wiederum gemessen wird und vor der sie eine starke institutionelle Legitimation empfängt"[237] dargestellt. Während *Schmidt-Aßmann* den Begriff zur Abschichtung der Verantwortung von dem exekutiven Handeln herangezogen hat, stellt *Peter Saladin* die Verantwortung als konstitutives Element im modernen Rechtsstaat dar. Diese Ansicht, nach der die Verantwortung ein Element des

---

234 Dazu näher, *R. Ruge*, Die Gewährleistungsverantwortung des Staates und der regulatory State, S. 161.

235 Vgl. *H. Jonas*, Das Prinzip Verantwortung, S. 62.; *J. Schubert*, Das „Prinzip Verantwortung" als verfassungsrechtliches Rechtsprinzip, S. 220 ff.; *R. Ruge*, Die Gewährleistungsverantwortung des Staates und der regulatory State, S. 161.

236 Vgl. *J. Schubert*, Das „Prinzip Verantwortung" als verfassungsrechtliches Rechtsprinzip, S. 78.

237 *E. Schmidt-Aßmann*, Verwaltungsverantwortung und Verwaltungsgerichtsbarkeit, VVDStRL 34 (1976), S. 221 (229).

Rechtsstaatsprinzips bildet, gründet auf den anderen Vorstellungen des Rechtsstaatsprinzips, wie z. B. Gewaltenteilung, Repräsentation, Teilhabe und Gewährleistung der Grundrechte.[238] Darüber hinaus hat *Saladin* die Verantwortung als Legitimation und Rechtfertigung für die Begrenzung der Staatsmacht anerkannt.[239] Diese Erkenntnis geht davon aus, dass sie bei der absoluten Macht des Staates keine Grundlage im modernen Verfassungsstaat hat, und der Rechtsstaat eine Form der Begrenzung der Macht des Staates ist.[240] Gleichzeitig funktioniert die Verantwortung im Rechtsstaatsprinzip als Legitimationsmaßstab für den Vollzug der Macht gemäß der freiheitlichen Gesamtordnung. Alle Staatsmacht ist verantwortlich für ihren Herrschaftsanspruch, nämlich für die rechtliche Gewährleistung, Ausgestaltung und den Schutz der Gesellschaft. Hier findet sich noch eine Verklammerung mit der Verantwortung.[241] Damit hat *Saladin* gezeigt, dass die Verantwortung als Staatsprinzip der Gegenwart und Zukunft praktikabel ist. *Dietrich Murswiek* hat dieses Staatsprinzip noch konkretisiert. Von der Seite des technischen Fortschritts und seiner Folgen hat *Murswiek* die Frage gestellt, ob und inwieweit der Staat die Verantwortung hat.[242] Unter diesem Blickwinkel des öffentlich-rechtlichen Verständnisses und des Staatsprinzips wird die Verantwortung des Staates als Mittelpunkt des Staatsrechts betrachtet.[243]

(2) Der Verantwortungsbegriff in dem methodischen Wandel der Verwaltungsrechtswissenschaft

Bei allen Herausforderungen in der modernen Gesellschaft geht es um die Tendenzen der Liberalisierung, Deregulierung und Privatisierung, die die heutige Verwaltungsrechtswissenschaft seit den 1990er Jahren stark beschäftigt haben.[244] Die Reflektionsweise der Verwaltungsrechtswissenschaft auf die gesell-

---

238 Vgl. *P. Saladin*, Verantwortung als Staatsprinzip, S. 40 ff.

239 Vgl. *P. Saladin*, Verantwortung als Staatsprinzip, S. 91 ff.

240 Vgl. *K. Hesse*, Grundzüge des Verfassungsrechts der Bundesrepublik Deutschland, Rn. 191.

241 Vgl. *P. Saladin*, Verantwortung als Staatsprinzip, S. 93 f.; *K. Hesse*, Grundzüge des Verfassungsrechts der Bundesrepublik Deutschland, Rn. 191.

242 Vgl. *D. Murswiek*, Die staatliche Verantwortung für die Risiken der Technik, S. 19 ff.

243 Dazu näher, *J. H. Klement*, Verantwortung, S. 29 ff.

244 Dazu näher, *A. Voßkuhle*, Neue Verwaltungswissenschaft, in: *Hoffmann-Riem/Schmidt-Aßmann/ders.* (Hrsg.), GVwR I, § 1, Rn. 58 ff.

schaftlichen Anforderungen führt zu einer methodischen Offenheit.[245] Dieser Methodenpluralismus beruht darauf, dass die heutigen Probleme in der Verwaltungswirklichkeit durch die festen rechtsdogmatischen Methoden nicht angemessen verarbeitet werden können.[246] Die Methodenlehre der Verwaltungsrechtswissenschaft bemüht sich sowohl mit Hilfe traditioneller dogmatischer Arbeitsinstrumente als auch mittels Öffnung gegenüber den nichtdogmatisch arbeitenden Disziplinen um die Problembewältigung.[247] Nach der Öffnung in Richtung auf nicht-dogmatische, interdisziplinäre Methoden in der Verwaltungsrechtwissenschaft läuft die Verwendung des Verantwortungsbegriffs auch auf vollen Touren, „um die Komplexität von Sachverhalten angemessen zu erfassen".[248] Es scheint daher nicht unerwartet, dass die interdisziplinäre Beschreibung innerhalb der Rechtswissenschaft heute einen fruchtbaren Ertrag bringt, insbesondere im Bereich des Umweltschutzrechts[249] sowie des sog. „Privatisierungsfolgenrechts". Wichtig ist, dass der Verantwortungsbegriff in der Verwaltungsrechtswissenschaft der Schaffung einer Intersubjektivität zwischen Staat und Privaten dienen kann. Er kann auch die unterschiedlichen Rollen staatlicher Akteure bei der Erledigung von im öffentlichen Interesse liegenden Aufgaben im Zuge der Liberalisierung, Deregulierung und Privatisierung beschreiben und analysieren, und damit sein Anwendungsfeld gewinnen.[250] Mit Hilfe der Verantwortungslehre ist die zentrale Rolle des modernen Verwaltungsstaats,[251] ins-

245 Vgl. *C. Bumke*, Die Entwicklung der verwaltungsrechtswissenschaftlichen Methodik in der Bundesrepublik Deutschland, in: *Schmidt-Aßmann/Hoffmann-Riem* (Hrsg.), Methoden der Verwaltungsrechtswissenschaft, S. 73 (118).

246 Vgl. *H. Schulze-Fielitz*, Staatsrechtslehre als Wissenschaft: Dimensionen einer nur scheinbar akademischen Fragestellung, DV Beiheft 7 (2007), S. 11 (22).

247 Vgl. *C. Bumke*, Die Entwicklung der verwaltungsrechtswissenschaftlichen Methodik in der Bundesrepublik Deutschland, in: *Schmidt-Aßmann/Hoffmann-Riem* (Hrsg.), Methoden der Verwaltungsrechtswissenschaft, S. 73 (118).

248 Vgl. *H. Schulze-Fielitz*, Staatsrechtslehre als Wissenschaft: Dimensionen einer nur scheinbar akademischen Fragestellung, DV Beiheft 7 (2007), S. 11 (23).

249 Zur „Vorsorge-Norm" oder zum „Vorsorgeprinzip", vgl. *D. Murswiek*, Die staatliche Verantwortung für die Risiken der Technik, S. 340 ff.; *R. Ruge*, Die Gewährleistungsverantwortung des Staates und der regulatory State, S. 161 f.

250 Vgl. *H.-H. Trute*, Verantwortungsteilung als Schlüsselbegriff eines sich verändernden Verhältnisses von öffentlichem und privatem Sektor, in: *G. F. Schuppert* (Hrsg.), Jenseits von Privatisierung und „schlankem" Staat, S. 13.

251 Vgl. *G. F. Schuppert*, Die öffentliche Verwaltung im Kooperationsspektrum staatlicher und privater Aufgabenerfüllung, Der Staat 31 (1998), S. 415 (420).

besondere die Wahrnehmungsmodi seiner Aufgaben, zu erklären.[252] Hier findet sich der Anknüpfungspunkt des öffentlich-rechtlichen Verantwortungsbegriffs.

II. Konkretisierung der Verwaltungsverantwortung

1. Begriff der Verwaltungsverantwortung

Die Verwaltungsverantwortung bezieht sich zunächst auf die materiellen Funktionen des Staates, die vor allem als staatliche Aufgabenerfüllung repräsentiert werden und sich von dem Begriff der Regierung unterscheiden.[253] Unter diesem Blickwinkel hat *Rainer Pitschas* die Verwaltungsverantwortung definiert: „Gesamtheit derjenigen Verantwortlichkeiten und Verfahren, Zuständigkeiten und spezifischen Handlungsspielräume [...], die das System der öffentlichen Verwaltung rechtlich und politisch verfassen".[254] Aber die materielle Funktion des Staates im Sinne der staatlichen Aufgabenwahrnehmung erfährt einen Wandel. Die verschiedenen Impulse in der modernen Verwaltungslage - Liberalisierung, Privatisierung, Europäisierung, Globalisierung - haben die wesentliche Umwandlung der Wahrnehmungsmodi der Staatsaufgabe herbeigeführt. Bei der hochkomplexen Situation der modernen Verwaltungswirklichkeit geht es um die kooperative und arbeitsteilige Gemeinwohlverwirklichung. Es bedarf daher einer „differenzierten Verantwortungszuordnung".[255] Der Begriff der Verwaltungsverantwortung trägt heute dazu bei, das Kooperationsspektrum zwischen staatlicher und privater Aufgabenerfüllung zu erklären und ihm rechtliche Strukturen zu verleihen.[256]

---

252 Vgl. *W. Hoffmann-Riem*, Tendenz in der Verwaltungsrechtswissenschaft, DÖV 50 (1997), S. 433 (440 ff.).

253 Vgl. *R. Pitschas*, Verwaltungsverantwortung und Verwaltungsverfahren, S. 9.; *E. Schmidt-Aßmann*, Verwaltungsverantwortung und Verwaltungsgerichtsbarkeit, VVDStRL 34 (1976), S. 221 (229 ff.).

254 *R. Pitschas*, Verwaltungsverantwortung und Verwaltungsverfahren, S. 10.

255 *R. Schröder*, Verwaltungsrechtsdogmatik im Wandel, S. 155.

256 Vgl. *E. Schmidt-Aßmann*, in: *Hoffmann-Riem/ders./Schuppert* (Hrsg.), Reform des Allgemeinen Verwaltungsrechts - Grundfragen, S. 11 (43 ff.).

2. Verantwortung als heuristischer und normativer Begriff

Die hier vorgestellte Definition der Verwaltungsverantwortung ist zunächst ein Ausschnitt des heuristischen Begriffs.[257] Dieser heuristische Begriff beantwortet die Frage, ob und inwieweit der Staat (oder die Verwaltung) eine Verantwortung haben. Demgegenüber kann er aber nicht klären, welche Rolle der Staat spielen soll[258] und wo über seine Zuständigkeit für die Erhaltung oder Bewirkung bestimmter Zustände entschieden werden soll.[259] Dazu bedarf es des normativen Begriffs der Verantwortung, besonders des Begriffs der Verwaltungsverantwortung. Hier kann man die Frage stellen, ob der normative Begriff der Verantwortung definierbar ist und mit welchem Begriff oder in welchem Sinne die Verantwortung auferlegt und verteilt werden kann.

Die Frage, wie der Verantwortungsbegriff in der heutigen Zeit verwaltungsrechtswissenschaftlich verwendet wird, kann vor allem mit dem heuristischen Begriff beantwortet werden. Das heuristische Verständnis der Verantwortung - aus der aufgabenbezogenen Sicht - zeigt, wie der Staat durch die Art und Weise der Aufgabenerfüllung, die Verteilung der Rolle des Staates und die Wahl der Instrumente in der Gemeinwohlverwirklichung eingesetzt ist.[260] Damit dient dieses Verständnis der Kennzeichnung unterschiedlicher Intensitäten staatlichen Handelns[261] und sektorspezifischer Handlungsordnungen des Staates bzw. der Verwaltung.

Demgegenüber handelt es sich um den Soll-Zustand in einem normativen Sinne der Verantwortung. Nach der aufgabenbezogenen Perspektive bedeutet Verantwortung einen Anspruch, dem durch Aufgabenwahrnehmung gerecht zu werden ist. Daran kann der Staat erkennen, dass er eine Aufgabe in unterschiedlicher Art und Weise erfüllen oder gewährleisten soll. Dadurch gewinnt der Verantwortungsbegriff die Bedeutung der „Einstandspflicht".[262] Um eine Aufgabe

---

257 Schon, *D. Willke*, Über Verwaltungsverantwortung, DÖV 1975, S. 509 (511 ff.).

258 Vgl. *R. Ruge*, Die Gewährleistungsverantwortung des Staates und der regulatory State, S. 163.

259 Vgl. *H.-C. Röhl*, Verwaltungsverantwortung als dogmatischer Begriff?, DV Beiheft II, S. 33 (47 f.).

260 Vgl. *J. H. Klement*, Verantwortung, S. 42 ff.; *H.-C. Röhl*, Verwaltungsverantwortung als dogmatischer Begriff?, DV Beiheft II, S. 33 (47).; *R. Ruge*, Die Gewährleistungsverantwortung des Staates und der regulatory State, S. 163.

261 Vgl. *J. A. Kämmerer*, Privatisierung, S. 433.

262 Vgl. *C. Gramm*, Privatisierung und notwendige Staatsaufgaben, S. 290 f.

zu erfüllen oder zu gewährleisten, soll der Staat auf normative Weise eine Zuweisung derselben und deren Instrument, die Rolle des Staates, bestimmen.

Aber die Grenze zwischen heuristischem und normativem Begriff ist nicht immer deutlich zu ziehen. In gleicher Art wie bei anderen rechtswissenschaftlichen Konzepten, besteht eine zwischen Normativität und Faktizität balancierende Unschärfe des Begriffs.[263] Beim heuristischen Verantwortungsbegriff hat es häufig den Anschein, dass er durch den normativen Verantwortungsbegriff ersetzt werden kann, weil er ursprünglich einen ethischen, moralischen oder anderen sittlichen Inhalt aus verschiedenen Sphären hatte und ihm eine moralische, ethische Bewertung inhärent ist.[264] Obwohl der heuristische Begriff einen „Ist-Stand" darstellt, werden die normativen Faktoren immer darauf übergreifen. Da die Verwaltung normgeleitet tätig wird,[265] wird bei der begrifflichen Verwendung ihre Verantwortung gerade nicht getrennt.[266] Trotz dieser Schwierigkeiten lassen sich die beiden Begriffe voneinander unterscheiden. Problematisch ist jedoch, wie der Inhalt des normativen Verantwortungsbegriffs zu definieren ist. Die Festsetzung der Verantwortung im Sinne einer Einstandspflicht der Erfüllung einer Aufgabe umreißt nicht den eigenständigen Inhalt. Mit dieser Festsetzung wird nur bestätigt, dass der Staat verantwortlich für die Gemeinwohlverwirklichung ist.[267] Um diesen Zirkelschluss zu vermeiden, sind die beiden Begriffe neu in Beziehung zueinander zu setzen. Der normative Verantwortungsbegriff wird nicht durch den heuristischen Begriff ersetzt, sondern durch die rechtsdogmatischen Inhalte aus dem Verfassungsrecht angereichert.[268] Daher geht es um die Vorgabe oder Auslegung im Verfassungsrecht. Zunächst ist Verantwortung ein heuristischer Begriff. Aber die Verfassung bietet dem heuristischen Verantwortungsbegriff normative Faktoren an. Auf zweierlei Weise wird

---

263 Vgl. *H.-C. Röhl*, Verwaltungsverantwortung als dogmatischer Begriff?, DV Beiheft II, S. 33 (47); *R. Ruge*, Die Gewährleistungsverantwortung des Staates und der regulatory State, S. 169.

264 Vgl. *M. Knauff*, Der Gewährleistungsstaat: Reform der Daseinsvorsorge, S. 266.

265 Vgl. *H.-C. Röhl*, Verwaltungsverantwortung als dogmatischer Begriff?, DV Beiheft II, S. 33 (47).

266 Vgl. *R. Ruge*, Die Gewährleistungsverantwortung des Staates und der regulatory State, S. 171.

267 Auch *C. Gramm*, Privatisierung und notwendige Staatsaufgaben, S. 291.

268 Vgl. *H.-H. Trute*, Verzahnung von öffentlichem und privatem Recht, in: *Hoffmann-Riem/Schmidt-Aßmann* (Hrsg.), Öffentliches Recht und Privatrecht als wechselseitige Auffangordnungen, S. 167 (198).; *E. Schmidt-Aßmann*, Das allgemeine Verwaltungsrecht als Ordnungsidee, S. 170.; *R. Ruge*, Die Gewährleistungsverantwortung des Staates und der regulatory State, S. 164.

der normative Faktor der Verantwortung in die Verfassung aufgenommen: Verantwortung als grundrechtsbezogenes Staatsprinzip und Verantwortung in den positiven verfassungsrechtlichen Vorgaben. Wenn der Verfassungsgeber den Verantwortungsbegriff schon in die Verfassung aufgenommen hat oder er ihr offenbar durch Auslegung zu entnehmen ist, wird die Grundlage für die Rechtsfolge in der Verfassung gelegt.

Aufgrund dieser verfassungsrechtlichen Grundlage spiegelt der Gesetzgeber den heuristischen Befund in der einfachgesetzlichen Ebene wider. Danach ergibt sich die Rechtsfolge aus der konkreten Ausgestaltung der Beteiligung durch die Rechtsordnung.[269] Die Zurechnung der Verantwortung wird nicht mit dem Verantwortungsbegriff an sich begründet, sondern durch eine Wertentscheidung. Das bedeutet, dass aus dem Verantwortungsbegriff selbst keine konkreten, unmittelbaren Rechte und Pflichten erwachsen. Die konkrete Pflicht des Staates folgt aus dem Einzelgesetz aufgrund der normativen Grundlagen in der Verfassung her. Unter diesem Blickwinkel ist der Verantwortungsbegriff ein „Strukturbegriff", der ausfüllungsbedürftig ist.[270] Je nach Lebensbereich kann die Wahrnehmung der Verantwortung variabel ausgestaltet werden.

3. Verwendungsweise des Verantwortungsbegriffs

(1) Vorhandene Verwendungsweise in der Rechtswissenschaft

Häufig wird der Verantwortungsbegriff mit dem Begriff nung“ gleichsetzt oder synonym gebraucht.[271] Seine Verwendung als Zurechnung begründet einige Elemente der Verantwortung. Für diese Zurechnung ist zunächst ein handlungsfähiges Subjekt erforderlich, das für sein Handeln oder Nicht-Handeln „verantwortlich“ ist. Eine Handlung einschließlich einer Unterlassung ist demgegenüber ein Objekt, aus dem die Verantwortung folgt. Für den Fall, dass die Verwaltung ihre Aufgaben nach den Handlungsspielräumen und

269 In Hinblick auf mittelbare Ableitung der Rechtsfolge, vergleicht Ruge die Verantwortung mit der „Rechtsverhältnisdogmatik“. *R. Ruge*, Die Gewährleistungsverantwortung des Staates und der regulatory State, S. 171.

270 Vgl. *A. Voßkuhle*, Beteiligung Privater an der Wahrnehmung öffentlicher Aufgaben und staatliche Verantwortung, VVDStRL 62 (2003), S. 266 (270, Fn. 9); auch *R. Ruge*, Die Gewährleistungsverantwortung des Staates und der regulatory State, S. 171.

271 Grundlegend, *D. Murswiek*, Die staatliche Verantwortung für die Risiken der Technik, S. 31.

dem Orientierungsmaßstab gemäß der Gesetzmäßigkeit der Verwaltung erfüllt, ist die Handlungsfähigkeit relativ leicht vermutbar.[272] Anders als jedoch beim Strafrecht, handelt es sich bei der Verwendung des Verwaltungsverantwortungsbegriffs im Sinne der Zurechnung nicht um eine Frage, welche Erfolge in Folge einer Handlung zu den rechtlichen Tatbeständen der Verbotsnormen zählen, sondern welche Handlungen zu tätigen sind, um das aufgrund der Gebotsnormen angesprochene Ergebnis zu erreichen. Wie und wem die Handlung zuzurechnen ist, ist dem Gesetzgeber vorbehalten und als Wertentscheidung zu betrachten.[273]

Die Verantwortung im Sinne der Zurechnung ist darauf gerichtet, das gezielte Ergebnis zu erreichen. Es stellt sich hier die Frage, wer diese Handlung ausüben kann oder soll. Der Verantwortungsbegriff wird auch im Zusammenhang mit der Kompetenzausübung verwendet.[274] Die Kompetenz im tradierten Sinne enthält die zwei wesentliche Elemente: Zuweisung und Begrenzung. Die Kompetenzzuweisung verlieh dem Kompetenzträger einen Raum der Eigenverantwortung, in dem sich er die Kompetenzausübung selbst entscheiden kann. Zugleich ist der Kompetenzträger verantwortlich für seine Kompetenzausübung.

(2) Funktionelle Verwendungsweise des Verantwortungsbegriffs

(a) Voraussetzung der Struktur arbeitsteiliger Gemeinwohlverwirklichung

Die funktionelle Verwendungsweise des Verantwortungsbegriffs bezieht sich zunächst auf die relativ aktuelle Debatte um den Wandel der Verwaltungswirklichkeit, der vor allem mit der Tendenz der Privatisierung vertreten ist. Es handelt sich nicht mehr um eine unfruchtbare Diskussion über die „Kernstaatsaufgaben“ und die absolute Grenze der Privatisierung an sich, sondern um die Frage, welche Verantwortung dem Staat nach der Übertragung seiner Aufgabe

---

272 Vgl. *A. Voßkuhle*, Gesetzgeberische Regelungsstrategien der Verantwortungsteilung zwischen öffentlichem und privatem Sektor, in: *G. F. Schuppert* (Hrsg.), Jenseits von Privatisierung und schlankem Staat, S. 47 (53 ff.).; *M. Knauff*, Der Gewährleistungsstaat: Reform der Daseinsvorsorge, S. 267.

273 Vgl. *A. Voßkuhle*, Gesetzgeberische Regelungsstrategien der Verantwortungsteilung zwischen öffentlichem und privatem Sektor, in: *G. F. Schuppert* (Hrsg.), Jenseits von Privatisierung und schlankem Staat, S. 47 (54).

274 Vgl. *H.-C. Röhl*, Verwaltungsverantwortung als dogmatischer Begriff?, DV Beiheft II, S. 33 (39 ff.).

verbleibt oder neu zuwächst.[275] Die funktionelle Verwendungsweise spiegelt die veränderte Rolle des Staates wider und strukturiert das Verhältnis von Staat und Privaten für die Aufgabenerledigung im öffentlichen Interesse. Anders gesagt, ist die funktionelle Verwendung der Verwaltungsverantwortung die Voraussetzung für die arbeitsteilige Gemeinwohlverwirklichung.

Bei der „Frage nach der Art und Weise der Bewältigung eines Zustandes"[276] und der Strukturbildung der arbeitsteiligen Gemeinwohlverwirklichung von Staat und Privaten,[277] muss die Verwaltung die Fragen beantworten, wie die staatliche und gesellschaftliche Aufgabenteilung - insbesondere in der Privatisierung - verstanden werden kann, inwieweit die Verwaltung in den verschiedenen Situationen verantwortlich ist und welche Rolle sie spielen kann. Um diese Fragen zu beantworten, ist ein Verständnis dahingehend notwendig, die jeweiligen Lebensbereiche aufgabenbezogen zu begreifen. Es bedeutet, dass das Verwaltungsrecht noch weitere interdisziplinäre Beiträge braucht,[278] um in der Lage zu sein, auf den Wandel der Wahrnehmungsmodi seiner Aufgaben zu reagieren. Hier funktioniert der Verantwortungsbegriff nicht nur als Anknüpfungspunkt, sondern auch als Abgrenzungsfaktor. Als Anknüpfungspunkt dient der Verantwortungsbegriff zu einer Ausdifferenzierung, die mit dem Begriffspaar der öffentlichen Aufgabe und der Staatsaufgabe nicht vorgenommen werden konnte.[279] Im Wandel der Art und Weise des Zusammenwirkens von Staat und Privaten zur Gemeinwohlverwirklichung bieten andere Fachdiskurse (z. B. Philosophie, Sozial-, Wirtschafts- und Verwaltungswissenschaft) das Modell des arbeitsteiligen Prozesses und des Orientierungs- und Steuerungsbedürfnisses der Verwaltung einerseits an.[280] Anderseits lässt sich beobachten, dass die interdis-

275 Vgl. *H. Schulze-Fielitz*, Staatsaufgabenentwicklung und Verfassung, in: *D. Grimm* (Hrsg.), Wachsende Staatsaufgaben – sinkende Steuerungsfähigkeit des Rechts, S. 11 (17).; *A. C. Thoma*, Regulierte Selbstregulierung im Ordnungsverwaltungsrecht, S. 58.; *G. F. Schuppert*, Rückzug des Staates?, DÖV 1995, S. 761 (768).

276 *R. Ruge*, Die Gewährleistungsverantwortung des Staates und der regulatory State, S. 163.

277 Vgl. *A. Voßkuhle*, Beteiligung Privater an der Wahrnehmung öffentlicher Aufgaben und staatliche Verantwortung, VVDStRL 62 (2003), S. 266 (270).

278 Dazu näher, *M. Eifert*, Das Verwaltungsrecht zwischen klassischem dogmatischen Verständnis und steuerungswissenschaftlichem Anspruch, VVDStRL 67 (2008), S. 286 ff.; Dagegen aber, *C. Möllers*, Theorie, Praxis und Interdisziplinarst in der Verwaltungsrechtswissenschaft, VerwArch 93 (2002), S. 22 ff.

279 *R. Ruge*, Die Gewährleistungsverantwortung des Staates und der regulatory State, S. 170.

280 Vgl. *R. Schröder*, Verwaltungsrechtsdogmatik im Wandel, S. 192.

ziplinäre Verwendung nicht „die ungebremste Übernahme des Begriffs der modernen Sozialtheorie" bedeutet oder eine „Überkomplexität" verursacht.[281] Da nun die Gefahr der inflationären Verwendung des Begriffs erkannt wurde, ist daraus der Rückschluss zu ziehen, in welchem Verhältnis die vorhandene Verwendung im Gesetz zu der harmonisierten Struktur des juristischen Verantwortungsbegriffs steht. Unter diesem Gesichtspunkt versuchen einige Untersuchungen,[282] die Elemente der formalen Struktur der Verantwortung zu finden und eine Überkomplexität zu vermeiden.[283] Vor allem muss die funktionelle Verwendung des Verantwortungsbegriffs dem Rechtsstaatsprinzip und der Entwicklung der Verwaltungstypen entsprechen.

(b) Verantwortung und Aufgaben

Weiterhin bezieht sich die funktionelle Verwendung des Verwaltungsverantwortungsbegriffs auf die Wahrnehmung der staatlichen und öffentlichen Aufgaben. Wie oben schon ausdifferenziert wurde, kann die Aufgabenlehre allein keine fruchtbare Auskunft darüber geben, wie die verschiedenen Arten und der unterschiedliche Umfang der Wahrnehmung der staatlichen, öffentlichen Aufgaben durch den Staat oder durch Private zu erklären ist.[284] Mit der Aufgabenlehre lässt sich das Verhältnis von Staatsaufgaben und öffentlichen Aufgaben, Verfassungsaufgaben als notwendigen Aufgaben und verfassungsrechtlichen Aufgaben erklären und die Modalitäten privater Wahrnehmung von Verwaltungsaufgaben aufzeigen. Andere Fragen, ob und welche Rolle der Staat in den unterschiedlichen Wahrnehmungsmodi spielt, wie die Handlungsstufen zwischen Staat und Privaten abzugrenzen sind, wie diese unterschiedliche Abgren-

---

281 Vgl. *R. Schmidt*, Die Reform von Verwaltung und Verwaltungsrecht: Reformbedarf - Reformanstöße - Reformansätze, VerwArch 91 (2000), S. 149 (157 f.).

282 Statt vieler, *A. Voßkuhle*, Gesetzgeberische Regelungsstrategien der Verantwortungsteilung zwischen öffentlichem und privatem Sektor, in: *G. F. Schuppert* (Hrsg.), Jenseits von Privatisierung und schlankem Staat, S. 47 ff.; *H. Dreier*, Verantwortung im demokratischen Verfassungsstaat, ARSP Beiheft 74 (2000), S. 9 ff.; *U. Di Fabio*, Der Verfassungsstaat in der Weltgesellschaft, S. 106 ff.

283 „Das Gebot der Komplexitätsreduktion". Vgl. *A. Voßkuhle*, Gesetzgeberische Regelungsstrategien der Verantwortungsteilung zwischen öffentlichem und privatem Sektor, in: *G. F. Schuppert* (Hrsg.), Jenseits von Privatisierung und schlankem Staat, S. 47 (86 ff.).

284 Vgl. *A. Voßkuhle*, Gesetzgeberische Regelungsstrategien der Verantwortungsteilung zwischen öffentlichem und privatem Sektor, in: *G. F. Schuppert* (Hrsg.), Jenseits von Privatisierung und schlankem Staat, S. 47 (57 f.).

zung zu erklären ist, sind dagegen noch nicht angemessen beantwortet. Die Verantwortungslehre ist hier notwendig für die Aufgabenlehre.[285] Diese Funktion der Verantwortung ist bemerkenswert im Hinblick auf die Ergänzung oder Umsetzung der Aufgabenlehre, die wirksam zur Betätigungsabgrenzung dient.[286]

Angesichts der gegenwärtigen Lage der Verwaltung und der Verwaltungsrechtswissenschaft sollte eine Diskussion über das „Kooperationsspektrum zwischen staatlicher und privater Aufgabenerfüllung"[287] ausführlich geführt werden. Infolge dieser Diskussion, besonders über die Privatisierung, bietet der Verantwortungsbegriff das Modell der Verantwortungsstufung für die Bestimmung der Intensität der Aufgabenwahrnehmung oder „Leistungstiefe im öffentlichen Sektor"[288] an. Im Zuge der Privatisierung gewinnt der Verantwortungsbegriff auf den verschiedenen Stufen des staatlichen Verantwortungsspektrums von der Rahmensetzung bis zur Erfüllung an Bedeutung.[289] In Bezug auf das Zusammenwirken mit der Gesellschaft bei der Erledigung von im öffentlichen Interesse liegenden Aufgaben, spielt die Verantwortung eine große Rolle dabei, die sozial-, verwaltungs- sowie rechtswissenschaftlichen Erkenntnisse zu strukturieren und im interdisziplinären Fachdiskurs als Katalysator zu dienen.[290] So sind der Verantwortungsbegriff und der Aufgabenbegriff eng miteinander verbunden. Als „ein verwandter aber nicht identischer Begriff mit dem Aufgabenbegriff",[291] ergänzt der Verantwortungsbegriff die Aufgabenlehre bei den verschiedenen Rollen des Staates im Kooperations-, (De-)Regulierungs- und Gewährleistungsspektrum. Der Verantwortungsbegriff trägt zur Beschreibung und Charakterisierung der Aufgabenwahrnehmung bei und erhebt ihn damit zur Grundlage des Gewährleistungsstaates.[292] *Eberhard Schmidt-Aßmann* erst hat den Verantwor-

---

285 So auch *P. Saladin*, Verantwortung als Staatsprinzip, S. 77.

286 Vgl. *R. Ruge*, Die Gewährleistungsverantwortung des Staates und der regulatory State, S. 166.

287 Vgl. *E. Schmidt-Aßmann*, Zur Reform des Allgemeinen Verwaltungsrechts - Reformbedarf und Reformansätze, in: *Hoffmann-Riem/ders./Schuppert* (Hrsg.), Reform des Allgemeinen Verwaltungsrechts: Grundfrage, S. 11 (43).

288 Vgl. *G. F. Schuppert*, Die öffentliche Verwaltung im Kooperationsspektrum staatlicher und privater Aufgabenerfüllung: Zum Denken in Verantwortungsstufen, Der Staat 31 (1998), S. 415 (422).

289 Vgl. *H.-C. Röhl*, Verwaltungsverantwortung als dogmatischer Begriff?, DV Beiheft II, S. 33 (45).

290 Vgl. *H.-H. Trute*, Verantwortungsteilung als Schlüsselbegriff eines sich verändernden Verhältnisses von öffentlichem und privatem Sektor, in: *G. F. Schuppert* (Hrsg.), Jenseits von Privatisierung und „schlankem Staat", S. 13.

291 Vgl. *J. Isensee*, Staatsaufgabe, in: *ders./Kirchhof* (Hrsg.), HStR IV, § 73, Rn. 35.

292 Vgl. *M. Knauff*, Der Gewährleistungsstaat: Reform der Daseinsvorsorge, S. 265.

tungsbegriff vorgebracht, um „die Situationen des Verwaltungshandelns“ zu kennzeichnen.[293] Er hat besonders die Verantwortung der Verwaltung aufgezeigt und eine „aufgabenbezogene Typologie der Verwaltungsverantwortung“ angenommen.[294]

Die Ansicht der arbeitsteiligen Gemeinwohlverwirklichung wird zum Ausganspunkt der heutigen Verwaltungsverantwortungslehre. Die abgeteilte oder abgestufte Verantwortung erscheint unterschiedlich je nach Sachaufgabe und ihrem, infolge des Übertragungsumfangs, jeweils unterschiedlichen Träger. Die folgende Arbeit handelt von dieser Rolle der Verantwortung.[295] Um den Begriff als wesentliche Grundlage des Gewährleistungsstaates zu betrachten und um das folgende Zusammenwirken zwischen dem Staat und Privaten zu beschreiben, lässt sich über die bereits vorhandene Verwendung und die rechtsdogmatische Übersetzung ein Kriterium für weitere Verwendungsmöglichkeiten ermitteln.

III. Gewährleistungsverantwortung des Staates für die Gemeinwohlverwirklichung

Es ist noch umstritten, wie der klare eigenhändige Rechtsbegriff der Verantwortung definiert werden kann. Aus dem umstrittenen Verantwortungsbegriff kann man auch nur diffuse Kategorien der Verantwortung herleiten. Trotz aller Schwierigkeiten der Definition und der Kategorisierung der Verantwortung gibt es einen weitgehend anerkannten Begriff: „Gewährleistungsverantwortung“.[296]

1. Begriff der Gewährleistungsverantwortung

Die Begriffsbestimmung der „Gewährleistung“ blieb bisher offen. Im Grundgesetz wird der Begriff der „Gewährleistung“ unterschiedlich verwen-

---

293 *E. Schmidt-Aßmann*, Verwaltungsverantwortung und -gerichtsbarkeit, VVDStRL 34 (1976), S. 221 (233).

294 Vgl. *E. Schmidt-Aßmann*, Verwaltungsverantwortung und -gerichtsbarkeit, VVDStRL 34 (1976), S. 221 (231 ff.).

295 Zum gesamten, eigenhändigen Rechtsbegriff der Verantwortung, vgl. *J. H. Klement*, Verantwortung, S. 228 ff.

296 Auch *M. Knauff*, Der Gewährleistungsstaat: Reform der Daseinsvorsorge, S. 74.

det.[297] Der Begriff der Gewährleistungsverantwortung liegt grundsätzlich den verfassungsrechtlichen Infrastruktursicherungsaufträgen (z. B. Art 87f Abs. 1 GG) zugrunde.[298] Das auf dieser Grundlage der Gewährleistung beruhende Modell, die „Gewährleistungsverantwortung" oder der „Gewährleistungsstaat", bezieht sich wieder auf das Gebrauchmachen der Grundrechte.[299] Der Begriff der „Gewährleistung" in diesem Staatsbild geht über das ältere - liberale oder soziale - Verständnis von (Rechts-)Gewährleistung bis hin zu einer anderen Vorstellung, die geeignete Struktur für die kooperative oder arbeitsteilige Gemeinwohlverwirklichung zu schaffen.[300] Die Vorstellung der Gewährleistungsverantwortung ist daher nicht ganz neu, sondern will die staatliche Verantwortung der Zivilgesellschaft sein, dass staatliches Recht den Freiheitsgebrauch ermöglicht.[301]

In diesem Sinne steht der Begriff der Gewährleistungsverantwortung unter dem Gewährleistungsparadigma. Der Begriff der Gewährleistungsverantwortung ist hier zunächst ein heuristischer Rechtsbegriff und fungiert als „Bezeichnung einer situationsgebundenen Handlungs- und Bewirkungsmöglichkeit des Staates".[302] Mit diesem heuristischen Begriff umschreibt die Verantwortungslehre die Intensität staatlicher Aufgabenwahrnehmung und die Aufgabenteilung zwischen staatlichen und gesellschaftlichen Akteuren.[303] Daher wird „gegenwärtig

---

297 Dazu näher, *C. Franzius*, Der Gewährleistungsstaat - Ein neues Leitbild für den sich wandelnden Staat? Der Staat 42 (2003), S. 493 (496 ff.).

298 Dementsprechend, BVerfGE 108, 370 (393 ff.). Dazu näher, *J. H. Klement*, Verantwortung, S. 235 ff.

299 Vgl. *G. F. Schuppert*, Möglichkeiten und Grenzen der Privatisierung von Gemeinwohlvorsorge, in: *von Arnim/Sommermann* (Hrsg.), Gemeinwohlgefährdung und Gemeinwohlsicherung, S. 269 (280 f.).; *A. Voßkuhle*, Beteiligung Privater an der Wahrnehmung öffentlicher Aufgaben und staatliche Verantwortung, VVDStRL 62 (2003), S. 266 (307 f.).; *W. Hoffmann-Riem*, Das Recht des Gewährleistungsstaates, in: *G. F. Schuppert* (Hrsg.), Der Gewährleistungsstaat - Ein Leitbild auf dem Prüfstand, S. 89 (93).

300 Vgl. *C. Franzius*, Der Gewährleistungsstaat - Ein neues Leitbild für den sich wandelnden Staat?, Der Staat 42 (2003), S. 493 (498).

301 Grundlegend, *W. Hoffmann-Riem*, Das Recht des Gewährleistungsstaates, in: *G. F. Schuppert* (Hrsg.), Der Gewährleistungsstaat - Ein Leitbild auf dem Prüfstand, S. 89 (92 und 95).; *C. Franzius*, Der Gewährleistungsstaat - Ein neues Leitbild für den sich wandelnden Staat?, Der Staat 42 (2003), S. 493.

302 Vgl. *J. H. Klement*, Verantwortung, S. 79 ff.

303 Vgl. *H.-H. Trute*, Verzahnung von öffentlichem und privatem Recht, in: *Hoffmann-Riem/Schmidt-Aßmann* (Hrsg.), Öffentliches Recht und Privatrecht als wechselseitige Auffangordnungen, S. 167 (198).

nicht mehr von staatlichen Aufgaben, sondern von staatlicher Verantwortung“[304] und von dem Gemeinwohl gesprochen. Im Rahmen der Gewährleistungsverantwortung nimmt der Staat nicht selbst die Aufgabe wahr, für die er früher die Erfüllungsverantwortung trug. Die Aufgabenerfüllung überlässt er den privaten Akteuren. Da die übertragenen Aufgaben aber gemeinwohlverträglich erfüllen sollen, bleibt der Staat dennoch für die funktionsfähige Gemeinwohlverwirklichung verantwortlich. Dabei geht es um die Koordinierung unterschiedlicher Handlungsrationalitäten, die Mobilisierung der Gemeinwohlbeiträge durch private Kräfte und schließlich um die Problemlösung, wenn ein Versagen oder eine Verhinderung gemeinwohlverträglicher Ausübung privater Macht besteht. Nach dem „Stufenmodell“[305] oder dem „Teilungsmodell“[306] sind diese Inhalte der Verantwortung zwar ausdifferenziert, aber die Grundidee hält sich weiter, dass der moderne Staat durch die „Gewährleistungsverantwortung“ die Möglichkeit der Verfolgung und Erreichung gemeinwohlorientierter Ziele garantieren[307] und die veränderte Rolle von Staat und Privaten im Prozess der arbeitsteiligen Gemeinwohlverwirklichung bezeichnen kann.[308]

Die Gewährleistungsverantwortung hängt von der Rechtsverarbeitung der Leitidee veränderter Staatlichkeit ab.[309] Die unterschiedlichen Anforderungen der Gesellschaft können mit Hilfe des heuristischen Begriffs der Gewährleistungsverantwortung rechtlich bewältigt werden. Der heutige Wandel der Wahr-

---

304 Vgl. *C. Franzius*, Der Gewährleistungsstaat - Ein neues Leitbild für den sich wandelnden Staat? Der Staat 42 (2003), S. 493 (504).

305 Dazu näher, *E. Schmidt-Aßmann*, Zur Reform des Allgemeinen Verwaltungsrechts, in: *Hoffmann-Riem/ders./Schuppert* (Hrsg.), Reform des Allgemeinen Verwaltungsrechts - Grundfragen, S. 11 (43 ff); *G. F. Schuppert*, Die öffentliche Verwaltung im Kooperationsspektrum staatlicher und privater Aufgabenerfüllung, Der Staat 31 (1998), S. 415 (421 ff.).; *G. Hermes*, Infrastrukturverantwortung, S. 323 ff.

306 Dazu näher, *A. Voßkuhle*, Gesetzgeberische Regelungsstrategien der Verantwortungsteilung zwischen öffentlichem und privatem Sektor, in: *G. F. Schuppert* (Hrsg.), Jenseits von Privatisierung und schlankem Staat, S. 47 (52 ff.); *ders.*, Beteiligung Privater an der Wahrnehmung öffentlicher Aufgaben und staatliche Verantwortung, VVDStRL 62(2003), S. 266 (282 ff.).; *H.-H. Trute*, Verantwortungsteilung als Schlüsselbegriff eines sich verändernden Verhältnisses von öffentlichem und privatem Sektor, in: *G. F. Schuppert* (Hrsg.), Jenseits von Privatisierung und „schlankem Staat“, S. 13 (31 ff.).

307 Vgl. *W. Hoffmann-Riem*, Tendenzen in der Verwaltungsrechtsentwicklung, DÖV 1997, S. 433 (441).

308 Vgl. *C. Franzius*, Gewährleistung im Recht, S. 79.

309 Siehe unten, 3. Kap. C.

nehmungsmodi der Staatsaufgaben wird mit dieser rechtlichen Bewältigung normativ greifbar.[310]

2. Funktion der Gewährleistungsverantwortung

Die Gewährleistungsverantwortung des Staates wurde häufig als die Beschreibung vom „Rückzug des Staates“ von seiner Aufgabenerfüllung geprägt.[311] Aber der Rückzug des Staates eröffnet nicht unmittelbar die Gewährleistungsverantwortung des Staates. Im Kooperationsspektrum zwischen staatlicher und privater Aufgabenerfüllung deutet die sachliche Verlagerung staatlicher Erfüllungsverantwortung auf Private nur auf die „Grundverantwortung des Staates für einen gemeinwohlverträglichen Interessenausgleich unter Privaten“ hin, die hier durch das Privatrecht geregelt ist.[312] Die Gewährleistungsverantwortung des Staates beschränkt sich nicht auf diese bloße Privatisierungsfolgeverantwortung, sondern stellt einen qualitativen Wandel der Subjektivität für die Aufgabenerfüllung dar.[313] Die Vorstellung der Gewährleistungsverantwortung trägt dazu bei, dass der Staat auf die Aktivierung privater Kräfte setzen und die öffentliche Aufgabenerfüllung durch die Bereitstellung gemeinwohlsichernder Regelungsstrukturen ermöglichen kann.[314]

Die Frage der Zurechnung und Verlagerung der Verantwortung bezieht sich auf die Interventionsintensität des Staates oder auf die staatliche Leistungsfähigkeit. Danach knüpft diese Frage an das Verwaltungshandeln im Verzahnungsbereich von öffentlichem und privatem Sektor an.[315] Die kooperative oder arbeitsteilige Aufgabe liegt eigentlich im Bereich der Verzahnung zwischen öffentli-

---

310 Vgl. *M. Eifert*, Das Verwaltungsrecht zwischen klassischem dogmatischen Verständnis und steuerungswissenschaftlichem Anspruch, VVDStRL 67 (2008), S. 286 (317 ff).

311 Vgl. *R. Ruge*, Die Gewährleistungsverantwortung des Staates und der regulatory State, S. 172.

312 Vgl. *C. Franzius*, Gewährleistung im Recht, S. 104 ff.; *H.-H. Trute*, Verzahnungen von öffentlichem und privatem Recht, in: *Hoffmann-Riem/Schmidt-Aßmann* (Hrsg.), Öffentliches Recht und Privatrecht als wechselseitige Auffangordnungen, S. 167 (198).

313 Siehe unten, 3. Kap. C III 3.; auch *A. Voßkuhle*, Gesetzgeberische Regelungsstrategien der Verantwortungsteilung zwischen öffentlichem und privatem Sektor, in: *G. F. Schuppert* (Hrsg.), Jenseits von Privatisierung und schlankem Staat, S. 47 (69 ff.).

314 Vgl. *C. Franzius*, Gewährleistung im Recht, S. 81.

315 Vgl. *J. H. Klement*, Verantwortung, S. 58.; *G. F. Schuppert*, Die öffentliche Verwaltung im Kooperationsspektrum staatlicher und privater Aufgabenerfüllung: Zum Denken in Verantwortungsstufen, Der Staat 31 (1998), S. 415 (429).

chem und privatem Recht. „Indem der Staat privater Interessenwahrnehmung einen Rahmen gibt, diese beeinflusst, überdeterminiert und formt, entstehen vielfältige Verflechtungen beider Teilrechtsordnungen und Substitutions-, Ergänzungs- und Auffangbeziehungen zwischen ihren jeweiligen Instrumenten“.[316]

Es bedarf daher einer bestimmten Erscheinungsform, die der „wechselseitigen Auffangordnung“ beider Teilordnungen entspricht,[317] wenn sich der Staat sowohl von der Erfüllungsverantwortung zurückzieht als auch aufgrund der Reservefunktion für die Gemeinwohlsicherung selbst tätig wird. Mit Hilfe oder durch den Einfluss der nachbarwissenschaftlichen und rechtsvergleichenden Vorstellung stellt man diese Verwaltungstätigkeit häufig als rung“ dar.[318] Hier kommt es zu einem wechselseitigen Austausch instrumentaler Erfahrungen aus den Teilrechtsordnungen.[319] Im Wege der Entlastung des Staates oder der Tendenz der Deregulierung versucht der Gesetzgeber „ein elastisches System zueinander abgestufter Strategien im Sinne einer Flexibilität auf unterschiedlicher Verwaltungswirklichkeit zu entwickeln, das im Hinblick auf ein bestimmtes Regelungsziel das Verhalten des Bürgers zu steuern vermag“.[320] Ein möglicher Ansatz der Regulierung ist dann, dass die unterschiedlichen und komplexen Regelungssituationen in der heutigen Verwaltungswirklichkeit nicht nur durch Nutzung einer einzigen Entscheidungsform, sondern auch durch Zusammenstellung unterschiedlicher Rechtsformen zu einem Regelwerk bewältigt werden können.[321] Zudem richtet sich die Regulierung nicht auf die privatrechtliche - insbesondere auf die wettbewerbsrechtliche - Problemlösung, die sich auf das bloße Zurückziehen von der Erfüllungsverantwortung bezieht, sondern auf die Gewährleistungsverantwortung des Staates, die die privaten Kräfte zu mobilisieren und zu steuern. Regulierung als eine Erscheinungsform soll ihr Leitbild aus der Vorstellung der Gewährleistungsverantwortung herleiten, den Impuls des traditionellen öffentlichen Rechts erhalten[322] und als eine private Kräfte

---

316 *H.-H. Trute*, Verzahnungen von öffentlichem und privatem Recht, in: *Hoffmann-Riem/Schmidt-Aßmann* (Hrsg.), Öffentliches Recht und Privatrecht als wechselseitige Auffangordnungen, S. 167 (197).

317 Statt vieler, *W. Hoffmann-Riem*, Öffentliches Recht und Privatrecht als wechselseitige Auffangordnungen, in: *ders./Schmidt-Aßmann* (Hrsg.), Öffentliches Recht und Privatrecht als wechselseitige Auffangordnungen, S. 261 (271 ff.).

318 Auch *J. H. Klement*, Verantwortung, S. 234 ff.

319 Vgl. *C. Franzius*, Gewährleistung im Recht, S. 416.

320 *A. Voßkuhle*, Kompensationsprinzip, S. 206 f.

321 Vgl. *E. Schmidt-Aßmann*, Das allgemeine Verwaltungsrechts als Ordnungsidee, 6. Kap., Rn. 77 und 111.

322 Vgl. *C. Franzius*, Gewährleistung im Recht, S. 416.

einbeziehende Steuerungsverantwortung des Staates gekennzeichnet werden, die auf die Bereitstellung von bestimmten Strukturen für die gemeinwohlrelevante Leistungserbringung durch private Kräfte gerichtet ist.[323] Das Paradigma der Gewährleistungsverantwortung bezieht sich auf eine wesentliche Stellung des Regulierungskonzepts.

D. Fazit

In der Tendenz der Entstaatlichung und Privatisierung ist der Staat noch zur Gemeinwohlverwirklichung aufgerufen. Das heißt, dass die Privatisierung die Gemeinwohlverantwortung des Staates an sich nicht privatisieren kann. Die Frage, ob und wie man diese Grenze der Privatisierung ziehen kann, ist nicht einfach zu beantworten. Ein Versuch, die Kernstaatsaufgabe sachlich zu bestimmen, ist nicht sinnvoll, weil der Staat nicht einfach beantworten kann, was das Gemeinwohl ist. Die Staatsaufgabe als der Komplex des konkretisierten Gemeinwohls ist nicht ursprünglich vorgegeben, sondern zur Konkretisierung aufgegeben. Beim Wandel der Wahrnehmungsmodi der Staatsaufgabe geht es daher nicht um die Kernstaatsaufgaben, sondern um die Aktivierung und Gewährleistung der gesellschaftlichen Kräfte, um das Gemeinwohl zu fördern. Dabei soll das Recht, insbesondere das öffentliche Recht darauf achten, dass „im Zuge rechtlicher Ausgestaltung Rahmenbedingungen bereitgestellt werden können und müssen, die individuelle Entfaltung ermöglichen und zugleich zur Sicherung des Gemeinwohls beitragen“.[324] Diese Aufgabe des Rechts zeigt, dass diese Leitidee über die etatistische Gemeinwohlverwirklichung deutlich hinausgeht und legt dem intersubjektiven Verhältnis staatlicher und gesellschaftlicher Verantwortung zugrunde. Die staatliche Gewährleistungsverantwortung steht hier im Zentrum der Diskussion.

---

323 Vgl. *W. Hoffmann-Riem*, Das Recht des Gewährleistungsstaates, in: *G. F. Schuppert* (Hrsg.), Der Gewährleistungsstaat - Ein Leitbild auf dem Prüfstand, S. 89 (95 ff.).

324 *W. Hoffmann-Riem*, Das Recht des Gewährleistungsstaates, in: *G. F. Schuppert* (Hrsg.), Der Gewährleistungsstaat - Ein Leitbild auf dem Prüfstand, S. 89 (92).

Kapitel 3: Konzept der Regulierung in der Gewährleistungsverwaltung

A. Einführung

Der Begriff „Regulierung“ ist noch nicht einheitlich definiert. Die Schwierigkeit einer klaren begrifflichen Erfassung beruht zunächst auf einer Unklarheit dieses Wortes im Allgemeinen und im juristischen Sprachgebrauch. Es finden sich einige Faktoren, die die vom Ursprung des Wortes abweichenden Unterschiede verursacht haben. Gebrauch und Anwendungsfeld dieses Begriffs unterscheiden sich nach den jeweils zugrunde liegenden Hintergründen wie beispielweise den jeweiligen wissenschaftlichen Bereichen, den Umständen und dem geschichtlichen Kontext.

Der Begriff der „Regulierung“ ist ein (aus den USA) importierter Begriff.[325] Seine Fremdheit und die daraus folgende Kollision in der deutschen (oder europakontinentalen) Rechtswissenschaft ist unvermeidlich. Es ist zu klären, wie der angloamerikanische Rechtsbegriff „regulation“ in das Rechtssystem Kontinentaleuropas eingeführt wird. Zum anderen ist die Regulierung (-verwaltung) zwar ursprünglich ein importierter Begriff, seine Grundidee kann aber an die Entwicklung in der deutschen Verwaltungsrechtswissenschaft anknüpfen. Die Begriffserklärung der Regulierung bezieht sich heute vor allem auf den Wandel des Aufgabenverständnisses und des staatlichen Interventionsgrads. Die Entwicklung des Rechtsstaatsbildes bietet hier einen wichtigen Ansatz. Problematisch ist es, dass diese Umwandlung und Entwicklung nicht nur rechtswissenschaftlich, sondern auch sozialwissenschaftlich diskutiert werden.[326] Es bedarf der normativen Rezeption und Begrenzung, um den Begriff der Regulierung rechtlich zu erfassen. Aber es ist nicht möglich, von den interdisziplinären Erkenntnissen völlig unabhängig zu sein. Die Schwierigkeit der begrifflichen Erfassung liegt in der Rechtsvergleichung, in der normativen Übernahme und im Reformversuch der (Verwaltungs-) Rechtswissenschaft. Den Begriff der Regulierung zu definie-

325 Vgl. *Wolff/Bachof/Stober/Kluth* (Hrsg.), Verwaltungsrecht I, S. 27 f.

326 Vgl. *E. Schmidt-Aßmann*, Zur Reform des Allgemeinen Verwaltungsrechts - Reformbedarf und Reformansätze, in: *Hoffmann-Riem/ders./Schuppert* (Hrsg.), Reform des Allgemeinen Verwaltungsrecht, Grundfragen, S. 11 (13).

ren ist deshalb im Gang. Die Begriffsbestimmung der Regulierung kann nur anhand des Konzepts der Regulierung untersucht werden.

B. Geschichtliche Ableitung und Hintergrund der Regulierung

Die rechtslexikalischen Bedeutungen der „Regulation“ oder „Regulierung“ in Deutschland stehen in Verbindung mit der Bauernbefreiung, „die den Ausgleich der im Zuge der Veränderung der Agrarverfassung zu Beginn des 19. Jahrhundert geänderten Eigentumsverhältnisse an Grundstücken“.[327] Bei den neuen lexikalischen Vorschriften der Regulierung handelt es sich um die Regulierungsverwaltung, die die neue Entwicklung des Verwaltungsrechts bezeichnet.[328] Die alten und heutigen Begriffe der „Regulierung“ haben zwar einen gemeinsamen Ausgangspunkt: die staatliche Intervention. Aber die Ziele, Zwecke und Mittel der Regulierung sind erheblich anders. Dieser zeitliche und inhaltliche Abstand beider Begriffe zeigt, dass der Begriff der Regulierung im modernen und juristischen Sinne nicht aus dem traditionell deutschen - ferner kontinentaleuropäischen - Rechtssystem stammt.

Um den Begriff „Regulierung“ richtig zu erfassen, muss man erklären, dass die terminologische Wurzel dem US-amerikanischen Begriff „regulation“ entspringt. Aber es geht bei dieser Untersuchung auch um einen Vergleich des angloamerikanischen und kontinentaleuropäischen Rechtssystems, insbesondere des Verhältnisses von gesellschaftlicher Selbstkontrolle und staatlichen Steuerungen.[329]

327 Vgl. *Tilch/Arloth* (Hrsg.), Deutsches Rechtslexikon Bd. I. und III, zum Stichwort „Regulierung“ und „Regulierungsbehörde“, S. 3525.

328 Vgl. *H. Wießmann*, in: *Heun/Wieland* (Hrsg.), Evangelisches Staatslexikon, Bd. III, zum Stichwort „Regulierung“, S. 1978 ff.

329 Vgl. *J. Masing*, Die US-amerikanische Tradition der Regulated Industries und die Herausbildung eines europäischen Regulierungsverwaltung, AöR 128 (2003), S. 558 (559).

I. Hintergrund und Entstehung: „economic regulation“

1. Historische Besonderheit in den USA und „common law“

(1) Historischer Einfluss

Die Besonderheit der US-amerikanischen Geschichte liegt darin, dass die politische Unabhängigkeit und der Beginn des Verfassungsstaats sich gleichzeitig vollziehen. Anders als der Beginn des Verfassungsstaats in Europa geht es bei der Gründung der USA vor allem um den Willen eines Zusammenschlusses verschiedenster Emigranten und die Erreichung der Unabhängigkeit.[330] Die Ansätze der Unabhängigkeit haben die US-amerikanische Rechtsordnung stark beeinflusst. Vor allem haben die Vermeidung der vormodernen Rechtsstruktur und die Anforderung der selbstregulierenden Ordnung den wichtigen Baustein gebildet. Dies ist besonders im Bereich der wirtschaftlichen Freiheit zu sehen. Es ist kein Zufall, dass der Unabhängigkeits- und Gründungsakt der USA von dem Aufbegehren gegen eine von England auferlegte Besteuerung der Kolonisten ausgegangen ist.[331] Von seinem Ansatz und Übergang seiner Bewegung der Unabhängigkeit spielen liberal-ökonomische Ansichten eine große Rolle. Es liegt auf der Hand, dass der Liberalismus mehr als die politische und soziale Gleichheit einen großen Einfluss auf die staatlichen und gesellschaftlichen Erkenntnisse hat. Die Frage nach dem Verhältnis von freiem Markt und staatlichem Eingriff seit jeher und in seiner Grundsätzlichkeit steht im Zentrum der US-amerikanischen Diskussion.[332]

(2) „Common law“ in den USA

„Common law“ im weiteren Sinne meint die Grundlage und Gesamtheit der anglo-amerikanischen Rechtsordnung, aber „common law“ im engeren Sinne bezeichnet nur das in England von den königlichen Gerichten geschaffene Recht,

330 Vgl. *J. Masing*, Die US-amerikanische Tradition der Regulated Industries und die Herausbildung eines europäischen Regulierungsverwaltung, AöR 128 (2003), S. 558 (566).

331 Der „Boston Tea Party" Fall am 16. Dez. 1773.

332 Vgl. *J. Masing*, Die US-amerikanische Tradition der Regulated Industries und die Herausbildung eines europäischen Regulierungsverwaltung, AöR 128 (2003), S. 558 (561).

das nicht vom Parlament erlassen werden muss[333] („Statutes“ oder „statute law“[334]). In Bezug auf den historischen Einfluss entfernt sich „common law“ in den USA von dem „statute law“. So bezeichnet der Begriff „common law“ grundsätzlich dasjenige Recht, das auf keine autoritative Rechtsetzung zurückgeht.[335] Es handelt sich eher um die präjudizielle Nachprüfung als um die staatliche Kodifizierung. Ein fundamentales Konzept des common law ist „stare decisis“ oder „let the decision stand“.[336] Eine wichtige Bedeutung im common law hat deshalb die Rechtsfindung anhand von konkreten Fällen[337] und der Vorrang der judikatorischen Erfahrung und ihre Unabhängigkeit von staatlichen Regelformen.[338]

Es liegt auf der Hand, dass „common law“ in den USA auch den Charakter des Fallrechts oder Richterrechts hat. Anders als „common law“ in England, das von der Gerichtsverfassung und ihrem prozessrechtlichen Gerüst ausgeht, bezeichnet der Begriff „common law“ in den USA eine juristische Denkhaltung, die zwar aus dem Zivilrecht stammt, aber sich auf dem Anspruch nach auf alle Rechtsgebiete erstreckt.[339] In diesem Sinne geht der Begriff „common law“ in den USA deutlich über das „case law“ oder „procedure act“ hinaus. Auch findet sich keine Trennung von öffentlichem und Privatrecht unter der common law-Tradition.[340] „Common law“ legt vielmehr dem Glauben an die selbstevidente Gerechtigkeit, die politisch neutrale und (vor allem) effiziente Selbststeuerung der Gesellschaft, die wirklichkeitsgerechte und sachnahe Lösung von Streitfällen, zugrunde.[341]

333 Vgl. *O. Lepsius*, Verwaltungsrecht unter dem Common Law, S. 31.

334 Dazu näher, *J. Masing*, Die US-amerikanische Tradition der Regulated Industries und die Herausbildung eines europäischen Regulierungsverwaltung, AöR 128 (2003), S. 558 (566).

335 Vgl. *O. Lepsius*, Verwaltungsrecht unter dem Common Law, S. 31.

336 *K. C. Creech*, Electronic Media Law and Regulation, 5. ed., S. 3.

337 „Common law“ wird deshalb so oft „discoverd law“ genannt.

338 Dazu näher, *O. Lepsius*, Verwaltungsrecht unter dem Common Law, S. 33 ff.; *J. Masing*, Die US-amerikanische Tradition der Regulated Industries und die Herausbildung eines europäischen Regulierungsverwaltung, AöR 128 (2003), S. 558 (566).

339 Vgl. *O. Lepsius*, Verwaltungsrecht unter dem Common Law, S. 31.

340 Vgl. *D. Grimm*, Öffentliches Recht, in: *Görres-Gesellschaft* (Hrsg.), Staatslexikon, Bd. IV, Sp. 120.: „Die exklusive Teilung des Rechtsstoffs in öffentliches Recht und Privatrecht weder alle Zeit bestanden hat noch allerorten besteht.“

341 Vgl. *O. Lepsius*, Verwaltungsrecht unter dem Common Law, S. 32.

(3) „Regulation“ unter dem „common law“

Obwohl „regulation“ im (juristischen) Sprachbuch der USA so oft mit den Begriffen „Gesetz“, „Regelung“, „öffentliches Recht“ und „Verwaltungsrecht“ gleichgesetzt wird,[342] gibt es kein bestimmbares Anwendungsfeld des Verwaltungsrechts in den USA. Da es keine Zweiteilung von öffentlichem und Privatrecht in der US-amerikanischen Rechtsordnung gibt und „common law“ als ein omnipräsenter Unterbau der Rechtsordnung anzusehen ist,[343] kann man „regulation“ nicht dem öffentlichen Recht oder dem Privatrecht zuordnen. Mit dem Terminus der „economic regulation“ oder der „social regulation“ kann man nur den spezifischen Gegenstand - auch nur äußerlich - abgrenzen. Bei der „regulation“ unter dem „commom law“ geht es daher nicht um die systematische Ausformung, sondern um das sachgerechte Bedürfnis der „regulation“, insbesondere die ökonomische Nutzenmaximierung, und die präjudizielle Nachprüfung. Unter dem „common law“ hat „regulation“ eher Bedeutung für die Möglichkeit zur gerichtlichen Kontrolle. Darüber hinaus, ist „regulation“ unter dem „common law“ aufgrund der Bindung des Präjudizes auf schon vorliegende und entschiedene Sachverhalte angewiesen.[344] Hier übt „regulation“ eine „bremsende und konservierende Wirkung“ aus, die auf der „retrospektiven Natur des common law-Gerichts“ beruht.[345]

2. Der Ansatz der „economic regulation“ im Eisenbahnsektor

In diesem historischen und rechtssystematischen Hintergrund und der damaligen Industrialisierung findet sich der Ursprung der wirtschaftlichen Regulierung in den USA. Die „economic regulation“ hatte im Bereich der Eisenbahn angefangen.[346] Viele private Eisenbahnunternehmen waren mit anderen Teilnehmern in Konkurrenzen getreten. Die übermäßige Konkurrenz zeichnete sich

342 Vgl. *H. J. Kleinsteuber*, Regulierung und politisch-ökonomisch Kultur der USA, in: *Thiemeyer/Böhret/Himmelmann* (Hrsg.), Öffentliche Bindung von Unternehmen, S. 175 (176).

343 Grundlegend, *O. Lepsius*, Verwaltungsrecht unter dem Common Law, S. 23 ff.

344 Vgl. *O. Lepsius*, Verwaltungsrecht unter dem Common Law, S. 72.

345 *O. Lepsius*, Verwaltungsrecht unter dem Common Law, S. 73.

346 Statt vieler, *Müller/Vogelsang*, Staatliche Regulierung, S. 21.

besonders durch einen „Tarifkrieg“ aus.[347] Trotz der grundlegenden wirtschaftlichen Politiklinie „laissez-faire“ bedürfte es einer Kontrolle und Aufsicht der Preispolitik. Das US-Gericht, vor allem das Supreme Court der USA, das in dem common-law-System eine maßgebende Rolle spielt, war zuerst aber unschlüssig aufgrund seiner retrospektiven Natur. Unter Einfluss des common laws und der Umstände der Bahnlinien, die schon bundesweit entstanden, waren die einzelstaatlichen Gesetze uneffektiv. Die erste Eisenbahnregulierung wurde deshalb weder parlamentarisch noch gerichtlich gestaltet. In *Rhode Island* war 1839 die erste Eisenbahnkommission in Erscheinung getreten, die jedoch nur eine Vorschlagskompetenz hatte.[348]

Eine weitere sinnvolle Bewegung der „economic regulation“ trat um 1870 auf. Zunehmende Probleme, insbesondere im tariflichen Bereich, brachten eine Bewegung gegen die bestehende Wirtschaftsordnung hervor, die „Granger Movement“ genannt wird.[349] Die Farmer verlangten die wirtschaftliche Kontrolle für vernünftige Höchstpreise der Eisenbahntarife und gründeten deshalb einen Verband, um wirtschaftlichen und politischen Druck auszuüben. Diese Bewegung schuf einige einzelstaatliche Gesetze der Preisregulierung.[350] Diese Ansätze führten zu weiterer Gesetzgebung im Bereich der Aufsichts- oder Höchstpreisvorgabe der einzelnen Staaten: u. a. „Massachusetts-Modell“ an der East-Coast und „Illinois-Modell“ im Middle Western. Durch diese Gesetzgebung wurde im Jahr 1871 die „Illinois Railway Commission“ gebildet. Diese Gesetzgebung und damit gebildete Kommission gelten als die erste „independent regulatory commission“ in den USA.[351]

---

347 Dazu näher, *J. Wieland*, Die Entwicklung der Wirtschaftsregulierung in den Vereinigten Staaten von Amerika, Die Verwaltung 18 (1985), S. 84 (86).; *O. Lepsius*, Verwaltungsrecht unter dem Common Law, S. 75 ff.

348 Vgl. *J. Wieland*, Die Entwicklung der Wirtschaftsregulierung in den Vereinigten Staaten von Amerika, DV 18 (1985), S. 84 (84 f).

349 Vgl. *O. Lepsius*, Verwaltungsrecht unter dem Common Law, S. 75 f.; *J. Wieland*, Die Entwicklung der Wirtschaftsregulierung in den Vereinigten Staaten von Amerika, DV 18 (1985), S. 84 (85 ff).

350 Vgl. *J. Wieland*, Die Entwicklung der Wirtschaftsregulierung in den Vereinigten Staaten von Amerika, DV 18 (1985), S. 84 (85). Wieland hebt hier die Rolle des common-law-Gerichts relativ stark hervor und folgert daraus, dass Gericht und Bundesgesetzgeber diese Entwicklung führend waren. Dagegen *O. Lepsius*, Verwaltungsrecht unter dem Common Law, S. 72-78.

351 Auf der anderer Seite stand das Modell der Selbstregulierung in der Tradition des common laws. Vgl. *O. Lepsius*, Verwaltungsrecht unter dem Common Law, S. 75.

Die US-Gerichte hatten jedoch keine konsequenten Entscheidungen getroffen. Im Jahr 1872 im Fall des Olcott v. The Supervisors billigte das Gericht die Kontrolle der Subventionierung der Eisenbahn.[352] Demgegenüber hatte der Supreme Court der USA im Slaughterhouse-Fall[353] die einzelstaatliche Gesetzgebung der „economic regulation“ aufgehoben. Im Jahr 1877 hatte der Supreme Court durch die Entscheidung Munn v. Illinois die Verfassungsmäßigkeit des „Illinois“gesetzes gebilligt,[354] aber diese Entscheidung wurde nur als eine Ausnahmeentscheidung betrachtet.[355] Unter dem geschichtlichen Liberalismus und der common law Tradition konnten diese unterschiedlichen einzelstaatlichen Gesetze kaum eine Rolle spielen. Jedes Landesgesetz behandelte unterschiedliche Umstände und verschiedene Interessen der Betroffenen. Ihre Verfassungsmäßigkeit wurde von dem common law Gericht grundsätzlich nach dem „laissez-faire-Prinzip“ überprüft. Unter diesen Umständen konnten die Regulierungskommissionen oder Regulierungsbehörden nicht zum Ziel kommen.[356]

3. „Independent Regulatory Commission“ als eine Regulierungsorganisation

Da die Lage im Eisenbahnbereich noch verschlimmert wurde, bedürfte es der bundesbehörderlichen Regulierung. Schließlich entstand der „Interstate Commerce Act“ von 1887 und darauf wurde eine Behörde, die „Interstate Commerce Commission“ (ICC), gegründet,[357] die die erste bundesbehörderliche

352 16 Wallace 678.; zitiert nach *J. Wieland*, Die Entwicklung der Wirtschaftsregulierung in den Vereinigten Staaten von Amerika, DV 18 (1985), S. 84 (85).

353 Slaughterhouse-Case, 83 U.S. 36 (1873).; zitiert nach *O. Lepsius*, Verwaltungsrecht unter dem Common Law, S. 76.

354 Munn v. Illinois, 94 U.S. 113 (1877); zitiert nach *O. Lepsius*, Verwaltungsrecht unter dem Common Law, S. 76.

355 Vgl. *O. Lepsius*, Verwaltungsrecht unter dem Common Law, S. 76.

356 *P. A. Neuhaus*, Regulierung in Deutschland und den USA, S. 140.; *O. Lepsius*, Verwaltungsrecht unter dem Common Law, S. 77.

357 Vgl. *P. A. Neuhaus*, Regulierung in Deutschland und den USA, S. 140.; *J. Masing*, Die US-amerikanische Tradition der Regulated Industries und die Herausbildung eines europäischen Regulierungsverwaltung, AöR 128 (2003), S. 558 (569, 575).; *E. Kaufer*, Theorie der öffentliche Regulierung, S. 4 f.; *G. Majone*, Deregulation or Re-regulation, S. 1 ff.; *J. Wieland*, Die Entwicklung der Wirtschaftregulierung in den Vereinigten Staaten von Amerika, DV 18 (1985), S. 84 (87 f).

Regulierung in den USA darstellt.[358] Die zuständige Behörde bzw. ICC war quasi Exekutivbehörde, aber aufgrund des Einflusses des „common laws“ nicht eine Behörde im engeren Sinne, sondern eine unabhängige Kommission,[359] die sich eher einer Unabhängigkeit des Gerichts nähert.

Nur ihre Konstruktion und Kompetenz wurde durch Bundesgesetz („Interstate Commerce Act“) geregelt und die Aufgaben der ICC wurden durch Überwachungs- und nachträgliche Korrekturaufgaben bestimmt. Obwohl das „Interstate Commerce Act“ der Behörde die eigenen Kompetenzen eingeräumt hatte, verlor die ICC die wichtige Kompetenz zur Ermittlung und Ausfüllung des materiellen Regelungsstandards sowie die Kompetenz zur Sachverhaltserklärung, weil der Supreme Court die verwaltungsverfahrensrechtliche Stellung der ICC schwächte.[360] Im Laufe der Zeit hatte sich die Natur und Kompetenz der Kommission noch geändert. Beim Erlass des „Hepburn Act 1906“[361] wurde von der Natur der ICC als reiner Exekutivbehörde zu einer quasi-legislativen Natur übergegangen. Es gab schließlich keine klare Trennung zwischen Rechtsetzung und Rechtsanwendung durch die ICC wie bei dem Common Law Gericht. Sowohl bei den Verwaltungsstrukturen und -tatbeständen als auch bei der Überprüfung knüpfte der Gesetzgeber an das Modell des Gerichts und das Common law an. In diesem Sinne ähnelte die ICC nicht einer Verwaltungsbehörde, sondern einem common law Sondergericht.[362] Durch die Veränderung ihrer Kompetenzen wurden die Kommissionen schließlich eine „independent regulatory agency (IRA)“ und derartige unabhängige Kommissionen der „regulation“. Die sog. Regulierungsbehörden in den USA sind weiterhin zu Tätigkeiten im Bereich Exekutiv, Judikative und Legislativ durch die umfassende Delegation an die Kommissionen befugt.[363]

---

358 Vgl. *H. J. Kleinsteuber*, Regulierung und politisch-ökonomisch Kultur der USA, in: *Thiemeyer/Böhret/Himmelmann* (Hrsg.), Öffentliche Bindung von Unternehmen, S. 175 (177).

359 Vgl. *J. A. Kämmerer*, Privatisierung, S. 480.

360 Vgl. *O. Lepsius*, Verwaltungsrecht unter dem Common Law, S. 94.; Dazu näher, *H. Ehmke*, Wirtschaft und Verfassung, S. 122.

361 Im „Hepburn Act 1906“ wurde der Tarifsetzungsauftrag der ICC festgeschrieben, der nicht nur ungerechte Tarife festzustellen, sondern auch die gerechte Tarifmaßstäbe zu setzen. Vgl. *O. Lepsius*, Verwaltungsrecht unter dem Common Law, S. 97, 99 f.

362 Vgl. *O. Lepsius*, Verwaltungsrecht unter dem Common Law, S. 93 und 96.

363 *K. C. Creech*, Electronic Media Law and Regulation, 5.ed., S. 6.

Diese organisatorische Form hatte erheblichen Einfluss auf nachfolgende Arten von „regulation“[364], beispielweise FCC (Federal Communications Commission).[365] Weitere Entwicklungen sind dort zu verzeichnen, wo andere Regulierungsgebiete und Aufbau der Regulierungsbehörde gestaltet werden.[366]

II. Das Konzept der „economic regulation“

Historische Untersuchungen über die Entstehung und Entwicklung der „economic regulation“ bieten einen Ausgangspunkt für die Bestimmung des Regulierungsbegriffs. Die Grundvorstellung der „regulation“ in den USA hält, ungeachtet ihrer Entwicklung an geschichtlichen Traditionen, Liberalismus, Pragmatismus und vor allem Common law fest.[367] Die US-amerikanische Tradition - und der status quo - der Regulierung setzt das Grundverhältnis von freiem Markt und staatlicher Regulierung voraus. Sie betrachtet die Regulierung als Beschränkung des freien Spiels von Marktkräften,[368] aber nicht als Abänderung oder Rekonstruktion des freien Marktmechanismus selbst. Das Konzept der „economic regulation“, in dem das klassische ökonomische Prinzip der liberalen, freien Märkte wurzelt, beruht auf zwei Prinzipien.

1. Korrektur des Marktversagens

Erstens stellt das Konzept der „economic regulation“ nur eine nachträgliche Regulierung dar. Wie bereits erwähnt, waren Konstruktion, Aufgaben und Inhalt

---

364 Vgl. *P. A. Neuhaus*, Regulierung in Deutschland und den USA, S. 140 f.; *O. Lepsius*, Verwaltungsrecht unter dem Common Law, S. 68 und 78.

365 Vgl. *K. C. Creech*, Electronic Media Law and Regulation, 5.ed., S. 64.

366 Vgl. *H. J. Kleinsteuber*, Regulierung und politisch-ökonomisch Kultur der USA, in: *Thiemeyer/Böhret/Himmelmann* (Hrsg.), Öffentliche Bindung von Unternehmen, S. 175 (181 ff.).; *J. Masing*, Die US-amerikanische Tradition der Regulated Industries und die Herausbildung eines europäischen Regulierungsverwaltung, AöR 128 (2003), S. 558 (568 ff.).; *J. A. Kämmerer*, Privatisierung, S. 480.

367 Darüber hinaus ergänzt der Begriff „Common law“ den Ansatz durch Pragmatismus und Liberalismus. vgl. *O. Lepsius*, Verwaltungsrecht unter dem Common Law, S. 32.

368 Vgl. *J. A. Kämmerer*, Privatisierung, S. 481.

der Entscheidungen des ICC eher repressiver als präventiver Natur.[369] Alle klassischen Instrumente der „economic regulation", wie Preisregulierung, Marktzutrittsbeschränkungen, Missbrauchsaufsicht und Demonopolisierung,[370] setzen die schon bestehenden Märkte und Missstände der Marktkräfte voraus. Monopolkontrolle in den USA meint nicht, eine Grundlage der freien Märkte zu schaffen, sondern die schon - tatsächlich oder hypothetisch - bestehende Grundlage zu schützen, um einen freien Wettbewerb zu garantieren. Also: Korrektur des Marktversagens in bestimmten Märkten,[371] insbesondere Korrektur der Monopolisierung.

2. Unmittelbare Rezeption der ökonomischen Kriterien ins Gesetz

Da eine Legitimation für die „independent regulatory agency" und ihre Maßnahmen rechtlich unbestimmt oder unklar war,[372] überprüfte das US-Gericht sie häufig mit einem materiellen Standard: Ein „resonableness"-Kriterium.[373] Unter der „common law" Tradition in den USA bezieht sich diese offenhaltende Formel folgerichtig auf die liberal-ökonomischen Kriterien. Da der Liberalismus großen Einfluss auf die staatlichen und gesellschaftlichen Erkenntnisse in den USA hat, geht es bei der gerichtlichen Überprüfung des wirtschaftlichen Sachverhalts auch um die liberal-ökonomische Ansicht. Der Maßstab der „resonableness" war offen genug, um diese liberale wirtschaftspolitische Vorstellung in die gerichtliche Entscheidung einzubeziehen.[374] Daher konnte die liberale Vorstellung des „common law" mit dem Maßstab der „resonableness" durch die Entscheidung des Gerichts realisiert werden. Die ökonomischen Kriterien, die mit dem Kriterium „resonableness" aufgenommen sind, wurden als ein wichtiger Maßstab unmittelbar institutionalisiert, um die „economic regulation" zu prüfen.

369 Vgl. *O. Lepsius*, Verwaltungsrecht unter dem Common Law, S. 80 f., 99 ff.; *J. Masing*, Die US-amerikanische Tradition der Regulated Industries und die Herausbildung eines europäischen Regulierungsverwaltung, AöR 128 (2003), S. 558 (572).

370 Dazu näher, J. Müller/Vogelsang, Staatliche Regulierung, S. 193 ff.

371 Vgl. *J. Masing*, Die US-amerikanische Tradition der Regulated Industries und die Herausbildung eines europäischen Regulierungsverwaltung, AöR 128 (2003), S. 558 (569).

372 Vgl. *O. Lepsius*, Verwaltungsrecht unter dem Common Law, S. 93.

373 Beispielsweise, Interstate Commerce Act 24 Stat. 379. (49 U.S.C.A. § 1 et seq.), 1887, Das Gesetz bestimmte, dass alle Eisenbahntarife „reasonable and just" sein müssten. Vgl. *H. Ehmke*, Wirtschaft und Verfassung, S. 122.

374 Vgl. *O. Lepsius*, Verwaltungsrecht unter dem Common Law, S. 93.

Durch die klassischen Instrumente der US-amerikanischen Regulierung ist die mit seinem traditionellen Hintergrund verbundene Grundvorstellung konkret festzustellen. Um ein Beispiel zu nennen: Es handelt sich bei der Marktzugangsregulierung um einen Maßstab der „public convenience or necessity". Infolge der Entscheidung „U.S. v. Zenith Radio Corp. Case" in „Radio Act of 1927" wurde die Phrase „public convenience or necessity" etabliert.[375] Sie wurde ein Maßstab für „license" bzw. Marktzugangslizenz und eine Grundmethode der „regulation".[376] Seit dieser Maßstab festgeschrieben war, hat er weitergehend Einfluss auf die Grundbedingungen des amerikanischen Regulierungsbedürfnisses gehabt, insbesondere im Rundfunk- und Telekommunikationsbereich.[377] Die unmittelbare Rezeption (oder Institutionalisierung) des Maßstabs für Zugangsregulierung ins Gesetz[378] erweist sich als eine wichtige Eigenschaft der US-amerikanischen Regulierung: Ein Bedürfnis für „economic regulations" entsteht nicht aus rechtlich strukturellen oder normativen Gründen,[379] sondern nur aus „resonable" ökonomischen Gründen im Einzelfall. „Economic regulation" unter dem „common law" ist daher häufig mit einer ökonomischen Theorie der Nutzenmaximierung gleichzusetzen.[380] Es gibt keine normative Systembildung[381] und keine Debatte über das Grundverhältnis von staatlicher und (marktbezogene) gesellschaftlicher Steuerung wie ein „civil law".[382]

---

375 Diese Phrase ist schon in den "Transpotation Act (26 Stat. 209, 1920)" erschienen. vgl. *H. Ehmke*, Wirtschaft und Verfassung, S. 123.

376 Vgl. *K. C. Creech*, Electronic Media Law and Regulation, 5.ed., S. 62 ff.

377 Statt vieler "The Communications Act of 1934."

378 Vgl. *J. Masing*, Die US-amerikanische Tradition der Regulated Industries und die Herausbildung eines europäischen Regulierungsverwaltung, AöR 128 (2003), S. 558 (574).

379 "In the United States regulations never ariese from ideology - they arise from real Problem", *L. C. Thurow*, The Zero-Sum-Society, S. 136.; zitiert nach *H. J. Kleinsteuber*, Regulierung und politisch-ökonomisch Kultur der USA, in: *Thiemeyer/Böhret/Himmelmann* (Hrsg.), Öffentliche Bindung von Unternehmen, S. 175 (180).

380 Vgl. *O. Lepsius*, Verwaltungsrecht unter dem Common Law, S. 32.

381 Vgl. *H. J. Kleinsteuber*, Regulierung und politisch-ökonomisch Kultur der USA, in: *Thiemeyer/Böhret/Himmelmann* (Hrsg.), Öffentliche Bindung von Unternehmen, S. 175 (179).

382 Grundlegend, *O. Lepsius*, Verwaltungsrecht unter dem Common Law, S. 31.

III. Bewertung und Ausblick

1. Punktuelle und ex-post-Kontrolle

Die klassischen Wirtschaftsregulierungen sind auch im deutschen Recht auffindbar. Die wirtschaftliche Regulierung bezieht sich wesentlich auf Monopolstrukturen, worunter das Einwirken staatlicher Politik auf den Marktprozess mit der Intention der Entkräftung des Wettbewerbs, um funktionsfähigen Wettbewerb und (dadurch) gerechte Preise der Produkten oder Leistungen zu schaffen, verstanden wird (sog. Regulierung im engeren Sinne).[383] Anders als die US-amerikanische Wirtschaftsregulierung, die anfänglich die Problemlösungen über Monopolisierung[384] oder Preiskontrolle zu erreichen versuchte, bleibt die heutige Diskussion über die Regulierung in Europa nicht nur auf dieser Ebene. Besser gesagt: Das Konzept der Regulierung ist anders. Neben dieser klassischen und engeren Regulierungsdefinition enthält die Regulierungsverwaltung ein Konzept der neuen Herstellung, das die tatsächliche und normative Grundlage für das Spiel der Marktkräfte erst neu zu schaffen versucht.[385] Das Konzept der Regulierung in Europa - besonders in Deutschland - setzt das Verhältnis von Marktkräften und öffentlichen Interessen als geordneten Kompromiss und Nebeneinander voraus. Diese Voraussetzung findet sich nicht in der US-amerikanische Regulierung.[386] „Economic regulation" richtet sich grundsätzlich nur auf die Kontrolle und Lösung unerwünschter Effekte und Marktversagen z. B. Monopolisierung. Zusammenfassend kann man das Konzept der wirtschaftlichen Regulierung in den USA als „Watchdogs" darstellen.[387] Trotz aller ihrer Entwicklungen bleibt die „economic regulation" ein administrativer Notbehelf, um schädliche Auswirkungen abzufangen.[388] Rechtswissenschaftliche Fragen

---

383 Vgl. *J. A. Kämmerer*, Privatisierung, S. 481.; *R. Schmidt*, Öffentliches Wirtschaftrecht, Bd. I. Allgmeiner Teil, S. 48

384 Vgl. *Müller/Vogelsang*, Staatliche Regulierung, S. 21.

385 Siehe unten, C. IV. 2. (1).; auch, *J. A. Kämmerer*, Privatisierung, S. 481.

386 Vgl. *J. Masing*, Die US-amerikanische Tradition der Regulated Industries und die Herausbildung eines europäischen Regulierungsverwaltung, AöR 128 (2003), S. 558 (572).

387 Vgl. *H. J. Kleinsteuber*, Regulierung und politisch-ökonomisch Kultur der USA, in: *Thiemeyer/Böhret/Himmelmann* (Hrsg.), Öffentliche Bindung von Unternehmen, S. 175 (178).

388 Vgl. *J. Masing*, Die US-amerikanische Tradition der Regulated Industries und die Herausbildung eines europäischen Regulierungsverwaltung, AöR 128 (2003), S. 558 (571 f.)

stellen sich nur im Bereich der Rechtsfertigung der Maßnahmen der „regulation" im Einzelfall. Diese Form der Regulierung ist zwar pragmatisch, aber sie beschränkt sich auf die punktuelle Bewältigung der entstandenen Probleme.

2. Dogmatische Systematisierung

(1) „Regulation" als öffentliches Recht?

Wie schon erwähnt, erkennt die US-amerikanische Rechtsordnung unter dem „common law" keine Trennung zwischen öffentlichem Recht und Privatrecht an. Die Grundidee der „regulation" basiert auf dem Verständnis des „common laws". Die Tätigkeit der „regulation" ist daher durch die deutsche Rechtslogik schwierig zuzuordnen, ob sie öffentlich-rechtlich oder privatrechtlich, eingreifend oder leistend, rechtssetzend oder rechtsdurchsetzend ist. Unter dem „common law" ist die Frage nicht von Bedeutung, die Rechtsnatur der „regulation" zu qualifizieren und einem bestimmten Teilgebiet zuzuordnen. Anders gesagt: Das öffentliche Recht erhält keine eigenständige Ausformung in der US-amerikanische Rechtsordnung, dessen Name schon gar kein Rechtsbegriff des „common law" ist.[389] Die umfassende Interventionsweise des Staates bzw. „regulation" ist nicht durch die Rechtslogik erklärt, sondern legt der konkreten Sachrationalität und vor allem der Erfahrung des common law Gerichts zugrunde. „Regulation" ist daher nicht mit der Regulierungsverwaltung im deutschen Sinne, sondern mit dem umfassenden Interventionsrecht inklusive des Verwaltungsrechts, des öffentlichen Rechts und - teilweise - des Privatrechts gleichzusetzen.

(2) "Economic regulation" als Regulierungsverwaltung?

In der US-amerikanischen historischen Erfahrung waren das Regulierungsbedürfnis und die Wahl der Regulierungsmittel abhängig von den empirischen Entscheidungen der „independent agency" oder des Gerichts. Die empirisch angereicherten Entscheidungen hatten unmittelbar die „rulemaking" beeinflusst. Nach diesen induktiven Methoden in den USA kann man den Satz beurteilen: „Regulation heißt im juristischen Sprachgebrauch der USA nichts anderes als Gesetz, Rechts- und Verwaltungsverordnung und schließt unter Umständen auch

389 Vgl. *O. Lepsius*, Verwaltungsrecht unter dem Common Law, S. 27.

nicht-hoheitliche Regelungen mit ein."[390] Aus diesem Grund geht es anfänglich nicht um die Rechtsnatur der US-amerikanischen „regulation", ob sie öffentliches Recht oder Privatrecht ist. Die Formenlehre der Verwaltung in den USA geht deshalb nicht von der allgemeinen Verwaltungsrechtslehre oder vom Gesetz aus, sondern vom einzelnen (Verwaltungs-) Verfahren.[391] Daher ist „economic regulation" im Grunde anders als die Grundlage des Verwaltungsrechts Kontinentaleuropas. Problematisch ist, wie die Regulierung im kontinentaleuropäischen Rechtssystem im Zusammenhang mit der US-amerikanischen Regulierung verstanden wird, was seit kurzem diskutiert wird.

Es zeigt sich, dass „economic regulation" sowohl ein Ausgangspunkt als auch eine Grundvorstellung des sog. „US-amerikanischen Verwaltungsrechts" ist. „Regulation" bedeutet deshalb die Befugnis des Staates zur Intervention mit exekutiven, judikatorischen sowie legislativen Maßnahmen außer mittels der Strafverfolgung.[392] Kurz gesagt, die „regulation" schließt alle unterschiedlichen Formen des exekutiven Handelns ein. Mit der herkömmlichen Rechtsdogmatik im deutschen Recht ist unter Regulierung allerdings nicht jede staatliche oder staatlich sanktionierte Beschränkung der Handlungsmöglichkeiten des Menschen zu verstehen.[393] Unter diesem Blickwinkel bietet der Vergleich mit der US-amerikanische „regulation" den anderen Ausgangspunkt der Diskussion, wo die Regulierung im System der (Verwaltungs-) Rechtsdogmatik steht und wie Regulierungsstrategien[394] gesetzt werden können. Die Fragen, wie das Verhältnis zwischen Staat und Gesellschaft verstanden werden kann und wie der Staat in die Gesellschaft intervenieren soll, sind mit dem Konzept der „economic regulation" nicht logisch, sondern nur empirisch zu beantworten. Hinsichtlich der Frage des systematischen Aufbaus durch Gesetz kann man dem Konzept der „economic regulation" relativ wenig entnehmen.[395] Bei dem Be-

---

390 *H. J. Kleinsteuber*, Regulierung und politisch-ökonomisch Kultur der USA, in: *Thiemeyer/Böhret/Himmelmann* (Hrsg.), Öffentliche Bindung von Unternehmen, S. 175 (176).

391 Vgl. *O. Lepsius*, Verwaltungsrecht unter dem Common Law, S. 168.

392 „Socially desirable activities, most of what goes on in the criminal justice system is not, in this sense, regulation". Vgl. *G. Majone*, Deregulation or Re-regulation, S. 2

393 Vgl. *J. Kühling*, Sektorspezifische Regulierung in den Netzwirtschaften, S. 12.

394 Mit anderem Ausdruck: „veränderte Regulierungsstrategien". Vgl. *A. Voßkuhle*, Der Wandel von Verwaltungsrecht und Verwaltungsprozessrecht in der Informationsgesellschaft, in: *Hoffmann-Riem/Schmidt-Aßmann* (Hrsg.), Verwaltungsrecht in der Informationsgesellschaft, S. 349 (390 und 393).

395 Ferner, „In den USA hat „the system" eine bedrohliche Konnotation und steht unter dem latenten Verdacht, anti-individualistischem, unfreiheitlichem Denken Vorschub zu

dürfnis der „regulation“ geht es um die durch das Gericht geordnete Gesellschaft, aber nicht um politisch-kollektive Gestaltung und Steuerung.[396] Anders als die US-amerikanische Diskussion handelt es sich beim deutschen Verwaltungsrecht eher um die Frage, wie dieser Begriff dem Verwaltungsrecht der herkömmlichen Rechtslehre oder dem neu entwickelten Staatsbild zugeordnet werden kann.

Es besteht in den USA kaum ein Bedürfnis zu unterscheiden, ob eine Handlung dem Bereich der Ordnungs- oder Leistungsverwaltung zuzuordnen ist. Obwohl diese Vorstellung nicht der deutschen Verwaltungsrechtslehre entsprochen hat, konnte die eigene Perspektive der Regulierung übertragen werden, weil sie der staatlichen Verantwortung, der Verzahnung zwischen öffentlichem Recht und Privatecht[397] und dem heutigen Reformbedarf des Verwaltungsrechts entspricht. Obwohl der Import des Regulierungsbegriffs politische Einflussnahme erfahren hat, suggeriert dies eine Reflexion des herkömmlichen deutschen Verwaltungshandelns und eine Überlegung hinsichtlich der gesellschaftlichen Anforderungen. Die Einführung der Regulierung bedeutet nicht direkten, völligen Ersatz der tradierten Verwaltungsrechtsinstitutionen, sondern ein Phänomen im Zuge der rechtsdogmatischen Entwicklung, das durch die Veränderung gesellschaftlicher Sachverhalte ausgelöst wurde. Die Grundvorstellung der Regulierung als staatliches Agieren in der Gesellschaft steht in der entwickelten Linie der Rechtsdogmatik.[398]

Dieser Unterschied bietet die wichtigen Ausgangspunkte der Untersuchung. Das „neue“ Aufgabenverständnis als ein Grundbaustein beruht auf der rechtsdogmatischen Entwicklung, insbesondere dem Wandel des Rechtsstaatsbildes. Die Einführung des Regulierungsbegriffs bezieht sich auf die Rezeption gesellschaftlicher Anforderung an die Rechtsdogmatik. Dabei geht es um die Möglichkeit zur „neuen“ Verwaltungstypen.

---

leisten“, *O. Lepsius*, Was kann die deutsche Staatsrechtslehre von der amerikanischen Rechtswissenschaft lernen?, DV Beiheft 7 (2007), S. 319 (327).

396 Vgl. *J. Masing*, Die US-amerikanische Tradition der Regulated Industries und die Herausbildung eines europäischen Regulierungsverwaltung, AöR 128 (2003), S. 558 (566, 568).

397 Dazu näher, *H.-H. Trute*, Verzahnungen von öffentlichem und privatem Recht, in: *Schmidt-Aßmann/Hoffmann-Riem* (Hrsg.), Öffentliches Recht und Privatrecht als wechselseitige Auffangordnungen, S. 167 ff.

398 Beispielsweise, schon im Jahr 1971 Jahrestagung der Vereinigung der Deutschen Staatsrechtslehrer in Regensburg. Vgl. *W. Brohm*, Die Dogmatik des Verwaltungsrechts vor den Gegenwartsaufgabe der Verwaltung, VVDStRL 30 (1971), S. 245 ff.

IV. Fazit

Nach der Untersuchung über den Hintergrund der economic regulation ergeben sich zwei wichtige Punkte: Liberalismus als geschichtliche Besonderheit und Einfluss des „common laws". Die US-amerikanische Rechtstradition unter dem „common law" bringt der „economic regulation" und dem darum entwickelten US-amerikanischen Verwaltungsrecht keine normative, systematische Sicht. Die „independent regulatory agency" als der Ansatz der US-amerikanischen Verwaltung (oder Verwaltungsorganisation) unterscheidet nicht die Formen des Handelns aller Gewalten, weil die „agency" je nach Sachfrage zu Exekutiv, Judikative und Legislativ befugt ist. Ihr Handeln geht darüber hinaus.

Sicher entstammt die Regulierung(-sverwaltung) der US-amerikanischen „regulation". Aber durch den Vergleich mit der „economic regulation", die einen zentralen Typ der „regulation" darstellt, findet man sowohl ähnliche als auch unterschiedliche Aspekte in der ökonomischen Regulierung. Ein bloß förmlicher oder inhaltlicher Vergleich bietet deswegen nur „schwierig auffindbare Spuren" an.[399]

C. Regulierung in der Entwicklung der Verwaltungsrechtswissenschaft

Schon in der vorkonstitutionellen Zeit wurde der Begriff rung" verwandt, jedoch in unspezifischer Form.[400] Von diesem unformellen Recht her entwickelte sich aber die (deutsche) Rechtswissenschaft hin zum formell-rationalen Recht[401] und es ist aus normativer Sicht notwendig, die Begriffsbildung in einzelnen Rechtsgebieten festzustellen.

---

399 Vgl. *T. v. Danwitz*, Was ist eigentlich Regulierung?, DÖV 2004, S. 977 (978).

400 Vgl. *H. Wießmann*, in: *Heun/Wieland* (Hrsg.), Evangelisches Staatslexikon, Bd. III, zum Stichwort „Regulierung", S. 1979.

401 Vgl. *M. Weber*, Wirtschaft und Gesellschaft: Grundriss der verstehenden Soziologie, S. 395 ff.

I. Juristische Methode als Tradition der deutschen Verwaltungsrechtswissenschaft

1. Juristische Methode und das liberale Rechtsstaatsbild

Otto Mayer, der wichtige Begründer und Vollender der Verwaltungsrechtswissenschaft, formte die Verwaltungsrechtslehre unter der Idee des liberalen Rechtsstaates. Mit Blick auf die Logik des (bürgerlichen) liberalen Rechtsstaates löste er die überkommene staatwissenschaftliche Perspektive ab, die sich damit beschäftigte, wo die Aufgabe des Staates liegt und wie sie erledigt wird.[402] Er nimmt als „Staatszweck" nur den „Schutz des Bürgers vor Eingriffen in Freiheit und Eigentum" an.[403] Um diesen Zweck zu verwirklichen, erarbeitet *Mayer* hier feste „Rechtsformen", innerhalb derer gesetzmäßiges Verwaltungshandeln erfolgen soll.[404] Er setzt Rechtsformen, als Fixpunkte in der „flutenden Masse der Verwaltungstätigkeit"[405] und betrachtet gesetzmäßiges Verwaltungshandeln als diesen Rechtsformen zuordenbares obrigkeitliches Handeln. Nach dieser Betrachtungsweise nehmen die Rechts- und Handlungsformen eine zentrale Stellung in der Verwaltungsrechtslehre ein und werden deshalb von den durch sie verwirklichten Verwaltungszwecken isoliert.[406] Nach den Kriterien der typisierten Rechts- und Handlungsformen werden die Begriffe und Rechtsinstitute gebildet. Somit spielt die Formenlehre eine maßgebende Rolle für die Verwirklichung einer inneren Geschlossenheit des Verwaltungsrechtsystems.[407] In der Verwaltungsrechtswissenschaft können die verschiedenen Rechtsstoffe nach diesen wesentlichen Kriterien kategorisiert und ihnen zugeordnet werden. An den Maßstäben der juristischen Methode können sie in diesen Kategorien nor-

---

402 Vgl. *C. Bumke*, Die Entwicklung der verwaltungsrechtswissenschaftlichen Methodik in der Bundesrepublik Deutschland, in: *Schmidt-Aßmann/Hoffmann-Riem* (Hrsg.), Methoden der Verwaltungsrechtswissenschaft, S. 73 (76).

403 *W. Meyer-Hesemann*, Methodenwandel in der Verwaltungsrechtswissenschaft, S. 21.; *P. Badura*, Verwaltungsrecht im liberalen und im sozialen Staat, Recht und Staat, Heft 328 (1966), S. 9.

404 Vgl. *R. Schröder*, Verwaltungsrechtsdogmatik im Wandel, S. 35.

405 *W. Hoffmann-Riem*, Rechtsformen, Handlungsformen, Bewirkungsformen, in: *ders./Schmidt-Aßmann/Voßkuhle* (Hrsg.), GVwR II, § 33, Rn. 1.

406 Vgl. *P. Badura*, Verwaltungsrecht im liberalen und im sozialen Staat, Recht und Staat, Heft 328 (1966), S. 11.

407 Vgl. *W. Meyer-Hesemann*, Methodenwandel in der Verwaltungsrechtswissenschaft, S. 27 ff.

mativ-inhaltlich ausgerichtet werden.[408] Mit dieser Methode, die die „Juristische Methode"[409] genannt wird, gewinnt die Verwaltungsrechtswissenschaft erst den Charakter eines selbstreferenziellen Systems[410] und eigene systemimmanente Logik. Die Entwicklung eines logischen Standpunkts, die vom Rechtsstaatsbild als Grundstellung ausgehend, über Begriffsbildung schließlich zur Systematisierung führt, wird aus einer „rechtsaktbezogenen Perspektive"[411] analysiert. An dieser Grundlage der Methode und dem Verständnis von Verwaltungsrechtswissenschaft an sich hat sich seither nicht viel geändert.[412]

2. Betrachtung der Leistungsverwaltung mit der juristischen Methode

Seit der Einführung der „juristischen Methode" in die Verwaltungsrechtswissenschaft hat sie sich innerhalb der verschiedenen Bereiche der Verwaltungswirklichkeit weiter entwickelt. Insbesondere das Auftreten bisher unbekannter neuer Verwaltungsaufgaben und die darauf beruhende Ausdehnung der Verwaltungstätigkeit können als Beispiele dienen.[413] Die „juristische Methode" und die darauf beruhende Verwaltungsrechtswissenschaft berücksichtigten in ihren zweckentleert konstruierten Kategorie die sozialen Verwaltungszwecke nicht.[414] Aber es war notwendig, die mit der sozialen Frage verbundenen Probleme in Bezug auf die Industriegesellschaft zu lösen. Mit einigen weitsichtigen

---

408 Vgl. *C. Bumke*, Die Entwicklung der verwaltungsrechtswissenschaftlichen Methodik in der Bundesrepublik Deutschland, in: *Schmidt-Aßmann/Hoffmann-Riem* (Hrsg.), Methoden der Verwaltungsrechtswissenschaft, S. 73 (86).; *W. Meyer-Hesemann*, Methodenwandel in der Verwaltungsrechtswissenschaft, S. 25.

409 Dazu näher, *M. Stolleis*, Entwicklungsstufen der Verwaltungsrechtswissenschaft, in: *Hoffmann-Riem/Schmidt-Aßmann/Voßkuhle* (Hrsg.), Grundlagen des Verwaltungsrechts, Bd. I, § 2, Rn. 47 ff.; *W. Krebs*, Die Juristische Methode im Verwaltungsrecht, in: *Schmidt-Aßmann/Hoffmann-Riem* (Hrsg.), Methoden der Verwaltungsrechtswissenschaft, S. 209 (213 ff.).

410 Grundlegend, *N. Luhmann*, Soziale Systeme: Grundriss einer allgemeinen Theorie, S. 15, 25.

411 Vgl. *C. Bumke*, Die Entwicklung der verwaltungsrechtswissenschaftlichen Methodik in der Bundesrepublik Deutschland, in: *Schmidt-Aßmann/Hoffmann-Riem* (Hrsg.), Methoden der Verwaltungsrechtswissenschaft, S. 73 (75).; ähnlich, *N. Luhmann*, Soziale Systeme: Grundriss einer allgemeinen Theorie, S. 225 ff.

412 *P. Badura*, Verwaltungsrecht im liberalen und im sozialen Staat, S. 12.

413 Vgl. *R. Schröder*, Verwaltungsrechtsdogmatik im Wandel, S. 35 ff.; *W. Meyer-Hesemann*, Methodenwandel in der Verwaltungsrechtswissenschaft, S. 47 ff.

414 Vgl. *P. Badura*, Verwaltungsrecht im liberalen und im sozialen Staat, S. 16.

Beiträgen, beispielsweise von *F. Fleiner* und *W. Jellinek,* wurde die juristische Methode noch weiter entwickelt.[415] Diese Versuche erhalten zwar die Grundvorstellung der „Idee des (liberalen) Rechtsstaates" und der „juristischen Methode", modifizieren aber das System *Otto Mayer*s. In Bezug auf die soziale Frage orientierten sie sich an der Zwecksetzung und Leistung der Verwaltung.[416] Schließlich hat *E. Forsthoff* die soziale Ansicht ernstlich in der juristischen Methode[417] durchgesetzt, und damit den Positivismus *Otto Mayer*s abgelöst. Seine Methode liegt der Vorstellung zugrunde, dass die soziale Wirklichkeit und ihre Bedürftigkeit in der Verwaltungsrechtswissenschaft widergespiegelt werden muss. *Forsthoff*s Begriff der „Daseinsvorsorge", die die Verantwortung des Staates bezeichnet, soziale Bedürfnisse zu erfüllen, deutet auf diesen Aspekt hin. Diese sozialen Leistungen seien durch den im formalen Rechtsstaatsprinzip gewährleisteten Rechtsschutz nicht zu erbringen, sondern gehen um „Teilhabe".[418] Erst mit dem Begriff der „Daseinsvorsorge" und seinen dogmatischen Konsequenzen könne die Verwaltungsrechtswissenschaft die gewandelte Verwaltungswirklichkeit realistisch analysieren und einen öffentlich-rechtlichen Teilhabeanspruch bilden.[419] Somit wird nicht mehr das einheitliche System der rechtsstaatlichen Verwaltungsrechtswissenschaft beibehalten, weil die mit dem Begriff „Daseinsvorsorge" etablierte Leistungsverwaltung mit der traditionellen Eingriffsverwaltung nicht länger in einem geschlossenen System zu vereinbaren ist.[420] In diesem Standpunkt, den *Forsthoff* aus der soziologischen Beobachtung gefolgert und damit zu rechtlichen Schlussfolgerungen gebracht hat,[421] steht die Lehre von *Forsthoff* der juristischen Methode entgegen. Aber *Forsthoff* versucht nicht das System der Verwaltungsrechtswissenschaft von *Otto Mayer* zu über-

---

415 Dazu näher, *W. Meyer-Hesemann*, Methodenwandel in der Verwaltungsrechtswissenschaft, S. 53 ff.; *R. Schröder*, Verwaltungsrechtsdogmatik im Wandel, S. 36 f.; *C. Bumke*, Die Entwicklung der verwaltungsrechtswissenschaftlichen Methodik in der Bundesrepublik Deutschland, in: *Schmidt-Aßmann/Hoffmann-Riem* (Hrsg.), Methoden der Verwaltungsrechtswissenschaft, S. 73 (89 ff.).

416 *P. Badura*, Verwaltungsrecht im liberalen und im sozialen Staat, S. 19 f.

417 Vor der Zeit der juristischen Methode wurde die soziale Ansicht in der Rechtswissenschaft bei *L. v. Stein* schon behauptet. Forsthoff stand unter diesem Einfluss. Vgl. *M. Stolleis*, Entwicklungsstufen der Verwaltungsrechtswissenschaft, in: *Hoffmann-Riem/Schmidt-Aßmann/Voßkuhle* (Hrsg.), GVwR I, § 2, Rn. 88.

418 *E. Forsthoff*, Die Verwaltung als Leistungsträger, S. 45 ff.; zitiert nach *W. Meyer-Hesemann*, Methodenwandel in der Verwaltungsrechtswissenschaft, S. 86 ff.

419 Vgl. *J.-C. Pielow*, Grundstrukturen öffentlicher Versorgung, S. 358 ff., 392 ff.; *H. Schweitzer*, Daseinsvorsorge, "service public", Universaldienst, S. 74 ff.

420 Vgl. *W. Meyer-Hesemann*, Methodenwandel in der Verwaltungsrechtswissenschaft, S. 89.

421 Vgl. *H. Schweitzer*, Daseinsvorsorge, "service public", Universaldienst, S. 77.

winden, sondern es zu ergänzen. Zwar bemüht sich *Forsthoff* den sozialen Anspruch dogmatisch zu entwickeln, steht jedoch der tradierten Arbeitsweise[422] und dem Ausgangspunkt[423] von *Otto Mayer*s nicht entgegen. Seine Lehre und sein Begriff der „Daseinsvorsorge" behalten noch weiter die formell-rationale Systematik bei.[424]

3. Bewertung der juristischen Methode

In der traditionellen deutschen Verwaltungsrechtswissenschaft geht es letztlich darum, wie sich die verschiedenen und gewandelten Ansprüche der Gesellschaft und die darüber angestellten Reflexionen sowie die inneren Zusammenhänge der dogmatischen Entwicklung dem System des Verwaltungsrechts zuordnen lassen. Die neuen Aufgaben und die Forderung ihrer Wahrnehmung werden auch nach dem tradierten Maßstab restrukturiert. Es hat sich aber gezeigt, dass die traditionelle Verwaltungsrechtswissenschaft um der radikalen Selbstständigkeit des Fachsystems und der bürgerlich-liberalen Rechtsstaatsidee willen, nur „Positivität, Legalismus und Formalität" [425] einführte. Unter diesem Blickwinkel können die sozialen Ansprüche und Gerechtigkeit nicht angemessen reflektiert werden. In diesem Punkt ist die Systematisierung auf Grundlage der tradierten Methode der Verwaltungsrechtswissenschaft defizitär. Der „juristischen Methode" ist es gelungen, mit der Verwaltungsrechtswissenschaft eine selbstständige Disziplin zu schaffen und ihre formale Rationalität zu verstärken. Aber die „juristische Methode" hat aufgrund des Positivismus nicht nur das theoretische, sondern auch das empirische Problem getroffen. Auf theoretischer Seite hat sie einseitig nur auf die Formalität übermäßigen Wert gelegt. Ohne die materiellen und außerrechtlichen Gründe zur Rationalität des Rechts zu beachten, ist die juristische Methode über diesen Punkt absichtlich hinweggegangen. Folglich steht der formale Rechtsstaat vor einem empirischen Problem. Die empirischen Defizite der bürgerlichen Rechtsstaatsidee können, wie *D. Grimm*

---

422 Vgl. *C. Bumke*, Die Entwicklung der verwaltungsrechtswissenschaftlichen Methodik in der Bundesrepublik Deutschland, in: *Schmidt-Aßmann/Hoffmann-Riem* (Hrsg.), Methoden der Verwaltungsrechtswissenschaft, S. 73 (92 f.).

423 *Forsthoff* verstand das Rechtsstaatsprinzip noch im formalen Sinne. Vgl. *E. Forsthoff*, Die Umbildung des Verfassungsgesetzes, in: *ders.*, (Hrsg.), Rechtsstaat im Wandel, S. 130 (152).

424 Bemerkenswert ist hier, dass ein prägend theoretischer Grund Forsthoffs auf *Max Weber* belegt. Vgl. *J.-C. Pielow*, Grundstrukturen öffentlicher Versorgung, S. 355.

425 Vgl. *J. Habermas*, Theorie des kommunikativen Handelns, Bd. I. S. 351 f.

richtig angemerkt hat, als „die Blindheit für die soziale Frage und die Wehrlosigkeit gegenüber eklatant ungerechten Gesetzen“ bezeichnet werden.[426]

II. Rezeption der gesellschaftlichen Frage in das Rechtsstaatsprinzip und in die Leistungsverwaltung

1. Die materiale Rationalität im Recht

Aufgrund der historischen Erfahrungen und theoretischen Defizite werden die Überwindung des formalen Rechtsstaatsprinzips und eine Hinwendung zum materiellen Rechtsstaatsprinzip gefordert. Zwar können mit der formalen Rationalität, wie *M. Weber* sie erklärt hat, die Charakteristika des modernen Rechts definiert werden,[427] aber mit der formalen Gerechtigkeit könnte das materiale Postulat der ethischen, politischen Ansprüche verletzt werden. Hier ist das Verhältnis von formaler und materialer Rationalität ambivalent und gegensätzlich. Problematisch ist, das gegensätzliche, sogar gewissermaßen widersprüchliche Verhältnis der beiden Rationalitäten im sozialen Rechtsstaatsprinzip zu erklären. Schlussendlich wird gefolgert, dass das soziale Rechtsstaatsprinzip mehr und mehr „das Vordringen des Staates“[428] in die Gesellschaft fordert.

Der Wandel und die Entwicklung der modernen Industriegesellschaft beschleunigen die Tendenz zur „Materialisierung“ des Rechts. Die enorme Industrialisierung und wissenschaftliche, technische und ökonomische Entwicklung nötigen den Staat, in die Gesellschaft zu intervenieren, die sich ergebenden Aufgaben wahrzunehmen und zu normieren. Das Formalrecht wird mehr und mehr zum Materialrecht modifiziert. Besonders im Bereich des Verwaltungsrechts entwickelt sich seine Rolle jenseits der überkommenen „Eingriffsverwaltung“, die auf „ein Minimum von Staat und ein Maximum von Freiheit“ gerichtet war. Die Verwaltung spielt nicht nur dort eine Rolle, wo es die Freiheit und das Eigentum des Einzelnen zu schützen gilt, sondern hat auch eine positive Tätigkeit

---

426 *D. Grimm*, Der Wandel der Staatsaufgaben und die Krise des Rechtsstaat, in: *ders.* (Hrsg.), Wachsende Staatsaufgaben - sinkende Steuerungsfähigkeit des Rechts, S. 291 (296).

427 Dazu näher, *M. Weber*, Wirtschaft und Gesellschaft: Grundriss der verstehenden Soziologie, S. 396 ff., 468., Seine Vergleichungsanalyse mit dem formalen Recht und „common-law“ in England, vgl. S. 456 ff.

428 *K. Hesse*, Grundzüge des Verfassungsrechts der Bundesrepublik Deutschland, Rn. 210.

erreicht. Die positive Verwaltungsstätigkeit erscheint zunächst als eine Erweiterung der Aufgaben wie Intervention, Lenkung und Gestaltung. Um diese erweiterten Aufgaben wahrzunehmen, dringt das Verwaltungsrecht in Bereiche vor, die früher der gesellschaftlichen Selbststeuerungen (oder Selbstregulierung) überlassen waren. Anders als für die „Eingriffsverwaltung“ (Ordnungsverwaltung), wird für diese positive Tätigkeit gefordert, dass sie „unmittelbar“ sein soll. Im Mittelpunkt dieser qualitativen und quantitativen Veränderung der Staatstätigkeit[429] steht diese positive Verwaltungstätigkeit, die so oft in umfassender Weise die „Leistungsverwaltung“ genannt ist.

2. Das materielle Rechtsstaatsprinzip

Der Wandel zur „Leistungsverwaltung“ hin beruht nämlich auf dem sozialen, materiellen Rechtsstaatsprinzip. Seit *H. Heller* das materielle Rechtsstaatsprinzip als das soziale Rechtsstaatsprinzip betrachtet hat,[430] versucht man, seinen konkreten Inhalt zu ergänzen und zu definieren.[431] Dieser Versuch bedeutet die Übernahme und die Rezeption der Materialität ins Rechtssystem. Denn das Rechtsstaatsprinzip ist im modernen Sinne die Idee der „Orientierung zur materiellen Gerechtigkeit“ einerseits, die sich aber auch notwendig auf die „Rechtssicherheit“ und „Gerechtigkeit durch Verfahren“ bezieht.[432] Als ein Topos soll die Verwirklichung der „Gerechtigkeit“ eine Leitlinie staatlichen Handelns sein, die im Einzelfall durch „Verfahren“ konkretisiert werden soll, wobei das „Verfahren“ aus dem traditionellen Inhalt des Rechtsstaatsprinzips abzuleiten ist.[433] Damit ist zu erklären, dass das soziale Rechtsstaatsprinzip einerseits die rechtliche Gesamtordnung gewährleistet, anderseits aber auch mit dem Sozialstaatsprinzip materielle Gerechtigkeit erzielt.[434] Beispielsweise stellt die sog. „We-

---

429 Vgl. *D. Grimm*, Der Wandel der Staatsaufgaben und die Krise des Rechtsstaat, in: *ders.* (Hrsg.), Wachsende Staatsaufgaben - sinkende Steuerungsfähigkeit des Rechts, S. 291 (297).; *ders.*, Regulierte Selbstregulierung in der Tradition des Verfassungsstaats, DV Beiheft 4, S. 9 (11 f.).

430 Dazu näher, *H. Heller*, Rechtsstaat oder Diktatur? in: *ders.*, Gesammelten Schriften Bd. II., S. 445 ff.

431 Ähnlich wie *U. Scheuner*, Die neuere Entwicklung des Rechtsstaats in Deutschland, in: *E. Forsthoff* (Hrsg.), Rechtsstaatlichkeit und Sozialstaatlichkeit, S. 461 (490 f.).

432 Dazu näher, *P. Kunig*, Das Rechtsstaatsprinzip, S. 333 ff., 362 ff. und 390 ff.

433 Vgl. *P. Kunig*, Das Rechtsstaatsprinzip, S. 362 f.

434 Vgl. *K. Hesse*, Grundzüge des Verfassungsrecht der Bundesrepublik Deutschland, Rn. 193 ff.; Über das Spannungsverhältnis zwischen dem Rechts- und Sozialstaatsprinzips

sentlichkeitslehre“ einen Maßstab für die Gesetzmäßigkeit der Leistungsverwaltung dar. Schließlich besteht die abstrakt normative Rolle und Aufgabe des sozialen Rechtsstaatsprinzips darin, der materialen Rationalität noch mehr Berechenbarkeit und rechtseigentliche Maßstäbe zu verleihen. Als das „Medium zur Konkretisierung der sozialen Dimension“,[435] verfolgt das (Verwaltungs-) Recht den Auftrag, mit gesellschaftlichen und außerrechtlichen Fragen ins Rechtssystem vorzudringen. Problematisch ist das, weil sich die materiellen und außerrechtlichen Faktoren je nach der gesellschaftlichen Umgebung verändern. Der Wandel der Verwaltungsrechtswissenschaft kann deshalb bezeichnet werden, als das Ergebnis der Anpassung der Verwaltungsträger[436] und der Aufgaben[437] an die äußere Umgebung oder sonstige Veränderungen.[438] Aus dieser Sicht können das soziale Rechtsstaatsprinzip und die dadurch konkretisierte und systematisierte Leistungsverwaltung so eingeschätzt werden, dass sie zu einer Öffnung des Rechtssystems beigetragen und so die Rezeption der gesellschaftliche Frage in ihrem Inneren ermöglicht haben. Um diesen Anspruch zu übernehmen, ist es notwendig zu erfassen, worin die gesellschaftlichen Ansprüche bestehen und wie sie gemeinwohlmäßig erfüllt werden können. Der soziale Rechtsstaat wird deshalb als weiterer Faktor für verschiedene Fachdisziplinen erwogen. Während die „juristische Methode“ rechtseigene Maßstäbe und innere Geschlossenheit gebracht hat, und damit ein Fundament für das Verwaltungsrechtssystem gelegt hat, bietet das soziale Rechtsstaatsprinzip dem Verwaltungsrechtssystem einen weiteren wichtigen Ansatz an, der das Zusammenwirken, die Verkopplung sowie die „Resonanz“[439] zwischen den verschiedenen Teilsystemen der Gesellschaft ermöglicht.

---

und „Die Janusköpfigkeit“ des Rechtsstaatsprinzips, vgl. *P. Kunig*, Das Rechtsstaatsprinzip, S. 278 ff.

435 *Wolff/Bachof/Stober/Kluth* (Hrsg.), Verwaltungsrecht, Bd. I, § 18, Rn. 13.

436 Beispielsweise, der Formenwechsel zur „privatrechtliche Einkleidung“ der Verwaltungstätigkeit, vgl. *P. Badura*, Die Erfüllung öffentlicher Aufgaben und die Unternehmenszwecke bei der wirtschaftlichen Betätigung der öffentlichen Hand, in: *Münch* (Hrsg.), Staatsrecht, Völkerrecht, Europarecht, FS Hans-Jürgen Schlochauer, S. 3 (11).

437 Vgl. *W. Hoffmann-Riem*, Eigenständigkeit der Verwaltung in: *ders./Schmidt-Aßmann/Voßkuhle* (Hrsg.), Grundlagen des Verwaltungsrechts, Bd. I., § 10, Rn. 111.; In Bezug auf der Phänomen „Privatisierung“, vgl. *M. John-Koch*, Organisatorische Aspekte der Aufgabenwahrnehmung im modernen Staat, S. 33 ff.

438 Vgl. *J.-T. Ryu*, Die Rolle des Staates in der Telekommunikation, VerwArch 97 (2006), S. 541 (543).

439 Vgl. *N. Luhmann*, Ökologische Kommunikation, S. 269.

3. „Das regulative Recht“

Sofern die soziale Forderung des jeweiligen Lebensbereiches im sozialen Rechtsstaat weitgehend übernommen wird, hält das Verwaltungsrecht als Rechtssystem jedoch am Prinzip „Primat des Rechts“ fest, das sich aus dem Rechtsstaatsprinzip ergibt. Die Übernahme der Materialität und die dadurch geführte weitgehende Rezeption der sozialen Forderungen hinderte nicht die unmittelbare oder mindestens mittelbare Herrschaft des Rechts. Vielmehr wird im sozialen Rechtsstaat und Wohlfahrtsstaat das Vordringen des Verwaltungsrechts in die Gesellschaft gefördert. Infolge der Forderung nach staatlicher Aktivität dringt der Staat übermäßig in andere Teilsysteme der Gesellschaft vor. In dem Maße, wie das Verwaltungsrecht in die noch weiter komplizierten Lebensverhältnisse interveniert, führt dies zur Expansion der sozialrechtsstaatlichen Gesetzlichkeit und der Staat übernimmt mehr und mehr gesellschaftliche Aufgaben. Die moderne Ordnungsverwaltung berücksichtigt ebenso die Wirklichkeit aller Lebensbereiche und reagiert auf neue Abwehrbedürfnisse, beispielsweise die Gefahrenpotenziale zu steuern oder technische Sicherheit zu garantieren. Damit dehnt sich die Ordnungsverwaltung auf die weiteren Gebiete aus. Nach dieser Ausdehnung des staatlichen Anteils wandeln sich der Zweck und die Funktion des (Verwaltungs-) Rechts hin zum „regulativen Recht“.

Mit der sozialrechtsstaatlichen Gesetzlichkeit, die sowohl dem juristischen Denken und seinem Instrumentarium immanent ist, als auch mit der übermäßigen Übernahme sozialer Aufgaben, erweitert das Verwaltungsrecht seinen Geltungsbereich und wird daher als ein typisches Beispiel für „regulatives Recht“ genannt.[440] Beispielsweise findet eine Modifizierung der Privatautonomie im Bereich des Privatrechts statt. Bei der Begrenzung der Privatautonomie geht es um die Beschränkung der einzelnen Freiheit durch öffentliches Recht. Derselbe Wandel der Staatsaufgaben und „Aufstieg des öffentlichen Rechts“ kann in allen modernen Sozialstaaten beobachtet werden.[441] Das direkte Eindringen des öffentlichen Rechts belastet die staatliche Gesamtverantwortung für die gesellschaftlichen Geschehen.[442] Und die Last des Staates wird

---

440 Vgl. *K. Günther*, Der Wandel der Staatsaufgaben und die Krise des regulativen Rechts, in: *D. Grimm* (Hrsg.), Wachsende Staatsaufgaben - sinkende Steuerungsfähigkeit des Rechts, S. 51 ff.

441 Vgl. *G. Manssen*, Privatrechtsgestaltung durch Hoheitsakt, S. 106.

442 Vgl. *R. Schmidt*, Öffentliches Wirtschaftsrecht, Allg.Teil, S. 37.; *G. Manssen*, Privatrechtsgestaltung durch Hoheitsakt, S. 106.; *D. Grimm*, Der Wandel der Staatsaufgaben

durch das Bedürfnis nach einer funktionsfähigen Infrastruktur zusätzlich beschwert, von der seit jeher die wirtschaftliche und gesellschaftliche Entwicklung maßgeblich abhängt, weil die Infrastruktur wie Verkehr, Information und Telekommunikation, Versorgung und Entsorgung, Umweltschutz, Bildung und Forschung als verantwortlich für die „Daseins- und Zukunftsvorsorge“ angesehen werden.[443]

III. Entstehung eines neuen Staatsbildes

1. Krise der sozialen Gesetzlichkeit und des „regulativen Rechts“

Sicher hat die sozialstaatliche Gesetzlichkeit zur materiellen Freiheit und Gerechtigkeit beigetragen. Jedoch übernimmt der Staat als Konsequenz dessen auch übermäßig viele Aufgaben. Infolge der unmittelbaren und verstärken Intervention des Staates im gesellschaftlichen, besonders wirtschaftlichen Bereich, wird die Rationalisierung des Rechts gefordert und wegen außerrechtlicher Gründe weiter hervorgehoben. Beispielsweise ist sowohl die wirtschaftliche Sichtweise[444] als auch der Utilitarismus notwendig, damit die Leistungsverwaltung für die Lebensverbesserung und -möglichkeiten sorgen[445] und diese garantieren kann. Das formale Rechtsstaatsprinzip hat diese Kohärenzaufgaben für unnötig und nicht-juristisch gehalten und deshalb die wirtschaftlichen und ethischen Bereiche dem freien Spiel der Gesellschaft überlassen. Diese materiellen und außerrechtlichen Faktoren werden aber unter dem Gesichtspunkt des sozialen Rechtsstaats miterwogen. Dementsprechend muss die Rechtswissenschaft eine Konkordanz zwischen der ökonomischen Ansicht, die nur den maximalen Gewinn verfolgt, und dem ethischen Utilitarismus bringen. Hier gibt es aber einen problematischen Ausgangspunkt. Ein Maßstab des Rechts, in dem diese

---

und die Krise des Rechtsstaat, in: *ders.* (Hrsg.), Wachsende Staatsaufgaben - sinkende Steuerungsfähigkeit des Rechts, S. 291 (297).

443 Vgl. *K. König/C. Theobald*, Liberalisierung und Regulierung netzgebundener Güter und Dienste, in: *Grupp/Ronellenfitsch* (Hrsg.), FS W. Blümel, S. 277 (278 f).; Über die Bestimmungsdebatte, Vgl. *G. Hermes*, Staatliche Infrastrukturverantwortung, S. 146 ff.

444 Der ökonomische Grund erkannt sich schon auch als einen wichtigen Grund zur formalen Rationalität des Rechts. Aus dieser Sicht sei dieser Grund zwar immer da und könne eine wichtige Rolle spielen, aber habe nur mittellbare Wirkung. Vgl. *M. Weber*, Wirtschaft und Gesellschaft, S. 505.

445 Vgl. *Wolff/Bachof/Stober/Kluth* (Hrsg.), Verwaltungsrecht, Bd. I. § 4, Rn. 16.

Überlegung abgespiegelt wird, dringt so oft unmittelbar zum anderen Teilsystem durch, „konstitutionalisiert“[446] seine eigene Logik und Selbstordnung sogar ethische Wertentscheidung, und unterwirft schließlich. Die gesellschaftliche Ordnung selbst, die ursprünglich die verschiedenen sozialen Fragen kontrolliert und gesteuert hat, wird mehr als zuvor zum Gegenstand staatlicher Steuerung und Gestaltung.[447] Diese sogenannte „Kolonialisierung der Lebenswelt“[448] oder „Bürokratisierung der Welt“[449] verursacht die Passivität und Abhängigkeit der Gesellschaft, den Überfluss des positiven Rechts und die Übersozialisierung. In diesem Punkt ist die sozialrechtstaatliche Gesetzlichkeit janusköpfig: Anders gesagt, wie *Habermas* es formuliert hat, existiert eine Ambivalenz von „Freiheitsverbürgung und Freiheitsentzug“.[450]

Das andere Element erschwert dieses Dilemma noch zusätzlich. Der Versuch des Staates, mittels des Rechts zu intervenieren und zu steuern bzw. die Idee des „regulativen“ Rechts, stößt an seine theoretischen und praktischen Grenzen. Eine angemessene und effektive Allokation der begrenzten Ressourcen und Güter durch sozialstaatliche Steuerung und regulatives Recht als ihr Medium konnte nicht immer in genügendem Maße erreicht werden. Hinzu kommt, dass die Erreichung dieses Ziels nicht mehr die Sicherstellung der Freiheit garantiert. In wirtschaftlicher Hinsicht ist es empirisch erwiesen, dass die zunehmende Intervention und Steuerung durch regulatives Recht nicht immer zum erwünschten Ergebnis führen. Vielmehr noch können der durch das regulative Recht gestaltende Zustand, der an der sozialen Gerechtigkeit und an einer gemeinwohlorientierten Wirtschaftspolitik orientiert sein soll, gerade das Gegenteil der erwarteten Folgen bewirken (z. B. „*Coase*-Theorem“[451], „Instituti-

---

446 *G. Teubner*, Verrechtlichung - Begriffe, Merkmale, Grenzen, Auswege, in: *F. Kübler* (Hrsg.) Verrechtlichung von Wirtschaft, Arbeit und sozialer Solidarität, S. 289 (302).

447 Vgl. *D. Grimm*, Der Wandel der Staatsaufgaben und die Krise des Rechtsstaat, in: *ders.* (Hrsg.), Wachsende Staatsaufgaben - sinkende Steuerungsfähigkeit des Rechts, S. 291 (297).

448 *J. Habermas*, Theorie des kommunikativen Handelns, Bd. II., S. 522.

449 *G. Teubner*, Verrechtlichung - Begriffe, Merkmale, Grenzen, Auswege, in: *F. Kübler* (Hrsg.) Verrechtlichung von Wirtschaft, Arbeit und sozialer Solidarität, S. 289 (290).

450 *J. Habermas*, Theorie des kommunikativen Handelns, Bd. II., S. 531.

451 Vgl. *R. Coase*, Journal of Law and Economics, Bd. III, 1960, S. 1 ff.; Anwendungsweise in der Rechtswissenschaft und ihre Wertschätzung, vgl. *F. Becker*, Kooperative und konsensuale Strukturen in der Normsetzung, S. 42 ff.

onsökonomie“ von *Buchanan*). Ein dramatisches Beispiel findet sich im Gebiet der Miet- und Tarifsteuerung.[452]

Die gesellschaftliche Steuerungsfähigkeit wird schon dem regulativen Recht unterworfen und dadurch wird die Passivität der Gesellschaft gesteigert. Wegen der Beschränkung der gesellschaftlichen Selbststeuerungsfähigkeit werden die Steuerungsanforderungen an das politische System erhöht und das führt zu einer noch weiteren Überlastung des regulativen Rechts. Diese erhöhte Steuerungsanforderung ist ein praktischer Grund dafür, warum das regulative Recht an „unübersteigbare Wirkungsgrenze“[453] stößt. Darauf reagiert es, indem es sich nur am erfolgreichen Ergebnis orientiert. Wegen seiner beschwerten Last bleibt nur ein Zweck, dass das Recht die Bedürfnisse und Anforderungen der passiven Gesellschaft effektiv erfüllen muss. Hier ist es nicht wichtig, ob das Recht seine Relevanzkriterien noch weiter enthält. Jedoch wird die sozialstaatliche Steuerungsentscheidung mit gesteigerter Effektivität verrechtlicht.[454] Dabei tritt die Eigenlogik anderer Systeme an die Stelle der Systemlogik des Rechts. In dem Maße, wie das Recht als sozialstaatliches Steuerungsmedium[455] eingesetzt wird, und dabei das Rechtssystem in zunehmendem Maße gesellschaftliche Aufgaben übernimmt, erschwert das die Lasten des Staates bis hin zur „Unregierbarkeit“,[456] werden die autonomen gesellschaftlichen Handlungsspielräume eingeschränkt und kommen schließlich das Rechtssystem und seine Logik paradoxerweise in Gefahr.[457] Auf gesellschaftlicher Seite führt dieses Phänomen in eine

452 Statt vieler, “The People's Initiative to Limit Property Taxation: California Proposition 13 (1978)” und “rent control”.

453 *G. Teubner*, Verrechtlichung - Begriffe, Merkmale, Grenzen, Auswege, in: *F. Kübler* (Hrsg.) Verrechtlichung von Wirtschaft, Arbeit und sozialer Solidarität, S. 289 (313).

454 Vgl. *G. Teubner*, Verrechtlichung - Begriffe, Merkmale, Grenzen, Auswege, in: *F. Kübler* (Hrsg.) Verrechtlichung von Wirtschaft, Arbeit und sozialer Solidarität, S. 289 (317, 323).

455 Vgl. *J. Habermas*, Faktizität und Geltung, S. 501.; *G. Teubner*, Verrechtlichung - Begriffe, Merkmale, Grenzen, Auswege, in: *F. Kübler* (Hrsg.) Verrechtlichung von Wirtschaft, Arbeit und sozialer Solidarität, S. 289 (290).

456 *E.-H. Ritter*, Das Recht als Steuerungsmedium im kooperativen Staat, in: *D. Grimm* (Hrsg.), Wachsende Staatsaufgaben - sinkende Steuerungsfähigkeit des Rechts, S. 69.

457 Vgl. *G. Teubner*, Verrechtlichung - Begriffe, Merkmale, Grenzen, Auswege, in: *F. Kübler* (Hrsg.) Verrechtlichung von Wirtschaft, Arbeit und sozialer Solidarität, S. 289 (301, 323).; Ähnlich, *J. Habermas*, Faktizität und Geltung, S. 517 f.

radikale Abhängigkeit und zugleich eine Steuerungsresistenz.[458] Dieses Trilemma wird von *Teubner* ein „regulatorisches Trilemma" genannt.[459]

2. Reaktion gegen die Krise des regulativen Rechts

Die weitgehende staatliche Intervention und Überforderung des Staates ist an theoretische und tatsächliche Grenzen gestoßen, besonders im Bereich der Wirtschaft und Wohlfahrtpolitik. Die Idee und Politik des Wohlfahrtsstaates verliert die Antriebskraft, die zu seinem Fortbestehen notwendig ist. Trotz der enormen Wohlfahrtsausgaben des Staates kann er seine wohlfahrtsstaatliche Steuerungsfähigkeit nicht mehr vielfach beibehalten. Auch in der sich regelmäßig wiederholenden wirtschaftlichen Krise beobachtet man ein Staatsversagen bei der Steuerung der Marktmechanismen. Angesichts der Kosten-, Struktur-, Flexibilitäts-,[460] Effektivitäts- und Autonomiekrise kommen Pessimismus und Misstrauen auf, dass der Staat einer gerechten Lösung der sozialen Frage nicht mehr gewachsen sein könnte. Diese Krise lässt sich auch in anderen Gebieten, wie Umweltschutz, Daseinsvorsorge, Infrastrukturbereitung und Bildung, beobachten. Darüber hinaus verursachen noch andere Gründe die Steuerungskrise des Staates, auf politischer Seite etwa die Internationalisierung, Europäisierung, - besonders in Deutschland die Wiedervereinigung -, auf der anderen Seite werden staatliche Aufgaben durch die technische Entwicklung verkompliziert oder völlig neu gebildet.

Diese Situation findet sich in allen westeuropäischen Staaten. Als Konsequenz werden Rufe nach einem „schlanken Staat", „Staatsentlastung" und „Abschied vom Staat" laut. Diese Reaktion fordert vom Staat die Verringerung der staatlichen Handlungsspielräume, was eine minimalisierte Steuerung der Gesellschaft meint. Diese bezieht sich auf den Wandel der Staatsaufgaben, ihre Wahrnehmungsmodi und schließlich das (öffentlichen) Recht als regulatives Mittel des Staates. Eine Überlegung, wie diese Forderungen zu verwirklichen sind,

---

458 Vgl. *F. Becker*, Kooperative und konsensuale Strukturen in der Normsetzung, S. 17.

459 Grundlegend, *G. Teubner*, Das regulatorische Trilemma, Zur Diskussion um postinstrumentale Rechtsmodelle, 13 Quaderni Fiorentini per la Storia del Pensiero Giuridico Moderno, S. 109 ff.; *ders.*, Verrechtlichung - Begriffe, Merkmale, Grenzen, Auswege, in: *F. Kübler* (Hrsg.) Verrechtlichung von Wirtschaft, Arbeit und sozialer Solidarität, S. 289 (313 ff.).; *ders.*, Recht als autopoietisches System, S. 78 f.

460 Vgl. *A. Benz*, Privatisierung und Deregulierung - Abbau von Staatsaufgaben?, DV 28 (1995), S. 337 (337 f.).

stellt sich folgendermaßen dar: „Liberalisierung", „Privatisierung", „Deregulierung" und „Ökonomisierung". Diese Begriffe beziehen sich zunächst auf den Wandel des staatlichen Handelns, zweitens auf den neuen wirtschaftlichen Weg oder Anspruch aus dem Recht und schließlich auf die Modelle und Intensität der öffentlichen Regelungen. Diese Begriffe werden deshalb „häufig gemeinsam genannt und synonym verwendet".[461]

(1) Liberalisierung

(a) Liberalisierungsansatz

Die Liberalisierung sieht den „Neo-Liberalismus" von *F. A. v. Hayek* als ihre theoretische Grundlage an. Der „Neo-Liberalismus" kritisiert die Übersozialisierung des Wohlfahrtstaats und zielt darauf ab, die Intervention des Staates möglichst zu verringern, was umgekehrt die „spontane Ordnung"[462] der Gesellschaft fördern soll. Der „Neo-Liberalismus" hat großen Einfluss auf die neoliberale Minimalstaatspolitik ausgeübt (z. B. „*Thatscherism*" der großbritannischen Regierung in den 70er und 80er Jahren).[463] Die Liberalisierung ist die darauf gründende Tendenz gegen Bürokratisierung und Kontrollisierung in der wirtschaftlichen Politiklinie und ihrer Reflexion in der Rechtswissenschaft. Die zentrale Idee der Liberalisierung kann folgendermaßen begriffen werden: Demonopolisierung und (freier) Wettbewerb durch Marktöffnung. Was der „Neo-Liberalismus" als die Grundlage der Liberalisierung erzielen wollte, ist aber auch, dass die Liberalisierung weniger eine qualitative Umwandlung, sondern eine quantitativen Modifizierung zur Folge haben sollte. Er ist eine Reaktion auf die Überforderung des Staates im Rahmen der Wirtschaftspolitik und des Wirtschaftsrechts. Bei der Verwirklichung und Konkretisierung der Liberalisierung wirkt sie mit dem Verwaltungsrechtssystem zusammen und die quantitative Modifizierung mündet schließlich in einer qualitativen Veränderung. Die Möglichkeit und zugleich die Grenzen der Liberalisierung werden hier aufgezeigt.

---

461 *R. Ruge*, Die Gewährleistungsverantwortung des Staates und der regulatory State, S. 27.

462 Dazu näher, *F. A. v. Hayek*, Recht, Gesetzgebung und Freiheit, Bd. I., S. 60 ff.

463 Zu diesem Beispiel, Vgl. *C. Reichard*, Das Konzept des Gewährleistungsstaates, in: *Göbel/Gottschalk/Lattmann/Lenk/ders./Weber*, Neue Institutionenökonomik, Public Private Partnerschip, Gewährleisungsstaat, S. 48 ff.

(b) Inhalt

(aa) Marktöffnung

Die Liberalisierung hat zunächst die Marktöffnung zum Inhalt. Die Aufforderung der Marktöffnung suggeriert, dass einige Märkte aufgrund der sozialverträglichen Gemeinwohlverwirklichung oder der volkswirtschaftlichen Effizienz zuvor dem Staat vorbehalten bleiben. Danach ist zu fragen, „wie viel" von den Aufgaben und dem Handeln des Staates auf die Gesellschaft oder Private zur Lösung der Problemlage des Sozialstaates verlagert werden können. Hier knüpft die Liberalisierung an die Privatisierung an.[464] In diesem Punkt kann die Liberalisierung nur mit den positiven oder negativen Bereichsorientierungen erfassen, deshalb kann quantitativ qualifiziert werden.

(bb) Wettbewerbsförderung durch den Abbau des Monopols

Der zweite Schwerpunkt ist der freie Wettbewerb. Im sozialen Rechtsstaat war die positive Aktivität und Intervention des Staates zulässig, um soziale Gerechtigkeit zu bringen. Dementsprechend hat der Staat die Marktmechanismen aktiv und stark gesteuert. Besonders im Rahmen der Daseinsvorsorge hat der Staat sich selbst mit der Erfüllungsverantwortung belastet und dafür ein Monopolrecht gebildet. Mit der Theorie des „natürlichen Monopols" wurde das staatliche Monopol regelmäßig gerechtfertigt.

Im Bereich der Bereitstellung von Infrastruktur und der Allokation öffentlicher Güter, der früher der Theorie des „natürlichen Monopols" unterworfen waren, werden diese zentrale Idee und die Problemstellung der Liberalisierung deutlich. Die Theorie des „natürlichen Monopols" steht unter der Voraussetzung der „Subadditivität der Kostenfunktion".[465] Wenn die Produktion durch einen einzigen Anbieter in einem bestimmten Bereich günstiger erbracht werden kann als durch mehrere Unternehmen, dann wird ein Monopol gerechtfertigt, um Größenvorteile („economies of scale") und Verbundvorteile („economies of

---

464 Vgl. *A. C. Thoma*, Regulierte Selbstregulierung im Ordnungsverwaltungsrecht, S. 54.

465 Vgl. *K. König/C. Theobald*, Liberalisierung und Regulierung netzgebundener Güter und Dienste, in: *Grupp/Ronellenfitsch* (Hrsg.), FS W. Blümel, S. 277 (280 f). *M. Eifert*, Grundversorgung mit Telekommunikationsleistungen im Gewährleistungsstaat, S. 146.

scope“) zu erlangen[466] und die Verschwendung von Ressourcen zu vermeiden.[467] Im Rahmen der effektiven und angemessenen Gewährleistung der Allokation, der Versorgung zu erschwinglichen Preisen, konnte dieser ökonomische Gesichtspunkt eine maßgebliche Rolle spielen,[468] besonders im Post- und Telekommunikationssektor.[469]

Darüber hinaus konnte der Staat dem öffentlichen Interesse und der Gemeinwirtschaft[470] durch die Wahrnehmung der daseinsvorsorgerelevanten Aufgaben dienen und dafür sein Monopolrecht bilden. Nach *Forsthoff* sollte der Begriff der Daseinsvorsorge die Verantwortung des Staates bezeichnen, die Bereitstellung der elementarsten Güter und Leistungen Vorsorge zu treffen - etwa die Versorgung mit Gas, Verkehrsmittel, Wasser, Telekommunikation und Elektrizität. Das Konzept der Daseinsvorsorge von *Forsthoff* geht auf eine lange Tradition der *Hegel*schen Staatsphilosophie zurück, demzufolge der Staat die „sittliche“ Aufgabe hat,[471] die das Streben nach Beförderung des Gemeinwohls dargestellt. Soweit ein gesellschaftliches Interesse in ein öffentliches Interesse transformieren kann, konnte die staatliche Bereitstellungsmonopole im Infrastrukturbereich anerkennen.

Im Gegensatz dazu fordert die Liberalisierung zunächst die Rückkehr zum freien Markt durch Verschlankung des Staates und Stärkung der Marktmechanismen. Im Laufe der Zeit zeigten die wirtschaftswissenschaftliche Analyse und die tatsächliche Erfahrung, dass die Effektivität und Tragfähigkeit des „natürlichen Monopols“ zweifelhaft ist[472] und das Festhalten an der Monopolstruktur

---

466 Zusätzlich: Dichtevorteile („economies of density“), vgl. *J. Kühling*, Sektorspezifische Regulierung in den Netzwirtschaften, S. 37.

467 Dazu näher, *Baldwin/Cave* (Hrsg.), Understanding Regulation. - Theory, Strategy and Practice, S. 10 ff.

468 Vgl. *König/Benz* (Hrsg.) Privatisierung und staatliche Regulierung, in: *ders.* (Hrsg.), S. 13 (71).

469 Vgl. *H. Schweitzer*, Daseinsvorsorge, “service public“, Universaldienst, S. 42 ff.; Über die Geschichte des „natürlichen Monopols“ im Bereich der Postwesen und Telekommunikation, vgl. *J. A. Kämmerer*, Privatisierung, S. 294 ff.; *M. Eifert*, Grundversorgung mit Telekommunikationsleistungen im Gewährleistungsstaat, S. 58 ff.

470 Vgl. *M. Eifert*, Grundversorgung mit Telekommunikationsleistungen im Gewährleistungsstaat, S. 100.

471 Vgl. *H. Schweitzer*, Daseinsvorsorge, “service public“, Universaldienst, S. 74 ff.

472 Vgl. *G. Knieps*, Wettbewerbsökonomie, S. 79 ff.; *H. Schweitzer*, Daseinsvorsorge, “service public“, Universaldienst, S. 85.

sogar ein Marktversagen verursachen kann.[473] Besonders in den Infrastruktursektoren können die Demonopolisierung und die Marktöffnung, bzw. die Liberalisierung den Abbau „staatlichen" Monopols bedeuten. Auch die Deregulierungsmaßnahmen haben zu einer Entwicklung von den staatlichen Bereitstellungsmonopolen hin zu einer privaten Leistungserbringungen geführt.[474] Dieser Gesichtspunkt knüpft an die „Deregulierung in engeren Sinne" an.[475]

Unter diesem Blickwinkel zielt die Liberalisierung auf die weitergehende Öffnung der (mono- oder oligopolisierten) Märkte, die bisher durch den Staat gesteuert oder durch den Staat selbst - insbesondere durch das staatliche Monopol - bedient wurden. Wenn der Staat ein Monopol in einem bestimmten Sektor gesetzt und gerechtfertigt hat, um staatliche/öffentliche Aufgaben wahrzunehmen, gilt es als sicher, dass der Abbau dieses Monopols auf Verlagerung der Aufgaben und Rücktritt des Staates aus diesem Sektor gezielt hat. Der Abbau der staatlichen Intervention in dieser Phase hat sicher auf einen quantitativen Wandel abgezielt.

(c) Liberalisierung als eine tendenzielle Politiklinie

Letztlich ergibt sich aus alledem, dass Liberalisierung als ein Oberbegriff für eine bestimmte (wirtschaftliche) Politiklinie[476] oder eine national/international rechtspolitische Tendenz angesehen werden kann. Während die anderen verwandten Begriffe - Deregulierung und Privatisierung - ihre einzigen Inhalte haben,[477] lässt sich Liberalisierung nicht einfach unterscheiden, weil ihr Inhalt erst durch die anderen Begriffe konkretisiert wird. Die Inhalte der Deregulierung und der Privatisierung entsprechen der Liberalisierungstendenz. Hier ist „Liberalisierung" als Grundlage des neo-liberalen Staatsbildes wie „die soziale Gerechtigkeit" im sozialen Rechtsstaat anzusehen. Die Liberalisierungstendenz

---

473 Vgl. *M. Eifert*, Grundversorgung mit Telekommunikationsleistungen im Gewährleistungsstaat, S. 146. f.; *R. Ruge*, Die Gewährleistungsverantwortung des Staates und der regulatory State, S. 38.; *K. König/C. Theobald*, Liberalisierung und Regulierung netzgebundener Güter und Dienste, in: *Grupp/Ronellenfitsch* (Hrsg.), FS W. Blümel, S. 277 (281).

474 Vgl. *J. Kühling*, Sektorspezifische Regulierung in den Netzwirtschaften, S. 32.

475 Siehe unten, (3) (b) (bb).

476 Vgl. *R. Ruge*, Die Gewährleistungsverantwortung des Staates und der regulatory State, S. 27.

477 Dazu näher, *A. Voßkuhle*, Schlüsselbegriff der Verwaltungsreform, VerwArch 92 (2001), S. 184 (207 ff.).

selbst ist aber nur die quantitative Reaktion gegen die soziale Gesetzlichkeit. Derartige gesellschaftliche Anforderungen wirken zwar mit dem Rechtssystem zusammen und funktionieren als Anreiz zur inneren/äußeren Veränderung des Rechtssystems. Jedoch führen diese quantitative Reaktion und ihr untergeordneter Inhalt - Deregulierung oder Privatisierung - den wiederholenden Problemkreislauf: Entweder in Richtung des liberalen Staatsbilds oder des sozialen Staatsbilds. Diese Dichotomie[478] spielt heute kaum eine Rolle mehr. Die folgende Untersuchung über Privatisierung und Deregulierung lässt erkennen, dass das neo-liberale Staatsbild allein nur eine begrenzte Rolle als Lösung für die Krise der sozialen Gesetzlichkeit (des regulativen Rechts) spielen kann. Als eine Übergangsphase könnte die Liberalisierung jedoch zur praktischen und theoretischen Orientierung oder Harmonisierung der formellen und materiellen Rationalität[479] jeder Staatsbilde auffordern.

(2) Deregulierung

(a) Das bestehende Verständnis

Das Präfix „De-“ deutet auf eine „Gegenüberstellung“ oder „Trennung“ hin. So meint „De-Regulierung“ grundsätzlich das Gegenteil von „Regulierung“. Bemerkenswert ist aber, dass der rechtswissenschaftliche Begriff der „Regulierung“ in der Anfangsphase der politischen und wissenschaftlichen Deregulierungsdiskussion in Deutschland[480] nicht - und bisher noch nicht - einheitlich definiert und gewissermaßen als systemfremd angesehen wird. In der Rechtswissenschaft wird der Begriff der „Regulierung“ bisher als ein umfassendes Vordringen des Rechts (sog. „regulatives Recht“) betrachtet oder mit dem Begriff der US-amerikanischen „regulation“ gleichgesetzt. Diese Definition steht dem nachbarwissenschaftlichen, insbesondere dem wirtschafts- und politikwissenschaftlichen Begriff nahe. Aufgrund dieses abweichenden Begriffsverständnis-

---

478 Vgl. *J. Habermas*, Faktizität und Geltung, S. 510.

479 Methodisch grundlegend, *M. Weber*, Wirtschaft und Gesellschaft: Grundriss der verstehenden Soziologie, S. 368 ff.

480 Vgl. *W. Möschel*, Privatisierung, Deregulierung und Wettbewerbsaufsicht, JZ 1988, S. 885 (888 f.).; *A. Benz*, Privatisierung und Deregulierung - Abbau von Staatsaufgaben?, DV 28 (1995), S. 337 (341 ff.).; *E. Grande*, Vom produzierenden zum regulierenden Staat: Möglichkeit und Grenzen von Regulierung bei Privatisierung, in: *König/Benz* (Hrsg.), Privatisierung und staatliche Regulierung, S. 576 (583 ff.).; *R. Ruge*, Die Gewährleistungsverantwortung des Staates und der regulatory State, S. 33.

ses wird Deregulierung auch mit unterschiedlichem Inhalt definiert. Bisher versteht man Deregulierung im Verhältnis zu anderen Begriffen besonders als Normenabbau, Liberalisierung, Entstaatlichung und Privatisierung. Damit trennt man den Begriff der Deregulierung im weiteren und engeren Sinne.[481] Abgesehen von der Richtigkeit dieser Trennweise, zeigt diese Trennung auch das divergierende Begriffsverständnis.

Deregulierung im weiteren Sinne bezieht sich auf die liberale Wirtschaftspolitik. Nach dieser Auffassung ist Deregulierung der Oberbegriff der Liberalisierung und Privatisierung, weil eine Stärkung der wirtschaftlichen Freiheit durch den Abbau staatlicher Intervention in Marktmechanismen, beispielsweise Öffnung des Marktzugangs durch Demonopolisierung, Staatsentlastung und freien Wettbewerb, verwirklicht werden könnte. Nach dieser Auffassung kommt das Konzept der „Regulierung“ dem der US-amerikanischen „economic regulation“ nahe.

Deregulierung im engeren Sinne betrachtet man einer Meinung nach als vereinfachte Regulierung und zugleich als Privatisierungsfolge.[482] Nach dieser Auffassung bedeutet (De-) Regulierung eine „perpetuierte Staatsaufgabe“ infolge der (Aufgaben-) Privatisierung, um den staatlichen Normenbestand und die Verwaltungsaufgaben in die Situation „After Privatization“ einzupassen.[483] Nach anderer Meinung qualifiziert Deregulierung den „Verzicht des Staates auf den Einsatz regulierender Instrumente“ und hat in dieser Bedeutung mit Privatisierung nicht zu tun.[484] Auf der dritten Seite[485] wird die „echte“ Deregulierung von der „unechten“ unterschieden. Die „echte“ Deregulierung steht im Gegensatz zur Regulierung, die Überlassung staatlicher Aufgaben an den gesellschaftlichen - besonders wirtschaftlichen - Bereich bedeutet. Die „unechte“ Deregulierung bezieht sich auf den Normenbestand und das Verfahrensrecht. In diesem Zusammenhang wird Deregulierung als ein drittes Territorium[486] angesehen.

481 Vgl. *A. C. Thoma*, Regulierte Selbstregulierung im Ordnungsverwaltungsrecht. S. 55.

482 Vgl. *J. A. Kämmerer*, Privatisierung, S. 55 und 479 ff.

483 Vgl. *J. A. Kämmerer*, Privatisierung, S. 439 ff.

484 Vgl. *F.-J. Peine*, Grenzen der Privatisierung - verwaltungsrechtliche Aspekte, DÖV 50 (1997), S. 353 (355); Dementsprechend, *L. Osterloh*, Privatisierung und Verwaltungsaufgaben, VVDStRL 54 (1995), S. 204 (211).

485 Die Anhänger dieser Auffassung sind sich aber nicht immer einig über die konkreten Unterteilungen. Vgl. *R. Stober*, Deregulierung im Wirtschaftsverwaltungsrecht, DÖV 48 (1995), S. 125 ff.; *M. Burgi*, Funktionale Privatisierung und Verwaltungshilfe, S. 2 f.

486 Vgl. *A. C. Thoma*, Regulierte Selbstregulierung im Ordnungsverwaltungsrecht, S. 55. Thoma drückt es in einem Wort „teritium“ aus. Aber es ist nicht deutlich, ob er mit dem

Deregulierung wirkt hier mit Liberalisierung und besonders mit Privatisierung zusammen. So betrachtet diese Ansicht Deregulierung nicht nur als Folge der Privatisierung, sondern auch als ihre Voraussetzung.[487] Deregulierung könnte somit sowohl zur Erweiterung der wirtschaftlichen Freiheit als auch zum Abbau der Normenflut beitragen.[488]

Der Gesichtspunkt des „regulativen Rechts“ umfasst zwar auch, aber nicht ausschließlich den ökonomischen Bereich. Einen Überblick über das Deregulierungspotential in Deutschland verschaffte man sich in den 80er Jahren. Der Schwerpunkt lag auf der „Hochregulierung“ im Rahmen der Marktmechanismen und auf der sozialen Versorgung.[489] Demgegenüber bezieht sich die wirtschaftliche Deregulierung auf Märkte und staatliche Intervention in den Prozess der Marktmechanismen.[490] Nach diesen unterschiedlichen, aber zugleich nicht trennscharfen Auffassungen davon, was unter Deregulierung zu verstehen ist, wird ein Aspekt der Deregulierung als Folge des anderen Aspekts oder als Instrument betrachtet. Konkreter gesagt, in Bezug auf das „regulative Recht“ wird die wirtschaftliche Deregulierung bzw. die auf bestimmte Märkte bezogene Deregulierung als ein Instrument oder ein Beispiel des „deregulativen Rechts“ angesehen. Umgekehrt betrachtet das ökonomische Verständnis die Rechtsvereinfachung und Delegalisierung als eine Folge oder ein Instrument der (wirtschaftlichen) Deregulierung. Diese Unterschiede im Verständnis bieten zahlreiche verschiedene Ansätze an, wie das Verhältnis zwischen Deregulierung, Privatisierung und Liberalisierung auf unterschiedliche Weise kategorisiert werden kann. Eine Kategorisierung könnte wiederkehrend bestritten werden. Es geht deswegen nicht nur um die Kategorisierung, sondern auch um das Verständnis des Begriffs und des Konzepts der Regulierung. Mit verschiedenen Begriffsverständnissen und unterschiedlichen Kategorien ist der Begriff (De-) Regulierung nicht folgerichtig zu erklären. Um diese Schwierigkeit aufzulösen, bedarf es eines Perspektivenwechsels.

Wort die Bedeutung des sog. „tertium comparationis“ oder des „Territoriums“ gemeint hat.

487 Vgl. *König/Benz* (Hrsg.) Privatisierung und staatliche Regulierung, in: *ders.* (Hrsg.), S. 13 (25).

488 Vgl. *K.-P. Dolde*, Verwaltungsverfahren und Deregulierung, NVwZ 25 (2006), S. 857 (863).; *A. C. Thoma*, Regulierte Selbstregulierung im Ordnungsverwaltungsrecht, S. 55.

489 Vgl. *W. Möschel*, Privatisierung, Deregulierung und Wettbewerbsaufsicht, JZ 1988, S. 885 (888 f.).

490 Vgl. *J. Kühling*, Sektorspezifische Regulierung in den Netzwirtschaften, S. 12 ff.

(b) Umbau der Deregulierungsgliederung

Der Schwerpunkt der Deregulierung liegt in Deutschland auf der Erleichterung „jeder staatlichen oder staatlich sanktionierten Beschränkung der Handlungsmöglichkeiten“.[491] Bei diesen staatlichen Handlungen handelt es sich um die Normen, Regelungen und regulatives Recht. Aus der rechtsdogmatischen Perspektive wird die Unterscheidung zwischen Deregulierung im weiteren und engeren Sinne auf andere Weise getroffen, nämlich zwischen der allgemeinen und besonderen bzw. sachbezogenen Deregulierung.[492]

Deregulierung bezieht sich zunächst auf den Normenbestand. Bisher sind die allgemeinen Anforderungen der Deregulierung in der Rechtswissenschaft „Regelabbau, Rechts- und Verwaltungsvereinfachung, Entbürokratisierung und Reduzierung von Staatsaufgaben“.[493] Diese allgemeinen Anforderungen gründen zunächst auf der Überlegalisierung der Gesellschaft. Allgemeine Deregulierung bedeutet Reduzierung dieses überlegalisierten „regulativen Rechts“. Anders gesagt: „Delegalisierung“ oder „Entrechtlichung“. Diese Reduzierung des „regulativen Rechts“ findet nicht nur bei der Legislative, und Administrative statt, sondern erreicht auch die Ebene der Exekutive und der Justiz. Es handelt sich nicht um die oberflächliche Modifikation des positiven Rechts, sondern um die langfristigen weiteren Entwicklungen, die mit weniger rechtspolitischer Resonanz daherkommen, aber umso größere Wirkungen auf die Rahmenbedingungen des Verwaltungshandelns entfalten.[494] Deregulierung in diesem Sinne verbleibt nicht auf der Ebene der einzelnen Ausformungen des Verwaltungsrechts, sondern bezieht sich auf den gesamten abstrakten Normbestand, in dem die immanente Ordnung mit den maßgeblichen Wertentscheidungen und Prinzipien für Deregulierung enthält.[495] Hier wird Deregulierung in diesem Sinne als eine Reaktion gegen sämtliches „regulatives Recht“ betrachtet.

491 Vgl. *Deregulierungskommission Unabhängige Expertenkommission zum Abbau marktwidriger Regulierung*, Marktöffnung und Wettbewerb, Berichte 1990/91, S. 1, Tz. 2.

492 Grundlegend dazu, *T. Groß*, Die Beziehung zwischen dem Allgemeinen und dem Besonderen Verwaltungsrecht, DV Beiheft 2 (1999), S. 57 ff. und 70 ff.

493 Vgl. *A. Voßkuhle*, Neue Verwaltungsrechtswissenschaft, in: *Hoffmann-Riem/Schmidt-Aßmann/ders.* (Hrsg.), GVwR I, § 1, Rn. 57.

494 Vgl. *T. Groß*, Die Beziehung zwischen dem Allgemeinen und dem Besonderen Verwaltungsrecht, DV Beiheft 2 (1999), S. 57 (73 f.).

495 Vgl. *T. Groß*, Die Beziehung zwischen dem Allgemeinen und dem Besonderen Verwaltungsrecht, DV Beiheft 2 (1999), S. 57 (71 ff.).

Deregulierung im allgemeinen Sinne zielt zunächst auf die Erleichterung rechtlicher Steuerung der Gesellschaft und die Vereinfachung rechtlicher Verfahren ab. Damit begründet jene Deregulierung das Verringern staatlicher Intervention in allen sachbezogenen Bereichen, die zuvor das regulative Recht beherrscht hat. Diese allgemeine Deregulierung ist deshalb als Deregulierung „im weiteren Sinne" neu zu kategorisieren und als (gesamts-) normbezogene Deregulierung anzusehen. Deregulierung im weiten Verständnis wird als die normative Begründung aller Tätigkeit des Staates verstanden, die sich auf den Abbau des staatlichen Einflusses auf die Gesellschaft bezieht. Ihre konkrete Form und ihr Inhalt sind deshalb nicht leicht zu fassen, werden aber durch dieses Konzept greifbar. So wird die normbezogene, weite Deregulierung schließlich zur „unechten Deregulierung" und rückt in die Nähe des rechtspolitischen Zwecks.

In diesem Sinne werden viele Gesetze, Rechtsverordnungen und -vorschriften modifiziert oder aufgehoben.[496] Beschleunigungsgesetzgebung und Beschleunigungsverfahren sind Beispiele für diese Tendenz: das Gesetz zur Beschleunigung von Genehmigungsverfahren,[497] das Gesetz zur Beschleunigung und Vereinfachung immissionsschutzrechtlicher Genehmigungsverfahren[498] und die dadurch eingefügten Vorgaben in §§ 71a-f VwVfG. Diese Vorgaben stehen in Zusammenhang mit dem Schlagwort Deregulierung (im weiteren Sinne),[499] und setzen für die Verwirklichung der Deregulierung in der Regel eine Umwandlung der Normen voraus, sei es durch Modifizierung oder durch Aufhebung. Soweit Deregulierung im weiteren Sinne als ein Schlagwort, eine theoretische Reaktion oder ein Lösungsrezept gegen das „regulative Recht" und „regulatorisches Trilemma" betrachtet wird - unabhängig von ihrer Geltung und Wirkung -, kann dieses Verständnis im deutschen Rechtssystem übernommen werden.[500]

---

496 Vgl. *A. C. Thoma*, Regulierte Selbstregulierung im Ordnungsverwaltungsrecht. S. 55.

497 GenBeschlG, vom 12. 09. 1996, BGBl. I, S. 1354.

498 Das Gesetz zur Beschleunigung und Vereinfachung immissionsschutzrechtlicher Genehmigungsverfahren vom 15. 10. 1996, BGBl. I, S. 1498.

499 Vgl. *H. J. Bonk*, in: *Stelkens/ders./Sachs* (Hrsg.), Kommentar Verwaltungsverfahrensgesetz, § 71a, Rn. 1 und 4.

500 Dementsprechend, *Deregulierungskommission Unabhängige Expertenkommission zum Abbau marktwidriger Regulierung*, Marktöffnung und Wettbewerb, Berichte 1990/91, S. 1, Tz. 4.; Beschleunigungstendenz nennt nicht Deregulierung, sondern so oft „Ökonomisierung" des (Verwaltungs-) Rechts. Vgl. *A. Voßkuhle*, „Ökonomisierung" des Verwaltungsverfahrens, DV 34 (2001), S. 341 ff.

Demgegenüber ist die Reduzierung staatlicher Intervention in gesellschaftliche Mechanismen, insbesondere Marktmechanismen, vom sachbezogenen Verständnis geprägt. Beispielsweise zielt die wirtschaftliche Deregulierung auf „mehr wirtschaftliche Freiheit, mehr Markt, mehr Wettbewerb" ab.[501] Es geht bei der sachbezogenen Deregulierung um die Frage, wie staatliche Intervention in einen bestimmten Rahmen eingeschränkt werden kann, um Effektivität, Wettbewerbsfreiheit, Marktförmigkeit bzw. „zufriedenstellende Ergebnisse von Marktprozessen"[502] zu erreichen. Dabei stellt sich die Frage, „wie intensiv und dicht die Vorgaben dieser Rahmenordnung sein sollen"[503] im Hinblick auf die deregulierungszweckmäßige - relativ wenig institutionelle - Wahrnehmung der betreffenden Sachaufgaben. Je nach Sachbereich, wie etwa Bauverfahrensrecht,[504] soziale Versorgung, Umweltrecht oder Privatisierungsfolgenrecht (sog. „echte Deregulierung" oder „spezielle (De-) Regulierung"[505]) hat Deregulierung deshalb verschiedenen Gehalt. Unter dem Einfluss der Liberalisierung spielen ökonomische Kriterien in der sachbezogenen Deregulierung jedoch eine wichtige Rolle. Anhand der sachbezogenen Deregulierung kann die allgemeine, normbezogene Deregulierung verwirklicht werden.

Der gemeinsame Standpunkt der beiden Aspekte der Deregulierung besteht darin, dass die staatliche und rechtliche Intervention in die selbstregulatorische Gesellschaft, insbesondere in die Marktmechanismen heute keine mehr effektive Rolle spielen kann. Da die sozialen Strukturen und Prozesse zu kompliziert seien, könne das regulative Recht sie schlicht nicht einschätzen und damit nicht reduzieren. Deregulierung von Seiten des „regulativen Rechts" und bereichsbestimmte - besonders im wirtschaftlichen Bereich - Deregulierung überschneiden sich zwar, sind aber nicht deckungsgleich.

---

501 Vgl. *Deregulierungskommission Unabhängige Expertenkommission zum Abbau marktwidriger Regulierung*, Marktöffnung und Wettbewerb, Berichte 1990/91, S. 1, Tz. 1.

502 Vgl. *Deregulierungskommission Unabhängige Expertenkommission zum Abbau marktwidriger Regulierung*, Marktöffnung und Wettbewerb, Berichte 1990/91, S. 1, Tz. 4 und 5.

503 *W. Weiß*, Privatisierung und Staatsaufgabe, S. 95.

504 Vgl. *F.-L Knemeyer*, Deregulierung, Verfahrensvereinfachung und Verfahrensbeschleunigung, in: *Grupp/Ronellenfitsch* (Hrsg.), FS W. Blümel, S. 259 ff.

505 Vgl. *Deregulierungskommission Unabhängige Expertenkommission zum Abbau marktwidriger Regulierung*, Marktöffnung und Wettbewerb, Berichte 1990/91, S. 1, Tz. 4

(c) Ausgangspunkt zur qualitativen Umwandlung

Die allgemeine Deregulierung (im normbezogenen Sinne) wird als Grund für die Krise der sozialstaatlichen Gesetzlichkeit dort angeführt, wo das regulative Recht übermäßig in selbstregulierende Gesellschaft interveniert. Diese Problemlage ließe sich zunächst durch Reduzierung des Rechts (sog. „Delegalisierung“) vermeiden. Hier kann die Frage gestellt werden, wie und inwieweit die Rechtssteuerung verringert werden kann.

Es ist selbstverständlich, dass alles staatliche Handeln sich aus dem Recht begründet und Selbststeuerung nicht den staatlichen Anteil verdrängt, sondern der rechtlichen Begleitung bedarf.[506] Unter Deregulierung versteht man allerdings nicht den Abbau der Bindung des Rechts oder die bloße Verringerung des Normbestandes, sondern nur die Verringerung des Bindungsniveaus und der Bindungsart, um eine Erweiterung der gesellschaftlichen Freiheitsräume zu führen.[507] Sogar vom drastisch (neo-) liberalen Gesichtspunkt ist nicht zu leugnen, dass das Recht die Gestaltungsfunktion für die jeweilige Rahmenordnung aufrechterhält. Da die Grundlage des Neo-Liberalismus ein Misstrauen in die staatliche Steuerungs- und Konstruktionsfähigkeit von Marktmechanismen, insbesondere des Wettbewerbs ist, könne das offizielle Recht ihre konkreten Strukturen und Prozesse nicht einfach fassen (sog. „Wettbewerb als Entdeckungsverfahren“, „pattern predictions“).[508] Das offizielle Recht sollte nur in gewissem Ausmaß das gesellschaftliche Handeln regeln oder durch möglichst wenige institutionelle Verfahren in den gesellschaftlichen Prozess eindringen, nicht aber gesellschaftliche Funktionen bestimmen. Statt des offiziellen Rechts und Verfahrens könne und müsse die „spontane Ordnung“ diese Sphäre steuern, die früher durch das regulative Recht gesteuert wurde. Diese Schlussfolgerung ergibt sich, ähnlich wie das formale Recht, aus dem liberalen-bürgerlichen Rechtsstaatsprinzip. Deregulierung im weiteren Sinne, als Reaktion oder Lösungsrezept gegen die Krise der sozialen Gesetzlichkeit bzw. „Verrechtlichung“, kann deshalb quantitativ („inwieweit“) und rückgängig („formal oder materiell“) eingeschätzt werden. Diese quantitative Reaktion kann zwar eine Rolle spielen, etwa für die Stärkung von Marktmechanismen, Verbesserung der Effektivität, Sicherung des Wettbewerbs, aber auch schließlich Zirkeldebatte bringen.

---

506 Vgl. *W. Weiß*, Privatisierung und Staatsaufgaben, S. 292.

507 Vgl. *J. Basedow*, Wirtschaftsregulierung zwischen Beschränkung und Förderung des Wettbewerbs, in: *Fuchs/Schwintowski/Zimmer* (Hrsg.), FS Immenga, S. 3 (4).

508 Vgl. *F. A. v. Hayek*, Recht, Gesetzgebung und Freiheit, Bd. III, S. 100 ff.

Wie schon die übermäßige Verrechtlichung verschiedene „Nebenwirkungen“ gebracht hat, kann die quantitative Delegalisierung auch zum Ausfall der eigenen Systemlogik führen. Wegen der demokratischen Legitimation jeder Gesetzgebung zum Grundrechtsschutz, bedarf die Schaffung eines Normenbestands des Staates an sich staatlicher Tätigkeit. Bei der Gesetzlichkeit, sei es formales Recht, sei es Verrechtlichung, geht es aber nicht nur um die instrumentale Funktion des Rechts, die staatliche Intervention in selbstregulierende Systeme zu bilden und zu rechtfertigen, sondern auch um die strukturelle Kopplungsfunktion von Recht, die Teilrationalitäten unterschiedlicher selbstregulatorischer Systeme miteinander abzustimmen.[509] Die quantitative Delegalisierung führt allerdings ein Wachstum der „spontanen“ oder selbstregulativen Ordnung. Aber die „spontane Ordnung“, die vor allem von den ökonomischen Kriterien (z.B. Effektivität) ausgeht, ist nicht völlig an die Stelle von komplexeren rechtlichen Interessen- und Wertabwägungen zu treten.[510] Hier bedarf es einer Grenze zwischen staatlichen Normen und „spontaner Ordnung“. Die quantitative Vorstellung bietet jedoch keine angemessene Lösung dafür, wo und mit welchen Kriterien die Grenze zwischen staatlichen Normen und „spontaner Ordnung“ gezogen werden soll. Schließlich knüpfen die mit dieser deregulativen Absicht novellierten Normen wieder an politische Entscheidungen und Prozesse an und könnten deshalb Überkomplexität und Desintegration verursachen.[511] Ohne Berücksichtigung der strukturellen Kopplung beider regulierenden und regulierten Systeme, die eine qualitative Wandel überlegt, führt die Deregulierungsstrategie zu entweder "Inkongruenz" von Recht und Gesellschaft, oder "Überlegalisierung" der Gesellschaft, oder "Übersozialisierung" des Rechts.[512] Das „regulatorisches Trilemma“, das eine typische Problemlage der sozialen Gesetzlichkeit zeigt, kann daher nicht durch die quantitative Reduzierung des offiziellen Rechts bzw. durch die Delegalisierung des Normenbestands des Staates gelöst werden.[513] Sie könnte sogar noch verstärkt werden.

---

509 Vgl. *G. Teubner*, Reflexives Recht, ARSP 68 (1982), S. 13 ff.

510 Vgl. *G. Teubner*, Verrechtlichung - Begriffe, Merkmale, Grenzen, Auswege, in: *F. Kübler* (Hrsg.) Verrechtlichung von Wirtschaft, Arbeit und sozialer Solidarität, S. 289 (329 ff.).

511 Zu diesem Beispiel, *A. Voßkuhle*, Schlüsselbegriffe der Verwaltungsrechtsreform, VerwArch 92 (2001), S. 184 (207).

512 Vgl. *G. Teubner*, After Legal Instrumentalism?, in: *ders.* (Hrsg.), Dilemmas of Law in the Welfare State, S. 299 (309).

513 Dementsprechend, *G. Teubner*, Verrechtlichung - Begriffe, Merkmale, Grenzen, Auswege, in: *F. Kübler* (Hrsg.) Verrechtlichung von Wirtschaft, Arbeit und sozialer Solidarität, S. 289 (325 f.).

Die Grenze der deregulativen Absicht findet sich gerade im sachlichen Prozess der Deregulierung, der die allgemeine, normbezogene Deregulierung konkretisiert und verwirklicht. Da der Staat „zumindest eine nung“ schaffen[514] und das staatliche Handeln einschließlich Deregulierung dieser rechtsstaatlichen Ordnung folgen muss, kann die sachbezogene Deregulierung nicht bedingungslosen Normabbau oder Vereinfachung gewähren. Ungeachtet der Komplexität jedes selbstregulatorischen Prozesses, ist das Recht auch an die gesellschaftliche Selbstregulierung gekoppelt.[515] Folglich wird im sachlichen Konkretisierungsgang das Konzept der Delegalisierung und der Entrechtlichung relativiert, weil sowohl die angemessene Wahrnehmung der Sachaufgaben als auch die selbstregulatorische Gesellschaft[516] im Allgemeinen an Grundrechte, das Rechtsstaatsprinzip und den Grundsatz der demokratischen Legitimation gebunden sind. Die Intensität des Vorbehalts des Gesetzes oder des Bestimmtheitsgrundsatzes kann ebenso nach den unterschiedlichen Umständen variiert werden.[517]

Wenn die „Normenflut“ als Krisenphänomen des regulativen Rechts dargestellt wird,[518] kann die normbezogene Deregulierung zumindest der Verrechtlichung gegenübergestellt werden, weil sie sich auf das Verringern der vorhandenen Überlegalisierung bezieht.[519] Aber die sachbezogene Deregulierung kann die Problemlage „Normenflut“ nicht vollständig lösen, sondern möglicherweise sogar zu einem „Mehr an Rechtsnormen und komplizierten Regelungsstrukturen“ führen.[520] An dieser Stelle, wo die inhaltliche und quantitative Wandelbarkeit der sachbezogenen Deregulierung zum Vorschein tritt, kann die paradoxe

514 Vgl. *W. Weiß*, Privatisierung und Staatsaufgabe, S. 95.

515 Vgl. *G. Teubner*, Verrechtlichung - Begriffe, Merkmale, Grenzen, Auswege, in: *F. Kübler* (Hrsg.) Verrechtlichung von Wirtschaft, Arbeit und sozialer Solidarität, S. 289 (330 ff.).

516 Aus dem neoliberalen Gesichtspunkt ist es allein sinnvoll, das Recht als „Spielregelsystem“ für Sicherung der Wettbewerbsfreiheit zu funktionieren. zitiert, vgl. *G. Teubner*, Verrechtlichung - Begriffe, Merkmale, Grenzen, Auswege, in: *F. Kübler* (Hrsg.) Verrechtlichung von Wirtschaft, Arbeit und sozialer Solidarität, S. 289 (330 ff.).

517 Vgl. *H. Schulze-Fielitz*, Grundmodi der Aufgabenwahrnehmung, in: *Hoffmann-Riem/Schmidt-Aßmann/Voßkuhle*, (Hrsg.), GVwR I, § 12., Rn. 11.

518 Vgl. *G. Teubner*, Verrechtlichung - Begriffe, Merkmale, Grenzen, Auswege, in: *F. Kübler* (Hrsg.) Verrechtlichung von Wirtschaft, Arbeit und sozialer Solidarität, S. 289 (294 ff.).

519 Vgl. *A. Voßkuhle*, Schlüsselbegriffe der Verwaltungsrechtsreform, VerwArch 92 (2001), S. 184 (207).

520 Vgl. *A. Voßkuhle*, Neue Verwaltungsrechtswissenschaft, in: *Hoffmann-Riem/Schmidt-Aßmann/ders.* (Hrsg.), GVwR I, § 1, Rn. 57.

Aussage erklärt werden, dass die Erhöhung der Regelungsdichte im Zuge oder als Folge der Deregulierung erscheint und Deregulierung an „Re-regulierung“ oder „Umregulierung“ gewissermaßen anknüpfen.[521] Zwar führt diese sachbezogene Deregulierung an sich zur quantitativen Umwandlung, letztendlich wird sie aber in eine qualitative Umwandlung münden.

Die Deregulierungsdebatte hat auf der Grundlage begonnen, dass Begriff und Inhalt der Regulierung noch nicht erfasst waren und sich auf unterschiedlichen Ebenen, geschichtlichen Ableitungen sowie Disziplinen fortentwickelt haben. Die sachliche Terminologie „(De-) Regulierung“ war sowohl im wirtschaftlichen Sinne als auch im rechtswissenschaftlichen Sinne ursprünglich in den USA gebräuchlich. In den USA gründet das Verhältnis zwischen Staat und Gesellschaft grundsätzlich auf der freien Marktwirtschaft bzw. dem Liberalismus. In den USA ist das Studium der Regulierung als eigene Unterdisziplinen der Wirtschaftswissenschaften und Politikwissenschaften anerkannt.[522] Nach diesem Verständnis setzt das Verwaltungsrecht so oft die umfassende Intervention des Staates in die Gesellschaft, insbesondere die Marktmechanismen gleich: „economic regulation“. Die wirtschaftswissenschaftliche Diskussion über den Lauf der staatlichen Intervention in die Marktmechanismen, von „Laisser-faire“ - regulation - deregulation - bis „re-regulation“, konnte relativ einfach aus der Ökonomie in das US-amerikanische Recht übertragen und unmittelbar ins Gesetz aufgenommen werden.[523] Trotz der Vergleichbarkeit der beiden Entwicklungsmodelle der Rechtstheorie findet sich die ursprünglich ökonomisch-rechtliche Terminologie „regulation“ nicht unmittelbar im deutschen Rechtssystem als konkrete Rechts- und Handlungsformen wieder. Sie wurde aber im politischen Kontext übernommen, wo es darum ging, wie sie harmonisiert werden kann.[524] So lässt sich Deregulierung in zwei Ebenen einteilen, die miteinander in Beziehung stehen. Einerseits besteht sie aus der normbezogenen Deregulie-

---

521 Vgl. *A. Voßkuhle*, Neue Verwaltungsrechtswissenschaft, in: *Hoffmann-Riem/Schmidt-Aßmann/ders.* (Hrsg.), GVwR I, § 1, Rn. 57; *K.-P. Dolde*, Verwaltungsverfahren und Deregulierung, NVwZ 25 (2006), S. 857 (863).

522 Vgl. *R. Ruge*, Die Gewährleistungsverantwortung des Staates und der regulatory State, S. 33.

523 Vgl. *G. Majone*, Deregulation or Re-regulation, S. 1 ff.; *R. Ruge*, Die Gewährleistungsverantwortung des Staates und der regulatory State, S. 33.; *J. Masing*, Die US-amerikanische Tradition der Regulated Industries und die Herausbildung eines europäischen Regulierungsverwaltung, AöR 128 (2003), S. 558 (574).

524 Vgl. *W. Schulz*, Regulierte Selbstregulierung im Telekommunikationsrecht, DV Beiheft 4 (2001), S. 101 (102).

rung, die auf dem Modell der Rechtsentwicklung beruht, anderseits aus der sachbezogenen Deregulierung, die sich auf bestimmte Sachaufgaben bezieht.

Nach dieser Trennungsweise wird der Ausgangspunkt gefunden und weiter untersucht: Wie die normbezogene Deregulierung auf dialektische Weise wieder qualitativ umgewandelt wird, wie die sachbezogene Deregulierung diese qualitative Umwandlung widerspiegelt und schließlich warum und wie die vorhandenen Handlungsformen noch weiter angeschlossen werden. Allerdings muss man darauf achtgeben, dass Regulierung als Gegenbegriff dieses weiten Verständnisses synonym mit „Verwaltungsrecht" verstanden werden dürfte. Um diese Fragen angemessen zu lösen, bedarf es eines „neuen" Staatsbildes: Gewährleistungsstaat.

(3) Privatisierung

Der Begriff der „Privatisierung" meint die politische oder wirtschaftliche Idee einer Verlagerung des staatlichen Handelns oder des Eigentums.[525] Im Zentrum der Privatisierung stehen die neoliberalen Perspektiven, die die bisherige überforderte Rolle des Staates in der Wirtschaft kritisieren und die Stärkung des Marktmechanismus fordern. In dem Maße, in dem die Forderung nach Privatisierung stärker und die staatliche Leistungserbringung dementsprechend verringert werden, wird die staatliche Einflussnahme auf die Wirtschaft rückläufig. Die Privatisierung wird als eine typische, erhebliche und konkrete Reaktion gegen regulatives Recht und dessen Einflussnahme betrachtet. In rechtlicher Hinsicht birgt die Privatisierung die Probleme, inwieweit sie zulässig und gerechtfertigt sein könnte,[526] wie sie in das Rechtssystem einzubinden sein sollte[527] und welche Folgen sie haben könnte.[528] Hier werden nicht alle Problemstellungen der Privatisierung behandelt, sondern nur die Privatisierung im Zusammen-

---

525 Vgl. *D. Budäus*, Privatisierung öffentlich wahrgenommener Aufgaben, in: *C. Gusy* (Hrsg.), Privatisierung von Staatsaufgaben: Kriterien-Grenzen-Folgen, S. 12 (16 ff.).

526 Vgl. *König/Benz* (Hrsg.) Privatisierung und staatliche Regulierung, in: *ders.* (Hrsg.), S. 13 (53 ff.).; *C. Gramm*, Privatisierung und notwendige Staatsaufgaben, S. 345 ff.; *J. A. Kämmerer*, Privatisierung, S. 85 ff.

527 Vgl. *C. Gramm*, Privatisierung und notwendige Staatsaufgaben, S. 395 ff.

528 Zur Grundlagen von *H. Bauer*, Privatisierung und Verwaltungsaufgaben, VVDStRL 54 (1995), S. 243 (253 ff.).; Seitdem basieren viele Schriften ihren Grundstruktur auf diese normativen Steuerungsweise. Statt vieler, *J. A. Kämmerer*, Privatisierung, passim.

hang mit der Verringerung der staatlichen Handlungsspielräume und ihrer Folgen, also das Privatisierungsfolgenrecht,[529] berücksichtigt.

Der Begriff „Privatisierung“ wird auch im geltenden positiven Recht nicht einheitlich definiert.[530] In der Rechtswissenschaft bezieht sich der Privatisierungsbegriff im allgemeinen Sinne auf die Unterscheidung von Staat und Gesellschaft,[531] und mit Hilfe der These der „Unterscheidung von Staat und Gesellschaft“ sollte der Staat diejenigen seiner Aufgaben auf Private verlagern, die auf dem Markt besser wahrgenommen werden können.[532] Innerhalb dieses allgemeinen Verständnisses der Privatisierung spielt es nur eine wenig bedeutsame Rolle, wie die Veränderungen des Verhältnisses von Staat und Gesellschaft rechtlich zu erfassen und in der Privatisierungsphase zu analysieren sind,[533] da die Privatisierungsdebatte, sei es politisch, sei es rechtlich, mit dem neoliberalpolitischen Kennwort „schlanker Staat“ oder „vollständiger Rückzug des Staates“ begonnen hat.[534] Im Zusammenhang mit der rechtlichen Problematik ist die entscheidende Frage, welche staatlichen Aufgaben inwieweit privatisiert werden können und welche Probleme „After Privatization“ entstehen.[535]

Immerhin teilt die Debatte der Privatisierung mit der Aufgabenlehre das Hindernis, wie die Staatsaufgaben zuzuweisen und wie der Wandel der Staatsaufgaben und ihrer Wahrnehmung zu erklären sind. Aus dem Prinzip der offenen Staatsaufgaben ist es schon erwiesen, dass die quantitativen Grenzen der Privatisierung staatlicher Aufgaben nicht immer auf konsequente Weise gesetzt werden können und die Kategorisierung der staatlichen/öffentlichen Aufgaben und Privataufgaben selbst nicht leicht zu bewerkstelligen ist. Ebenso wie es weder völlig originäre oder natürliche Staatsaufgaben noch einen Staatsvorbehalt im Hinblick auf öffentliche Aufgaben gibt,[536] so lässt sich auch die völlig gren-

---

529 Siehe unten, 3. (3) (b) (aa).

530 Vgl. *J. A. Kämmerer*, Privatisierung, S. 16 ff.; *R. Schröder*, Verwaltungsrechtsdogmatik im Wandel, S. 147.

531 Vgl. *R. Schröder*, Verwaltungsrechtsdogmatik im Wandel, S. 148.

532 Vgl. *A. Benz*, Privatisierung und Deregulierung – Abbau von Staatsaufgaben?, Die Verwaltung 28 (1995), S. 337 (340).

533 Vgl. *H. Bauer*, Privatisierung und Verwaltungsaufgaben, VVDStRL 54 (1995), S. 243 (251).; *R. Ruge*, Die Gewährleistungsverantwortung des Staates und der regulatory State, S. 134.,

534 Dazu, *D. Sterzel*, in: *Blanke/Fedder* (Hrsg), Privatisierung, Teil 2-B, Rn. 132 ff.

535 Vgl. *H. Bauer*, Privatisierung von Verwaltungsaufgaben, VVDStRL 54, S. 243 (254).

536 Auch *T. Lämmerzahl*, Die Beteiligung Privater an der Erledigung öffentlicher Aufgaben, S. 35.

zenlose, pauschale Privatisierung der gesamten staatlichen Tätigkeiten (sog. „vollständige Entlastung des Staates") nicht anerkennen.[537] Ebenso wie das „Paradox der Deregulierung" bedarf die Privatisierung der normativen Begründung. Es gibt jedoch nur selten ein unmittelbares verfassungsrechtliches Privatisierungsverbot oder -gebot. Im Hinblick auf die Wahrnehmung von Staatsaufgaben geht die Begründung der Privatisierung vielmehr von der Formenwahlfreiheit des Staates aus.[538] Das heißt, dass der Staat in der Regel freie Spielräume bei der Entscheidung hat, ob er die Wahrnehmung der Aufgaben durch Private in den verschiedenen Formen erfolgen lässt. Innerhalb dieser beiden Voraussetzungen - dem Prinzip der offenen Staatsaufgaben und der Formenwahlfreiheit des Staates - ergeben sich die verschiedenen Möglichkeiten zur Wahrnehmung der Aufgaben, die von der materiellen und formellen Privatisierung bis zur staatlichen Eigenerfüllung reichen. Ein Perspektivenwandel der Aufgabenteilung zwischen Staat und Privaten wird hier benötigt, der neue Wege im Zusammenwirken zwischen öffentlichem und privatem Sektor bei der Aufgabenerfüllung bzw. der Gemeinwohlverwirklichung vorsieht. Dieses Zusammenwirken zeigt, dass im Zuge der Privatisierung oder in der Privatisierungsfolge die staatliche Rolle für die Gemeinwohlverwirklichung nicht geschlossen wird. Der Schwerpunkt der Privatisierungsdebatte wird heute nicht mehr bei der Frage, welche Aufgaben zu privatisieren sind oder der „Entlastung des Staates" gesehen, sondern hat sich auf die residuale oder sich neu ergebene Verantwortung des Staates im Privatisierungsfolgenbereich verschoben.[539]

Angesichts der „arbeitsteiligen Gemeinwohlverwirklichung" geht es bei jeder Privatisierungsphase, insbesondere bei der Privatisierungsfolgephase, um das staatliche Verantwortungsarrangement, in der sich die Verwaltung für die Gewährleistung der angemessenen Mindesterfüllung der Aufgaben rechtlich verpflichtet.[540] Die Gewährleistungsverantwortung, die im Zentrum der staatlichen Verantwortungsdiskussion steht, besteht darin, dass der Staat seine jeweilige Aufgabe Privaten überlässt und zugleich seine Verantwortung im betreffen-

---

537 Im Ergebnis ähnlich, *M. Burgi*, in: *Isensee/Kirchhof* (Hrsg.), HStR IV, Privatisierung, in: § 75, Rn. 28.

538 Vgl. *D. Sterzel*, in: *Blanke/Fedder* (Hrsg), Privatisierung, Teil 2-B, Rn. 169.

539 Vgl. *R. Schröder*, Verwaltungsrechtsdogmatik im Wandel, S. 156.

540 Dazu näher, *A. Voßkuhle*, Beteiligung Privater an der Wahrnehmung öffentlicher Aufgaben und staatliche Verantwortung, VVDStRL 62 (2003), S. 266 ff.; *ders.*, Gesetzgeberische Regelungsstrategien der Verantwortungsteilung zwischen öffentlichem und privatem Sektor, in: *G. F. Schuppert* (Hrsg.), Jenseits von Privatisierung und schlankem Staat, S. 47 ff.

den Aufgabenfeld behält.[541] Trotz der Kritik an der dogmatischen Unschärfe der Verwaltungsverantwortungslehre,[542] steht die Gewährleistungsverantwortung in engem Zusammenhang mit der Gemeinwohlverwirklichung durch die moderne Verwaltung.[543]

Damit bedeutet Privatisierung keine vollständige Übertragung der Staatsaufgabe auf Private. Vielmehr geht es darum, inwieweit die Gewährleistungsverantwortung des Staates die Privatisierungsfolgephase erreicht.[544] Nach der Debatte über die Gewährleistungs-verantwortung steht die Verwaltung im Rahmen ihrer Gewährleistungspflicht zunächst in den verfassungsrechtlich bestimmten Bereichen ein, in denen (ausnahmsweise) eine verfassungsrechtlich gebotene Privatisierung durchgeführt wurde, wie bei Art. 87e-87f GG. Entsprechend dem staatlichen Handeln für die arbeitsteilige, kooperative Gemeinwohlverwirklichung löst die Privatisierungsdebatte die staatlichen Verpflichtungen aufgrund der anderen verfassungsrechtlichen Prinzipien - insbesondere der Grundrechte - aus.[545] Im letztgenannten Fall hat die Privatisierungsdebatte die sachlichen Privatisierungsfolgen, die bloße quantitative Umwandlung durch die sachliche Privatisierungsfolge sowie den qualitativen Wandel zum Thema. Mit dem Begriff der Verwaltungsverantwortung kommen die Ansätze der Privatisierung über die bloße ökonomische Effizienz hinaus. Die quantitative, sachgerechte Abschichtung der Privatisierung ist im Zuge der rechtswissenschaftlichen Rezeption zur normativen Steuerung übergegangen.[546] Damit suggeriert die Gewährleistungsverantwortung des Staates in der Privatisierungsfolgephase die qualitative Umwandlung der Verwaltung. Die Verringerung der staatlichen Intervention durch die Privatisierung, auf die man in den Ansätzen vorher abgezielt hat, hat allerdings die quantitative Senkung im Einzelfall gebracht, aber zugleich eine weitere Reform der Verwaltung angeregt. Die staatliche Gewährleistungsverantwortung beschränkt sich daher nicht nur auf die bloße Beschreibung der Unterscheidung oder der Übergangsphasen, sondern zielt auf die „Strukturbildung des in Bewegung geratenen Verhältnisses von Staat und Gesell-

---

541 Vgl. *C. Franzius*, Gewährleistung im Recht, S. 121.; *M. Burgi*, in: *Isensee/Kirchhof* (Hrsg.), HStR IV, Privatisierung, in: § 75, Rn. 28.

542 Statt vieler, *H.-C. Röhl*, Verwaltungsverantwortung als dogmatischer Begriff?, DV Beiheft II, S. 33 ff.; *M. Knauff*, Der Gewährleistungsstaat, S. 74 ff.

543 Vgl. *H. Schulze-Fielitz*, Grundmodi der Aufgabenwahrnehmung, in: *Hoffmann-Riem/Schmidt-Aßmann/Voßkuhle*, (Hrsg.), GVwR I, § 12, Rn. 158 ff.

544 Vgl. *R. Schröder*, Verwaltungsrechtsdogmatik im Wandel, S. 156.

545 Vgl. *R. Schröder*, Verwaltungsrechtsdogmatik im Wandel, S. 156.

546 Vgl. *H. Bauer*, Privatisierung von Verwaltungsaufgaben, VVDStRL 54 (1995), S. 243 (253 f.).

schaft“ ab.[547] Obwohl die Privatisierung am Anfang deutlich auf die Beschränkung staatlichen Handelns, die Befreiung von staatlichen Eingriffen abgezielt und sich damit auf die Deregulierung bezogen hat,[548] haben die Regulierungsprobleme nicht mit der Privatisierung aufgehört, sondern neu begonnen.[549] Schließlich ist die Privatisierung als ein treffendes Beispiel dafür anzuführen, dass die quantitativen Anforderungen in der Gesellschaft zum qualitativen Wandel im Zuge der Rezeption in der Rechtswissenschaft führen.

(4) Fazit: Zum neuen Staatsbild

Angesichts der Entwicklung des Rechtsstaatsprinzips wurde die Debatte der Regulierung von rechtstheoretischen Stichwörtern ausgegangen: „Regulatives Recht“ und „Deregulierung“. Die Tendenz der Liberalisierung, Deregulierung und Privatisierung reagiert grundsätzlich mit ihrer quantitativen Rückwirkung auf die überfordernde Intervention des Staates im sozialen Rechtsstaat. Um die Regulierung im System des kontinentaleuropäischen Rechts richtig zu erfassen, ist es erforderlich, dass der theoretische und nachbarwissenschaftliche Begriff der Regulierung begrenzt wird. Aus rechtswissenschaftlicher Sicht ist die Begriffsbegrenzung von der Deregulierung im (gesamt)normbezogenen, allgemeinen Sinne gestartet, die auf das Problem der „Überlegalisierung“ bezogen ist. Diese rechtspolitische Deregulierung wird anhand der sachbezogenen Deregulierung verwirklicht. Sowohl die normbezogene als auch die sachbezogene Deregulierung werden zunächst als die quantitative Reaktion gegen die soziale Gesetzlichkeit dargestellt. Im Zuge der Deregulierungsphasen findet sich aber das „Paradox der Deregulierung“. Damit bedarf es in den Liberalisierungs- und Privatisierungsfolgephasen einer „Re-Regulierung“. Schließlich führt die quantitative Reaktion zur qualitativen Umwandlung. Die Frage, ob „mehr oder weniger Staat“ besser wäre, war schon seit Längerem in Diskussion. Wie die Reaktion auf das regulative Recht dargestellt hat, kommt dieser Dichotomie heute kaum große Bedeutung zu. Vielmehr liegt die Bedeutung der Debatte auf dem Gebiet, in dem das Verhältnis zwischen Staat und Gesellschaft und die jeweilige Rolle

547 Vgl. *C. Franzius*, Gewährleistung im Recht, S. 124.

548 Auch *A. Benz*, Privatisierung und Deregulierung – Abbau von Staatsaufgaben?, Die Verwaltung 28 (1995), S. 337 (341).

549 Vgl. *E. Grande*, Vom produzierenden zum regulierenden Staat: Möglichkeit und Grenzen von Regulierung bei Privatisierung, in: *König/Benz* (Hrsg.), Privatisierung und staatliche Regulierung, S. 576 (584).

bestimmt werden sollen, um das Gemeinwohl effektiv und sozialverträglich zu verwirklichen.

Es bedarf daher eines neuen Staatsbildes, das weder dem Wohlfahrtstaat noch dem Minimalstaat zuzuordnen ist, sondern neutral[550] oder dialektisch entwickelt wird. Die Vorstellung eines Gewährleistungsstaates könnte ein geeigneter Kandidat für ein neues Staatsbild sein, anhand dessen der qualitative Wandel der modernen Staatstätigkeit besser zu erklären ist.

3. Gewährleistungsstaat als eines neues Staatsbild

Es ist noch umstritten, was unter dem Begriff des Gewährleistungsstaates zu verstehen ist. Dem Grundgesetz ist die genaue Aussage über den Gewährleistungsstaat nicht unmittelbar zu entnehmen. Ausgehend von den Ansätzen des Gewährleistungsstaats versucht hier eine Definition hineinzustellen.

(1) Aufgabenverständnis

Der Ansatz des Gewährleistungsstaates geht zunächst vom Wandel der staatlichen Handlungs- und Steuerungsstrategien für die Aufgabenwahrnehmung und die darauf bezogene Ausgestaltung der Lebensverhältnisse aus. Nach der Privatisierung und weiterführenden Liberalisierung haben sich die Wahrnehmungsmodi des Staates gewandelt und der Interventionsgrad des Staates wird im Einklang mit der allgemeinen Deregulierungssicht rückläufig. Der Staat nimmt nicht mehr alle Aufgaben eigenhändig wahr, sondern ermöglicht und fördert die private Leistungserbringung im Zuge der Gemeinwohlverwirklichung. Man versucht den Wandel des Aufgabenverständnisses mit Hilfe der Verantwortungslehre zu erklären, die ihre Schwerpunkte bei der Debatte um die Aufgabenerledigung und die „Beschreibung und Analyse von Rollen staatlicher und privater Akteure“ hat.[551] Heute ist es nicht mehr möglich, ein generell exklusives Verhältnis zwischen staatlicher und gesellschaftlicher Verantwortung für die Ge-

550 *C. Reichard*, Das Konzept des Gewährleistungsstaates, in: *Göbel/Gottschalk/Lattmann/Lenk/ders./Weber*, Neue Institutionenökonomik, Public Private Partnerschip, Gewährleisungsstaat, S. 48 (50).

551 Vgl. *H.-H. Trute*, Verantwortungsteilung als Schlüsselbegriff eines sich verändernden Verhältnisses von öffentlichem und privatem Sektor, in: *G. F. Schuppert* (Hrsg.), Jenseits von Privatisierung und „schlankem Staat“, S. 13.

meinwohlrealisierung anzunehmen.[552] Die Schlüsselposition hat daher nicht die „Erfüllungsverantwortung", sondern die „Gewährleistungsverantwortung" eingenommen, die teilweise in der heutigen Verantwortungslehre vorausgesetzt wird.

Trotz aller Umwandlung des staatlichen Handelns bei der Aufgabendurchführung lässt der Gewährleistungsstaat weder seiner Pflicht noch seiner sozialverträglichen Förderung freien Lauf. Die staatliche Gewährleistungsverantwortung ist zwar an die Stelle leistungsstaatlicher Erfüllungsverantwortung getreten, dies bedeutet aber gerade nicht die Einschränkung des staatlichen Anteils, weil dem von der eigenverantwortlichen Erfüllung befreiten Staat andere Formen der Verantwortung gegeben sind, die früher nicht bestanden haben aber in ihrem Niveau mit den früheren Pflichten gleichzusetzen sind.[553] Vor allem wird der Gewährleistungsstaat in die Pflicht genommen, einen Rechtsrahmen für gesellschaftliche Strukturen - insbesondere Marktstrukturen - zu schaffen,[554] um die Wahrnehmung öffentlicher Aufgaben durch private Leistungserbringung zu ermöglichen. Bei der Gewährleistungsverantwortung ist auch die unmittelbare staatliche Intervention vorgesehen, falls bei der Aufgabenerbringung durch die gesellschaftlichen Kräfte Gefahrenlagen oder Versorgungslücken auftreten.[555] In diesem Punkt wird das Staatsbild des Gewährleistungsstaates weder als liberaler Staat noch als Wohlfahrtsstaat, sondern als eine „weiterführende Synthese aus Wohlfahrtstaat und neoliberalem Staat" dargestellt.[556] Der Begriff staatlicher Gewährleistungsverantwortung spielt eine maßgebliche Rolle bei der Erklärung der Veränderung der Staatlichkeit.[557] Während es bei der tradierten Staatlichkeit darum geht, ob der Staat eine Sachaufgabe erfüllt, geht es beim Gewährleistungsstaat darum, wie er die Aufgabe wahrnehmen soll und wie er seinen

---

552 Vgl. *K. Waechter*, Verwaltungsrecht im Gewährleistungsstaat, S. 19.

553 Vgl. *A. Voßkuhle*, Gesetzgeberische Regelungsstrategien der Verantwortungsteilung zwischen öffentlichem und privatem Sektor, in: *G. F. Schuppert* (Hrsg.), Jenseits von Privatisierung und schlankem Staat, S. 47 (85).

554 BVerfGE 108, 370 (392 f.).

555 Vgl. *E. Schmidt-Aßmann*, Das allgemeine Verwaltungsrecht als Ordnungsidee, 3.Kap., Rn. 112.

556 *C. Reichard*, Das Konzept des Gewährleistungsstaates, in: *Göbel/Gottschalk/Lattmann/Lenk/ders./Weber*, Neue Institutionenökonomik, Public Private Partnerschip, Gewährleisungsstaat, S. 48 (51).

557 Vgl. *C. Franzius*, Der „Gewährleistungsstaat", Der Staat 42 (2003), S. 493 (505).; Ähnlich, *A. Voßkuhle*, Neue Verwaltungswissenschaft in: *Hoffmann-Riem/Schmidt-Aßmann/ders.* (Hrsg.), GVwR I, § 1, Rn. 40 ff.

Anteil an der Aufgabenwahrnehmung in neuer Weise bestimmen kann.[558] Mit dieser Erkenntnis, die bei den gewandelten Formen der staatlichen Aufgabenwahrnehmung, wie Privatisierung und Liberalisierung, ihren Ausgangspunkt hat, eröffnet der Gewährleistungsstaat die Möglichkeit zur Handlungsvielfalt. Dabei steht das Zusammenwirken von Staat und Gesellschaft im Vordergrund. Die wesentliche Frage, wie Art und Umfang des Zusammenwirkens zwischen staatlichen und privaten Akteuren deutlich zu beschreiben und wie ihm rechtlich zu begegnen ist, kann durch die klassische Ordnungs- und Leistungsverwaltung jedoch nicht hinreichend beantwortet werden. Daher wurde es erforderlich die Gewährleistungsverwaltung zu entwickeln.[559] Die Gewährleistungsverwaltung soll die Leistungserbringung durch gesellschaftliche Kräfte sicherstellen und dafür die geeigneten Regelstrukturen schaffen. Dabei ist erwiesen, dass der Gewährleistungsstaat einen Versuch zur „normativen“[560] Rezeption einer veränderten Wirklichkeit bildet. Dieser Wandel wird schließlich als eine qualitative und quantitative Veränderung der Staatlichkeit[561] bewertet.

Aber die Gewährleistungsverwaltung entscheidet sich für keine messbare, exakte Art und keinen solchen Umfang der Aufgabenverteilung und setzt auch kein konkretes Verhältnis zwischen Staat und Gesellschaft voraus, sondern zielt unter dem Blickwinkel der Gewährleistungsidee auf eine eigene Struktur ab, in der in einem möglichst hohen Maße das Gemeinwohl durch arbeitsteiliges Verantwortungsarrangement realisiert werden kann. Mit Hilfe der These von *G. F. Schuppert* umschrieben: „Eine sich veränderte Rollenverteilung zwischen öffentlichem, privatem und drittem Sektor, aber nicht schlichter Geländegewinn

---

558 Ähnlich, *M. Knauff*, Der Gewährleistungsstaat, S. 66.; *W. Weiß*, Privatisierung und Staatsaufgabe, S. 50.

559 Dementsprechend, vgl. *A. Voßkuhle*, Beteiligung Privater an der Wahrnehmung öffentlicher Aufgaben und staatliche Verantwortung, VVDStRL 62 (2003), S. 266 (304 ff.).

560 „Als normative Theorien bezeichnet man in der Wissenschaftstheorie gemeinhin solche Sätze, die nicht nur Zusammenhänge beschreiben oder erklären, sondern sie bewerten. Normativen Theorie formulieren also Aussagen darüber, wie etwas sein soll.“ vgl. *J. Lüdemann*, Netzwerke, Öffentliches Recht und Rezeptionstheorie, 47. AssöR (2007), S. 266 (271).; Ähnlich, *W. Hoffmann-Riem*, Das Recht des Gewährleistungsstaates, in: *G. F. Schuppert* (Hrsg.), Der Gewährleistungsstaat - Ein Leitbild auf dem Prüfstand, S. 89 (91).

561 Grundlegend dazu, *D. Grimm*, Der Wandel der Staatsaufgaben und die Krise des Rechtsstaat, in: *ders.* (Hrsg.), Wachsende Staatsaufgaben - sinkende Steuerungsfähigkeit des Rechts, S. 291 (297).; *ders.*, Regulierte Selbstregulierung in der Tradition des Verfassungsstaats, DV Beiheft 4, S. 9 (11 f.).

oder -verlust".[562] Im Gewährleistungsstaat wird die Verantwortung für die Aufgabenerledigung daher weder auf bestimmten Stufen oder einem bestimmten Niveau allein beim Staat angesetzt noch bloß einseitig abgewälzt.[563] Zwar behält die Verwaltung im Gewährleistungsstaat die Idee der Ordnungs- und Leistungsverwaltung bei, setzt sie jedoch nicht mit der Gewährleistungsverwaltung gleich, weil sie als eine Synthese betrachtet werden soll.

Ungeachtet aller staatlichen Übernahme der Verantwortung für das Auffangen gesellschaftlicher Defizite, bedeutet die Umstellung auf Gewährleistung der gemeinwohlbezogenen Ziele tatsächlich in hohem Maße eine Entlastung des Staates hinsichtlich Erfüllungs- und Ergebnisverantwortung. Demgegenüber vermehren sich der gesellschaftliche Regulierungsbedarf und das Bedürfnis für die Bereitstellung normativer Gewährleistungsvorgaben, wodurch die Akteure zur Erreichung der erwünschten Ziele gelangen.

(2) Schaffung der arbeitsteiligen und kooperativen Struktur

Für die Gemeinwohlverwirklichung setzt der Gewährleistungsstaat Vertrauen in die gesellschaftliche Kraft voraus. Die Hoffnung, dass der Staat allein die ausdifferenzierte und komplizierte Gesellschaft perfekt steuern könnte, wird sich heute nicht mehr halten lassen. Mit der Krise des regulativen Rechts als ein treffendes Beispiel ist die Begrenzung der staatlichen Lenkungsfähigkeit schon erwiesen. Ein wichtiges Konzept des Gewährleistungsstaates liegt darin, dass der Staat mit Privaten zusammenwirkt. Das Bedürfnis der kooperativen Vorstellung (oder des kooperativen Staates) ist bereits vorgeschlagen worden,[564] weil in bestimmten Sachbereichen die heutige Verwaltungswirklichkeit nicht mehr mit dem auf imperativer Struktur aufgebauten Staat-Bürger-Verhältnis ausreichend erfasst werden kann. Um die Vollzugsdefizite bei imperativen Maßnahmen zu bewältigen und die Verwaltungswirklichkeit angemessen zu erfassen, legt der Gewährleistungsstaat eine kooperative Vorstellung zugrunde, die vom Zusam-

---

562 Vgl. *G. F. Schuppert*, Der Gewährleistungsstaat - modisches Label oder Leitbild sich wandelnder Staatlichkeit? in: *ders.*, (Hrsg.), Der Gewährleistungsstaat - Ein Leitbild auf dem Prüfstand, S. 11 (13).

563 Im Sozialstaat ist oft die Tendenz zu beobachten, dass die Gesellschaft ihre Angelegenheiten immer mehr auf den staatlichen Sektor abwälzt.

564 Statt vieler, *P. Häberle*, Der kooperative Verfassungsstaat, in: *ders.*, Verfassung als öffentlicher Prozess, S. 407 ff.; *E.-H. Ritter*, Der kooperativer Staat, AöR 104 (1979), S. 389 ff.

menwirken zwischen Staat und Gesellschaft, der Relativierung des staatlichen Handelns und der (De-) Polyzentralisierung der hierarchischen Herrschaft geprägt ist, und nicht allein auf hoheitliche Macht angewiesen ist.[565]

Mit Hilfe dieser kooperativen Vorstellung zielt die hier dargestellte Gewährleistung auf die Schaffung kooperativer bzw. arbeitsteiliger Strukturen ab. Dies bedeutet aber nicht nur die kooperative Aufgabenerfüllung selbst oder die bloße Instrumentalisierung Privater, sondern auch die Bildung geeigneter Strukturen für die arbeitsteilige Gemeinwohlverwirklichung angesichts des Erfordernisses kooperativer Aufgabenerledigung.[566] Die Schaffung der arbeitsteiligen Strukturen zur Verwirklichung des Gemeinwohls bewirkt, dass einseitige, imperative Maßnahmen durch gesellschaftliche Konfliktentscheidungen teilweise substituiert oder ergänzt werden. Auf diese gesellschaftliche Problemlösung nimmt der Staat mit lenkenden, indirekten Maßnahmen Einfluss und gibt dafür einen bestimmten Rahmen vor.[567] Mit dieser Einbindung staatlicher und gesellschaftlicher Handlungsrationalität[568] macht die Idee des Gewährleistungsstaates zwar grundsätzlich die Beschränkung staatlicher Handlungsbereiche erforderlich, weist jedoch gleichzeitig auf die Notwendigkeit des staatlichen Anteils hin,[569] der ggf. noch stärkere Intervention sein könnte. Die staatlichen und gesellschaftlichen Kräfte erweisen sich als Subjekt der Verantwortung für die Aufgabenerledigung.[570]

Ferner reicht der kooperative Ansatz im Modell des Gewährleistungsstaates über die bloße Summe der staatlichen und gesellschaftlichen Kräfte bis über die Subjektivität von deren Verantwortung für die Realisierung der öffentlichen

565 Grundlegend dazu, *T. Groß*, Die Beziehung zwischen dem Allgemeinen und dem Besonderen Verwaltungsrecht, DV Beiheft 2 (1999), S. 57 (77 ff.).; *A. Benz*, Kooperative Verwaltung, S. 303 ff.; *G. F. Schuppert*, Verwaltungsorganisation als Steuerungsfaktor, in: *Hoffmann-Riem/Schmidt-Aßmann/Voßkuhle*, (Hrsg.), GVwR I, § 16, Rn. 80 ff.; *H.-H. Trute*, Verzahnungen von öffentlichem und privatem Recht - anhand ausgewählter Beispiele, in: *Hoffmann-Riem/Schmidt-Aßmann* (Hrsg.), Öffentliches Recht und Privatrecht als wechselseitige Auffangordnungen, S. 167 (182).

566 Vgl. *C. Franzius*, Der „Gewährleistungsstaat“, Der Staat 42 (2003), S. 493 (495 ff.). Im Ergebnis ähnlich, *W. Weiß*, Privatisierung und Staatsaufgabe, S. 297.

567 Vgl. *W. Hoffmann-Riem*, Das Recht des Gewährleistungsstaates, in: *G. F. Schuppert* (Hrsg.), Der Gewährleistungsstaat, S. 89 (91 f.).

568 Dazu näher, *M. Eifert*, Regulierungsstrategien, in: *Hoffmann-Riem/Schmidt-Aßmann/Voßkuhle* (Hrsg.), GVwR I, § 19, Rn. 52 ff.

569 Vgl. *W. Weiß*, Privatisierung und Staatsaufgabe, S. 50 ff.

570 Auch, *C. Gramm*, Privatisierung und notwendige Staatsaufgaben, S. 290 ff.

Aufgaben hinaus. Während der Aufstieg des öffentlichen Rechts in bisher vom Privatrecht geregelte Lebensbereiche zu einer Umpolung der Bürger-Bürger-Beziehungen in Dreiecksverhältnisse Bürger-Staat-Bürger geführt hat,[571] erfasst die kooperative Aufgabenerfüllung aufgrund der Intersubjektivität von Verantwortungsträgern die Phänomene, die mit dem imperativen Staat-Bürger-Verhältnis nicht angemessen zu erfassen sind. Im Gewährleistungsstaat können größere gesellschaftliche Kräfte und Handlungsmöglichkeiten eingesetzt werden, um größere Ergebnisse zu gewinnen, als mit imperativen administrativen Maßnahmen geschaffen wurden.[572] Dadurch kann die grundrechtlich garantierte Freiheit auch erhöht werden.[573] Ein kooperatives Verständnis von der Aufgabenwahrnehmung verzahnt deshalb nicht nur staatliche und gesellschaftliche Kräfte, sondern auch öffentliches und privates Recht miteinander.[574]

Mit der „kooperativen Erledigung" oder der „Einbindung der Bürger" findet sich das dynamische Verhältnis zwischen beiden - staatlichen und gesellschaftlichen - Subjekten in den verschiedenen Phasen der arbeitsteiligen Gemeinwohlverwirklichung wieder. Allerdings geht es darum, wie die Spielräume und die Rolle der jeweiligen Akteure bei der Wahrnehmung öffentlicher Aufgaben rechtlich bestimmt sind. Schließlich steht die Bereitstellung von Regelungsstrukturen im Vordergrund, in denen die staatlichen und privaten Handlungsbeiträge miteinander verkoppelt werden. Die Gemeinwohlverwirklichung überantwortet weder allein der staatlichen Durchführung noch allein den gesellschaftlichen Kräften, sondern ist auch auf diese Regelungsstrukturen angewiesen.[575] Der Gesetzgeber muss darauf achten, dass die Subjektivität beider Träger sichergestellt ist und die verschiedenen Wahrnehmungsmodi der Aufgaben berücksichtigt werden, die je nach Sachaufgaben und Lebensbereich unterschiedlich sein können.

571 Vgl. *G. Manssen*, Privatrechtgestaltung durch Hoheitsakt, S. 107.

572 Auch, *M. Schmidt-Preuß*, Verwaltung und Verwaltungsrecht zwischen gesellschaftlicher Selbstregulierung und staatlicher Steuerung, VVDStRL 56 (1997), S. 160 (169 f.).

573 Dazu näher, *W. Weiß*, Privatisierung und Staatsaufgabe, S. 294 ff.; Mit dem Ausdruck „Gewährleistungspflichten", *C. Franzius*, Der „Gewährleistungsstaat" - Ein neuen Leitbild für den sich wandelnden Staat? Der Staat 42 (2003), S. 493 (507).

574 Dazu näher, *H.-H. Trute*, Verzahnungen von öffentlichem und privatem Recht - anhand ausgewählter Beispiele, in: *Hoffmann-Riem/Schmidt-Aßmann* (Hrsg.), Öffentliches Recht und Privatrecht als wechselseitige Auffangordnungen, S. 167 (207 ff., 220 ff.).

575 Vgl. *C. Franzius*, Gewährleistung im Recht, S. 359

(3) Dialektische Entfaltung

Sowohl die Eingriffsverwaltung als auch die Leistungsverwaltung haben das Profil der Rolle des Staates geformt und bilden damit die Substanz eines jeden Staatsbildes. Mittels der „juristischen Methode“ wurde die Ordnungsverwaltung auf den systematischen Weg gebracht, die vor allem dem Staat-Bürger-Verhältnis und dem abwehrrechtlichen Charakter zugrundeliegt. Die Leistungsverwaltung hat mit der Idee von der staatlichen Leistungserbringung die Tragweite des Staatsbildes erweitert. Man erkennt die Entwicklungsrichtung des Verwaltungsrechts in der Periodizität zwischen der Systematisierung und der Rezeption gesellschaftlicher Anforderungen. Das heißt, das Verwaltungsrecht versucht sein System zu errichten, zu erweitern und schließlich eine ganz neue Systematik zu finden, wenn es in eine neue Problemlage geraten ist, die mit der früheren Systemlogik nicht ohne weiteres lösbar ist. Um die Problemlage der Ordnungs- und der Leistungsverwaltung zu lösen und die Verwaltungswirklichkeit ausreichend und angemessen zu erfassen, bleibt die moderne Ordnungs- und Leistungsverwaltung nicht bei ihrer überkommenen Vorstellung.[576] Der Entwurf des Gewährleistungsstaates ist zwar dem Ordnungsmodell der Freiheitsrechte des liberalen Rechtsstaates bereits zu entnehmen,[577] und er bezieht sich auch auf die Leistungsidee, die mit der Sicherstellung der Grundversorgung in einem bestimmten Bereich[578] oder den staatsersetzenden Privattätigkeiten[579] verbunden ist.

Trotz all dieser Versuche steht die verwaltungsrechtliche Theorie in der modernen differenzierten und hoch spezialisierten Gesellschaft jedoch vor einer Problemstellung, die mit den tradierten Rechtsformen und staatlichen Eingriffen nicht mehr bewältigt werden kann. Der Gewährleistungsstaat als ein neues Staatsbild sollte zunächst darauf antworten, wie das Vollzugsdefizit des Verwaltungsrechts überwunden werden kann. Im Zuge zur Erholung der Insuffizienz des Rechts muss er darauf achten, seine tradierte Systematik bzw. sein dogmatisches Gefüge beizubehalten und zur Verfügung zu stellen.

---

576 Grundlegend dazu, *E. Schmidt-Aßmann*, Das allgemeine Verwaltungsrecht als Ordnungsidee, 3.Kap., Rn. 100 ff.

577 Vgl. *W. Hoffmann-Riem*, Das Recht des Gewährleistungsstaates, in: *G. F. Schuppert* (Hrsg.), Der Gewährleistungsstaat - Ein Leitbild auf dem Prüfstand, S. 89 (92).

578 Mit diesem Gesichtspunkt ist das Gewährleistungsparadigma grundsätzlich als Fortsetzung der wohlfahrtstaatlichen Aufgaben anzusehen. Dazu, *M. Eifert*, Grundversorgung mit Telekommunikationsleistungen im Gewährleistungsstaat, S. 175 ff.

579 Vgl. *K. Waechter*, Verwaltungsrecht im Gewährleistungsstaat, S. 10 ff.

Im Unterschied zum interventionistischen Wohlfahrtstaat wird der Gewährleistungsstaat bei der unmittelbaren Durchführung angemessener Leistungserbringung entlastet. Statt der Verwicklung in die endlose Frage, was überhaupt eine „angemessene Leistungserbringung“ ist,[580] stellt die Gewährleistungsverwaltung die Prozesse oder Maßstäbe zur Realisierung gemeinwohlorientierter Aufgaben vor, die mit oder durch Private wahrgenommen werden können. In einem bestimmten Bereich garantiert sie das Mindestniveau für die Leistungserbringung. In Hinblick auf die staatliche Überlassung der Verantwortung behaupten die Vertreter des (neo-)liberalen Staatsbildes, dass das Gewährleistungsstaatsbild in der Nähe vom Minimalstaat zu finden sei. Demgegenüber legt die Idee des Wohlfahrtstaates aufgrund der Leistungsverwaltung Gewicht auf die staatliche Sicherstellung der Leistungserbringung. Je nach dem Fokus der Analyse, wäre der Gewährleistungsstaat beiden Positionen zuzuordnen. Es ist zwar deutlich, dass sich beide Staatsbilder im Gewährleistungsstaat finden lassen und sich wechselseitig bedingen. Das Staatsbild des Gewährleistungsstaates ist jedoch keineswegs mit anderen Staatsbildern ganz deckungsgleich zu setzen.

Der Gewährleistungsstaat besteht aus den unterschiedlichen Bestandteilen des früheren Staatsbildes. Die generelle Gegenüberstellung der Ordnungs- und Leistungsidee beruht vor allem auf dem traditionellen Antagonismus von der formalen und materialen Rationalität. Das exklusive Gegenverständnis erscheint jedoch nicht mehr im Gewährleistungsstaat, aber im Zuge der Hinwendung zum Gewährleistungsstaat erlöschen die Thesen von Ordnungs- und Leistungsverwaltung nicht, sondern werden beibehalten und auf einer höheren Ebene der Synthese angesiedelt.[581] Unter diesem Blickwinkel wird das Staatsbild des Gewährleistungsstaates als das (vorläufige) Ergebnis dialektischer Entfaltung bewertet.

580 Vgl. *K. Waechter*, Verwaltungsrecht im Gewährleistungsstaat, S. 7.

581 Diese dialektische Methode ist dazu grundlegend, *R. Smend*, Verfassung und Verfassungsrecht, in: *ders.*, Staatsrechtliche Abhandlungen und andere Aufsätze, S. 123 ff.; *ders.*, Integrationslehre, in: *ders.*, a. a. O., S. 475 ff.

IV. Gewährleistungsverwaltung und Regulierung

1. Zur Gewährleistungsverwaltung

(1) Notwendigkeit der Gewährleistungsverwaltung

Der Gewährleistungsstaat nimmt öffentliche Aufgaben wahr, erfüllt sie aber nicht immer selbst. Aufgrund des Vertrauens auf die gesellschaftliche Macht stellt er die Normen für die Organisation und den Prozess bereit, um die private Leistungserbringung erst zu ermöglichen, zu erhalten und sicherzustellen. Daraus kann man ein Leitbild entnehmen, dass das Chiffre für die veränderte staatliche Rolle ist,[582] aber keine unmittelbar rechtliche Folgerung ableiten, weil es teilweise bei der staatstheoretischen Debatte bleibt. Die schon erwähnten Bestandteile des Gewährleistungsstaates - der Wandel des Aufgabenverständnisses, die Schaffung der arbeitsteiligen Strukturen und die dialektische Entwicklung - lassen sich durch die Gewährleistungsverwaltung konkretisieren und verwirklichen. Die bisherigen Verwaltungstypen, die sich auf die Gefahrenabwehr und die staatliche Leistungserbringung ausgerichtet haben, bieten hier nur eine begrenzte Perspektive für den neuen Verwaltungstyp im Gewährleistungsstaat an. Im Gegensatz zur Ordnungs- und Leistungsverwaltung richtet sich die „neue“ Perspektive der Verwaltung auf die multipolaren Rechtsverhältnisse im Zuge der veränderten Aufgabenwahrnehmungsmodi. Dieser „dritte“ Verwaltungstypus intendiert „die Verwirklichung eines Gesamtkonzepts und einer Gewährleistungsstruktur, die über verfahrensrechtliche Anforderungen, organisatorische Elemente und inhaltliche Vorgabe staatliche und private Aufgabenbeiträge dauerhaft vernetzt“.[583]

Die Leistungsverwaltung geht dagegen von der Kritik daran und der Reflexion darüber aus, dass das Eingriffsverwaltungsrecht über die gesellschaftlichen Forderungen oder materielle Gerechtigkeit absichtlich hinweggegangen sei. So ist das Leistungsverwaltungsrecht als die Reflexion über die gesellschaftlichen

---

582 Vgl. *W. Hoffmann-Riem*, Das Recht des Gewährleistungsstaates, in: *G. F. Schuppert* (Hrsg.), Der Gewährleistungsstaat - Ein Leitbild auf dem Prüfstand, S. 89.; *C. Franzius*, Der „Gewährleistungsstaat“ - Ein neuen Leitbild für den sich wandelnden Staat? Der Staat 42 (2003), S. 493 (494).

583 Vgl. *A. Voßkuhle*, Beteiligung Privater an der Wahrnehmung öffentlicher Aufgaben und staatliche Verantwortung, VVDStRL 62 (2003), S. 266 (307).

Forderungen auf das Erreichen bestimmter Ergebnisse ausgerichtet und lässt gesellschaftliche und politische Faktoren bzw. außerrechtliche Fragen, ins Rechtssystem vordringen. Folglich finden sich vielen „Zweckprogramme"[584] im Leistungsverwaltungsrecht. Die Gewährleistungsverwaltung bedeutet keinen Rückzug zur Eingriffsverwaltung, sondern geht noch einen Schritt weiter. Sie zielt nicht unbedingt auf die Leistungserbringung durch den Staat selbst ab, sondern auf die Erreichung der verfolgten Ziele. Die Bedeutung des Gewährleistungsverwaltungsrechts besteht mehr in der Bildung und der Sicherung der Strukturen für die Zielerreichung der jeweiligen Aufgaben, als im konkreten Einzelverwaltungshandeln für die jeweilige Zwecke. Um die erwünschten Wirkungen zu erzielen, stellt das Gewährleistungsverwaltungsrecht eine grundlegende Schablone der Strukturen auf und legt das Verhältnis zwischen den Akteuren fest. Die Verwaltungsverantwortungslehre spielt hier eine Rolle, die die Subjektivität der Akteure und das Verhältnis zwischen ihnen (mindestens heuristisch) zu erklären versucht. Unter dem Blickwinkel der Verantwortungsteilung zielt die Gewährleistungsverwaltung darauf ab, dass die Problemlösungen nicht entweder dem staatlichen oder dem gesellschaftlichen Raum überantwortet werden, sondern durch die gesellschaftliche Selbstregulierung und die staatliche Struktursteuerung ermöglicht werden kann.[585] Anders als die bisherigen Verwaltungsrechtstheorien und Vorstellungen vom Verwaltungshandeln soll das Gewährleistungsverwaltungsrecht und sein Handeln durch eine Überformung der Handlungsfelder im Sinne einer Struktursteuerung gekennzeichnet werden.[586]

Während die klassische Aufgabe der staatlichen Verwaltung darin liegt, eine Aufgabe eigenhändig zu erfüllen, geht es bei der Gewährleistungsverwaltung nicht nur um die Erfüllung (sachlicher) Verwaltungsaufgaben, sondern vielmehr um die Gewährleistung einer Struktur oder eines Prozesses für die Aufgabenwahrnehmung durch gesellschaftliche Kräfte. Dadurch kann die Gewährleistungsverwaltung gesellschaftliche Freiheit garantieren und größere gesellschaftliche Handlungsspielräume bereiten.[587] Das Vertrauen auf gesellschaftliche Kräfte und die Übertragung staatlicher Erfüllungsverantwortung bedeutet nicht die Unterlassung des Staates. Die Konflikte, die in der modernen Gesellschaft

---

584 Dazu, *N. Luhmann*, Rechtssystem und Rechtsdogmatik, S. 24 ff.

585 Vgl. *G. F. Schuppert*, Der Gewährleistungsstaat - modisches Label oder Leitbild sich wandelnder Staatlichkeit?, in: *ders.* (Hrsg.), Der Gewährleistungsstaat - Ein Leitbild auf dem Prüfstand, S. 11 (43).

586 Erheblich ist dies in der Wirtschaftsaussicht. Vgl. *C. Franzius*, Gewährleistung im Recht, S. 142.

587 Vgl. *M. Schmidt-Preuß*, Verwaltung und Verwaltungsrecht zwischen gesellschaftlicher Selbstregulierung und staatlicher Steuerung, VVDStRL 56 (1997), S. 160 (169 ff.).

vermehrt und durch die multipolaren Verhältnisse komplizierter und differenzierter werden, soll die Gewährleistungsverwaltung bewältigen, jedoch nicht mit imperativen Mitteln, durch die Nutzung gesellschaftlicher Problemlösungskräfte. Dieser Modus der Konfliktbewältigung wird durch staatliche Maßnahmen eingerahmt und gesichert.[588] Die Notwendigkeit der Gewährleistungsverwaltung besteht darin, dass sie die Prozesse arbeitsteiliger Gemeinwohlrealisierung unter Berücksichtigung der jeweiligen Beteiligungsform größtmöglich anleitet,[589] und zugleich den Konflikt von multipolarer Dimension bewältigt.

In folgenden stellen sich zwei Fragen, nämlich zum einen wie das Verhältnis zwischen Staat und Gesellschaft in einem bestimmten Bereich angemessen definiert werden kann und zum anderen, wie das Verfahren für die arbeitsteilige Gemeinwohlverwirklichung rechtlich konstituiert werden soll. Der Schwerpunkt zur normativen Konkretisierung des ideologischen, theoretischen Staatsbildes liegt in der Einführung einer neuen oder „dritten Säule der systematischen Entfaltung" der Verwaltungstypen.[590]

(2) Grundrechtsdogmatik: Die normative Erklärung

Die normative Problemlage rührt vor allem von der Entwicklung der Grundrechtsdogmatik und den verfassungsrechtlichen Schutzmechanismen her, die von der Abwehrfunktion im zweipoligen Verhältnis auf die Schaffung und Gewährleistung der konfliktbewältigenden und freiheitssichernden Struktur im komplexen mehrpoligen Verhältnis umzustellen sind.[591] Darüber hinaus geht es um die veränderte Rolle und Verantwortungsteilung des Staates, insoweit als er

---

588 Vgl. *W. Hoffmann-Riem*, Das Recht des Gewährleistungsstaates, in: *G. F. Schuppert* (Hrsg.), Der Gewährleistungsstaat - Ein Leitbild auf dem Prüfstand, S. 89 (91).

589 Vgl. *A. Voßkuhle*, Beteiligung Privater an der Wahrnehmung öffentlicher Aufgaben und staatliche Verantwortung, VVDStRL 62(2003), S. 266 (305).

590 Auch, *E. Schmidt-Aßmann*, Das allgemeine Verwaltungsrecht als Ordnungsidee, 3. Kap., Rn. 114 ff.; *A. Voßkuhle*, Beteiligung Privater an der Wahrnehmung öffentlicher Aufgaben und staatliche Verantwortung, VVDStRL 62 (2003), S. 266 (305).; *C. Bumke*, Die Entwicklung der verwaltungsrechtswissenschaftlichen Methodik in der Bundesrepublik Deutschland, in: *Schmidt-Aßmann/Hoffmann-Riem* (Hrsg.), Methoden der Verwaltungsrechtswissenschaft, S. 73 (120 f.).

591 Vgl. *A. Voßkuhle*, Beteiligung Privater an der Wahrnehmung öffentlicher Aufgaben und staatliche Verantwortung, VVDStRL 62 (2003), S. 266 (292).; *W. Hoffmann-Riem*, Das Recht des Gewährleistungsstaates, in: *G. F. Schuppert* (Hrsg.), Der Gewährleistungsstaat - Ein Leitbild auf dem Prüfstand, S. 89 (93 ff.).

sein Vertrauen auf gesellschaftlichen Kräften für die Problembewältigung zeigt und damit er die gesellschaftliche Selbstregulierung gewährleistet. Um die Gewährleistungsverwaltung normativ zu erklären und zu konturieren, sollte zuvor die Frage beantwortet werden, wie sich diese normative Leitidee des Gewährleistungsstaates in der Grundrechtsnormierung niederschlagen kann.[592]

Die bisherige Grundrechtsdogmatik bestätigt den Doppelcharakter der Grundrechte: Abwehrrecht und objektive Wertordnung. Ausgehend davon, wird die grundrechtliche Freiheit durch freiheitseinschränkendes und -herstellendes Handeln (Beschränkung und Ausgestaltung) verwirklicht. Der einzelne Freiheitsgebrauch für eigennützige Interessen könnte durch (staatliches) freiheitseinschränkendes Handeln im Rahmen der Verhältnismäßigkeit beschränkt werden, weil der Staat die Entfaltungsfreiheit für andere und das Gemeinwohl sichern muss. Für die individuelle Freiheitsentfaltung ist auch der jeweilige objektive Grundrechtsgehalt von Bedeutung, welcher alle Freiheitsausübung durch die Ausgestaltung der Ordnung erst ermöglicht und zugleich dadurch die Verwirklichung weiterer gemeinwohlverträglicher Zwecke gewährleistet. Dieser subjektive und objektive Grundrechtsgehalt[593] gilt fort für die Idee des Gewährleistungsstaates.

Die normative Begriffsbildung der Gewährleistungsverwaltung bedarf zunächst einer funktionsfähigen Grundrechtsdogmatik für das komplexe mehrpolige Verhältnis. Mit Hilfe der bisherigen grundrechtlichen Dogmatik, nämlich mit dem Begriff des „Schutzbereichs", kann aber nicht immer angemessen erfasst werden, ob und wie in diesem komplexen multipolaren Verhältnis ein staatliches Handeln als Beschränkung oder als Ausgestaltung zu qualifizieren ist, weil es bei dem mehrpoligen Verhältnis nicht nur um den freiheiteinschränkenden Aspekt bzw. Schutz von Freiheit gegenüber dem Staat, sondern auch um die Ausgestaltung von Freiheit in den gesellschaftlichen Verhältnissen geht. Bei *Hoffmann-Riem* enthalten die Grundrechte noch die objektiv-rechtlichen Schutzaufträge zur Sicherung realer Freiheit.[594]

---

592 Vgl. *W. Hoffmann-Riem*, Das Recht des Gewährleistungsstaates, in: *G. F. Schuppert* (Hrsg.), Der Gewährleistungsstaat - Ein Leitbild auf dem Prüfstand, S. 89 (93).

593 Statt vieler, *K. Hesse*, Grundzüge des Verfassungsrechts der Bundesrepublik Deutschland, Rn. 288 ff.

594 *W. Hoffmann-Riem*, Enge oder weite Gewährleistung der Grundrechte?, in: *M. Bäuerle* (Hrsg.), Haben wir wirklich Recht?, S. 53 (56).

Die grundrechtliche Freiheitsverwirklichung wird unter der wachsenden Bedeutung angesichts der Umwandlung der Aufgaben des Staates dahingehend verstanden, die Voraussetzungen grundrechtlicher Freiheit herzustellen und zu gewährleisten.[595] Nach diesem Verständnis der Grundrechte als Elemente objektiver Ordnung geht es bei der heutigen Grundrechtsdogmatik nicht mehr nur um den Schutz von Freiheit gegenüber dem Staat, sondern umfassender um die Gewährleistung von Freiheit in Staat und Gesellschaft.[596] Das heißt, der Gewährleistungsgehalt grundrechtlicher Freiheit wird sowohl durch die Schrankensetzung als auch durch die rechtliche Ausgestaltung bzw. die normgeprägten Grundrechte, gebildet.[597] Da Beschränkung und Ausgestaltung aber tatsächlich nur dogmatische Hülsen bilden, die mit unterschiedlichem Inhalt gefüllt werden,[598] sollten die Grundrechte nicht nur auf die klassischen Funktionen beschränkt werden, sondern auch Orientierungshilfe bei der Rechtsgestaltung und Rechtsinterpretation, richten.[599] *Hoffmann-Riem* geht von einer Umstellung des Begriffs „Schutzbereich" aus, der bislang auf dem Leitbild des Staates als Subjekt des Eingriffs oder der Leistungserbringung basiert hat, und bietet den des „Gewährleistungsgehalts" als Ersatz an.[600] Der grundrechtliche „Gewährleistungsgehalt" sei durch die Interpretation bzw. durch die Grundrechtskonkretisierung zu bestimmen und die normative Orientierung des grundrechtlichen Gewährleistungsgehalts sei zunächst auf die Interpretation der Grundrechte gerichtet, und damit auf die umfassender Gewährung von Schutz, Leistung, sowie auf die Vorsorge für die Möglichkeit des Freiheitsgebrauchs.[601]

Ferner ist das Programm für die Erreichung der Gemeinwohlziele im Gewährleistungsgehalt der Grundrechte enthalten: nämlich, dass mit Hilfe des frei-

---

595 Vgl. *K. Hesse*, Grundzüge des Verfassungsrechts der Bundesrepublik Deutschland, Rn. 298.

596 Vgl. *W. Hoffmann-Riem*, Grundrechtsanwendung unter Rationalitätsanspruch, Der Staat 43 (2004), S. 203 (226).; *ders.*, Enge oder weite Gewährleistung der Grundrechte?, in: *M. Bäuerle* (Hrsg.), Haben wir wirklich Recht?, S. 53 (57).

597 Vgl. *W. Hoffmann-Riem*, Enge oder weite Gewährleistung der Grundrechte?, in: *M. Bäuerle* (Hrsg.), Haben wir wirklich Recht?, S. 53 (58).; *ders.*, Gesetz und Gesetzvorbehalt im Umbruch, AöR 130 (2005), S. 5 (10.).

598 Vgl. *J. Hecker*, Marktoptimierende Wirtschaftsaufsicht, S. 207.

599 Vgl. *W. Hoffmann-Riem*, Modernisierung von Recht und Justiz, S. 185.

600 Dazu näher, *W. Hoffmann-Riem*, Grundrechtsanwendung unter Rationalitätsanspruch, Der Staat 43 (2004), S. 203 ff.; *ders.*, Enge oder weite Gewährleistung der Grundrechte?, in: *M. Bäuerle* (Hrsg.), Haben wir wirklich Recht?, S. 53 ff.; auch, *B. Rusteberg*, Der grundrechtliche Gewährleistungsgehalt, S. 93 ff.

601 Vgl. *W. Hoffmann-Riem*, Enge oder weite Gewährleistung der Grundrechte?, in: *M. Bäuerle* (Hrsg.), Haben wir wirklich Recht?, S. 53 (59, 61 und 72 f.).

heitausgestaltenden Handelns des Staates die gesellschaftliche Problemlösung, die aus der staatlichen Verantwortung in den gesellschaftlichen Sektor übertragen worden ist, gewährleistet wird. Statt seiner eigenhändigen Aufgabenerbringungen kann der (Gewährleistungs-) Staat durch die Rahmensetzung, die Aufstellung von Spiegelregeln und Auffangkonzepten sicherstellen, dass die gesellschaftliche Problembewältigung allen geschützten Interessen gerecht wird und zugleich möglichst individual- und gemeinwohlverträglich erfolgt.[602] Die Gemeinwohlverwirklichung durch Private, nämlich im Wege des Freiheitsgebrauchs, wurde unter den Schlagworten „Liberalisierung, Deregulierung und Privatisierung“ eingeleitet. Dem Staat ist die Aufgabe übertragen, als „Rahmensetzer und Regulierer“[603] im mehrpoligen Verhältnis die reale Freiheitsverwirklichung zu gewährleisten. Vor allem soll der Grundrechtsschutz dort gesichert werden, wo das private Handeln das des ursprünglich grundrechtsverpflichteten Staates ersetzt.[604] Diese Gewährleistungsaufgabe des Staates zielt darauf ab, dass die Ergebnisse des Freiheitsgebrauchs zum Gemeinwohl beitragen. In dem Maße, wie die öffentliche Aufgaben weiter auf Private übertragen und dabei gesellschaftliche Selbstregulierungspotentiale akzentuiert werden, steigen die staatlichen Gewährleistungsaufgaben und seine „Regulierungsverantwortung“. Diese Entwicklung der Grundrechtsdogmatik hin zum grundrechtlichen Gewährleistungshalt bietet den staatstheoretischen Konzepten auch unterstützende normative Argumente an.

(3) Verbindung mit den dogmatischen und staatstheoretischen Konzepten

Bereits *E. Forsthoff* hat mit seinem Begriff der „Daseinsvorsorge“ versucht, den soziologischen Ansatz und die juristische Dogmatik zu verknüpfen und damit der traditionellen Verwaltungsrechtsdogmatik die aufgabenbezogene Perspektive und die teleologische Auslegung anzubieten.[605] Zwar hat seine Methode nicht im Widerspruch zu der juristischen Methode gestanden, jedoch wollte

---

602 *W. Hoffmann-Riem*, Enge oder weite Gewährleistung der Grundrechte?, in: *M. Bäuerle* (Hrsg.), Haben wir wirklich Recht?, S. 53 (60).; *ders.*, Grundrechtsanwendung unter Rationalitätsanspruch, Der Staat 43 (2004), S. 203 (227 f.).

603 Vgl. *G. F. Schuppert*, Der Gewährleistungsstaat - modisches Label oder Leitbild sich wandelnder Staatlichkeit?, in: *ders.* (Hrsg.), Der Gewährleistungsstaat - Ein Leitbild auf dem Prüfstand, S. 11 (18).

604 Vgl. *B. Rusteberg*, Der grundrechtliche Gewährleistungsgehalt, S. 95.

605 Vgl. *E. Schmidt-Aßmann*, Das allgemeine Verwaltungsrecht als Ordnungsidee, 3. Kap., Rn. 99.

Forsthoff gesellschaftliche Wirklichkeit in ihrer normativen Verfasstheit auf den Begriff bringen.[606] In der Folge der Rezeption gesellschaftlicher Forderungen wurde die Leistungsidee in die Verwaltungsrechtsdogmatik eingezogen und die Bedeutung der aufgabenbezogenen Perspektive hat, insbesondere in Bezug auf die Verwaltungsaufgabe, an Gewicht gewonnen. In dem Maße, wie sich die Verwaltungsaufgaben in den verschiedenen einfachrechtlichen Gebieten weiter ausgedehnt haben, reagiert die Verwaltungswissenschaft auf die gesellschaftlichen Veränderungen.

Die quantitative Ausdehnung der Aufgaben führt zur qualitativen Veränderung des Modells der Aufgabenwahrnehmung, das auch zur Rechtsentwicklung führt. Die Diagnostik und Kritik zur Krise des Sozialstaates, die mit Stichworten wie „Überlegalisierung", „Verrechtlichung" und „Regulatorisches Trilemma" pointiert wurde, bringen das Leitbild des Gewährleistungsstaates hervor. Die staatlichen Handlungsstrategien in der „neuen" Aufgabenlagen und den neuen Aufgabenwahrnehmungsmodi werden durch diese Vorstellung beschrieben. Noch weiter wird dies erreicht mit Hilfe der Entwicklung der Grundrechtsdogmatik auf normativer Ebene. Die Entwicklung der Grundrechtsdogmatik ermöglicht die Gewährleistung der Grundrechte im multipolaren Verhältnis und die Aufnahme verschiedener Perspektiven im Zuge der Grundrechtskonkretisierung. Dies trägt zur Erklärung der staatlichen Gewährleistungsverantwortung im Prozess arbeitsteiliger Gemeinwohlverwirklichung bei. Nach dieser grundrechtsdogmatischen Entfaltung wird die vielfältige Differenzierung staatlicher Aufgaben beschleunigt und daraus ergeben sich neue Modi der Aufgabenwahrnehmung. Bei der heutigen Verwaltungsentwicklung geht es nicht nur um die Forderung einer punktuellen Ordnung zur Gefahrabwehr oder die Tätigkeit zur sozialen Leistungserbringung und -umverteilung,[607] sondern darum, die gemeinwohlverträglichen Aspekte privater Aktivität positiv zu erfassen und lenkend zu nutzen.[608] Um die gesellschaftlichen Kräfte angemessen zu erfassen und die Strukturen für die gesellschaftliche Aufgabenerfüllung vorzubereiten, ist es notwendig, dass das Verwaltungsrecht die gesellschaftlichen Anforderungen fortwährend berücksichtigt und normativ aufnimmt. Die Voraussetzung der Ge-

---

606 Vgl. *C. Bumke*, Die Entwicklung der verwaltungsrechtswissenschaftlichen Methodik in der Bundesrepublik Deutschland, in: *Schmidt-Aßmann/Hoffmann-Riem* (Hrsg.), Methoden der Verwaltungsrechtswissenschaft, S. 73 (93).

607 Vgl. *H. Schulze-Fielitz*, Grundmodi der Aufgabenwahrnehmung, in: *Hoffmann-Riem/Schmidt-Aßmann/Voßkuhle*(Hrsg.), GVwR I, § 12, Rn. 18.

608 Vgl. *J. Masing*, Der Rechtsstatus des Einzelnen im Verwaltungsrecht, in: *Hoffmann-Riem/Schmidt-Aßmann/Voßkuhle*(Hrsg.), GVwR I, § 7, Rn. 30.

währleistungsverwaltung, nämlich die Gewährleistungsverantwortung, ergibt sich aus die Verknüpfung und Interaktion zwischen normativer Rechtsdogmatik und heuristischen, interdisziplinären Faktoren, wie etwa ökonomische, politische, soziologische und technische Ansätze. Im Zuge der jeweiligen Problembewältigungen durch die Gewährleistungsverwaltung sollen die gesellschaftlichen - politischen, sozialen oder technischen - Anforderungen nicht bloß berücksichtigt, sondern auf die prozedurale Rationalität im Zusammenspiel von unterschiedlichen Akteuren gerichtet werden. Die Gewährleistungsverwaltung zielt daher vor allem auf die Bildung und Sicherung von Strukturen aufgrund der „Prozeduralisierung des Rechts" ab,[609] und beansprucht die geeigneten Handlungen und Instrumente der Verwaltung, die für die Prozeduralisierung eingesetzt werden.

Das grundlegende Konzept der Gewährleistungsverwaltung für die Aufgabenwahrnehmung und Problembewältigung liegt in der Kombination und Interaktion verschiedener Erkenntnisse. Unter Heranziehung nachbarwissenschaftlicher Erkenntnis werden die administrativen Handlungen bzw. die Rechtspraxis auf ihre Eignung zur Problemlösung reflektiert und überprüft.[610] Darauf beruht eine typische Handlungsstrategie in der Gewährleistungsverwaltung: die „regulierte Selbstregulierung".

(4) Grundversorgung in der Gewährleistungsverwaltung

Die Sicherstellung der Grundversorgung als Mindeststandard steht zwar im Zentrum der Aufgaben von Gewährleistungsverwaltung,[611] ist aber nicht immer mit der Gewährleistungsverwaltung selbst gleichzusetzen. Die Grundlinie und Tragweite der Gewährleistungsverwaltung geht über die Sicherstellung der Grundversorgung hinaus,[612] und reicht bis zur Gestaltung und Bereitstellung ge-

---

609 Dazu näher, *R. Wiethölter*, Materialization and Proceduralization in Modern Law, in: Teubner (ed.), Dilemmas of Law in the Welfare State, S. 221 ff.; *B. Wollenschläger*, Wissensgenerierung im Verfahren, S. 180 ff.; Aus rechtsvergleichender Sicht, *D. Wolfram*, Prozeduralisierung des Verwaltungsrechts, passim.

610 Vgl. *M. Eifert*, Das Verwaltungsrecht zwischen klassischem dogmatischen Verständnis und steuerungswissenschaftlichem Anspruch, VVDStRL 67 (2008), S. 286 (299).

611 Vgl. *G. F. Schuppert*, Das Konzept der regulierten Selbstregulierung als Bestandteil einer als Regelungswissenschaft verstandenen Rechtswissenschaft, DV Beiheft 4, S. 201 (220).

612 Dagegen, *H.-C. Röhl*, Soll das Recht der Regulierungsverwaltung übergreifend geregelt werden?, JZ 2006, S. 831 (833).; *K. Waechter*, Verwaltungsrecht im Gewährleistungsstaat, S. 7.; *J. Kühling*, Sektorspezifische Regulierung in den Netzwirtschaften, S. 466,

sellschaftlicher Prozesse für die arbeitsteilige Gemeinwohlverwirklichung. Als Beispiel hierfür sei die Herstellung und Förderung der Wettbewerbsstruktur im Markt genannt. Falls diese Grundidee durch den Titel des „Regulierungsverwaltungsrechts" aus der Gewährleistungsverwaltung abgespalten wird und sich damit das Gewährleistungsverwaltungsrecht nur auf die Grundversorgung beschränkt, könnte der Begriff der „Regulierung" wieder zur Beschreibung der Gesamtheit des Verwaltungshandelns rückkehren. Unter den aufgabenspezifischen Wahrnehmungsmodalitäten darf die Gewährleistungsverwaltung gesprochen werden und die staatlichen Aktivitäten in der Gewährleistungsverwaltung sind Handeln unter Nutzung unterschiedlicher Erscheinungen und Instrumentenkombinationen.[613] „Diese Aktivität wird häufig als Regulierung bezeichnet".[614] Folgt man der Meinung, die Regulierung als eine Erscheinungsform der Gewährleistungsverwaltung sieht, ließe sich die Regulierung in der Entwicklungsphase der Verwaltungsrechtsdogmatik erfassen, insbesondere der Mix der herkömmlichen Formen des Verwaltungshandelns unter dem Namen „Regulierung" angemessen erklären. Verstünde man unter Regulierung selbst einen „Rezeptor" aller Umwandlungen im Verwaltungsrecht und beschränkte man die Gewährleistung nur auf den Bereich der Versorgung, würde die Frage des heterogenen Regulierungsmittels nicht bewältigt.

(5) Fazit

Die Verwaltungstypen dienen dazu, das theoretische, ideologische Staatsbild normativ zu konkretisieren. Obwohl das Grundgesetz vielfach das Wort „Gewährleistung" anspricht, wird der Begriff des Gewährleistungsstaates daraus nicht unmittelbar abgeleitet. Es ergibt sich kein allgemeingültiger Maßstab für die Annahme des Leitbildes. Schließlich, beschreibt der „Gewährleistungsstaat" das Gesamtkonzept der veränderten Rolle des Staates für das Gemeinwohl[615] und sollte durch die Gewährleistungsverwaltung praktiziert werden. Die zentrale Aufgaben der Gewährleistungsverwaltung bestehen darin, erstens, die

---

590 ff.; *T. Attendorn*, Regulierte Selbstregulierung: Gibt es das in der telekommunikationsrechtlichen Zugangsregulierung?, DÖV 61 (2008), S. 715 (718).

613 Dazu näher, *E. Schmidt-Aßmann*, Das allgemeine Verwaltungsrecht als Ordnungsidee, 4. Kap., Rn. 41 ff., 5. Kap., Rn. 8.

614 Vgl. Vgl. *W. Hoffmann-Riem*, Das Recht des Gewährleistungsstaates, in: *G. F. Schuppert* (Hrsg.), Der Gewährleistungsstaat - Ein Leitbild auf dem Prüfstand, S. 89 (91).

615 Auch, *M. Eifert*, Grundversorgung mit Telekommunikationsleistungen im Gewährleistungsstaat, S. 18 ff., 21.

Ziele und Verfahren für die arbeitsteilige Gemeinwohlverwirklichung festzulegen, zweitens, die steuernden Maßnahmen einzurahmen und, drittens, die Erfüllungsfolge in dem Mindestmaß sicherzustellen, in dem der Staat selbst zu erfüllen hätte.

Aufgrund der Gewährleistungsverantwortung des Staates ermöglicht die Gewährleistungsverwaltung die Nutzung gesellschaftlicher bzw. privater Aktivitäten für die Förderung öffentlicher Zwecke.[616] Aus vielfältigen Gründen ist es aber schon erwiesen, dass das Aufgabenverständnis des Gewährleistungsstaates nicht die private Aufgabenerbringung für das Gemeinwohl sich selbst überlässt. Die Frage nach Art und Weise, wie der Staat seine Aufgaben wahrnehmen soll und inwieweit der Staat rechtlich verpflichtet ist, für die Aufgabenwahrnehmung und die Befähigung zur Problemlösung zu sorgen, gehört aber zu der normativen Dimension.[617] Um eine normative Erklärung zu bringen, zieht die Gewährleistungsverwaltung die bestehende Rechtsdogmatik heran. Zwar beziehen sich die Ansätze der Gewährleistungsverwaltung auf die Reaktion auf gesellschaftliche Veränderung, sollen jedoch die bisherige Logik des Verwaltungsrechtssystems beinhalten. „Der Gewährleistungsstaat wird sich nicht nur durch, sondern auch im Recht zu bewähren haben".[618] Die Entfaltung zur Gewährleistungsverwaltung indiziert die Modellvielfalt des Rechts, welche von Formalsierung über die Materialsierung bis hin zur Prozeduralisierung des Rechts reicht.[619]

Die Gewährleistungsverwaltung übernimmt die Verhaltenssteuerung der Akteure durch Rahmensetzung und Strukturbildung. Dabei handelt es sich eher um die Bereitstellung von Struktur, Mechanismus und Möglichkeit für die Erreichung der gemeinwohlverträglichen Ziele („enabling" statt „providing"),[620] als um eine Tätigkeit selbst. Das Gewährleistungsverwaltungsrecht beinhaltet einen Prospekt und Abriss dieser Strukturen, die Darstellung des Verhältnisses zwischen den Akteuren und das reflektierende Verfahren für die Problembewältigung.

---

616 Vgl. *E. Schmidt-Aßmann*, Das allgemeine Verwaltungsrecht als Ordnungsidee, 3. Kap. Rn. 114.

617 Vgl. *W. Hoffmann-Riem*, Das Recht des Gewährleistungsstaates, in: *G. F. Schuppert* (Hrsg.), Der Gewährleistungsstaat - Ein Leitbild auf dem Prüfstand, S. 89 (91).

618 *C. Franzius*, Vom Gewährleistungsstaat zum Gewährleistungsrecht, in: *G. F. Schuppert* (Hrsg.), Der Gewährleistungsstaat - Ein Leitbild auf dem Prüfstand, S. 53 (61).

619 Dazu näher, *C. Franzius*, Gewährleistung im Recht, S. 405 ff.

620 Vgl. *W. Hoffmann-Riem*, Tendenzen in der Verwaltungsrechtsentwicklung, DÖV 1997, S. 433 (441).

2. Regulierung als Erscheinungsform der Gewährleistungsverwaltung

(1) Regulierung im Verwaltungsrechtssystem

Früher wurde die Regulierung im (deutschen) Verwaltungsrecht umfassend verstanden, wie Bürokratisierung,[621] oder beanspruchte ausnahmsweise Geltung, um materielle Lücken zu ergänzen.[622] Mit Hilfe der traditionellen „juristischen Methode" in der Verwaltungswissenschaft wird die im heutigen Recht vorgeschriebene Regulierung über diese vorkonstitutionelle Vorstellung hinausgeführt. In Zusammenhang mit der Debatte um die Methodenlehre des Verwaltungsrechts kann man die sinnvollen Elemente der „juristischen Methode" für die Regulierung entnehmen: Systematisierung und formelle Legalität. Mit der formellen Legalität wird die Verwaltung öffentlich-rechtlichen Bindungen, wie Gesetzmäßigkeit der Verwaltung, Vorbehalt des Gesetzes und Vorrang des Gesetzes, unterworfen. Damit kann dem formellen Rechtsstaatsprinzip entsprochen und ein Beitrag zur Systematisierung geleistet werden. Die Systematisierung ist eine traditionelle und fortwährende Tendenz in der verwaltungsrechtswissenschaftlichen Entwicklung in Deutschland.[623] Vor einem nur politisch-historischen Hintergrund kann die Regulierung nicht an dieser Tendenz anknüpfen. Die US-amerikanische „economic regulation", die als geschichtliche Herkunft der „Regulierung" angesehen wird, hat kaum die Notwendigkeit einer Systembildung.[624] Hier findet sich erst ein grundlegender Unterschied.

Unter dem Blickwinkel der juristischen Methode ist die „Regulierung" aber auch gewissermaßen systemfremd. Nicht nur wegen des deregulativen Ethos

---

621 Vgl. *W. Möschel*, Privatisierung, Deregulierung und Wettbewerbsaufsicht, JZ 1988, S. 885 (890).

622 Vgl. *Wolff/Bachof/Stober/Kluth* (Hrsg.), Verwaltungsrecht, Bd. I. § 9, Rn. 3 ff.

623 Vgl. *W. Meyer-Hesemann*, Methodenwandel in der Verwaltungsrechtswissenschaft, S. 28.; *F. Schoch*, Gemeinsamkeit und Unterschiede von Verwaltungsrechtslehre und Staatsrechtslehre, DV Beiheft 7 (2007), S. 177 (191).; *Wolff/Bachof/Stober/Kluth* (Hrsg.), Verwaltungsrecht I, S. 17 f.; *E. Schmidt-Aßmann*, Das allgemeine Verwaltungsrecht als Ordnungsidee, 1. Kap. Rn. 1 ff.; *M. Eifert*, Das Verwaltungsrecht zwischen klassischem dogmatischen Verständnis und steuerungswissenschaftlichem Anspruch, VVDStRL 67 (2008), S. 286 ff.

624 Vielmehr hat die Systematisierung „eine bedrohliche Konnotation in den USA". vgl. *O. Lepsius*, Was kann die deutsche Staatsrechtslehre von der amerikanischen Rechtswissenschaft lernen?, DV Beiheft 7 (2007), S. 319 (327).

vom liberalen Rechtsstaat,[625] sondern auch wegen der normativ-konstruktiven Begriffs- und der Systembildung,[626] ist die Regulierung in der deutschen Verwaltungswissenschaft nicht einfach fassbar. Vor allem lässt sich die Regulierung der Formenlehre, als dem Kern des administrativen Handlungssystems gerade nicht zuordnen.[627] Das heißt, die Regulierung scheint aus Sicht der juristischen Methode als Handlungsform unklar und unsystematisch, weil sie in einer Ordnung von typisierten Handlungsformen nicht zu erfassen ist.[628] Diese Fremdheit dauert bis zu den heutigen Rechtsinstituten fort. Viele Regulierungsinstrumente lassen sich nicht in die klassischen Kategorien der Ordnungs- und Leistungsverwaltung sowie der planenden Verwaltung einordnen. Wegen der „gewissen Heterogenität" der Regulierungsmittel[629] stellt sich die wichtige Frage gestellt, ob durch die heutige Regulierung „zum Teil neue Handlungsformen geschaffen wird, oder Anwendungsfelder alter Handlungsformen verändert wird."[630]

Wegen ihrer systematischen Unklarheit und Umfanglosigkeit erscheint die Regulierung als Fremdkörper im deutschen Recht. Die unspezifischen Formen der Regulierung wurden im Zuge der Systematisierung durch die juristische Methode ausformuliert oder beseitigt. Trotz der verbreiteten Verwendung dieses Begriffs in anderen wissenschaftlichen Gebieten wie der Wirtschafts- und Politikwissenschaft, wird der Begriff „Regulierung" in der Rechtswissenschaft deshalb begrenzt verwandt.[631] Als Rechtsbegriff enthält daher die Regulierung

---

625 Auch, *R. Schröder*, Verwaltungsrechtsdogmatik im Wandel, S. 30.

626 Unter diesem Blickwinkel betrachtet der Begriff „Systematik" und „Dogmatik" als Verwandtbegriff. Dazu, vgl. *E. Schmidt-Aßmann*, Das allgemeine Verwaltungsrecht als Ordnungsidee, 1. Kap., Rn. 3.; Dagegen, Lege, Diskussionsbeitrag, VVDStRL 67 (2008) S. 334 (344).

627 Vgl. *E. Schmidt-Aßmann*, Das allgemeine Verwaltungsrecht als Ordnungsidee, 6. Kap., Rn. 32 ff., 72.; *R. Schröder*, Verwaltungsrechtsdogmatik im Wandel, S. 35.; *W. Hoffmann-Riem*, Rechtsformen, Handlungsformen, Bewirkungsformen, in: *ders./Schmidt-Aßmann/Voßkuhle* (Hrsg.), Grundlagen des Verwaltungsrechts, Bd. II., § 33, Rn. 1.

628 Vgl. *M. Eifert*, Das Verwaltungsrecht zwischen klassischem dogmatischen Verständnis und steuerungswissenschaftlichem Anspruch, VVDStRL 67 (2008), S. 286 (290).

629 Vgl. *M. Ruffert*, Regulierung im System des Verwaltungsrechts - Grundstrukturen des Privatisierungsfolgenrechts der Post und Telekommunikation, AöR 124 (1999), S. 237 (244).

630 Vgl. *W. Hoffmann-Riem*, Rechtsformen, Handlungsformen, Bewirkungsformen, in: *ders./Schmidt-Aßmann/Voßkuhle* (Hrsg.), Grundlagen des Verwaltungsrechts, Bd. II., § 33, Rn. 14 f., 54.

631 Vgl. *G. Majone*, Deregulation or Re-regulation, S. 1 ff.; *H. J. Kleinsteuber*, Regulierung und politisch-ökonomisch Kultur der USA, in: *Thiemeyer/Böhret/Himmelmann* (Hrsg.), Öffentliche Bindung von Unternehmen, S. 175 ff.

noch keinen allgemein anerkannten Tatbestand. Der Begriff der Regulierung ist folglich besonders auf die Konkretisierung angewiesen.[632]

Der Begriff des „regulativen Rechts" im Sozialstaat spielt jedoch auch keine entscheidende Rolle für die Konkretisierung hin zum rechtlichen Regulierungsbegriff. Während dem Vordringen des Staates und der aktiven Steuerung des Leistungsverwaltungsrechts, wurde der Begriff oder die Erscheinungsformen der „Regulierung" aber als ein nicht-juristischer Begriff oder eine staatliche umfassende Interventionserscheinung angesehen. Das „regulative" Recht ist ein rechtstheoretischer Inbegriff, der alle Interventionen in der Gesellschaft und die Steuerung durch das Recht im sozialen Rechtsstaat einschließt. Der Versuch, allein aufgrund des „regulativen Rechts" die Regulierung zu erklären oder zu konkretisieren, führt nur zum quantitativen Zirkelschluss: Regulierung - Deregulierung - und „Re-Regulierung". Unter diesem Blickwinkel wäre die Regulierung mit anderen Begriffen wie Steuerung, Intervention und (insbesondere) Recht an sich gleichzusetzen. Betrachtet man die Regulierung unter der hier vorgeschlagenen Bedeutung des „regulativen Rechts", dann sollten von der Regulierung schließlich alle Rechtsordnungen und -formen umfasst werden, ähnlich wie bei der US-amerikanischen „regulation". Diese Vorstellung läuft der tradierten (deutschen) Verwaltungsrechtsdogmatik völlig zuwider. Die heutige Regulierung als Rechtsinstitution oder Erscheinungsform kann nicht direkt mit dem Terminus des „regulativen Rechts" oder dem „der sozialen Gesetzlichkeit" gleichgesetzt werden.

Während die Ordnungsverwaltung und die Leistungsverwaltung als die zwei großen Säulen des Verwaltungsrechtssystems angesehen wurden, blieb die „Regulierung" dabei gewissermaßen außen vor. Hier bedarf es der dritten Säule im System der Verwaltungstypen, der Gewährleistungsverwaltung. Soweit die Gewährleistungsverwaltung als eine normativ-strukturelle bzw. rechtsdogmatische Entwicklung verstanden wird, kann und soll die Regulierung nicht mit dem Verwaltungsrecht an sich gleichgesetzt werden.

Es ist aber nicht zu übersehen, dass das US-amerikanische Verwaltungsrechtssystem und sein Handeln an einer bestimmten Stelle ansetzen. Aufgrund der Geschichte des US-amerikanischen „common law" wird das Verwaltungshandeln an sich mit der „regulation" gleichgesetzt, diese Gleichsetzung wird aber nicht durch die rechtsdogmatische Systematisierung unterfüttert. Die De-

---

632 Vgl. *A. Voßkuhle*, Schlüsselbegriff der Verwaltungsreform, VerwArch 92 (2001), S. 184 (196).

batte, ob das Wort der „Regulierung“ benutzt werden muss und ob die Regulierung mit dem Verwaltungsrechts gleichgesetzt werden muss, geht nur von der Vergleichung mit der „economic regulation“ aus, weil die „Regulierung“ ein Importbegriff ist. Extrem gesagt, wenn die Gewährleistungsverwaltung als eine eigene Entwicklungsrichtung (in der deutschen Verwaltungsrechtswissenschaft) vorausgesetzt wird, besteht keine Notwendigkeit, den Wortlaut der „Regulierung“ als eine neue Rechtsinstitution oder Erscheinungsform der Gewährleistungsverwaltung zu benutzen. Sicher besteht zwar eine Ähnlichkeit zwischen Regulierung und „economic regulation“, insbesondere angesichts der in allen modernen Gesellschaften zu beobachtenden wachsenden Instrumentenvielfalt und -mischung.[633] Diese Ähnlichkeit liegt jedoch in der parallelen Tendenz zu einem universell gewordenen Sozialbewusstsein. Wenn man die Regulierung nur unter diesem sozialwissenschaftlichen Gesichtspunkt - entsprechend dem US-amerikanischen Verständnis von „regulation“ - als jegliche staatliche Einflussnahme auf die Gesellschaft erfasst und die Regulierung als Steuerung durch Recht identifiziert, wird sie als eine sinnlose rechtliche Kategorie.[634] Im Entwicklungsmodell der deutschen Verwaltung hin zur Gewährleistungsverwaltung und der Formenlehre kann die Vorstellung der „economic regulation“ nicht völlig übernommen und ferner mit der Verwaltungsrechtsdogmatik nicht getauscht werden.

Vielmehr geht es darum, wie der Begriff der Regulierung in der Verwaltungsrechtsdogmatik erklärt und erfolgreich angesiedelt werden kann. Der Gegensatz von Regulierung (sog. Deregulierung) als ein theoretisches, soziales und politisches Stichwort betrachtet als die „Delegalisierung“ oder „Entrechtlichung betrachtet, die sich auf die gesamte abstrakte Normebene bezieht.[635] Die Ebene der Diskussion um die Regulierung als Rechtsinstitution sollte davon mindestens unterschieden werden. Diese Umwandlung auf der rechtstheoretischen Ebene muss auf der allgemeinen rechtswissenschaftlichen Ebene behandelt werden. Seit der Vorstellung von *Otto Mayer* liegen die Sinne und Funktion der Trennung von allgemeinem und besonderem Verwaltungsrecht immer noch darin, dass die dogmatische Systematisierung und Entwicklung durch die Erfas-

---

633 Vgl. *M. Eifert*, Regulierungsstrategien, in: *Hoffmann-Riem/Schmidt-Aßmann/Voßkuhle* (Hrsg.), Grundlagen des Verwaltungsrechts, Bd. I, § 19, Rn. 2.

634 Vgl. *M. Fehling*, Regulierung als Staatsaufgabe im Gewährleistungsstaat Deutschland - Zu den Konturen eines Regulierungsverwaltungsrechts, in: *H. Hill* (Hrsg.), Die Zukunft des öffentlichen Sektors, S. 91 (93).

635 Als ein Gegensatz der Deregulierung im weiteren, allgemeinen Sinne. Siehe oben, C III 2 (2).

sung und Verklammerung vielfältiger Verwaltungswirklichkeiten sowie ihre Stabilisierung verwirklicht werden.[636] Trotz der Wechselbeziehung des allgemeinen und des besonderen Verwaltungsrechts, müssen beide Ebenen voneinander unterschieden werden, anderenfalls würden die Funktionen der Allgemeinheit als Rechtsgrundlage und Lieferant von Anregungen für die Bildung allgemeiner Dogmen miteinander vermengt und sie würde schließlich beide Funktionen verlieren.[637] Angesichts einzelner Rechtsphänomene, wie Deregulierung, Privatisierung, Ökonomisierung, Europäisierung und Globalisierung, hat die Verwaltungsrechtswissenschaft mehrere Leitideen gefunden, zusammengefasst, erkannt und (dadurch) ihre Spektren erweitert. Daraus ergibt sich ein neues Staatsbild: der Gewährleistungsstaat. Zwar dient die Regulierung musterhaft der Bildung eines „Fundus von Normmaterial"[638] für die Allgemeinheit, aber als Rechtsinstitution ist sie nicht mit der Bildung einer allgemeinen Dogmatik selbst gleichzusetzen. Führte man die Debatte um die Regulierung ohne diese grundlegende Begrenzung und Unterscheidung weiter, würde sie zu einem verzettelten Diskurs.

Der Unterschied zwischen der Regulierung als Erscheinungsform der Gewährleistungsverwaltung und der Regulierung als rechtstheoretischer Inbegriff, der denen der Liberalisierung und der Folge der allgemeinen Deregulierung[639] entspricht, muss in der Verwaltungsrechtsdogmatik herausgearbeitet werden. Ungeachtet ist es nicht immer trennscharf, ist die Regulierung einerseits als Inbegriff und anderseits als Erscheinungsform der Gewährleistungsverwaltung zu verstehen. Die Begriffe der Regulierungsaufgabe, -verantwortung und -verwaltung werden mit dem jeweiligen Ausdruck der Gewährleistungsaufgabe, -verantwortung und -verwaltung parallel gesetzt. Und die Regulierungsskala bzw. die Regulierungsstrategie, nämlich: (hoheitliche) Regulierung, Selbstregulierung und regulierte Selbstregulierung, bilden das Pendant zur Regulierung als Modus der Gewährleistungsverwaltung. Im Folgenden ist daher die „Regulierung" als Erscheinungsform der Gewährleistungsverwaltung zu verstehen.

---

636 Vgl. *T. Groß*, Die Beziehung zwischen dem Allgemeinen und dem Besonderen Verwaltungsrecht, DV Beiheft 2 (1999), S. 57 (71 ff.).

637 Grundlegend, *T. Groß*, Die Beziehung zwischen dem Allgemeinen und dem Besonderen Verwaltungsrecht, DV Beiheft 2 (1999), S. 57 (74 ff).

638 Vgl. *T. Groß*, Die Beziehung zwischen dem Allgemeinen und dem Besonderen Verwaltungsrecht, DV Beiheft 2 (1999), S. 57 (75).

639 Siehe oben, 3.Kap. C III 2 (2) (b) und (c)

Das Projekt der dialektischen Entfaltung hin zur Gewährleistungsverwaltung und der Durchbruch der Regulierung liegen in der Entwicklungsphase der Rechtsdogmatik, insbesondere des Rechtsstaatsprinzips. Die rechtsdogmatische Strukturbildung der Regulierung bzw. Systematisierung der Regulierung im Verwaltungsrecht sollte von der Entwicklung zur Gewährleistungsverwaltung ausgehen. Das Konzept der Regulierung scheint zwar etwas „Neues" zu sein, wird jedoch zum Teil durch die Umwandlung und teilweise durch die Fortwährung der tradierten Dogmatik normativ greifbar.[640] Unter diesem Blickwinkel sollen der Begriff und das Konzept der Gewährleistungsverwaltung im Modell des Rechtsstaatsprinzips wurzeln, um die eigene Systematik der Verwaltungsrechtswissenschaft zu erhalten.

(2) Skala der Regulierung

Versteht man die Regulierung als eine Erscheinungsform der Gewährleistungsverwaltung, wird kein endgültiger Ansatz für die Klärung der Eigenschaft der umfassenden Anwendungsfelder der Regulierung angeboten. Es scheint, als ob die Regulierung die bestehenden Handlungsformen unterschiedlicher Verwaltungstypen umfasst. Das Aufgabenverständnis in der Gewährleistungsverwaltung zeigt, dass die staatliche Maßnahmen in Zusammenhang mit der Aufgabenwahrnehmung nicht immer durch die Zuordnung zu den tradierten Handlungsformen erfassbar sind, die eher auf der rechtsaktbezogenen Perspektive basiert haben. Je mehr Gewicht aber die aufgabenbezogene Perspektive gewinnt, desto mehr Erkenntnisse werden über die Strukturen bei den Maßnahmen zur Aufgabenverwirklichung gewonnen. Da die überkommenen Verwaltungstypen nicht zur optimierenden Strukturbildung und -steuerung passen, bedarf es einer „neuen" Handlungsstrategie, die bisher noch nicht durchwegs klar ist. Daher betont die Gewährleistungsverwaltung „das Zusammenspiel unterschiedlicher Maßnahmen".[641] Der Begriff „Regulierung" repräsentiert nicht bloß den umfassenden Ersatz tradierter Maßnahmen. Im Bereich der typischen Aufgabenwahrnehmung in der Gewährleistungsverwaltung, wo nämlich die veränderte Rolle des Gewährleistungsstaates zum Tragen kommt, findet sich aber eine Kombination oder ein Mix der bestehenden Handlungsformen. In der Gewährleistungs-

640 Grundlegend, *E. Schmidt-Aßmann*, Zur Funktion des allgemeinen Verwaltungsrechts, DV 27 (1994), S. 137 (139 ff.).; *T. Groß*, Die Beziehung zwischen dem Allgemeinen und dem Besonderen Verwaltungsrecht, DV Beiheft 2 (1999), S. 57 (71).

641 Vgl. *W. Hoffmann-Riem*, Rechtsformen, Handlungsformen, Bewirkungsformen, in: *ders./Schmidt-Aßmann/Voßkuhle* (Hrsg.), GVwR II, § 33, Rn. 94.

verwaltung als dialektisches Projekt zur Entwicklung der Verwaltung sind die überkommenen Verwaltungstypen - Ordnungs-, Leistungsverwaltung und planende Verwaltung - nicht abgeschafft.

Unter dem Titel der Regulierung können darüber hinaus die verschiedenen Konzeptionen der Regulierung gesammelt werden.[642] Nachfolgend wird die Regulierung vor allem anhand der Regulierungsskala[643] - hoheitliche Regulierung, regulierte Selbstregulierung und (gesellschaftliche) Selbstregulierung - untersucht, die deutlich die Handlungsweise der Gewährleistungsverwaltung aufweisen.

(a) Hoheitliche Regulierung

Anknüpfend am Wortlaut der Regulierung, ist der Begriff „hoheitlich" orientiert an dem des „Hoheitsaktes". Der „Hoheitsakt" ist „ein staatlicher Akt auf öffentlich-rechtlicher Grundlage".[644] Da die hoheitliche Regulierung durch staatliche imperative oder leistende Maßnahmen geprägt ist, entspricht der Ausdruck der „hoheitlichen Regulierung" zunächst den Anwendungsbereichen der Ordnungs- und der Leistungsverwaltung. Die „genuin" hoheitliche Regulierung scheint sich dem direkten imperativen Eindringen und dem „regulativen Recht" anzunähern. Setzt man hier die hoheitliche Regulierung und die herkömmlichen Formen und Instrumente gleich, könnte der Begriff der Regulierung wieder unnötig, nicht-normativ werden, und schließlich das Synonym mit der ganzen Rechtsordnung oder als „ganz allgemein jeder Art der staatlichen Einflussnahme auf gesellschaftliche Prozesse" beschrieben werden.[645] Es bedarf daher einer Begrenzung der Wortnutzung „hoheitlicher Regulierung", die nur auf die mit den tradierten Formen nicht kategorisierten Bereiche begrenzt ist.

In der Ordnungs- und Leistungsverwaltung interveniert der Staat in die Gesellschaft mit staatlichen imperativen und direkten bzw. hoheitlichen Maßnahmen und verfolgt damit bestimmtes Ergebnis. Da die hoheitliche Regulierung

642 Vgl. *C. Berringer*, Regulierung als Erscheinungsform der Wirtschaftsaufsicht, S. 103.

643 Dazu näher, *W. Hoffmann-Riem*, Öffentliches Recht und Privatrecht als wechselseitige Auffangordnungen - Systematisierung und Entwicklungsperspektiven, in: *ders./Schmidt-Aßmann*, (Hrsg.), Öffentliches Recht und Privatrecht als wechselseitige Auffangordnungen, S. 261 (300 ff.).

644 *G. Manssen*, Privatrechtsgestaltung durch Hoheitsakt, S. 19.

645 Vgl. *J. Kühling*, Sektorspezifische Regulierung in den Netzwirtschaften, S. 11.

auf Gefahrenabwehr und die Erhaltung der Grundversorgung abzielt und dabei der staatlichen Erfüllungsverantwortung entspricht, spielt sie bei der Verfolgung des Ziels eine ähnliche Rolle, nämlich ein Versagen in der Gesellschaft im Vorhinein oder nachträglich zu korrigieren. Die Intention der hoheitlichen Regulierung als „Korrektor" beschränkt aber nicht bloß auf die lineare Ableitung eines bestimmten Ergebnisses aus dem folgenden Grund:

Die hoheitliche Regulierung geht über die herkömmlichen Formen und Instrumente hinaus bis hin zur Schaffung gesellschaftlicher Strukturelemente, wie etwa einer funktionsfähigen Wettbewerbsstruktur im Markt. Mit Hilfe der Marktregulierung interveniert der Staat durch die hoheitliche Regulierung im Markt, um das Marktversagen zu korrigieren. Aber die Funktion der Marktregulierung wird nicht nur auf die konkreten Sachprobleme des Marktversagens beschränkt, z. B. Abbau des Monopols oder Kontrolle des missbräuchlichen Verhaltens, sondern - mehr noch - auch auf die Ermöglichung und Sicherung der Marktstruktur selbst sowie Marktöffnung und Sicherung eines funktionsfähigen Wettbewerbs gerichtet.[646] Hoheitliche Regulierung setzt sich daher zum Ziel, gemeinwohlbezogenes Handeln, Leistungserbringung und Struktur zu fördern, zu ermöglichen, zu garantieren und sicherzustellen. Die Zielsetzung der Regulierung ergibt sich aus der Konkretisierung der einzelnen Grundrechte und Gewährleistungsaufgaben, und findet sich in den unterschiedlichen Zielbestimmungen im einzelgesetzlichen Recht wieder.[647] Die daraus abgeleitete Verwaltungsaufgabe wird als eine Aufgabe der hoheitlichen Regulierung betrachtet. Jedes Regulierungsmittel soll sich an seiner Zielsetzung in dem betreffenden Sektor und am jeweiligen Regulierungsanlass orientieren. In diesem Punkt unterscheidet sich die hoheitliche Regulierung grundlegend von bloß punktuellen Eingriffen in die Gesellschaft.[648] These 1: Die hoheitliche Regulierung ist nicht nur eine punktuelle, sondern eine strukturbezogene, zielerreichende Aktionsformel.

Aufgrund der verschiedenen gesellschaftlichen Anforderungen ist es auch unvermeidlich, Regulierungsbedürfnis und -niveau unterschiedlich zu bemessen.

---

646 Auch, *J. Kühling*, Sektorspezifische Regulierung in den Netzwirtschaften, S. 21 ff.

647 Statt vieler, § 2 TKG, §§ 1 und 2 Abs. 2 PostG, § 1 Abs. 2 EnWG. Dagegen besteht es keine ausdrückliche Zielbestimmung in der Hochschulregulierung. Vgl. *M. Fehling*, in: *ders./Ruffert* (Hrsg.), Regulierungsrecht, § 17, Rn. 5.

648 Vgl. *M. Fehling*, Regulierung als Staatsaufgabe im Gewährleistungsstaat Deutschland - Zu den Konturen eines Regulierungsverwaltungsrechts, in: *H. Hill* (Hrsg.), Die Zukunft des öffentlichen Sektors, S. 91 (97 f.).

Dies intendiert, dass je nach Sektor unterschiedliche Regulierungsverfügungen erforderlich sind, um das jeweilige Ziel der Regulierung zu erreichen. Daher ist es zu komplexeren, differenzierteren Handlungs- und Regelungsrelationen gekommen. Vom Blickpunkt der Handlungsrelation ausgesehen, wurden passende Rechts- und Handlungsformen der sog. „Regulierungsverwaltung" noch nicht gefunden, mit welchem diese Komplexität angemessen zu bewältigen wäre. In diesem Zustand nimmt die hoheitliche Regulierung die multidimensionalen Formen an, die aus vielfältigen herkömmlichen Formen und Instrumenten bestehen. Es findet sich daher „eine gewisse Heterogenität der Regulierungsmittel."[649] Der Unterschied zwischen hoheitlicher Regulierung und den herkömmlichen Handlungsformen liegt nicht in dieser Heterogenität selbst, sondern in der Komplexität und Multidimensionalität der Problemlage begründet, die durch die Verknüpfung unterschiedlicher Handlungsformen und Instrumente herbeigeführt wurde. These 2: Wegen der komplexeren Problemlage erscheint der heterogene Mix der Handlungsformen und der Instrumente in der hoheitlichen Regulierung, um das Problem angemessen zu bewältigen.

Aber der heterogene Charakter der (hoheitlichen) Regulierung wird nicht nur durch die vielfältigen Regulierungsmittel, sondern auch im Hinblick auf die Regelungsrelationen durch die zielfremden Bestandteile geprägt. Hoheitliche Regulierung fasst ein weitergehendes, gewissermaßen fremdes Ziel ins Auge. Auf eine Weise, die durch frühere Formenlehre nicht erfasst wurde, ermöglicht sie die Verfolgung der Gemeinwohlziele. Da die Gemeinwohlziele unterschiedliche Rechtsgüter erfassen,[650] sind die Regulierungsmittel im Hinblick auf vielfältigen Aspekten zu differenzieren. Als Beispiel soll die Marktregulierung in den Netzwirtschaften herangezogen werden: Hier verfolgt Regulierung nicht nur das Ziel eines funktionsfähigen Wettbewerbs, sondern sie trägt auch der daseinsvorsorgerelevanten Grundversorgung, die mit dem funktionsfähigen Wettbewerb in Zielkonflikt steht, Rechnung. Hoheitliche Regulierung ist aber weniger auf die eigenhändige Erreichung gewünschter Ziele ausgerichtet, sondern eröffnet vielmehr die weitergehende Möglichkeit zur arbeitsteiligen Gemeinwohlverwirklichung, die in der Gewährleistungsverwaltung idealtypisch ist. Die gesellschaftlichen Kräfte für die Aufgabenwahrnehmung können durch die hoheitlichen Regulierungsmittel bereitgestellt, sichergestellt und erhalten werden. Aufgrund der „Residual-" oder „Auffangverantwortung" wird die Qualität der

649 *M. Ruffert*, Regulierung im System des Verwaltungsrechts, AöR 124 (1999), S. 237 (245).

650 Dazu näher, *O. Lepsius*, Ziele der Regulierung, in: *Fehling/Ruffert* (Hrsg.), Regulierungsrecht, § 19, Rn. 13.

Aufgabenerfüllung Privater aber abgeschätzt, eventuell ergänzt und ersetzt, wenn durch sie die erwünschten Ziele verfehlt werden könnten.[651] Hier könnte der Ausdruck der „Regulierung als Privatisierungsfolge" von Bedeutung sein. These 3: Die hoheitliche Regulierung berücksichtigt die Gemeinwohlziele unter dem Blickwinkel der Grundidee der Gewährleistungsverwaltung.

Zusammenfassend scheint sich die „hoheitliche Regulierung" zwar mit den Handlungsformen und Instrumenten der herkömmlichen Verwaltungstypen teilweise zu überschneiden. Aber anhand ihrer Intentionen lässt sich die hoheitliche Regulierung von den letzteren distinguieren. Hoheitliche Regulierung sollte man als Regulierungsverfügung oder -mittel betrachten, die zur Bewältigung einer auf der komplexeren, multidimensionalen Problemlage beruhenden (Regulierungs-) Aufgabe eingesetzt wird. Angesichts des veränderten Aufgabenverständnisses und der komplexeren Problemlage wird hoheitliche Regulierung eine zielerreichende Aktionsformel. Die Ziele hoheitlicher Regulierung umfassen strukturelle Steuerung und ferner den gemeinwohlorientierten Faktor. Wegen dieser komplexeren Problemlage und heterogenen Zielsetzung wird die Kombination oder der Mix von Handlungsformen und Instrumenten in der hoheitlichen Regulierung herangezogen. Es ist damit erwiesen, dass hoheitliche Regulierung die grundlegenden Bestandteile der Gewährleistungsverwaltung - Umstellung des Aufgabenverständnisses, kooperative Verwirklichung des Gemeinwohls und dialektische Handlungsformen - inhäriert.

(b) (Gesellschaftliche) Selbstregulierung

Den begrifflichen Gegenpol zur hoheitlichen Regulierung stellt die „(gesellschaftliche) Selbstregulierung" dar. Diese Gegenüberstellung beruht zunächst auf der Unterscheidung zwischen Grundrechtsberechtigten und Grundrechtsverpflichten, die in Art. 1 Abs. 3 GG erklärt ist. Aus dieser grundrechtdogmatischen Sicht wird die gesellschaftliche Selbstregulierung so dargestellt, dass sie der Wahrnehmung grundrechtlich geschützter Handlungsspielräume bzw. der Freiheitsausübung dient.[652] Des Weiteren bezieht sich die Selbstregulierung auf die Verfolgung und Erreichung des Eigeninteresses. Zwar trägt private Betätigung

---

651 Vgl. *A. Voßkuhle*, Beteiligung Privater an der Wahrnehmung öffentlicher Aufgaben und staatliche Verantwortung, VVDStRL 62 (2003), S. 266 (312 f.).; *A. C. Thoma*, Regulierte Selbstregulierung im Ordnungsverwaltung, S. 61.

652 Vgl. *J. A. Kämmerer*, Privatisierung, S. 486 f.

infolge des Eigennutzes dazu bei, das Gemeinwohl zu erreichen,[653] jedoch sind Private dem Gemeinwohl nicht zwangsläufig verpflichtet. Der Bereich der Selbstregulierung fällt grundsätzlich in den Herrschaftsbereichen der Privatautonomie, die unabhängig von politischer, positiv-rechtlicher Zwecksetzung ist.

Trotz der Gegenüberstellung von gesellschaftlicher Selbstregulierung und staatlicher bzw. hoheitlicher Regulierung bedarf auch die Selbstregulierung der Ordnungsbildung. Als Beispiel sei die private Wirtschaftsordnung angeführt, die sich vom einzelnen Tauschgeschäft bis hin zur Marktwirtschaft bzw. zur liberalen Wettbewerbsstruktur erstreckt. Die Annahme des Neo-Liberalismus, dass Selbstregulierungssysteme, wie marktwirtschaftliche Struktur und Ordnung, nur durch das „spontane Entdeckungsverfahren“ oder „pattern prediction“ erfasst werden können und daher durch Intervention von außen nicht kontrollierbar seien,[654] beschränkt die politisch-rechtliche Ordnung auf die Regelung gesellschaftlicher Handlungen durch möglichst wenig Eindring,[655] aber leugnet nicht den Zugriff oder das Bedürfnis des offiziellen Rechts selbst. Das Bedürfnis oder die Möglichkeit einer „Bereitstellungsfunktion des Rechts“[656] wird hier sogar angeboten oder vorausgesetzt.[657] Vor diesem Hintergrund ist die gesellschaftliche Selbstregulierung auf die staatlich-rechtlichen Leistungen angewiesen, welche durch die Bereitstellung und die Schaffung der Rahmenbedingungen für die Sicherstellung und Zuordnung der jeweiligen Ansprüche und Gestaltungsrechte erreicht werden.[658] Und der Staat kann evtl. angesichts seiner grundrechtlichen Schutzpflicht die Privatautonomie im Interesse der Grundrechte des anderen be-

---

653 Vgl. *W. Weiß*, Privatisierung und Staatsaufgabe, S. 23.

654 Statt vieler, *F. A. v. Hayek*, Recht, Gesetzgebung und Freiheit, Bd. I., S. 60 ff.; Bd. III, S. 100 ff.

655 Siehe oben, C III 2 (2) (c)

656 Dazu näher, *G. F. Schuppert*, Verwaltungsrechtswissenschaft als Steuerungswissenschaft. Zur Steuerung des Verwaltungshandelns durch Verwaltungsrecht, in: *Hoffmann-Riem/Schmidt-Aßmann/ders.* (Hrsg.), Reform des allgemeinen Verwaltungsrechts, S. 65 (96 ff).; Mit anderem Ausdruck „Bereitstellungsverantwortung“, siehe, *W. Hoffmann-Riem*, Das Recht des Gewährleistungsstaats, in: *G. F. Schuppert* (Hrsg.), Gewährleistungsstaat - Ein Leitbild auf dem Prüfstand, S. 89 (96).

657 Auch, *G. Teubner*, Verrechtlichung - Begriffe, Merkmale, Grenzen, Auswege, in: *F. Kübler* (Hrsg.) Verrechtlichung von Wirtschaft, Arbeit und sozialer Solidarität, S. 289 (332).

658 Vgl. *M. Eifert*, Regulierungsstrategien, in: *Hoffmann-Riem/Schmidt-Aßmann/Voßkuhle* (Hrsg.), GVwR I, § 19, Rn. 148.; *W. Hoffmann-Riem*, Das Recht des Gewährleistungsstaats, in: *G. F. Schuppert* (Hrsg.), Gewährleistungsstaat - Ein Leitbild auf dem Prüfstand, S. 89 (96).

schränken.[659] Im Bereich der gesellschaftlichen Selbstregulierung ist aber der eingreifende Staat in seinen Handlungsspielräumen darauf beschränkt, die Selbstregulierung zu ermöglichen, funktionsfähig zu erhalten und sicherzustellen. Eine bestimmte politische Gemeinwohlsetzung für die Selbstregulierung ist begrifflich nicht erlaubt. Zusammenfassend versteht man unter gesellschaftlicher Selbstregulierung „die individuelle oder kollektive Verfolgung von Privatinteressen in Wahrnehmung grundrechtlicher Freiheiten zum legitimen Eigennutz“.[660]

In der Gewährleistungsverwaltung wird die Debatte um die gesellschaftliche Selbstregulierung an die Perspektive der Privatisierungsfolgen gekoppelt. Die Grundlage der Privatisierung liegt in dem Vertrauen auf gesellschaftliche Kräfte für die Gemeinwohlverwirklichung. Aus der „Strukturfunktion“ der hoheitlichen Regulierung ist erwiesen, dass die gesellschaftliche Selbstregulierung durch imperativen Maßnahmen, inklusive der hoheitlichen Regulierung, erst ermöglicht und sicherstellt werden kann. Die gesellschaftliche Selbstregulierung verknüpft privaten Nutzen mit der Gemeinwohlverwirklichung. Die Verfolgung und Realisierung privater Interessen entfalten positive Wirkungen für gesamt gemeinwohlorientierte Interessen. Durch die hoheitliche Regulierung wird die Aktivität der Selbstregulierung ermöglicht, geschützt und funktionsfähig erhalten. Aber das Zusammenwirken zwischen hoheitlicher Regulierung und gesellschaftlicher Selbstregulierung infolge der Privatisierungsfolge zeigt nur begrenzte Aspekte der arbeitsteiligen Gemeinwohlverwirklichung durch die Regulierung. Eine idealtypische Regulierungsskala ist die „regulierte Selbstregulierung“

(c) Mechanismus der regulierten Selbstregulierung

Zwischen der hoheitlichen Regulierung und der gesellschaftlichen Selbstregulierung liegt eine neue Erscheinungsform der Gewährleistungsverwaltung, die regulierte Selbstregulierung. Das Konzept der regulierten Selbstregulierung ist schon durch verschiedene theoretische Stichwörter angesprochen, die durch bzw. „reflexives Recht“, „autopoietisches Recht“, „Kooperationsprinizip“ und „Kontextsteuerung“ vertreten sind.[661] Darüber hinaus geht es bei diesen theoretischen

659 Vgl. *J. A. Kämmerer*, Privatisierung, S. 487.

660 Vgl. *M. Schmidt-Preuß*, Verwaltung und Verwaltungsrecht zwischen gesellschaftlicher Selbstregulierung und staatlicher Steuerung, VVDStRL 56 (1997), S. 160 (162 f.).

661 Statt vieler, *G. Teubner*, Verrechtlichung - Begriffe, Merkmale, Grenzen, Auswege, in: *F. Kübler* (Hrsg.) Verrechtlichung von Wirtschaft, Arbeit und sozialer Solidarität, S.

Stichwörtern mehr um die prozedurale Strukturbildung zur Verständigung und das darauf basierende Verfahren der Konfliktbewältigung sowie die Konstruktion des autonomen Sozialsystems. Es ist nicht zu leugnen, dass die heutigen Reformansätze des Verwaltungsrechts unter großem Einfluss dieser nachbarwissenschaftlichen Erkenntnis gestanden haben. Es bedarf einer normativen Erklärung, die den theoretischen oder interdisziplinären Ansatz in dem rechtswissenschaftlichen Gebiet angemessen einordnen kann.

Ganz allgemein ist regulierte Selbstregulierung dadurch gekennzeichnet, dass staatliche und gesellschaftliche Kräfte sich aufeinander beziehen, sich ergänzen bzw. zusammenwirken, um das Gemeinwohl kooperativ, arbeitsteilig zu verwirklichen.[662] Ausgehend davon, besteht der Wortlaut der regulierten Selbstregulierung aus zwei Teilen: Gesellschaftliche „Selbstregulierung" wird durch staatliche Intervention „reguliert". Regulierte Selbstregulierung bedeutet daher weder einen adjektivischen Widerspruch oder einen Pleonasmus, noch einen Abbruch der „funktionellen Differenzierung von Staat und Gesellschaft"[663]. Alle diese Missverständnisse beruhen darauf, dass der Begriff der Regulierung falsch verstanden wird. Um regulierte Selbstregulierung als eine Erscheinungsform der Gewährleistungsverwaltung[664] richtig zu erfassen, sollte man alle Erkenntnisse zusammennehmen, die sich auf die bisherigen Umwandlungen und Entwicklungen der verwaltungsrechtlichen Dogmatik, Praxis, System und Einzelfälle beziehen.[665]

Der Ansatz der regulierten Selbstregulierung legt auch Vertrauen in die Fähigkeit der Gesellschaft zur Problembewältigung ebenso wie in die gesellschaftliche Selbstregulierung. Von dem Wandel des Aufgabenverständnisses und der darauf beruhenden Verantwortungslehre geht die Idee der regulierten Selbstre-

---

289 (334 ff.).; *ders.*, Recht als autopoietisches System.; *E-H. Ritter*, Der kooperative Staat, AöR 104 (1979), S. 389 ff.

662 Vgl. *E. Schmidt-Aßmann*, Regulierte Selbstregulierung als Element verwaltungsrechtlicher Systembildung, DV Beiheft 4, S. 253 (255).

663 Dazu näher, *E. W. Böckenförde*, Die verfassungstheoretische Unterscheidung von Staat und Gesellschaft als Bedingung der individuellen Freiheit, S. 21 ff.

664 Vgl. *G. F. Schuppert*, Das Konzept der regulierten Selbstregulierung als Bestandteil einer als Regelungswissenschaft verstandenen Rechtswissenschaft, DV Beiheft 4, S. 201 (221).; *A. C. Thoma*, Regulierte Selbstregulierung im Ordnungsverwaltungsrecht, S. 61.

665 Grundlegend, *A. Voßkuhle*, Beteiligung Privater an der Wahrnehmung öffentlicher Aufgaben und staatliche Verantwortung, VVDStRL 62 (2003), S. 266 ff.; *E. Schmidt-Aßmann*, Regulierte Selbstregulierung als Element verwaltungsrechtlicher Systembildung, DV Beiheft 4, S. 253 ff.

gulierung zunächst aus. Durch den Vorbehalt staatlicher Intervention oder die Übertragung seiner Erfüllungsverantwortung stellt der Staat zwar die Bewahrung der einzelnen Freiheiten und die persönliche Entfaltung sicher. Zugleich zielt er mit dieser privaten Betätigung im Bereich der Selbstregulierung auf die Gemeinwohlverwirklichung ab. Aber die Gewährleistungsverantwortung beschränkt sich nicht auf die Sicherung und Bereitstellung gesellschaftlicher Selbstregulierung, weil die private Betätigung im Bereich der Selbstregulierung nur reflexhaft zum Gemeinwohl beitragen kann.[666] Die Durchführung staatlicher Gewährleistungsverantwortung sollte noch einen weiteren Bereich in Bezug nehmen. Aufgrund der Verantwortungsteilung zielt die Gewährleistungsverwaltung auf die „Mobilisierung der endogenen Potentiale der Gesellschaft, ihrer Lernfähigkeit, Kreativität und Innovationskraft für das Gemeinwohl" ab,[667] die mit der hoheitlichen Regulierung ermöglicht, zusammengefügt und dirigiert werden.[668] Statt der herkömmlichen imperativen Maßnahmen, werden die gesellschaftlichen Maßnahmen zur Problembewältigung in diesem Bereich eingesetzt, deren Rahmen aber von staatlicher Intervention erst bereitgestellt und beeinflusst wird. Der Staat überlässt den gesellschaftlichen Kräften teilweise die Entscheidungs- und Erledigungsregime, konstituiert aber im Voraus den inhaltlichen Kooperationsprozess zwischen Staat und Gesellschaft.[669] Damit kann die hoheitliche Regulierung ihre Ineffizienz überprüfen und ergänzen einerseits, die insbesondere auf dem Wissens- und Informationsmangel[670] beruht. Anderseits dient die regulierte Selbstregulierung aber der Verhinderung von möglichen Nachteilen der Aufgabenerledigung durch Private.[671] Die beiden Aspekte, nämlich die Instrumentalisierung der Gesellschaft und die Einpassung der gesell-

---

666 Vgl. *W. Hoffmann-Riem*, Öffentliches Recht und Privatrecht als wechselseitige Auffangordnungen - Systematisierung und Entwicklungsperspektiven, in: *ders./Schmidt-Aßmann* (Hrsg.), Öffentliches Recht und Privatrecht als wechselseitige Auffangordnungen, S. 261 (268 f.).

667 Vgl. *A. Voßkuhle*, Gesetzgeberische Regelungsstrategien der Verantwortungsteilung zwischen öffentlichem und privatem Sektor, in: *G. F. Schuppert* (Hrsg.), Jenseits von Privatisierung und schlankem Staat, S. 47 (86).

668 Vgl. *W. Hoffmann-Riem*, Gesetz und Gesetzvorbehalt im Umbruch, AöR 130 (2005), S. 5 (9).

669 Vgl. *A. Voßkuhle*, Gesetzgeberische Regelungsstrategien der Verantwortungsteilung zwischen öffentlichem und privatem Sektor, in: *G. F. Schuppert* (Hrsg.), Jenseits von Privatisierung und schlankem Staat, S. 47 (89).

670 Dazu näher, *M. Eifert*, Regulierte Selbstregulierung und die lernende Verwaltung, DV Beiheft 4 (2001), S. 137 (138 ff.).; *B. Wollenschläger*, Wissensgenerierung im Verfahren, S. 33 ff.

671 Vgl. *A. C. Thoma*, Regulierte Selbstregulierung im Ordnungsverwaltungsrecht, S. 38, 62.

schaftlichen Selbstregulierung in den staatlich gesetzten Rahmen, orientieren sich jeweils an der Gemeinwohlverwirklichung. Hier besteht der entscheidende Unterschied zu der gesellschaftlichen Selbstregulierung.[672]

Es wird aber nicht immer deutlich, wie die eigennützige Selbstregulierung und die Gemeinwohlverwirklichung auf Grundlage der Gewährleistungsverantwortung miteinander vereinbart werden können. Die Verantwortungsteilung bedarf daher einer Zurechnung zwischen dem Verantwortungssubjekt und -objekt, die auf die Wertentscheidung des Gesetzgebers angewiesen ist.[673] Durch die Ziel- und Rahmensetzung soll die Eigenverantwortung der Privaten möglichst weit erhalten bleiben und zugleich der Sicherung der Gemeinwohlbelange dienen. Dabei muss der Gesetzgeber die verantwortungsteilenden Regelungsstrukturen nach Maßgabe des Verfassungsrechts, insbesondere der Grundrechte, ausgestalten.[674] Die Relevanz der Rolle des Gesetzgebers wird dort ersichtlich, wo die hoheitliche Regulierung bei der Bereitstellung und Schaffung der Voraussetzungen der gesellschaftlichen Selbstregulierung einsetzt, ist hingegen bei der regulierten Selbstregulierung ins Zentrum verschoben.

Obwohl die eigenhändige staatliche Aufgabenerfüllung teilweise aufgegeben und stattdessen die gesellschaftliche Problembewältigung für das Gemeinwohl erwartet wird, können die gesellschaftlichen Kräfte allein nicht immer das

---

672 Vgl. *A. C. Thoma*, Regulierte Selbstregulierung im Ordnungsverwaltungsrecht, S. 37 f.; *M. Bäcker*, Wettbewerbsfreiheit als normgeprägtes Grundrecht, S. 35.; *M. Fehling*, Regulierung als Staatsaufgabe im Gewährleistungsstaat Deutschland - Zu den Konturen eines Regulierungsverwaltungsrechts, in: *H. Hill* (Hrsg.), Die Zukunft des öffentlichen Sektors, S. 91 (100), („...beim Staat oder bei einer mehr oder minder Selbstverwaltung...").; *C. Berringer*, Regulierung als Erscheinungsform der Wirtschaftsaufsicht, S. 103, („Verlagerung der Maßstabsetzung auf die gesellschaftliche Seite"). Ähnlich, *A. Voßkuhle*, Gesetzgeberische Regelungsstrategien der Verantwortungsteilung zwischen öffentlichem und privatem Sektor, in: *G. F. Schuppert* (Hrsg.), Jenseits von Privatisierung und schlankem Staat, S. 47 (89 f.). Aber dagegen, *R. Schröder*, Verwaltungsrechtsdogmatik im Wandel, S. 201 f., („die regulierte Selbstregulierung im weitesten Sinne als Selbstregulierung"). Nahezu jede Regulierung gleichgesetzt, *W. Schulz*, Regulierte Selbstregulierung im Telekommunikationsrecht, DV Beiheft IV (2001), S. 101 (102).

673 Vgl. *A. Voßkuhle*, Beteiligung Privater an der Wahrnehmung öffentlicher Aufgaben und staatliche Verantwortung, VVDStRL 62 (2003), S. 266 (270, Fn. 9.).; *ders.*, Gesetzgeberische Regelungsstrategien der Verantwortungsteilung zwischen öffentlichem und privatem Sektor, in: *G. F. Schuppert* (Hrsg.), Jenseits von Privatisierung und schlankem Staat, S. 47 (52 ff.).

674 Vgl. *C. Franzius*, Gewährleistung im Recht, S. 126.

Gemeinwohl ausreichend angemessen wahrnehmen. Davon geht die Vorstellung des Gewährleistungsstaates aus und seine typische Erscheinungsform - die regulierte Selbstregulierung - ist ein Versuch, die beiden Kräfte unter dem Ziel des Gemeinwohls zu verknüpfen. Da die Grundlage der regulierten Selbstregulierung in der gesellschaftlichen Problembewältigung liegt, ersetzen die gesellschaftlichen Kräfte das Handeln des früher grundrechtsverpflichteten Staates[675] und hier bedarf es einer Rekonstruktion des grundrechtlichen Freiheitsschutzes. Das Bedürfnis dieser Rekonstruktion beruht vor allem auf dem Geflecht von grundrechtlich geschützten Interessen.[676] Zudem besteht ein Spannungsverhältnis zwischen Staat und mehreren Regulierten, in denen Private Regulierungsaufgaben gegenüber anderen Privaten übernehmen.[677] Die regulierte Selbstregulierung richtet sich aber nicht auf unmittelbare, punktuelle Maßnahmen, sondern mittelbare, strukturelle Intervention aus. Dadurch wird ein Dreiecksverhältnis gebildet, das sich auf die Regelungen der Verhältnisse der Grundrechtsträger untereinander bezieht.[678] Innerhalb dieser grundrechtlichen Spannungsverhältnisse bauen sich multipolaren Konfliktlagen auf, die über die Drittwirkung der Grundrechte hinausgehen.[679]

Die Entfaltung des Staat-Bürger-Verhältnisses hin zum multipolaren Verhältnis wird durch das intersubjektive Verhältnis erklärt. Der die öffentlichen Interesse wahrnehmende Staat steht zur Gesellschaft grundsätzlich im bipolaren Verhältnis, aber in Bezug auf die gesellschaftlichen Kräften, die dem Privatrecht unterworfen sind, findet er intersubjektive Prozesse für die Konfliktbewältigung:[680] das Gewährleistungsstaatsbild. Der sich aus diesem theoretischen Hintergrund ergebende Inhalt der Gewährleistungsverantwortung und des Gewährleistungsstaates greift den Gewährleistungsgehalt der Grundrechte auf, der die

675 Vgl. *B. Rusteberg*, Der grundrechtliche Gewährleistungsgehalt, S. 95.

676 Dazu näher, *E. Schmidt-Aßmann*, Regulierte Selbstregulierung als Element verwaltungsrechtlicher Systembildung, in: Regulierte Selbstregulierung als Steuerungskonzept des Gewährleistungsstaates, DV Beiheft 4 (2001), S. 253 (261 ff.).; *M. Bäcker*, Wettbewerbsfreiheit als normgeprägtes Grundrecht, S. 39.

677 Vgl. *M. Eifert*, Regulierungsstrategien, in: *Hoffmann-Riem/Schmidt-Aßmann/Voßkuhle* (Hrsg.), GVwR I, § 19, Rn. 57.

678 Vgl. *B. Rusteberg*, Der grundrechtliche Gewährleistungsgehalt, S. 95.

679 Vgl. *W. Hoffmann-Riem*, Enge oder weite Gewährleistung der Grundrechte?, in: *Bäuerle* (Hrsg.), Haben wir wirklich Recht?, S. 53 (61).; *B. Rusteberg*, Der grundrechtliche Gewährleistungsgehalt, S. 95.

680 Vgl. *J. Schapp*, Phänomenologie und Recht, in: *Gropp/Lipp/Steiger* (Hrsg.), Rechtswissenschaft im Wandel, Festschrift des Fachbereichs Rechtswissenschaft der Universität Gießen, S. 289 (298).

reale Freiheitsausübung in den multipolaren Konfliktlagen gewährleisten kann und muss.[681] Aus dieser grundrechtsdogmatischen Sicht wird die Rolle des Gesetzgebers im Bereich der regulierten Selbstregulierung betont und sich auf die grundrechtliche Ausgestaltungsermächtigung und den Schrankenvorbehalt (sog. „Gewährleistungsvorbehalt") bezogen.[682]

Bei der normativen Erklärung der regulierten Selbstregulierung geht es daher um die freiheitsherstellende Tätigkeit, bzw. deren Ausgestaltung. Die Ausgestaltung zielt zunächst auf Sicherung der rechtlichen Bedingungen des individuellen Freiheitsgebrauchs ab und verknüpft Freiheitsgebrauch und Gemeinwohlanliegen.[683] Aus der Frage, wie die Folgen des Freiheitsgebrauchs durch den Einzelnen mit den Rechten anderer Grundrechtsträger möglichst individual- und gemeinwohlverträglich zu vereinbaren sind, ergibt sich das Bedürfnis der umfassenden Gewährleistung von Freiheit in Staat und Gesellschaft.[684] Hier wird die Bedeutung der objektiv-rechtlichen Vorgaben für die Freiheitsausübung in der Rechtsordnung betont und dem Gesetzgeber die Aufgabe der gesetzlichen Umsetzung übertragen.[685] Je mehr der Staat im Zuge der Gemeinwohlverwirklichung auf die Ermöglichung des individuellen Freiheitsgebrauchs hinwirkt, desto wichtiger werden seine Vorsorgeleistungen für die Rahmensetzung und Spielregeln, durch die die betroffenen umfassenden Interessen anderer Grundrechtsträger untereinander ausgeglichen werden können.[686] Obwohl die Verantwortung für die Gemeinwohlerledigung dem gesellschaftlichen Raum übertragen ist, gewährleistet der Staat mit Hilfe des Gesetzes durch Rahmen- und Schrankensetzung die gesellschaftliche Problemlösung.[687]

---

681 Dazu näher, *G. F. Schuppert*, Vom Produzierenden zum gewährleistenden Staat, in: *König/Benz* (Hrsg.), Privatisierung und staatliche Regulierung, S. 539 ff.; *W. Hoffmann-Riem*, Enge oder weite Gewährleistung der Grundrechte?, in: *Bäuerle* (Hrsg.), Haben wir wirklich Recht?, S. 53 (60).

682 Vgl. *W. Hoffmann-Riem*, Enge oder weite Gewährleistung der Grundrechte?, in: *Bäuerle* (Hrsg.), Haben wir wirklich Recht?, S. 53 (60).

683 Vgl. *W. Hoffmann-Riem*, Enge oder weite Gewährleistung der Grundrechte?, in: *Bäuerle* (Hrsg.), Haben wir wirklich Recht?, S. 53 (58).

684 Vgl. *W. Hoffmann-Riem*, Grundrechtsanwendung unter Rationalitätsanspruch, Der Staat 43 (2004), S. 203 (226).

685 Vgl. *B. Rusteberg*, Der grundrechtliche Gewährleistungsgehalt, S. 96.; *W. Hoffmann-Riem*, Gesetz und Gesetzvorbehalt im Umbruch, AöR 130 (2005), S. 5 (10).

686 Vgl. *W. Hoffmann-Riem*, Enge oder weite Gewährleistung der Grundrechte?, in: *Bäuerle* (Hrsg.), Haben wir wirklich Recht?, S. 53 (60 und 71).

687 Vgl. *Hoffmann-Riem*, Grundrechtsanwendung unter Rationalitätsanspruch, Der Staat 43 (2004), S. 203 (227 f.).

Nach der Entwicklung der Grundrechtsdogmatik schafft die Gewährleistungsverwaltung eine normative Grundlage für ihre idealtypische Erscheinungsform, die regulierte Selbstregulierung. Der früher nur „heuristische“ oder „interdisziplinäre“ Begriff der regulierten Selbstregulierung, die im „Grenzbereich“ zwischen staatlichen und gesellschaftlichen Aktivitäten gekennzeichnet wird,[688] erhält durch die Grundrechtsdogmatik eine notwendige normative Erklärungskraft, die über die nachbarwissenschaftliche Vorstellung hinausgeht und eine Rezeption in der Rechtswissenschaft zulässt. Sowohl aus theoretischer, als auch aus normativer Sicht bildet die regulierte Selbstregulierung das Gegenstück zu der staatlichen Gewährleistungsverantwortung.[689]

(d) Fazit

Die verschiedenen Konzeptionen der Regulierung können durch die Skala der Regulierung erklärt werden. Gemeinsam ist vor allem, dass die Regulierung auf die arbeitsteilige, kooperative Gemeinwohlverwirklichung gerichtet ist. Diese Gemeinsamkeit der Regulierung geht weder nur von einem imperativen Instrument des Staates noch allein von einem reflektierten Akt der Privatautonomie aus. Soweit die Verwaltung im Gewährleistungsstaat das tradierte Verwaltungshandeln nicht völlig ablöst und die Regulierung jenseits des Verwaltungshandelns der Ordnungs- und Leistungsverwaltung im Bereich der Gewährleistungsverwaltung erklärt wird, stellt die Regulierung unter der aufgabenbezogenen Perspektive eine bestimmte Steuerungsform dar.

Zudem setzen die Regulierungsskalen in jeder Tragweite gemeinsam die Intervention des Staates voraus. Gesellschaftliche Selbstregulierung, die zwar zur Abgrenzung von der hoheitlichen Regulierung bewusst als Selbstregulierung bezeichnet wird,[690] wird auch nicht mit der völligen Überlassung der Handlungsmaßstäbe zur vollends privatautonomen Gestaltung gleichgesetzt.[691] Es handelt sich um die Abgrenzung zwischen den Regulierungsskalen, insbesondere zwischen der gesellschaftlichen Selbstregulierung und der regulierten Selbstregulierung. Da die Intervention des Staates im Sinne der Regulierung nicht auf punk-

---

688 Vgl. *E. Schmidt-Aßmann*, Regulierte Selbstregulierung als Element verwaltungsrechtlicher Systembildung, DV Beiheft 4, S. 253 (254).

689 Vgl. *M. Bäcker*, Wettbewerbsfreiheit als normgeprägtes Grundrecht, S. 35 f.

690 Vgl. *M. Eifert*, Regulierungsstrategien, in: *Hoffmann-Riem/Schmidt-Aßmann/Voßkuhle* (Hrsg.), GVwR I, § 19, Rn. 144.

691 Vgl. *C. Berringer*, Regulierung als Erscheinungsform der Wirtschaftsaufsicht, S. 103.

tuelle, sondern auf strukturelle Einflussnahme zielt, spielt die gemeinwohlorientierte (Gesamt-) Zielsetzung eine entscheidende Rolle, die zur Gestaltung der Struktursteuerung beitragen kann. Die gesellschaftliche Regulierung setzt zwar größtenteils Vertrauen in die gesellschaftlichen Kräfte, wovon sich die Privatautonomie nährt, aber sie ist in hohen Maßen auf die Bereitstellungsfunktion des staatlichen Rechts angewiesen. Und die regulierte Selbstregulierung als ein „vielgestaltiges Phänomen",[692] impliziert zunächst die staatliche und gesellschaftliche Handlungsrationalität, eröffnet einen Rahmen für die gesellschaftliche Ordnungsbildung, und orientiert sich zudem an Gemeinwohlzielen.[693] Hoheitliche Regulierung und regulierte Selbstregulierung unterscheiden sich daran, ob und in welchem Maße die Regulierungsentscheidung und -durchsetzung dem Staat oder einer mehr oder weniger institutionalisierten Selbstverwaltung überlassen sind.[694] Gesellschaftliche Selbstregulierung und regulierte Selbstregulierung werden durch die gemeinwohlrelevante Zielsetzung und die positivere Intervention in die Prozesse der gesellschaftlichen Ordnungsbildung unterschieden. Obwohl der Unterschied zwischen den Regulierungsskalen nicht immer trennscharf sein kann, lässt sich jede Differenzierung mit Hilfe der Konkretisierung im Einzelfall zumindest quantitativ vornehmen.

Die Gewährleistungsverwaltung verpflichtet sich dazu, die Übernahme von privater Verantwortung in gemeinwohlrelevanten Regelungsfeldern im Hinblick auf die Entlastungseffekte oder die Implementierung bestimmter Mindeststandards zu strukturieren.[695] Durch die regulierte Selbstregulierung, die zwischen hoheitlicher Regulierung und gesellschaftlicher Selbstregulierung steht, wird sowohl die Gemeinsamkeit aller Regulierungsskalen als auch der Charakter der Gewährleistungsverwaltung erheblich erklärt. In der Gewährleistungsverwaltung wird die Verknüpfung und Kooperation von staatlichen und gesellschaftlichen Kräften zur Regelung und zur damit verfolgten Problemlösung ermöglicht und aktiviert, um die Gemeinwohlziele zu erreichen. Weiterhin kommt das Gemeinwohl zur Sprache. Ziel und Zweck der Regulierung sollten schließlich als die Herstellung, Unterstützung, Förderung, Mobilisierung und Auffangen der ge-

---

692 *M. Bäcker*, Wettbewerbsfreiheit als normgeprägtes Grundrecht, S. 35.

693 Vgl. *M. Eifert*, Regulierungsstrategien, in: *Hoffmann-Riem/Schmidt-Aßmann/Voßkuhle* (Hrsg.), GVwR I, § 19, Rn. 60.; *C. Franzius*, Gewährleistung im Recht, S. 137.

694 Vgl. *M. Fehling*, Regulierung als Staatsaufgabe im Gewährleistungsstaat Deutschland - Zu den Konturen eines Regulierungsverwaltungsrechts, in: *H. Hill* (Hrsg.), Die Zukunft des öffentlichen Sektors, S. 91 (100).

695 Vgl. *C. Franzius*, Gewährleistung im Recht, S. 136.

sellschaftlichen Gemeinwohlbeiträge verstanden werden.[696] Aber die Frage, wie die dogmatische Bewältigung der staatlich-gesellschaftlichen Kooperation weiterzuführen ist, dürfte sich in der gelungenen „Verschmelzung von privatem Status und staatlicher Funktion“ lösen, die eine Nutzung gesellschaftlicher Kräfte zur Problemlösung heranzieht, ohne eine Verzicht auf hoheitliche Handlungsbefugnisse und Ausübung der Staatsgewalt gemäß Art. 20 GG sowie eindeutige Zuordnung innerhalb der verfassungsrechtlichen Systemzäsuren zu erklären.[697] Die Rahmenbedingungen, die einzelne Freiheitsausübung ermöglichen und die Erfüllung der Gemeinwohlziele beitragen, könnten und müssten im Zuge rechtlicher Ausgestaltung bereitgestellt werden.[698] Dafür wird die Rolle des Gesetzgebers immer wieder betont und durch die Grundrechtsdogmatik erklärt.

Die Erfassung der Entfaltung hin zur Gewährleistungsverwaltung, der Begrenzung des Regulierungsbegriffs und der Regulierungsskalen führt zu dem Ergebnis, dass die Regulierung einerseits auf mehrere Sektoren ausgedehnt, anderseits aber auf weniger Handlungsformen beschränkt wird. Da die Regulierung die Ziele des liberalen und sozialen Staatsbildes verknüpft und als ein geeignetes Mittel für die kooperative, arbeitsteilige Gemeinwohlerledigung betrachtet wird, beschränken sich ihre Spielräume nicht auf den bestimmten Bereich, wie die Netzsektoren. Wohlgemerkt, bedeutet diese Ausweitung ihres Spielraums nicht die Annahme eines Sammelbegriffs, der das gesamte Verwaltungshandeln umfasst.[699]

Es wird deutlich, dass die notwendigen Bestandteile der Gewährleistungsverwaltung in der Regulierung Ausdruck finden können. Es scheint damit weit-

---

696 Dementsprechend, vgl. *M. Fehling*, Regulierung als Staatsaufgabe im Gewährleistungsstaat Deutschland - Zu den Konturen eines Regulierungsverwaltungsrechts, in: *H. Hill* (Hrsg.), Die Zukunft des öffentlichen Sektors, S. 91 (101).; *C. Franzius*, Gewährleistung im Recht, S. 359.

697 Vgl. *A. Voßkuhle*, Beteiligung Privater an der Wahrnehmung öffentlicher Aufgaben und staatliche Verantwortung, VVDStRL 62 (2003), S. 266 (301).

698 Vgl. *W. Hoffmann-Riem*, Das Recht des Gewährleistungsstaates, in: *G. F. Schuppert* (Hrsg.), Der Gewährleistungsstaat - Ein Leitbild auf dem Prüfstand, S. 89 (92).; *A. Voßkuhle*, Beteiligung Privater an der Wahrnehmung öffentlicher Aufgaben und staatliche Verantwortung, VVDStRL 62 (2003), S. 266 (304 ff.).

699 Zu diesem Grund setzt der Versuch zur „übergreifenden Regulierung“ auch die Grenze voraus, dazu näher, *J. Masing*, Soll das Recht der Regulierungsverwaltung übergreifen geregelt werden?, Verhandlungen des 66 DJT, Bd. I, Gutachten D, S. 58 ff.; *ders.*, Zur Möglichkeit und Notwendigkeit übergreifender Grundsätze der Netzregulierung, in: *J. Lüdemann* (Hrsg.), Telekommunikation, Energie, Eisenbahn. - Welche Regulierung brauchen die Netzwirtschaften?, S. 155 ff.

gehende Einigkeit darüber zu bestehen, dass die Regulierung als die idealtypische Aktivität der Gewährleistungsverwaltung anerkannt werden kann.

(3) Abgrenzung zu anderen Formen

(a) Regulierung als Privatisierungsfolgenrecht?

Die Frage, ob die Regulierung als Erscheinungsform der Gewährleistungsverwaltung die qualitative Umwandlung des staatlichen Handelns darstellt, knüpft direkt an die These von der „Regulierung als Privatisierungsfolgenrecht“ an.[700] Wie schon erwähnt, bedeutet Privatisierung nicht mehr die völlige Entlastung des Staates bei der Gemeinwohlverwirklichung, sondern erlegt dem Staat die Gewährleistungsverantwortung aufgrund des Konzepts der Daseinsvorsorge auf.[701] Es bezieht sich daher die jüngste Debatte um die Privatisierungsfolgen auf die staatliche Verantwortung, die im Zuge der Privatisierung staatlicher Aufgaben residual oder neu gegeben ist.

Die Wahrnehmung staatlicher Verantwortung in der Privatisierungsfolgephase besteht darin, dass der Staat die asymmetrischen gesellschaftlichen Kräfte miteinander koordiniert, um eine angemessene und ausreichende Leistungserbringung zu gewährleisten. Dies bezieht sich vor allem auf die Herstellung und Erhaltung des Wettbewerbs. In diesem Bereich wurde die klassische Beziehung des Staats-Bürger-Verhältnisses auf das Dreiecksbeziehungsverhältnis umgestellt. Unter diesem Blickwinkel soll sich die Regulierung nicht auf „Reregulierung“ beschränken oder nur eine Übergangserscheinung darstellen, die eine bloße zirkuläre Problemlösung bedeutet, sondern ist als ein Modus des Gewährleistungsstaats anzusehen.[702] Zwar wird die Regulierung als ein typisches Mittel zum Management der Privatisierungsfolgen betrachtet, durch das die Gewährleistungspflichten des Staates verwirklicht werden.[703] Jedoch trägt die Re-

---

700 Statt vieler, *M. Ruffert*, Regulierung im System des Verwaltungsrechts - Grundstrukturen des Privatisierungsfolgenrechts der Post und Telekommunikation, AöR 124 (1999), S. 237 ff.

701 Vgl. *M. Knauff*, Der Gewährleistungsstaat, S. 91 ff.; *R. Schröder*, Verwaltungsrechtsdogmatik im Wandel, S. 157.

702 *C. Franzius*, Gewährleistung im Recht, S. 362.; *M. Fehling*, Regulierung als Staatsaufgabe im Gewährleistungsstaat Deutschland, in: *H. Hill* (Hrsg.), Die Zukunft des öffentlichen Sektors, S. 91 (93 ff.).

703 *R. Schröder*, Verwaltungsrechtsdogmatik im Wandel, S. 161.

gulierung in der Gewährleistungsverwaltung mehr dazu bei, dass sich die bisherige Erfüllungsverantwortung des Staates zur Gewährleistungsverantwortung umwandelt.[704] Die Rolle der Regulierung beschränkt sich nicht nur auf die Übergangsaufgabe, sondern auch stellt eine Daueraufgabe dar, wenn man die Zielbestimmung der Regulierung in den Blick nimmt.[705]

(b) Regulierung und allgemeines Wettbewerbs- und Kartellrecht

Beim Vergleich mit dem Wettbewerbsrecht bzw. dem allgemeinen Kartellrecht geht es vor allem um die Regulierung in den Netzwirtschaften. Regulierung und allgemeines Wettbewerbsrecht haben in diesen Sektoren einen ähnliche Zweck: die Sicherung des Wettbewerbs. Darüber hinaus scheint es, dass das komplexe Leitbild der Regulierung auch im Kartellrecht zu finden ist. Im Kartellrecht oder in der tradierten Wirtschaftsaufsicht finden sich aber scheinbar auch leistungsstaatliche Elemente oder planende Anteile, die über die ordnungsrechtliche Gefahrenabwehr hinausgehen.[706] Daher könnten Regulierung und Kartellrecht als „Zwillingschwestern"[707] betrachtet werden. Heute ist aber unbestritten, dass sich die Regulierung weder der klassischen Wirtschaftsüberwachung noch der allgemeinen Kartellaufsicht zuordnen lässt.[708]

Der Unterschied zwischen Regulierung und allgemeinem Wettbewerbsrecht findet sich zunächst in den verschiedenen kartellrechtlichen und regulierungsrechtlichen Ausgangspunkten.[709] Das allgemeine Wettbewerbsrecht geht von der Voraussetzung aus, dass der Wettbewerb an sich schon hergestellt ist. Damit kann das allgemeine Wettbewerbsrecht funktionsfähige Märkte von vornherein

---

704 Vgl. *M. Fehling*, Regulierung als Staatsaufgabe im Gewährleistungsstaat Deutschland, in: *H. Hill* (Hrsg.), Die Zukunft des öffentlichen Sektors, S. 91 (95).

705 Vgl. *F. J. Säcker*, Das Regulierungsrecht im Spannungsfeld von öffentlichem und privatem Recht - Zur Reform des deutschen Energie- und Telekommunikationsrechts, AöR 130 (2005), S. 180 (188 f.).

706 Vgl. *M. Fehling*, Regulierung als Staatsaufgabe im Gewährleistungsstaat Deutschland, in: *H. Hill* (Hrsg.), Die Zukunft des öffentlichen Sektors, S. 91 (94).

707 Vgl. *F. J. Säcker*, Das Regulierungsrecht im Spannungsfeld von öffentlichem und privatem Recht - Zur Reform des deutschen Energie- und Telekommunikationsrechts, AöR 130 (2005), S. 180 (189).

708 Siehe unten. 4. Kap. C.; auch, *C. Franzius*, Gewährleistung im Recht, S. 417 (Fn. 20.).

709 Folgende stellt die Annahme des „Regulierungsrechts" und „Netzregulierungsrecht" auf, um die Regulierung mit den kartellrechtlichen Mitteln zu vergleichen. Es ist aber umstritten, inwieweit der Begriff „Regulierungsrecht" erstreckt wird.

vermuten und den Missbrauch nur als einen Ausnahmefall oder einen pathologischen Fall ansehen.[710] Das Hauptziel des allgemeinen Wettbewerbsrechts ist lediglich auf die Absicherung des schon bestehenden funktionsfähigen Wettbewerbs gerichtet.[711] Demgegenüber zielt die Regulierung auf die erstmalige Herstellung der Wettbewerbsstruktur selbst ab. Durch die Regulierung kann der Wettbewerb nicht nur gestört, sondern auch hergestellt und erst ermöglicht werden.[712] Während das Kartellrecht die Wettbewerbsbeschränkung zum Gegenstand hat, die grundsätzlich die Existenz eines funktionsfähigen Wettbewerbs unterstellt und verhaltenskontrollierende Eingriffe und Vorgaben nur bei Vorliegen von Missbräuchen beträchtlicher Marktmacht vorsieht, hält die Regulierung die Regelungsmöglichkeiten bereit, um die beträchtliche Marktmacht in besonderer Weise zu „regulieren".[713] In Bezug auf die Herstellung der Wettbewerbsstruktur selbst wird dem Regulierungsrecht auch eine tung" auferlegt und womit sie über das allgemeines Wettbewerbsrecht hinausgeht.[714]

Das allgemeine Wettbewerbsrecht trägt zum Gemeinwohl nur in begrenzten Bereichen bei, etwa durch die Korrektur von Marktversagen oder durch die Missbrauchsaufsicht. Der Versuch mit dem Ordnungsmodell des GWB genauere Verfahren für die Messung der Effizienz der Leistungserbringung zu finden, gelingt nur im Wettbewerb.[715] Bei der kartellrechtlichen Kontrolle geht es nicht um wettbewerbsfremde Belange, sondern um die Festlegung äußerer Grenznormen für die missbräuchliche Ausübung privatautonomer Freiheit und die exzep-

---

710 Vgl. *J. Masing*, Zur Möglichkeit und Notwendigkeit übergreifender Grundsätze der Netzregulierung, in: *J. Lüdemann* (Hrsg.), Telekommunikation, Energie, Eisenbahn. - Welche Regulierung brauchen die Netzwirtschaften?, S. 155 (160).

711 Vgl. *T. Höppner*, Die Regulierung der Netzstruktur, S. 42 f.

712 Vgl. *C. Franzius*, Gewährleistung im Recht, S. 416.; *J. Masing*, Zur Möglichkeit und Notwendigkeit übergreifender Grundsätze der Netzregulierung, in: *J. Lüdemann* (Hrsg.), Telekommunikation, Energie, Eisenbahn. - Welche Regulierung brauchen die Netzwirtschaften?, S. 155 (160).; *F. J. Säcker*, Das Regulierungsrecht im Spannungsfeld von öffentlichem und privatem Recht - Zur Reform des deutschen Energie- und Telekommunikationsrechts, AöR 130 (2005), S. 180 (188 ff.).; ähnlich auch, *J. Kühling*, Sektorspezifische Regulierung in den Netzwirtschaften, S. 23.

713 *Fraktionen der CDU/CSU, SPD und FDP*, Begründung zum Entwurf des TKG, BT-Drucks. 13/3609, S. 33 f.; *Bundesregierung*, Begründung zum Entwurf des TKG, BT-Drucks. 13/4432, S. 4.; *J. Kühling*, Sektorspezifische Regulierung in den Netzwirtschaften, S. 23.; *T. Höppner*, Die Regulierung der Netzstruktur, S. 43.

714 Vgl. *F. J. Säcker*, Berliner Kommentar zum Telekommunikationsgesetz, Einl. I, Rn. 19.

715 Vgl. *M. Heise*, Das Verhältnis von Regulierung und Kartellrecht im Bereich der Netzwirtschaften, S. 238 ff.

tionelle, transitorische Ex-post-Verhaltenskontrolle für die bestehende marktwirtschaftliche Ordnung.[716] Das durch das Kartellrecht verfolgte „Wohl" bedeutet den „optimierenden Wettbewerb"[717] für die Freiheitsentfaltung. Ausgehend von den Merkmalen des Gewährleistungsstaates, hat die Regulierung demgegenüber den außerkartellrechtlichen Inhalt der Gemeinwohlorientierung. Mit dieser Zielsetzung kann das Regulierungsrecht sowohl Herstellung und Förderung der fortlaufenden Wettbewerbsstruktur als auch das außerökonomische Gemeinwohl verfolgen.[718] Damit hat der Wettbewerb (besser gesagt der „regulierter Wettbewerb") im Regulierungsrecht eine „Doppelnatur", ist sowohl Regulierungsziel als auch Mittel zur Erreichung der Gemeinwohlziele.[719] Die Gemeinwohlziele im Regulierungsrecht beschränken sich nicht auf die sozialstaatlichen Versorgungsziele, sondern umfassen beispielsweise auch Umweltverträglichkeit, technische Förderung oder Jugendschutz.[720] Aufgrund der Doppelfunktion der Regulierung kann das Regulierungsrecht nicht durch eine Ergänzung des Kartellrechts um netzspezifische Regelung umfassend ins allgemeine Wettbewerbsrecht integriert werden.[721] Die Nutzung der kartellrechtlichen Lösungen ist angesichts der Besonderheiten der Netzeffekte nur bei einzelnen Punkten möglich.[722]

Hinsichtlich dieser erforderlichen Abgrenzung zum allgemeinen Wettbewerbsrecht, ist das Regulierungsrecht kein Sonderkartellrecht, sondern konstituiert mit seinem bestimmten Profil einen eigenständigen Teil des öffentlichen Wirtschaftsrechts.[723]

---

716 Vgl. *T. Höppner*, Die Regulierung der Netzstruktur, S. 41 ff.

717 Dazu näher, *J. Kersten*, Herstellung von Wettbewerb als Verwaltungsaufgabe, VVDStRL 69 (2010), S. 288 (290 ff.).

718 Vgl. *C. Berringer*, Regulierung als Erscheinungsform der Wirtschaftaufsicht, S. 107.

719 Vgl. *O. Lepsius*, Ziele der Regulierung, in: *Fehling/Ruffert* (Hrsg.), Regulierungsrecht, § 19, Rn. 32.; *J. Kersten*, Herstellung von Wettbewerb als Verwaltungsaufgabe, VVDStRL 69 (2010), S. 288 (318).

720 Vgl. *M. Fehling*, Regulierung als Staatsaufgabe im Gewährleistungsstaat Deutschland, in: *H. Hill* (Hrsg.), Die Zukunft des öffentlichen Sektors, S. 91 (98).

721 Vgl. *T. Höppner*, Die Regulierung der Netzstruktur, S. 42.

722 Dazu näher, *T. Höppner*, Die Regulierung der Netzstruktur, S. 42 ff.; *M. Heise*, Das Verhältnis von Regulierung und Kartellrecht im Bereich der Netzwirtschaften, S. 143 ff.

723 Vgl. *F. J. Säcker*, Das Regulierungsrecht im Spannungsfeld von öffentlichem und privatem Recht - Zur Reform des deutschen Energie- und Telekommunikationsrechts, AöR 130 (2005), S. 180 (189).

V. Zwischenergebnis

Die Frage, was unter Regulierung zu verstehen ist, wird wegen der verschiedenen Hintergründe unterschiedlich beantwortet. Es bedarf zunächst einer Abgrenzung zum nachbarwissenschaftlichen (vor allem wirtschaftswissenschaftlichen) Begriff. Des Weiteren ist beim Vergleich mit der US-amerikanischen „economic regulation" zu sehen, dass die „economic regulation" und die Regulierung auf unterschiedlichen Traditionen beruhen. Aufgrund ihrer Verankerung in der deutschen Verwaltungsrechtswissenschaft ist die Regulierung nicht mit der „economic regulation" gleichzusetzen. Regulierung ist daher in der Entwicklung der Verwaltungsrechtswissenschaft zu verorten, insbesondere angesichts der Umwandlung des Rechtsstaatsprinzips und hin zum neu beleuchteten staatsrechtlichen Begriff des „Gewährleistungsstaats".

Obwohl man das Gewährleistungsparadigma als quantitative Rückkehr zum schlanken Staat oder umgekehrt die Fortsetzung wohlfahrtsstaatlicher Leistungserbringung verstehen könnte, wird immer deutlicher, dass sich die Gewährleistung unter einer aufgabenbezogenen Perspektive als ein „dritter" Typus verstehen lässt,[724] der über die Ordnungs- und Leistungsverwaltung hinausgeht. Die Gewährleistungsverwaltung ist dadurch gekennzeichnet, dass sie auf die Harmonisierung der formellen und materiellen Handlungsrationalität abzielt, liberale mit sozialen Zielen zu verbinden versucht, und schließlich die arbeitsteilige Gemeinwohlverwirklichung durch Staat und Gesellschaft ermöglicht. In diesem Sinne ist die Gewährleistungsverwaltung ein Projekt dialektischer Entfaltung hin zu neuen Verwaltungstypen. Mit Hilfe der entwickelnden Grundrechtsdogmatik lässt sich dieser Ansatz mit normativer Erklärungskraft belegen.

Die Regulierung als Erscheinungsform der Gewährleistungsverwaltung unterscheidet sich von dem rechtstheoretischen Wortlaut der „Regulierung", um die Regulierung von der „economic regulation" oder dem umfassenden Inbegriff des Verwaltungshandelns zu trennen. Auch zieht die Skala der Regulierung nicht eine trennscharfe Grenze, sondern erklärt die verschiedenen Konzepte der Regulierung.

---

724 Vgl. *C. Franzius*, Gewährleistung im Recht, S. 135.; *C. Bumke*, Die Entwicklung der verwaltungsrechtswissenschaftlichen Methodik in der Bundesrepublik Deutschland, in: *Schmidt-Aßmann/Hoffmann-Riem* (Hrsg.), Methoden der Verwaltungsrechtswissenschaft, S. 73 (120).

Alle diese Versuche zur Bestimmung des Begriffs der Regulierung bieten dennoch keinen klar konturierten Rechtsbegriff, sondern die Gemeinsamkeit der Definition. Ein Charakteristikum der Regulierung als Erscheinungsform der Gewährleistungsverwaltung besteht darin, dass sie eine strukturbezogene Aktionsformel der staatlichen Verwaltung ist, die das Gemeinwohlziel berücksichtigt, aber möglichst mittelbare, rahmensetzende und kooperative Instrumente einsetzt, um die komplexe multipolare Problemlage zu bewältigen. Als ein Schlüsselbegriff spielt der unklare Begriff der Regulierung eine Rolle für die dogmatische Systematisierung und Analyse.[725] Bei der Einführung der Regulierung und der Gewährleistungsverwaltung geht es letztlich um eine fortwährende Entwicklung der Rechtsdogmatik.

D. Die Grundlage der Netzregulierung

I. Netzwerk und Netzregulierung

In der heutigen Wahrnehmung von gemeinwohlorientierten Aufgaben bzw. staatlichen und öffentlichen Aufgaben betätigt sich der Staat in einem breiten Spektrum zwischen der Erfüllungsverantwortung und der Gewährleistungsverantwortung. Der Übergang zur Gewährleistungsverantwortung ist besonders in den infrastrukturellen Netzindustrien zu beobachten. Charakteristisch hierfür ist, dass das Ziel der flächendeckenden, angemessenen und ausreichenden Grundversorgung durch den marktwirtschaftlichen Wettbewerbsmechanismus gewährleistet wird. Die Kontur der Netzregulierung ergibt sich daher zunächst aus dem marktwirtschaftlichen Wettbewerbsziel. Die Herstellung von Wettbewerb durch die Regulierung findet sich unterschiedlich je nach Netzsektor. Zudem ist die Netzregulierung auf die Herstellung von „gemeinwohlpflichtigem Wettbewerb“ ausgerichtet. In der Netzregulierung ist der Wettbewerb kein Selbstzweck, sondern ein Zwischenziel und Mittel zur Erreichung der weitergehenden Ge-

725 Vgl. *M. Fehling*, Regulierung als Staatsaufgabe im Gewährleistungsstaat Deutschland, in: *H. Hill* (Hrsg.), Die Zukunft des öffentlichen Sektors, S. 91 (91).; *A. Voßkuhle*, Beteiligung Privater an der Wahrnehmung öffentlicher Aufgaben und staatliche Verantwortung, VVDStRL 62 (2003), S. 266 (282 ff.).; *W. Hoffmann-Riem*, Tendenzen in der Verwaltungsrechtsentwicklung, DÖV 50 (1997), S. 433 (438 ff.).

meinwohlziele.[726] Dieses doppelte Konzept erscheint relativ neu und bedarf einer öffentlich-rechtlichen Grundlage. Abgesehen von der Debatte um das sektorübergreifende Regulierungsrecht[727] geht es darum, ob die sektorspezifische Netzregulierung das Konzept der Gewährleistungsverwaltung enthält. Dabei beschäftigt man sich auch sinnvollerweise mit der Frage, ob die Regulierung als neue Form der Verwaltung begriffen werden kann.

1. Merkmale der sektorspezifischen Netzregulierung

(1) Netz und Netzeigenschaft

(a) Netzbegriff

„Netz" oder „Netzwerk" kann vielfältig definiert werden, weil der Begriff „Netz" von verschiedenen Disziplinen entstammt und entwickelt wurde, wie der Wirtschaftswissenschaft, den internationalen Politikbeziehungen, dem militärischen Krisenmanagement usw.[728] Vor allem aus ökonomischer Sicht, stellen sich Netzwerke zunächst als „raumübergreifende, komplex verzweigte Transport- und Logiksysteme für Güter, Personen oder Informationen" dar.[729] Die Eigenschaften und Verbindungsweise eines Netzes sind anders als die des Markts, der nur aus dem Austauschverhältnis der Produkte mit Preis und Qualität besteht, und anders als die der Organisation, die groß, integriert und hierar-

---

726 Vgl. *M. Fehling*, Regulierung als Staatsaufgabe im Gewährleistungsstaat Deutschland - Zu den Konturen eines Regulierungsverwaltungsrechts, in: *H. Hill* (Hrsg.), Die Zukunft des öffentlichen Sektors, S. 91 (99).

727 Dazu näher, *J. Masing*, Soll das Recht der Regulierungsverwaltung übergreifen geregelt werden?, Verhandlungen des 66 DJT, Bd. I, Gutachten D.; *ders.*, Zur Möglichkeit und Notwendigkeit übergreifender Grundsätze der Netzregulierung, in: *J. Lüdemann* (Hrsg.), Telekommunikation, Energie, Eisenbahn - welche Regulierung brauchen die Netzwirtschaften?, S. 155 ff.; *H.-C. Röhl*, Soll das Recht der Regulierungsverwaltung übergreifend geregelt werden?, JZ 2006, S. 831 ff.; *M. Burgi*, Soll das Recht der Regulierungsverwaltung übergreifend geregelt werden? NJW 2006, S. 2439 ff.

728 Vgl. S. *G. Kielmansegg*, Netzwerke im Völkerrecht?, in: Netzwerke, AssÖR 47 (2007), S. 83 (85 ff.).

729 *Von Weizäcker*, Energiewirtschaft und Wettbewerb, in: Energiewirtschaftliches Institut an der Universität Köln (Hrsg.), Energiepolitik für den Wirtschaftsstandort Deutschland, 1995, S. 9 (13).; zitiert nach, *J. Kühling*, Sektorspezifische Regulierung in den Netzwirtschaften, S. 42.

chisch aufgebaut wird.[730] Ein Netz beschreibt „die Verbindungen zwischen verschiedenen, abgrenzbaren und prinzipiell eigenständigen Akteuren von gewisser Dauer".[731] Mit dieser Bedeutung ist der Netzbegriff in verschiedenen Umgebungen anzuwenden. Aufgrund der vielfältigen Aufnahmefähigkeit der verschiedenen Materialien und ihrer variablen Anpassungsfähigkeit gilt der Begriff in vielfältigen Bereichen.[732] Besonders in der Wirtschafts- und der (politischen) Organisationsdebatte spielt der Netzbegriff eine wichtige Rolle. Das weite Verständnis des Netzbegriffs ermöglicht seine weitergehende Verwendung und Entwicklung. Dies bezieht sich auf die Entfaltung innerhalb der Informationsgesellschaft. Die heutige Nutzung des Begriffs der Netze beschränkt sich nicht mehr auf „rein physische Netze", sondern erreicht „mehr auch immateriell geprägte Netze" sowie virtuelle Netze.[733] Der Netzbegriff findet Anwendung in materiellen und immateriellen, personellen und dinglichen, existierenden und virtuellen Systemen, und ist unabhängig von einer Gegenstand- oder Raumbindung.

Es ist umstritten, ob der Netzbegriff als ein juristischer Begriff anzusehen ist. Eigentlich ist der Netzbegriff kein Rechtsbegriff. Der Begriff „Netz" kommt im Bereich der wissenschaftlichen oder technologischen Entwicklung vor.[734] Die aktuellen juristischen Debatten, wie etwa die, das Netz als neue Art der Organi-

730 Vgl. *Fritsch/Wein/Ewers* (Hrsg.), Marktversagen und Wirtschaftspolitik, S. 6 ff.; *M. Eifert*, Innovation in und durch Netzwerkorganisation: Relevanz, Regulierung und staatliche Einbindung, in: *ders./Hoffmann-Riem* (Hrsg.), Innovation und rechtliche Regulierung, S. 88 (95 ff.).

731 *M. Eifert*, Innovation in und durch Netzwerkorganisation: Relevanz, Regulierung und staatliche Einbindung, in: *ders./Hoffmann-Riem* (Hrsg.), Innovation und rechtliche Regulierung, S. 88 (91).

732 Wie *M. Eifert* die Eigenschaften der Netzwerksrolle im Innovationsprozess gestellt hat: Flexibilität, Reduktion von Unsicherheit und Lernfähigkeit. Dazu näher, *ders.*, Innovation in und durch Netzwerkorganisation: Relevanz, Regulierung und staatliche Einbindung, in: *ders./Hoffmann-Riem* (Hrsg.), Innovation und rechtliche Regulierung, S. 88 (94 ff.).

733 Vgl. *K. König/C. Theobald*, Liberalisierung und Regulierung netzgebundener Güter und Dienste, in: *Grupp/Ronellenfitsch* (Hrsg.), FS W. Blümel, S. 277 (279).; *P. A. Neuhaus*, Regulierung in Deutschland und den USA, S. 49.; *J. Kühling*, Sektorspezifische Regulierung in den Netzwirtschaften, S. 43.

734 Vgl. *B. Wollenschläger*, Wissensgenerierung im Verfahren, S. 32.; *M. Eifert*, Innovation in und durch Netzwerkorganisation: Relevanz, Regulierung und staatliche Einbindung, in: *ders./Hoffmann-Riem* (Hrsg.), Innovation und rechtliche Regulierung, S. 88 (95).

sation zu sehen,[735] verharren aber noch auf der Ebene der Beschreibung seiner charakteristischen Funktionen, besonders der Kooperationsfunktion.[736] Die Frage, ob und wie das Netz als „neue Grundstruktur der post-etatistischen Gesellschaft“[737] staats- oder verwaltungsorganisationsrechtlich verwendet werden kann, ist noch offen. Um dabei auf das Netz als eine geltende Rechtsfrage bzw. im Bezug auf das geltende Gemeinschafts- und Nationalrecht rekurrieren zu können, ist der Netzbegriff für jeden einzelnen Marktsektor und dessen Dienstleistungsebenen spezifisch zu beschreiben. In der folgenden Untersuchung ist der Netzbegriff also auf das wirtschaftliche Netz beschränkt, sofern es nicht etwas anderes angegeben wird.

Was der Netzbegriff beinhaltet und wie er zu verwenden ist, kann zunächst gemäß der allgemeinen Auffassung jeder Disziplin verstanden werden. Sodann fungiert der Begriff „Netz“ als Bereicherung verwaltungsrechtlicher Theoriebildung.[738] Im Bereich des Völkerrechts, des Organisationsrechts und schließlich des (europäischen) Verwaltungsrechts kann man Anwendungsfelder des Netzbegriffs finden.[739] Der Netzbegriff wirkt sich auf bestimmte Rechtsgebiete, vor allem die infrastrukturelle Daseinsvorsorge wie Telekommunikation, Energie und Eisenbahn aus. Die Regulierung hat ihren eigentlichen Ursprung in der Verbindung des Netzbegriffs mit diesen Versorgungsbereichen.[740] Sie wurde vor allem in Bezug auf die Theorie des „natürlichen Monopols“ entwickelt. Mit der Untersuchung der Verbundvorteile in jedem Netzsektor, insbesondere in den Versorgungsnetzen, konnte das „natürliche Monopol“ durch die Eigenschaft der

735 Vgl. *T. Groß*, Die Verwaltungsorganisation als Teil organisierter Staatlichkeit, in: *Hoffmann-Riem/Schmidt-Aßmann/Voßkuhle* (Hrsg.), GVwR I, § 13, Rn. 12.; *S. Boysen, u. a.* (Hrsg.), Netzwerk im Öffentlichen Recht, in: Netzwerke, AssÖR 47 (2007), S. 289 (293).

736 Vgl. *M. Eifert*, Innovation in und durch Netzwerkorganisation: Relevanz, Regulierung und staatliche Einbindung, in: *ders./Hoffmann-Riem* (Hrsg.), Innovation und rechtliche Regulierung, S. 88 (123 f.).

737 Vgl. *G. F. Schuppert*, Verwaltungsorganisation und Verwaltungsorganisationsrecht als Steuerungsfaktoren, in: *Hoffmann-Riem/Schmidt-Aßmann/Voßkuhle* (Hrsg.), GVwR I, § 16, Rn. 134.

738 Vgl. *E. Schmidt-Aßmann*, Methoden der Verwaltungsrechtswissenschaft - Perspektiven der Systembildung, in: *ders./Hoffmann-Riem* (Hrsg.), Methoden der Verwaltungsrechtswissenschaft, S. 387 (402).

739 Vgl. *B. Schöndorf-Haubold*, Netzwerke in der deutschen und europäischen Sicherheitsarchitektur, in: Netzwerke, AssÖR 47 (2007), S. 149 (151).

740 Vgl. *M. Fehling*, Regulierung als Staatsaufgabe im Gewährleistungsstaat Deutschland - Zu den Konturen eines Regulierungsverwaltungsrechts, in: *H. Hill* (Hrsg.), Die Zukunft des öffentlichen Sektors, S. 91 (111).

Netzwirtschaft deutlich charakterisiert, definiert und gerechtfertigt werden. Zudem wurde die Theorie des „natürlichen Monopols“ als „ein wesentliches Argument zur Rechtfertigung staatlicher Regulierung“ verstanden.[741] Hiernach ist die Regulierung mit dem Netzbegriff eng verbunden.

(b) Netzeigenschaft

(aa) Sektorspezifität

Im wirtschaftlichen Sinne wurde das natürliche Monopol als selbstverständliche Eigenschaft des Netzes dargestellt. Netz, Netzwirtschaft und Netzindustrie, wie Eisenbahn, Telekommunikation, Energie- und Gasversorgung wurden traditionell als natürliche Monopole betrachtet,[742] weil in diesen Netzen ein Produkt durch einen Anbieter günstiger erbracht werden konnte, als durch eine Mehrzahl. Der Monopolcharakter der Netze erweist sich auch sinnvoll in Belangen der Netzsicherheit. Beispielsweise im Telekommunikationssektor wurden die monopolisierten Telekommunikationsnetze nicht nur wegen der Subadditivkosten, sondern auch aufgrund der Netzintegrität und -sicherheit gerechtfertigt.[743]

Die aus der staatlichen Monopolstruktur gezogenen Vorteile sind in den heutigen Netzindustrien nicht immer effizient. Eine Marktöffnung für den Wettbewerb bzw. die Liberalisierung und Privatisierung betrachtet man als die Lösung für das Effizienzdefizit im Netz. Aufgrund dieser Tendenz der Liberalisierung im Bereich der Wirtschaft hat der Staat sich die Marktöffnung, Förderung des Wettbewerbs und Abbau des Monopols zur Aufgabe gemacht. Dabei werden die Themen Privatisierung, Entstaatlichung und „Rückzug des Staates“ diskutiert. Fraglich ist, ob diese Tendenz auf den vollständigen Rückzug des Staates abzielt. Wegen des natürlichen Monopols als eine Netzeigenschaft braucht die Netzregulierung die staatlichen Eingriffe. Da die Netzregulierung durch die staatlichen Eingriffe einen freien Marktprozess ohne oder mit nur wenig staatli-

---

741 Vgl. *G. Knieps*, Wettbewerbsökonomie, S. 21 ff.

742 Vgl. *Müller/Vogelsang*, Staatliche Regulierung, S. 121 ff.; *S. Wilkens*, Wettbewerbsprinzip und Gemeinwohlorientierung bei der Erbringung von Eisenbahndienstleistungen, S. 101.; *R. Ruge*, Die Gewährleistungsverantwortung des Staates und der regulatory State, S. 37.; *König/Theobald*, Liberalisierung und Regulierung netzgebundener Güter und Dienste, in: *Grupp/Ronellenfitsch* (Hrsg.), FS W. Blümel, S. 277 (280).

743 Vgl. *H. Schweitzer*, Daseinsvorsorge, „service public“, Universaldienst, S. 42 f. Diejenige Beschränkung besteht auch im geltende Recht, besonders § 21 Abs. 4. TKG.

cher Intervention schaffen will, ergibt sich in diesem Punkt ein Paradox.[744] Das Paradox indiziert aber das marktbezogene, situationsgebundene Optimierungsgebot in der Netzregulierung. Der Staat soll zunächst durch die Regulierungsmaßnahmen den funktionsfähigen Wettbewerb schaffen und die Effizienz der freien Marktwirtschaft erhöhen. Darüber hinaus hat er die gemeinwohlorientierte Versorgung selbst oder durch Private sicherzustellen. Die Regulierung bezieht sich daher auf den Funktionswandel des Staates in der Aufgabenwahrnehmung. So steht die Netzregulierung als eine neuartige Form der Aufgabenwahrnehmung im Vordergrund.

Im konkreten Fall hat der Staat den unterschiedlichen Privatisierungsgrad jeder spezifischen Netzindustrie zu berücksichtigen. Um die Markt- und Wettbewerbsöffnung in den unterschiedlichen Sektoren durch die Netzregulierung zu schaffen, müssen für jeden Netzverbraucher, besonders im Bezug auf den Zugang zu Netzdienstleistungen oder den Netzdienstleistungsgenuss die gleichen Bedingungen gelten.[745] Der Staat setzt dabei die Rahmenbedingungen für die Netznutzung. Die Regelung gerechter Zugangsbedingungen ist vor allem von der Besonderheit eines jeden Sektors abhängig, je nachdem dessen der unterschiedlicher Fokus besteht. Vor allem wirkt sich die ökonomische und technische Spezifität jeder Netzindustrie auf diesen Fokus aus.[746] Der Konkurrenzabstand zwischen dem Energie- und dem Telekommunikationssektor oder Belange der Energieeinsparung im Eisenbahnsektor sind ein treffendes Beispiel hierfür.[747] Die Sektorspezifität der Netzregulierung beruht schließlich auf der jeweiligen Netzeigenschaft.

(bb) Polyzentralisierung

Im Hinblick auf das sozial- und politikwissenschaftliche Verständnis hinsichtlich des Netzes stellt die Netzeigenschaft darüber hinaus dogmatische Fragen an die Netzregulierung. Dieses Verständnis trägt zur Erklärung des politi-

---

744 Vgl. *F. J. Säcker*, Das Regulierungsrecht im Spannungsfeld von öffentlichem und privatem Recht - Zur Reform des deutschen Energie- und Telekommunikationsrechts, AöR 130 (2005), S. 180 (197 ff.).; *M. Schmidt-Preuß*, in: *Säcker* (Hrsg.), Berliner Kommentar zum Energierecht, Bd. I, Einl. C. EnWG, Rn. 163.

745 Vgl. *T. Höppner*, Die Regulierung der Netzstruktur, S. 45.

746 Vgl. *U. Scheele*, in: *Blanke/Fedder* (Hrsg.), Privatisierung, Teil 1. Rn. 73.

747 Dazu näher, *J. Lüdemann* (Hrsg.), Telekommunikation, Energie, Eisenbahn - welche Regulierung brauchen die Netzwirtschaften?, S. 100 ff (Energie), 118 ff. (Eisenbahn)

schen Steuerungsmodells und zur Klassifikation staatlich-privater Arrangements bei.[748] Die hier dargestellte Struktur der Netzwerke ist vor allem durch eine De- oder Polyzentralisierung gekennzeichnet. Das Netzwerk funktioniert nicht auf einseitige oder hierarchische Weise, sondern durch das Zusammenwirken mit jeweiligen Akteuren. Jeder Teil des Netzes ist mit dem Netzhandeln verwoben und ein Teilnetz verbindet sich mit anderen Netzen. Diese strukturelle Netzeigenschaft dient dazu, das Konzept der Gewährleistungsverwaltung in der Netzindustrie leichter zu erklären, dass der Staat nicht mehr immer selbst seine Aufgabe wahrnimmt, sondern ihre Erfüllung oftmals anderen Akteuren überträgt. Diese gewandelten Wahrnehmungsmodi des Staates und das sich daraus ergebende Zusammenwirken mit Privaten sind insbesondere in der typischen Netzindustrie wie der Telekommunikation deutlich aufgetreten. In den Netzindustrien bilden die staatlichen und privaten Akteure eine polyzentrale Struktur, in der „die Überlagerung von Öffentlichem Recht und Privatrecht, von Kooperation und Hierarchie und von hoheitlichem und privatem Handeln" gesehen wird.[749] Dies wirkt sich auf das Grundprinzip des tradierten Organisationsrechts und die Handlungsform der Verwaltungsrechtswissenschaft aus.

Es ist aber noch umstritten, ob diese sozialwissenschaftliche Netzeigenschaft einen wesentlichen Wandel des Öffentlichen Rechts herbeigeführt hat. Nicht völlig geklärt ist, ob der Netzbegriff und die Netzeigenschaft im Übergang der Aufgabenwahrnehmungsmodi im Öffentlichen Recht als ein Beschreibungsmittel verwendet oder ob sie umgekehrt diesen Wandel beherrscht oder synchronistisch erscheint haben. Abgesehen von diesem chronographischen Verhältnis wird die Diskussion des Netzbegriffs und seiner Eigenschaft dazu benutzt, um das neue Modell des staatlichen Handelns zu beschreiben und zu erklären.[750] Vor allem geht es darum, wie die strukturelle Netzeigenschaft im Öffentlichen Recht rezeptiert werden kann. In Bezug auf die Vorgaben von Art. 87d - 87f GG hat das Konzept der Gewährleistungsverwaltung ebenso eine engere Beziehung mit der Netzeigenschaft, weil die hier dargestellten Infrastrukturen ein typisches Beispiel der Netzindustrie sind und der Auftrag der Infrastrukturbereitstellung des Staates durch die Logik der Netze verwirklicht werden kann.

---

748 Vgl. *J. Lüdemann*, Netzwerke, Öffentliches Recht und Rezeptionstheorie, in: Netzwerke, 47. Assistententagung, S. 266 (271).

749 Vgl. *S. Boysen, u. a.,* Netzwerk im Öffentlichen Recht, in: Netzwerk, AssÖR 47 (2007), S. 289 (293).

750 Dazu näher, T. Vesting, Die Staatsrechtslehre und die Veränderung ihres Gegenstandes, VVDStRL 63 (2004), S. 41 (64 ff.).

Netzbegriff und Netzeigenschaft zeigen das Bedürfnis der sektorspezifischen Netzregulierung einerseits. Anderseits scheint die Netzstruktur eine Herausforderung an das Organisationsrecht und die Handlungsformen darzustellen und neue Gedanken dazu zu erfordern. Zuerst wird hier der Infrastrukturbegriff für jeden spezifischen Sektor der staatlichen Gewährleistungsverantwortung untersucht. Mit Hilfe eines Vergleichs von Netz und Infrastruktur ist die Sektorspezifik der Netzregulierung deutlicher zu erkennen.

(2) Infrastrukturgewährleistung - spezifische Sektoren

(a) Begriff der Infrastruktur

Der Begriff der „Infrastruktur" ist mit dem des Netzbegriffs vergleichbar. Zunächst war er in der militärischen Fachsprache gebräuchlich. Infrastruktur bedeutete demnach die Gesamtheit der ortsgebundenen Gebäude, Anlagen und Kommunikationsnetze, die für Transport und Versendung von Gütern und Nachrichten notwendig seien.[751] Weiter wird der Begriff der Infrastruktur in der Wirtschaftswissenschaft verwendet. Hier gewinnt der Begriff der Infrastruktur in verschiedener Hinsicht an Gehalt, je nachdem, von welchen Definitionsansätzen ausgegangen werden.[752] Die Merkmale der Infrastruktur - wie Langlebigkeit, Kapitalintensität, Unteilbarkeit, Immobilität und Polyvalenz - zeigen, dass der Begriff der Infrastruktur in seiner ökonomischen Verwendung auf die Theorie des Marktversagens im Zusammenhang mit den „öffentlichen Gütern" Bezug nimmt.[753]

Die rechtswissenschaftliche Verwendung des Infrastrukturbegriffs unterscheidet sich auch deshalb davon, weil im Zuge der Übernahme des Infrastrukturbegriffs aus der Wirtschaftswissenschaft auch die kontroversen Blickwinkel darauf fortgeschrieben wurden. Obwohl in der juristischen Literatur vielfach die unterschiedlichen Begriffsbestimmungen behandelt wurden[754] und man versuchte sie aus juristischer Sicht zu begrenzen, wird der Infrastrukturbegriff bis-

751 Vgl. *G. Hermes*, Staatliche Infrastrukturverantwortung, S. 168.; *J.-C. Pielow*, Grundstrukturen öffentlicher Versorgung, S. 21.

752 Dazu näher, *G. Hünnekens*, Rechtsfragen der wirtschaftlichen Infrastruktur, S. 8 ff.

753 Vgl. *J.-C. Pielow*, Grundstrukturen öffentlicher Versorgung, S. 22.; *C. Berringer*, Regulierung als Erscheinungsform der Wirtschaftsaufsicht, S. 42.

754 Vgl. *G. Hünnekens*, Rechtsfragen der wirtschaftlichen Infrastruktur, S. 13.

her zu weit definiert. In diesem weitesten Verständnis beschränkt er sich nicht auf die Versorgung mit öffentlichen Gütern wie Energie, Verkehrs und Wasserversorgung, sondern umfasst auch Sportanlagen, Straßen, Parkplätze, Universitäten, Altenheime und viele andere derartigen Dinge, sogar bis hin zur Polizei, Gerichtsbarkeit und Verteidigung.[755] Auch auf der Ebene des Gemeinschaftsrechts und in der Entscheidung des Bundesverfassungsgerichts wird der Terminus „Infrastruktur" gebraucht.[756] Laut Entscheidung des Bundesverfassungsgerichts ist die Rede davon, dass die (örtliche) Infrastruktur (im weiteren Sinne) „sowohl die Einrichtungen der Energie- und Wasserversorgung, des Nahverkehrs, der Abfallbeseitigung, der Krankenhäuser, Altenheime und Kindergärten wie sonstige Maßnahmen" einschließt.[757] „Infrastruktur" könnte somit den Inbegriff aller Einrichtungen und Anlagen einschließlich ihrer personellen und institutionellen Basis darstellen, die der Erfüllung der ökonomischen Bedürftigkeit und dem Gemeinwohl dienen.[758] Die verwandten Begriffe - Netz und Infrastruktur sowie öffentliche Versorgung und Daseinsvorsorge - überlappen sich in diesem Punkt.

(b) Überschneidung von Netz und Infrastruktur

Die Überschneidung von „Netz" und „Infrastruktur" findet sich zunächst im Grundgesetz. Die Vorgaben von Art. 87d - 87f GG verweisen den Staat auf die Infrastrukturgewährleistung[759] und im Art. 87e Abs. 4 GG ist der Begriff „Schienennetz" zu finden. Dieser Terminus des „Netzes" im Art. 87e Abs. 4 GG gilt für einen einzelnen Geltungsbereich der Eisenbahninfrastrukturen und das „Schienennetz der Eisenbahnen" selbst ist als Eisenbahninfrastruktur auszulegen.[760] Nach der Auslegung von Art. 87e Abs. 4 GG ist der Begriff „Eisenbahn" und die Eisenbahnverkehrsverwaltung aber nicht nur „beim Ausbau und Erhalt des Schienennetzes" von Bedeutung (Art. 87e Abs. 4 GG), sondern umfasst auch das Gesamtsystem der Schienennetze.[761] Der Verfassungsauftrag des

---

755 Vgl. *J.-C. Pielow*, Grundstrukturen öffentlicher Versorgung, S. 22.

756 Vgl. *G. Hermes*, Staatliche Infrastrukturverantwortung, S. 170 ff.

757 BVerfGE 38, 258 (270 f.).; zitiert nach *G. Hermes*, Staatliche Infrastrukturverantwortung, S. 170.

758 Vgl. *L. Jellinghaus*, Zwischen Daseinsvorsorge und Infrastruktur, S. 6.

759 Dazu näher, *K. Cannivé*, Infrastrukturgewährleistung in der Telekommunikation zwischen Staat und Markt, S. 50.; *M. Eifert*, Grundversorgung mit Telekommunikationsleistung im Gewährleistungsstaat, S. 175 ff.

760 Vgl. *K. Windhorst*, in: *Sachs* (Hrsg.), Kommentar GG, Art. 87e, Rn. 59.

761 Vgl. *K. Windhorst*, in: *Sachs* (Hrsg.), Kommentar GG, Art. 87e, Rn. 14 und 51.

Art. 87f Abs. 2 S. 2 GG umfasst auch die Infrastrukturgewährleistung im Bereich der Post und Telekommunikation. Das Ziel dieser verfassungsrechtlichen Vorgaben, in diesen Infrastrukturbereichen flächendeckend angemessene und ausreichende Dienstleistungen zu erbringen, bezieht sich auf die Netzindustrie, die früher den Verwaltungsmonopolen unterfiel.

Obwohl es keine klaren verfassungsrechtlichen Vorgaben für die Verwendung der Begriffe „Netz" oder „Infrastruktur" gibt, ist jedoch von einer verfassungsrechtlichen Infrastrukturgarantie auszugehen.[762] In Hinblick auf diese netzgebundene Industrie - wie Eisenbahnen, Energie, Post und Telekommunikation - trennt *G. Hermes* die allgemeine Infrastruktur und netzgebundene Infrastruktur als einen konkreten Sonderfall.[763] Art. 87d und 87f GG seien die Konkretisierung der allgemeinen Infrastruktur und nach Maßgabe dieser verfassungsrechtlichen Vorgabe stehe der private Netzbetreiber unter intensivem staatlichem Einfluss.[764] *G. Hermes* nennt dies die staatliche „Infrastrukturverantwortung". Der Ansatz eines Verbundbegriffs „Infrastrukturverantwortung" trägt vor allem zu einer Strukturbildung der staatlichen Gewährleistungsverantwortung bei, die zu den beweglichen Verhältnissen von Staat und Gesellschaft einzusetzen.[765] Darüber hinaus kommt der Begriff der Infrastrukturgewährleistung dem des Universaldienstes nahe, als Ausdruck eines Funktionswandels[766] für die neuen Wahrnehmungsmodi der Staatsaufgabe.

Aber es ist unklar, ob eine Gleichsetzung des Spezialfalls der „netzgebundenen Infrastruktur" mit dem allgemeinen Begriff der „Infrastruktur" erfolgt.[767] Weiterhin ist zu fragen, wie die Verschiedenheit der Dienstleistungen, der Wettbewerbspolitik, der staatlichen Maßnahmen und der Pflicht der privaten Netzbetreiber innerhalb der vielfältigen Infrastruktur- und Dienstleistungsebenen mit dem Infrastrukturbegriff als Kollektivgut erklärt werden können. Mit Hilfe des Netzbegriffs kann diese Verschiedenheit durch die Trennung von „Netzinfrastruktur" und „Netzdienst" erklärt werden. Auf der gleichen Infrastrukturebene

762 Dementsprechend, vgl. *P. Badura*, Wettbewerbsaufsicht und Infrastrukturgewährleistung durch Regulierung im Bereich der Telekommunikation, in: *Hübner/Ebke* (Hrsg.), FS Großfeld, S. 35 (42).; Zum Begriff der Infrastrukturgewährleistungsauftrag, Stellungnahme des Bundestages, BT-Drucks, 12/7269 S. 7. f.

763 Vgl. *G. Hermes*, Staatliche Infrastrukturverantwortung, S. 342 ff.

764 *G. Hermes*, Staatliche Infrastrukturverantwortung, S. 354 f.

765 Vgl. *C. Franzius*, Gewährleistung im Recht, S. 124.

766 *K. Cannivé*, Infrastrukturgewährleistung in der Telekommunikation zwischen Staat und Markt, S. 50.

767 *J. Kühling*, Sektorspezifische Regulierung in den Netzwirtschaften, S. 44.

können verschiedene - aber schwierig abzugrenzende - Dienstleistungen entstehen.

(c) Begrenzung des Infrastrukturbegriffs

Es ist im Augenblick plausibel, dass der Staat die Kosten für die Maßnahmen zur Schaffung aller bedarfsrechten Einrichtungen, Anlagen und Institutionen tragen soll. Aber ihre Gegenstände, Funktionen und Merkmale sind für technische und kulturelle Entwicklung noch offen.[768] Daher bestehen Zweifel daran, wie der Staat mit dem abstrakten - ggf. ungeordneten - Begriff der Infrastruktur diese unterschiedliche, vielfältige – beinahe vollständig gemeinwohlorientierte - „Infrastruktursache" regeln und gewährleisten kann. Wenn ein Begriff aus anderen Wissenschaften in die Rechtswissenschaft übernommen wird, sollte der Begriff in den anderen Wissenschaften bereits eine ausreichende Profilierung anhand eines bestimmten Konzeptes erfahren haben.[769] Um den Infrastrukturbegriff rechtswissenschaftlich zu bestimmen oder zu übernehmen, gelangt man daher wieder zu seiner wirtschaftlichen Verwendung bzw. zu Infrastrukturgegenstand, -funktion und -merkmal, zurück.

Ein wichtiges Merkmal der Infrastruktur ist zwar die „Ortsgebundenheit". In der wirtschaftlichen und rechtswissenschaftlichen Verwendung umfasst die Infrastruktur aber nicht nur die unbeweglichen und materiellen Sachen, sondern auch bewegliche und institutionelle Sachen. Bei der Verwendung des Begriffs im wirtschaftlichen Sinne gerät die Infrastruktur als Basis der gesamten Wirtschaftstätigkeit ins Blickfeld. Hinsichtlich der wirtschaftlichen Bedeutung der Infrastruktur als Basisfunktion für die gesamten Wirtschaftstätigkeiten, könnte der Infrastrukturbegriff als ein Kollektivbegriff zu betrachten sein, weil der Begriff der Güter hier materielle, personelle und institutionelle Güter umfasst.

Problematische Grenzfälle stellen Dienstleistungen, Personalbestand und vor allem Institutionen dar. Sicher hat die Infrastruktur einen dienenden Charakter für die Bereitstellung von öffentlichen Gütern,[770] besonders bei der netzgebundenen Grundversorgung. Die Infrastruktur als Basisfunktion bedarf be-

---

768 Auch, *L. Jellinghaus*, Zwischen Daseinsvorsorge und Infrastruktur, S. 5.

769 Vgl. *E. Schmidt-Aßmann*, Methoden der Verwaltungsrechtswissenschaft - Perspektiven der Systembildung, in: *ders./Hoffmann-Riem* (Hrsg.), Methoden der Verwaltungsrechtswissenschaft, S. 387 (402).

770 Vgl. *C. Gramm*, Privatisierung und notwendige Staatsaufgaben, S. 285.

stimmter Ziele und bildet deshalb ihre spezifischen Sektoren. Aber die Dienstleistung ist unabhängig von den jeweiligen Gütersektoren und wird in allen Sektoren benötigt und erbracht.[771] In gleicher Weise ist der Personalbestand nicht ein Merkmal der Infrastruktur, sondern „eine Rechtsfrage, die die Art und Weise der Güterbereitstellung betrifft“, die hinsichtlich der öffentlichen Güter zu erklären ist.[772] Die Frage, wie die Infrastruktur als Basisfunktion für die gesamten Wirtschaftstätigkeiten zu verstehen ist, verwirklicht und sichergestellt werden kann, bezieht sich auf die normativen Institutionen. Die Verfassung und die einfachen Gesetze konstituieren eine bestimmte Ordnung und die Rechtsinstitutionen des jeweiligen Lebensbereichs sind dadurch ausgestaltet. Die institutionelle Gewährleistung durch die Normkomplexe gehört nicht zu einem einzigen Sektor oder Lebensbereich (wie etwa der Infrastruktur), sondern findet sich in jedem Lebensbereich. Ausbau und Erhalt der Infrastruktur knüpfen bei ihrer Verwirklichung selbstverständlich an die Rechtsinstitution an, aber die Infrastruktur selbst kann die Rechtsinstitution nicht ersetzen.

Im Ergebnis kann die Hauptbedeutung und Funktion der Infrastruktur als Einrichtung und Anlage eines jeden spezifischen Sektors bezeichnet werden. Infrastruktur und Einrichtung sind allerdings nicht immer synonym zu verwenden. Der Infrastrukturbegriff ist der Inbegriff der Einrichtungen, der Anlagen und der Existenz ihres Betriebssystems. Je nach dem jeweiligen Gegenstand der Infrastruktur wird die Sektorspezifität beobachtet. Mit diesem Infrastrukturbegriff kann man aber die Betriebslogik und Regulierung in diesen Sektoren nicht ausreichend erklären. Die juristische Rezeption und Ergänzung der Regulierungsökonomie ist nicht durch die Logik der Güter selbst oder die jeweilige Gegenstände der Infrastruktur zu erlangen, die in den Netzen transportiert und bereitgestellt werden, sondern durch die Logik der Netze,[773] die Güter, Information und Personen de facto verbinden und betreiben. Indem man den Infrastrukturbegriff als Einrichtung oder Anlage begreift, werden die Infrastruktursektoren nur gegenständlich voneinander unterschieden. In diesen Sektoren sind die Netzregulierungsrechte jeder Netzinfrastruktur als ihre sektorspezifischen Gegenstände (z. B. „Schienennetz“ im AEG, „öffentliches Telefonnetz“ im TKG) zu

771 Dazu näher, *C. Gramm*, Privatisierung und notwendige Staatsaufgaben, S. 273.

772 Vgl. *C. Gramm*, Privatisierung und notwendige Staatsaufgaben, S. 273.; Aufgrund der Ungeeignetheit der Untersuchungsgegenstände, *G. Hünnekens*, Rechtsfragen der wirtschaftlichen Infrastruktur, S. 23.

773 Vgl. *F. J. Säcker*, Das Regulierungsrecht im Spannungsfeld von öffentlichem und privatem Recht - Zur Reform des deutschen Energie- und Telekommunikationsrechts, AöR 130 (2005), S. 180 (189).

bemerken. Dementsprechend wird in jedem einzelnen Gesetz der Begriff „Infrastruktur" daher als physische Einrichtung und Anlage verstanden. Beispielsweise ist in § 28a EnWG die Rede von „Neuer Infrastruktur" in Verbindung mit Art. 22 GasRL. Der Normzweck der Vorschrift von § 28a EnWG ist nämlich, ein positives Investitionsklima herzustellen, um die Erschließung von Gasversorgungsquellen durch den notwendigen Infrastrukturbau zu unterstützen.[774] Auch die Netzbegriffe im EnWG (§ 3 Nr. 2-7, 16-17 und 20 EnWG) zeigen die Anwendung der Begriffe Infrastruktur und Netz innerhalb dieses Gesetzes.

(d) Regulierung in den Infrastruktursektoren

Die Privatisierung der staatlich sicherzustellenden netzgebundenen Infrastrukturen wie Eisenbahn, Post und Telekommunikation, die oft als Daseinsvorsorge oder „öffentliche Versorgung"[775] bezeichnet werden, hat erst in den 90er Jahren richtig stattgefunden. Der Grundgedanke der Privatisierung in diesem Bereich ging dahin, dass bei der Sicherstellung der Grundversorgung für die Bevölkerung die staatlichen oder kraft Gesetzes monopolistischen Unternehmen nicht mehr ihre Monopolvorteile ziehen können sollten. Die Wahrnehmungsmodi der „klassischen" Verwaltungsaufgaben im Bereich der Infrastruktur und der Verwaltungskompetenz sind in das Grundgesetz aufgenommen worden. Vor allem existieren Gewährleistungsklauseln für den Eisenbahn-, Post- und Telekommunikationssektor nach Art. 87e und 87f GG. Die Erfüllung dieses Verfassungsauftrags ist durch die staatliche Aufgabe der Regulierung zu gewährleisten.[776] Aufgrund der unterschiedlichen Privatisierungsgrade unter verschiedenen Bedingungen, vor allem unter dem (verfassungs-) rechtlichen bestimmten Rahmen, wird die staatliche Gewährleistungsverantwortung in den Infrastruktursektoren bestimmt.

---

774 Vgl. *K.-D. Barbknecht*, in: *Säcker* (Hrsg.), Berliner Kommentar zum Energierecht, § 28a, Rn. 1.

775 Über die Kategorisierung, *J.-C. Pielow*, Grundstrukturen öffentlicher Versorgung, S. 12 ff., 19, 24.

776 Vgl. *P. Badura*, Wettbewerbsaufsicht und Infrastrukturgewährleistung durch Regulierung im Bereich der Post und Telekommunikation, in: *Hübner/Ebke* (Hrsg.), FS Großfeld, S. 35 (38).

II. Verfassungsrechtliche Grundlage der Netzregulierung

Die öffentliche Verwaltung bedient sich bei der Netzregulierung unterschiedlicher Rechtsformen.[777] Alle diese Regulierungsmaßnahmen müssen sich auf Grundgesetz ausrichten. (Art. 1 Abs. 3, Art. 20 Abs. 3 GG). Bemerkenswert ist, dass die Regulierungsmaßnahmen einerseits den Wettbewerb in der neuen Märkten schaffen und sicherstellen, anderseits wieder verstärkt Gemeinwohlbindungen und -aufträge artikulieren.[778]

1. Das soziale Rechtsstaatsprinzip

Das Sozialstaatsprinzip wird im Grundgesetz nur in groben Zügen umrissen. Art. 20 Abs. 1 und Art. 28 Abs. 1 GG präzisieren den normativen Gehalt nicht hinreichend und bieten auch nur ungenügende unmittelbare Hinweise. Die Fragen, welche Ziele der Sozialstaat hat und wie sie zu verwirklichen sind, sind grundsätzlich von der Auslegung der Gesetze - vor allem in Orientierung an der Ausgestaltung durch den Gesetzgeber - abhängig. Der Wandel der zeitlichen, räumlichen, wirtschaftlichen, wissenschaftlichen und technischen Gegebenheiten übt bei der Ausgestaltung auf den Gesetzgeber einen großen Einfluss aus. Das Sozialstaatsprinzip ist daher ein weiterzuentwickelnder Begriff[779] und ein Zukunftsprinzip.[780]

---

777 Vgl. *R. Weimar*, Der staatliche Eingriff im Bereich der Wirtschaft, in: *Schreckenberger* (Hrsg.), Die Idee des Rechts und soziale Verantwortung als Handlungsgrundlage der modernen Staatenwelt, S. 19 (21).

778 Vgl. *O. Lepsius*, Verfassungsrechtlicher Rahmen der Regulierung, in: *Fehling/Ruffert* (Hrsg.), Regulierungsrecht, § 4, Rn. 2.

779 *E. Benda*, Der soziale Rechtsstaat, in: HbVerfR, § 17, S. 719 (768 ff.). Rn. 112 ff.; *K.-P. Sommermann*, in: *v. Mangoldt/Klein/Starck* (Hrsg.), Grundgesetz Kommentar, Bd. II, Art. 20. Rn. 106.

780 Vgl. *G. Robbers*, in: Bonner Kommentar GG, Art. 20 Abs. 1, Rn. 1440.

(1) Staatlicher Interventionsgrund

Da das Wort „sozial“ im allgemeinen Sinn als „gesellschaftlich“ oder „gesellschaftsbezogen“ zu verstehen ist,[781] wohnt das Zusammenwirken des Staates mit der Gesellschaft oder die staatliche Intervention in die Gesellschaft schon dem Begriff des Sozialstaats inne. Aus Art. 20 Abs. 1 und Art. 28 Abs. 1 GG wird das Ziel des Sozialstaats gefolgert. „Soziale Gerechtigkeit“[782], „soziale Sicherheit“ und „sozialer Ausgleich“ als die Ziele des Sozialstaats ermöglichen die staatliche Intervention.[783] Diese staatliche Intervention zum Zwecke der Verwirklichung des Sozialstaats soll sich vor allem an der „Erhaltung und Sicherheit der menschlichen Würde“ orientieren.[784] Bei dem menschenwürdigen Leben in der heutigen Zeit geht es darum, durch die Wirtschaftsförderung ein menschenwürdiges Existenzminimum sicherzustellen, Leistungen der Daseinsvorsorge zu erbringen, Chancengleichheit zu fördern und für eine gerechte Sozialordnung zu sorgen.[785] Alle sich aus Art. 20 Abs. 1 GG ergebenden Pflichten des Staates stehen unter dem Gebot des Rechtsstaates.[786] Der Gesetzgeber verpflichtet sich, das soziale Rechtsstaatsprinzip zu konkretisieren und zu gestalten.[787] Aus diesem Konkretisierungsauftrag ist der Gesetzgeber zur Ausgestaltung der sozialen Ordnung verpflichtet. Auch die Rolle der Verwaltung ist in diesem Punkt wichtig. Anders als die Freiheit setzt die klassische - aber noch sinnvolle - Vorstellung der Sozialstaatlichkeit eine aktive staatliche Tätigkeit und Leistung voraus.[788] Der von Art. 20 Abs. 1 und Art. 28 Abs. 1 GG vorausgesetzte Sozialstaat ist daher ein „planender, lenkender, leistender, verteilender,

---

781 Vgl. *H. F. Zacher*, Das soziale Staatsziel, in: *Isensee/Kirchhof* (Hrsg.), HStR, Bd. II, § 28, Rn. 21.

782 BVerfGE 5, 85 (198). Dagegen, *K.-P. Sommermann*, in: *v. Mangoldt/Klein/Starck* (Hrsg.), Grundgesetz Kommentar, Bd. II, Art. 20. Rn. 104.

783 Vgl. *K.-P. Sommermann*, in: *v. Mangoldt/Klein/Starck* (Hrsg.), Grundgesetz Kommentar, Bd. II, Art. 20. Rn. 104, 107.

784 BVerfGE 35, 348 (355 f.).

785 BVerfGE 22, 180 (204).; *G. Robbers*, in: Bonner Kommentar GG, Art. 20 Abs. 1, Rn. 1441.; *K.-P. Sommermann*, in: *v. Mangoldt/Klein/Starck* (Hrsg.), Grundgesetz Kommentar, Bd. II, Art. 20. Rn. 105.

786 *K. Hesse*, Grundzüge des Verfassungsrechts der Bundesrepublik Deutschland, Rn. 214.

787 BVerfGE 50, 57 (108).; 51, 115 (125).; 100, 271 (284).

788 Vgl. *D. Murswiek*, Grundrechte als Teilhaberechte, soziale Grundrechte, in: *Isensee/Kirchhof* (Hrsg.), HStR, Bd. V, § 112, Rn. 51.; Dementsprechend, *C. Gröpl*, Staatsrecht I, Rn. 584.

individuelles wie soziales Leben erst ermöglichender Staat".[789] Die Verwirklichung des Sozialstaatsprinzips kann aber häufig Kollisionen mit oder Beeinträchtigung von anderen Rechten herbeiführen. Die mit der „Krise des Sozialstaates" oder der „Verrechtlichung" umschriebenen Fragen des Sozialstaates stellen einen Teilaspekt der sozialrechtsstaatlichen Entwicklung dar.[790] Dieser Charakter der Sozialstaatlichkeit wird vor allem im Bereich der Wirtschaftsordnung deutlich.

(2) Grundlage des öffentlichen Wirtschaftsrechts

Zur Gestaltung, Konkretisierung und Erreichung der Ziele des sozialen Rechtsstaats - soziale Gerechtigkeit, Sicherheit und Ausgleich - verpflichtet sich der Staat gemäß Art. 20. Abs. 1 GG.[791] Der Gesetzgeber ist bei der Erfüllung seines Gestaltungsauftrags an das Sozialstaatsprinzip gebunden und hat deshalb für einen gerechten Ausgleich der sozialen Gegensätze zu sorgen.[792] Nach diesem Gestaltungs- und Konkretisierungsauftrag in Verbindung mit dem sozialen Rechtsstaatsprinzip verpflichtet sich der Gesetzgeber zur Schaffung einer gerechten sozialen Ordnung,[793] insbesondere einer solchen Wirtschafts-ordnung. Da die wirtschaftliche Entwicklung eine allgemeine Teilhabe am gemeinschaftlichen Wohlstand ermöglicht,[794] ist im Sozialstaatsprinzip auch eine Ermächtigung des Staates zur aktiven Intervention in den Marktprozess zu sehen.[795] Der Sozialstaat ist verantwortlich für Wirtschaft und das soziale Rechtsstaatsprinzip stellt als ein wichtiges Strukturprinzip für staatliche Wirtschaftspolitik oder -ordnung dar. In Bezug auf die Herstellung und Konkretisierung der Wirtschaftsordnung ist aber umstritten, ob das Grundgesetz eine Festlegung auf eine bestimmte Wirtschaftspolitik enthält.

---

789 Vgl. *K. Hesse*, Grundzüge des Verfassungsrechts der Bundesrepublik Deutschland, Rn. 212.

790 Vgl. *G. Teubner*, Verrechtlichung - Begriffe, Merkmale, Grenzen, Auswege, in: *F. Kübler* (Hrsg.) Verrechtlichung von Wirtschaft, Arbeit und sozialer Solidarität, S. 289 (325).

791 BVerfGE 100, 271 (284).

792 BVerfGE 22, 180 (204); 50, 57 (108); 100, 271 (284).

793 BVerfGE 59, 231 (263); 69, 272 (314).; auch, *C. Gröpl*, Staatsrecht I, Rn. 572 ff.

794 Dazu näher, *H. F. Zacher*, Das soziale Staatsziel, in: *Isensee/Kirchhof* (Hrsg.), HStR, Bd. II, § 28, Rn. 54 ff.

795 Vgl. *D. Schiek*, in: *Denninger/Hoffmann-Riem/Schneider/Stein* (Hrsg.), Kommentar zum GG, Art. 20. Rn. 45.

Nach ständiger Rechtsprechung des Bundesverfassungsgerichts folgt aus dem Grundgesetz keine Festlegung auf eine bestimmte Wirtschaftspolitik und Wirtschaftsordnung („Die These von der wirtschaftspolitischen Neutralität des Grundgesetzes“).[796] Das Grundgesetz schreibe keine bestimmte Wirtschaftspolitik und -ordnung vor.[797] Unter der Beachtung rechtsstaatlicher Grundsätze dürfe der Gesetzgeber eine grundgesetzlich gerechte Wirtschaftspolitik und -ordnung setzen.[798] Die aus dem Grundgesetz folgende Wirtschaftsordnung sei somit neutral und offen.[799] Im Gegensatz dazu leitet die These der „sozialen Marktwirtschaft“[800] aus dem Sozialstaatsprinzip die Annahme einer Gewährleistung der Institution des Wettbewerbs und der Gewerbefreiheit ab.[801] Dabei geht es um die Frage, ob die Erhaltung, Begrenzung und Herstellung des Wettbewerbs bzw. die Wirtschaftsregulierung aus dem Sozialstaatsprinzip direkt abgeleitet werden kann.

Es bestehen allerdings keine normativen Vorgaben für ein bestimmtes, geschlossenes Wirtschaftssystem im Grundgesetz.[802] Der Gesetzgeber hat wirtschaftspolitische Gestaltungsfreiheit, auf welchem Weg und mit welchen Mit-

---

796 BVerfGE 4, 7 (17 f.).; 7, 377 (400).; 12, 341 (347).; 14, 263 (275).; 26, 16 (37.); 27, 253 (283).; 30, 292 (315).; 50, 290 (336 f.).; Vgl. *R. Schmidt*, Staatliche Verantwortung für die Wirtschaft, in: *Isensee/Kirchhof* (Hrsg.), HStR, Bd. IV, § 92, Rn. 24.; *P. M. Huber*, Öffentliches Wirtschaftsrecht, in: *Schmidt-Aßmann/Schoch* (Hrsg.), Besonders Verwaltungsrecht, 3.Kap., Rn. 20.; *R. Schmidt*, Öffentliches Wirtschaftsrecht, Allg. Teil, S. 74 f.

797 BVerfGE 7, 377 (400).; 30, 292 (315).; Jarass, in: *ders.* (Hrsg.), GG, Art. 12, Rn. 2.; dagegen, *R. Herzog*, in: *Maunz/Dürig* (Hrsg.), Grundgesetz Kommentar, Art. 20, VIII, Rn. 60.; *H. C. Nipperdey*, Soziale Marktwirtschaft und Grundgesetz, S. 13 f., 64.; zitiert nach *K.-P. Sommermann*, in: *v. Mangoldt/Klein/Starck* (Hrsg.), Grundgesetz Kommentar, Bd. II, Art. 20. Rn. 132.; *G. Robbers*, in: Bonner Kommentar GG, Art. 20 Abs. 1, Rn. 1712, 1715.

798 Vgl. *P. M. Huber*, Öffentliches Wirtschaftsrecht, in: *Schmidt-Aßmann/Schoch* (Hrsg.), Besonders Verwaltungsrecht, 3.Kap., Rn. 19.

799 BVerfGE 4, 7 (17 f.).

800 Vgl. *G. Robbers*, in: Bonner Kommentar GG, Art. 20 Abs. 1, Rn. 1711, 1715.; *H. F. Zacher*, Das soziale Staatsziel, in: *Isensee/Kirchhof* (Hrsg.), HStR, Bd. II, § 28, Rn. 57 ff.

801 Vgl. *G. Robbers*, in: Bonner Kommentar GG, Art. 20 Abs. 1, Rn. 1715.; *P. M. Huber*, Öffentliches Wirtschaftsrecht, in: *Schmidt-Aßmann/Schoch* (Hrsg.), Besonders Verwaltungsrecht, 3.Kap., Rn. 19.

802 Vgl. *J. Ziekow*, Öffentliches Wirtschaftsrecht, § 3, Rn. 7.

teln das Sozialstaatsziel erreicht oder verfolgt werden soll.[803] Er soll nur die wirtschaftliche Verantwortung des Staates als Ausfluss des Sozialstaatsprinzips beachten. Die gerechte Wirtschaftsordnung auf der Grundlage des sozialen Rechtsstaatsprinzips ist im Zusammenhang mit anderen verfassungsrechtlichen Vorgaben, insbesondere Grundrechten, zu schaffen, etwa die freie Entfaltung der Persönlichkeit und die allgemeine Handlungsfreiheit nach Art. 2 Abs. 1 GG, das Wettbewerbsprinzip[804] nach Art. 2 Abs. 1 GG und teilweise Art. 12 GG, der allgemeine Gleichheitssatz des Art. 3 Abs. 1 GG, die Berufsfreiheit des Art. 12 GG, die Eigentumsgewährleistung des Art. 14 GG, Art. 28 Abs. 1 GG, die Infrastrukturgarantie und Privatisierung nach Art. 87e Abs. 1 und Art. 87f Abs. 1 GG in Verbindung mit Art. 143a und 143b GG und so weiter. Darüber hinaus schreibt das Grundgesetz die Kompetenz und Verantwortung des Sozialstaates für die Wirtschaft vor, wie durch Art. 72 Abs. 2, Art. 74 Abs. 1 Nr. 11 GG deutlich wird.[805] Bei Betrachtung dieser vielfältigen Bestimmungen, insbesondere des Rechtsstaatsprinzips, ist es erwiesen, dass das Sozialstaatsprinzip einerseits auf Wahrung des gesamtwirtschaftlichen Interesses oder die Sicherstellung sozialer Leistungserbringung, anderseits aber auch auf die Freiheitsförderung und -ermöglichung[806] abzielt. So ist das Sozialstaatsprinzip als ein dynamisches Prinzip zu verstehen.

Es ist kaum möglich, eine bestimmte Wirtschaftsordnung wie die soziale Marktwirtschaft, unmittelbar aus den Bestimmungen von Art. 20 Abs. 1 und Art. 28 Abs. 1 GG herzuleiten. Das Sozialstaatsprinzip hat nur begrenzte Wirkung für die Wettbewerbssteuerung oder Gewährleistung der Gewerbefreiheit.[807] Aus dem Verhältnis vom Sozialstaatsprinzip und anderen verfassungsrechtlichen Vorgaben lassen sich die wichtige Merkmale der sog. „sozialen Marktwirtschaft" entnehmen. Das Grundgesetz tendiert weder zu einem bestimmten, geschlossenen Wirtschaftssystem noch zur vollständigen Neutralität. „Die These von der wirtschaftspolitischen Neutralität des Grundgesetzes" des Bundeverfassungsgerichts bedeutet somit eine „bewusste Offenheit", weshalb die Verfas-

---

803 Vgl. *K.-P. Sommermann*, in: *v. Mangoldt/Klein/Starck* (Hrsg.), Grundgesetz Kommentar, Bd. II, Art. 20. Rn. 103.

804 BVerfGE 32, 305 (317).; *A. Musil*, Wettbewerb in der staatlichen Verwaltung, S. 64.

805 Dazu näher, *J. Ziekow*, Öffentliches Wirtschaftsrecht, § 3, Rn. 15 ff.; *H. F. Zacher*, Das soziale Staatsziel, in: *Isensee/Kirchhof* (Hrsg.), HStR, Bd. II, § 28, Rn. 56.; *P. M. Huber*, Öffentliches Wirtschaftsrecht, in: *Schmidt-Aßmann/Schoch* (Hrsg.), Besonders Verwaltungsrecht, 3.Kap., Rn. 17 ff.

806 Vgl. *K.-P. Sommermann*, in: *v. Mangoldt/Klein/Starck* (Hrsg.), Grundgesetz Kommentar, Bd. II, Art. 20. Rn. 108 ff.

807 Vgl. *A. Musil*, Wettbewerb in der staatlichen Verwaltung, S. 405.

sung keine systematische Geschlossenheit erhebt.[808] Damit wird „die These von der wirtschaftspolitischen Neutralität“ eine Grenze zu einer Verfassungsauslegung über eine rechtliche Wirtschaftsordnung - insbesondere für die Gesetzgebung über das Regulierungsrecht. Aber sie verleugnet nicht die Grundrichtung der Wertentscheidung für eine Wirtschaftsordnung. Man hat sich hierauf die Idee der offenen Marktwirtschaft geeinigt, sei es als soziale Marktwirtschaft[809] oder im Sinne wirtschaftlicher Neutralität.[810]

Der Wirtschaftsordnung, die aus dem Sozialstaatsprinzip und anderen verfassungsrechtlichen Vorgaben folgt, kommt eine Bedeutung im Bereich des öffentlichen Wirtschaftsrechts etwa bei der Wirtschaftsaufsicht und der Infrastrukturgarantie zu. Sowohl die allgemeine Wirtschaftsaufsicht als auch die sektorspezifische Wirtschaftsregulierung in den Netzsektoren haben ihren gemeinsamen verfassungsrechtlichen Ansatzpunkt bei dieser Wirtschaftsordnung. Als ein Rechtfertigungsgrund für die staatliche Intervention in die Gesellschaft, besonders in den Marktprozess, wird das soziale Rechtsstaatsprinzip ständig mit neuen Herausforderungen konfrontiert und muss den Wandel des sozialen Verständnisses von sozialen Sicherheit beachten,[811] um hier die gemeinwirtschaftlichen Ziele zu erreichen. In Zusammenschau mit anderen verfassungsrechtlichen Vorgaben lässt sich das soziale Rechtsstaatsprinzip als das Leitprinzip für die „freiheitliche, marktwirtschaftlich ausgerichtete Wirtschaftsordnung“[812] darstellen. Aufgrund der Offenheit dieser Wirtschaftsordnung ist die Regulierung als „neues“ Modell der hoheitlichen Intervention mit den neuen Tendenzen wie Liberalisierung, Globalisierung und Ökonomisierung zu begreifen. Regulierung als staatliche Intervention in den Marktprozess gründet zunächst auf der rechtlichen Wirtschaftsordnung, die wiederum auf dem „entwickelten“ Sozialstaatsprinzip beruht.[813]

---

808 Vgl. *K. Hesse*, Grundzüge des Verfassungsrechts der Bundesrepublik Deutschland, Rn. 21.

809 Vgl. *G. Robbers*, in: Bonner Kommentar GG, Art. 20 Abs. 1, Rn. 1717.

810 BVerfGE 59, 231 (263).; *P. M. Huber*, Öffentliches Wirtschaftsrecht, in: *Schmidt-Aßmann/Schoch* (Hrsg.), Besonders Verwaltungsrecht, 3. Kap., Rn. 22.

811 Vgl. *K.-P. Sommermann*, in: *v. Mangoldt/Klein/Starck* (Hrsg.), Grundgesetz Kommentar, Bd. II, Art. 20. Rn. 106.

812 Vgl. *P. M. Huber*, Öffentliches Wirtschaftsrecht, in: *Schmidt-Aßmann/Schoch* (Hrsg.), Besonders Verwaltungsrecht, 3.Kap., Rn. 22.

813 Dementsprechend, *J. Wieland*, Der soziale Rechtsstaat als Gewährleistungsstaat, in: *Manssen/Jachmann/Gröpl* (Hrsg.), FS Steiner, S. 932 ff.; Anders, *J. Kühling*, Sektorspezifische Regulierung in den Netzwirtschaften, S. 465 f.

Obwohl man diese freiheitliche, marktwirtschaftlich ausgerichtete Wirtschaftsordnung als die Regulierungsphilosophie[814] betrachten kann, leiten sich die konkreten Inhalte und Maßnahmen aber nicht „direkt" vom Sozialstaatsprinzip ab. Sie erfordern noch weitere Ausgestaltung und Konkretisierung durch den Gesetzgeber und andere Staatsorgane. Trotz der Gestaltungsfreiheit des Gesetzgebers soll er bei der Gestaltung und Konkretisierung die formelle und materielle Rechtsmäßigkeit, als ein weiteres Verfassungsprinzip sowie die Grundrechte beachten.[815]

2. Infrastrukturgewährleistung in Art. 87e Abs. 4 und Art. 87f Abs. 1 GG

(1) Gewährleistungsklausel

Art. 87e Abs. 4 und Art. 87f Abs. 1 GG sind die Gewährleistungsklauseln im Grundgesetz. Diese Vorgaben behandeln die Entstehung der staatlichen Gewährleistungsverantwortung innerhalb der „klassischen" Verwaltungsaufgabenfelder, in denen der Staat selbst seine daseinsvorsorgerelevante Aufgabe wahrgenommen hat. Ihre Entstehung ist eine kurzfristige Folge der Privatisierung, findet sich aber auch im Zusammenhang mit dem Wandel der Wahrnehmungsmodi staatlicher Aufgaben wieder. Mit der Äußerung „Wirtschaftsunternehmen in privatrechtlicher Form" enthält Art. 87e Abs. 3 GG den Organisations- und Aufgabenprivatisierungsgehalt des Eisenbahnwesens. Noch weiter führt der Ausdruck „privatwirtschaftliche Tätigkeit" in Art. 87f Abs. 2 GG zur materiellen oder nur erweiterten Organisationsprivatisierung.[816] Diese Entscheidung für die Privatisierung im Zuge der Verfassungsänderung[817], dem sog. „Rückzug des Staates" von diesen Bereichen der Daseinsvorsorge wie Eisenbahn, Post oder Telekommunikation, eröffnet in diesem Sektor die Erfüllung öffentlicher Aufgabe durch Private und stellt demzufolge eine weitere wettbewerbsorientierte Wirtschaftspolitik dar. Die Entziehung staatlicher Aufgaben durch das Zusam-

814 Vgl. *M. Schmidt-Preuß*, Regulierung - Reflexion aus Anlass der Liberalisierung im Strom- und Gassektor, in: FS *R. Schmidt*, S. 547 (551 ff.).

815 Vgl. *K. Cannivé*, Infrastrukturgewährleistung in der Telekommunikation zwischen Staat und Markt, S. 69 f.

816 Dazu näher, *H. Gersdorf*, in: *v. Mangoldt/Klein/Starck* (Hrsg.), Grundgesetz Kommentar, Bd. III, Art. 87f, Rn. 56 ff.; *P. Badura*, in: Bonner Kommentar, Art. 87f, Rn. 22.

817 40. Gesetz zur Änderung des Grundgesetz von 20. 12. 1993 (BGBl. I, S. 2089).; 41. Gesetz zur Änderung des Grundgesetz von 30. 8. 1994 (BGBl. I, S. 2245)

menwirken mit Privaten, die Öffnung des Wettbewerbs und des Marktes, macht eine effizientere Leistungserbringung möglich. Aber bei der Übertragung auf den Marktprozess dürfte immer noch ein Marktversagen auftreten. Die Gewährleistungsklausel schreibt daher eine staatliche Verantwortung für die gerechte Steuerung des Marktprozesses vor. Zudem obliegt nach Art. 87e Abs. 4 und Art. 87f Abs. 1 GG sowohl dem Staat als auch den privaten Anbietern die Beachtung der Interessen der Allgemeinheit. Diese verfassungsrechtlichen Vorgaben zeigen, dass der Verfassungsgeber dem Staat (dem Bund) eine Gewährleistungsverantwortung auferlegt, weil er grundsätzlich Misstrauen gegen die dauerhafte, flächendeckende, angemessene und ausreichende Erbringung der Grundversorgung durch den Markt hat.[818] Nach diesem Auftrag im Grundgesetz verpflichtet sich der Staat das gleiche Niveau des Enderfolgs zu gewährleisten, wie er es früher im Rahmen seiner Erfüllungsverantwortung getan hat. Umgekehrt ist dieser Auftrag der Rechtfertigungsgrund für staatliche Intervention, um die Leistungserbringung zu gewährleisten. In diesem Punkt kann eine Funktion des Regulierungsrechts als „Privatisierungsfolgenrecht" verstanden werden.

(2) Staatszielbestimmung

Diese Gewährleistungsaufträge in Art. 87e Abs. 4 und Art. 87f Abs. 1 GG sind nicht als Programmsätze, sondern als Staatszielbestimmungen zu qualifizieren.[819] Ihre konkreten Inhalte sind nicht unmittelbar aus diesen Aufträgen abzuleiten. So ist die Gesetzgebung an die Gewährleistungsklausel als Staatszielbestimmung gebunden, womit der Gesetzgeber weitere Gestaltungsfreiheit erhält. Der Gesetzgeber soll bei seiner Konkretisierung und Gestaltung die materiellen verfassungsrechtlichen Bindungen von Art. 87e Abs. 4 und Art. 87f Abs. 1. GG beachten.

Bemerkenswert in Zusammenhang mit diesen Bestimmungen ist das Wettbewerbsprinzip. Der Wortlaut von Art. 87e Abs. 3 und Art. 87f Abs. 2 GG „Wirtschaftsunternehmen" und „privatwirtschaftliche Tätigkeiten", lässt auf die Verfolgung des Marktwirtschaftsprinzips, nämlich des Wettbewerbsprinzips

---

818 Vgl. *J. Wieland*, in: Dreier (Hrsg.), GG Kommentar, Bd. 3, Art. 87f, Rn. 8.; *R. Ruge*, Die Gewährleistungsverantwortung des Staates und der regulatory State, S. 177.

819 Vgl. *R. Uerpmann-Wittzack*, in: *v. Münch/Kunig* (Hrsg.), Grundgesetzkommentar, Bd. III, Art. 87e Rn. 16.; *K. Cannivé*, Infrastrukturgewährleistung in der Telekommunikation zwischen Staat und Markt, S. 51.

schließen.[820] Das aus diesem Wortlaut im Grundgesetz hergeleitete Wettbewerbsprinzip zielt auf die Herstellung von gemeinwohlorientiertem Wettbewerb in den Netzindustrien ab.[821] Zwar werden Art. 87e und Art. 87f GG als die speziellen, bereichsspezifischen Normen betrachtet, die nur begrenzten Sinn für die gesamte Geltung des Wirtschaftlichkeitsprinzips im Grundgesetz haben.[822] Im Bezug auf die Regulierung stellen sich die Normen jedoch die zentralen Fragen, wie im konkreten Kontext eine sektorspezifische Gestaltung und Institutionalisierung eines Wettbewerbs schaffen kann.[823]

Ferner bedeutet Art. 87f Abs. 1 GG für den Gesetzgeber, dass er für die Erbringung der Grundversorgung zu sorgen hat. Anders als Art. 87e GG hat Art. 87f Abs. 1 GG den Auftrag „flächendeckende angemessene und ausreichende Dienstleistungen zu gewährleisten“. Damit soll der Gesetzgeber die Herstellung eines bestimmten Erfolges gewähren.[824] Schließlich zielen diese Bestimmungen auf die „Wettbewerbsstrukturierung angesichts von Netzstrukturen“[825] und zugleich auf die Gemeinwohlorientierung ab. Dabei geht es um die Regulierung, die den funktionsfähigen Wettbewerb als Grundlage der Verfolgung des öffentlichen Interesses in jedem spezifischen Sektor fördert. In Anbetracht von Art. 87e und Art. 87f GG sind die primären Ziele der Regulierung auf verfassungsrechtlicher Ebene die Förderung des funktionsfähigen Wettbewerbs unter Orientierung am Gemeinwohl.

Während die Infrastrukturgewährleistungsklauseln von Art. 87e und Art. 87f GG allein die Ziele und Bedürfnisse der Regulierung in den jeweiligen Sektoren der Infrastrukturen begründen, erklärt das Verhältnis von einzelnen Grundrech-

---

820 Vgl. *A. Musil*, Wettbewerb in der staatlichen Verwaltung, S. 68 ff., 77.

821 Vgl. *J. Masing*, Zur Möglichkeit und Notwendigkeit übergreifender Grundsätze der Netzregulierung, in: *J. Lüdemann* (Hrsg.), Telekommunikation, Energie, Eisenbahn - welche Regulierung brauchen die Netzwirtschaften? , S. 155 (158).

822 Vgl. *A. Musil*, Wettbewerb in der staatlichen Verwaltung, S. 77.

823 *J. Masing*, Grundstrukturen eines Regulierungsverwaltungsrechts, DV 36 (2003), S. 1 (6 ff.).; *O. Lepsius*, Verfassungsrechtlicher Rahmen der Regulierung, in: *Fehling/Ruffert* (Hrsg.), Regulierungsrecht, § 4, Rn. 3.

824 Vgl. Gegenäußerung der Bundesregierung zur Stellungnahme des Bundesrates, BT-Drucks. 12/7269, Anlage 3, S. 10.; Stellungnahme des Bundesrates, BT-Drucks. 12/7269, Anlage 2, S. 7.; *R. Uerpmann-Wittzack*, in: *v. Münch/Kunig* (Hrsg.), Grundgesetzkommentar, Bd. III, Art. 87f Rn. 8.; *K. Cannivé*, Infrastrukturgewährleistung in der Telekommunikation zwischen Staat und Markt, S. 53.

825 Vgl. *J. Masing*, Grundstrukturen eines Regulierungsverwaltungsrechts, DV 36 (2003), S. 1 (6).

ten und Infrastrukturgewährleistung nur die Rechtfertigungen und Schranken der jeweiligen Regulierungsinstrumente. Im Weiteren werden die einzelnen Grundrechte, insbesondere die Berufsfreiheit nach Art. 12 Abs. 1 GG und die Eigentumsgarantie nach Art. 14 GG behandelt.

3. Wirtschaftsrelevante Grundrechte

Mit den zwei großen Säulen der Berufsfreiheit und der Eigentumsgarantie gewährleistet das Grundgesetz dem Einzelnen wirtschaftliche Betätigungsfreiheit. Bei der Diskussion um die ökonomische Freiheiten gewährenden Grundrechte geht es aber nicht nur um den Freiheitsschutz gegen den eingreifenden Staat, sondern auch um die reale Freiheitsausübung.[826] Die Umstände der Regulierung liegen in einem mehrpoligen Verhältnis der Grundrechte. Um die darauf beruhende komplexe Problemlage richtig erfassen zu können, wird daher der Blick auf die „neue" Grundrechtsdogmatik gerichtet, aber es ist auch sinnvoll mit Hilfe der bestehenden Grundrechtsdogmatik zu erklären.[827]

(1) Berufsfreiheit nach Art. 12 Abs. 1 GG

(a) Allgemeines

Die Berufsfreiheit ist das wichtigste Grundrecht, besonders für die wirtschaftliche Tätigkeit.[828] Die Gewährleistung der Wirtschaftstätigkeit Privater und deren unternehmerischer Betätigung, der freie Marktzutritt und das Verhalten innerhalb eines bestimmten Marktes,[829] wird grundrechtlich begründet und geschützt durch Art. 12 Abs. 1 GG. Obwohl allein aus dem Art. 12 Abs. 1 GG keine Grundentscheidung für ein bestimmtes Wirtschaftssystem abzuleiten ist,[830]

---

826 Vgl. *W. Hoffmann-Riem*, Enge oder weite Gewährleistung der Grundrechte?, in: *Bäuerle* (Hrsg.), Haben wir wirklich Recht?, S. 53 (57).

827 Auch, *M. Bäcker*, Wettbewerbsfreiheit als normgeprägtes Grundrecht, S. 39 f.; Demgegenüber, *W. Hoffmann-Riem*, Grundrechtsanwendung unter Rationalitätsanspruch, Der Staat 43 (2004), S. 203 (226).

828 Statt vieler, *F. Ossenbühl*, Die Freiheiten des Unternehmens nach dem Grundgesetz, AöR 115 (1990), S. 1 (5).; auch, BVerfGE 95, 173 (187 f.).

829 Vgl. *R. Scholz*, Entflechtung und Verfassung, S. 92.

830 Vgl. *G. Manssen*, in: *v. Mangoldt/Klein/Starck* (Hrsg.), Grundgesetz Kommentar, Bd. I, Art. 12, Rn. 32.

hat diese Vorgabe eine wichtige Bedeutung als subjektives Abwehrrecht und die objektive Wertordnung für die Wirtschaftsordnung im Zusammenhang mit anderen Grundrechten oder sonstigen Verfassungsbestimmungen, gemäß der Offenheit der Wirtschaftsverfassung.[831] Als das Gegenstück schützt die allgemeine Handlungsfreiheit nach Art. 2 Abs. 1 GG die wirtschaftliche Tätigkeit in einem bestimmten Umfang, soweit der Schutzbereich in Abgrenzung zu Art. 12 Abs. 1 GG einschlägig ist.[832]

Nach der Auffassung des Bundesverfassungsgerichts ist „Beruf" eine Tätigkeit, die „auf Dauer angelegt ist und zur Schaffung und Erhaltung einer Lebensgrundlage geeignet ist".[833] Die Wirtschaftstätigkeit als Gegenstand der Berufsfreiheit wird weit verstanden, solange sie die zeitlichen und zweckmäßigen Bestandteile dieses Berufsbegriffs erfüllt. Als „ein einheitliches Grundrecht" beinhaltet die Berufsfreiheit nach Art. 12 Abs. 1 GG umfassende Teilgarantien.[834] Jeder der sachlichen Schutzbereiche der Berufsfreiheit, wie Berufswahl, -ausübung oder Arbeits- und Ausbildungsplatzwahl, hat einen unterschiedlichen Inhalt.

Sowohl nach dem Verständnis der hoheitlichen Regulierung als auch nach dem der regulierten Selbstregulierung bezieht sich der Begriff der Regulierung jedenfalls auf die Möglichkeit des Eingriffs in die Berufsfreiheit. Regulierung ist definitionsgemäß schon die Herstellung der Wettbewerbsstruktur und die Einflussnahme auf das marktbezogene Verhalten von Unternehmen. Die Netzregulierung könnte man daher als einen Eingriff in die wirtschaftliche Tätigkeit des Einzelnen und der Unternehmen ansehen.[835] Die Regulierung der wirtschaftlichen Tätigkeit im Marktprozess - insbesondere die Marktverhaltensregulierung - bezieht sich auch auf die Wettbewerbsfreiheit, und der Schutzbereich der Berufsfreiheit nach Art. 12 Abs. 1 GG umfasst die Wettbewerbsfreiheit.[836] Die Regulierung als eine staatliche Intervention in den Marktprozess, dem das Prinzip des freien Wettbewerbs zugrunde liegt, zielt auf die Wettbewerbssteuerung

---

831 Vgl. *R. Scholz*, Entflechtung und Verfassung, S. 95.

832 Vgl. *G. Manssen*, in: *v. Mangoldt/Klein/Starck* (Hrsg.), Grundgesetz Kommentar, Bd. I, Art. 12, Rn. 274.

833 BVerfGE 7, 377 (397).

834 BVerfGE 9, 338 (344 f.); 17, 269 (276).; Vgl. *G. Manssen*, in: *v. Mangoldt/Klein/Starck* (Hrsg.), Grundgesetz Kommentar, Bd. I, Art. 12, Rn. 2.

835 Vgl. *M. Herdegen*, Freistellung neuer Telekommunikationsmärkte von Regulierungseingriffen, MMR 9/2006, S. 580 (581).

836 Vgl. *G. Manssen*, in: *v. Mangoldt/Klein/Starck* (Hrsg.), Grundgesetz Kommentar, Bd. I, Art. 12, Rn. 70.; BVerfGE 32, 311 (317); 46, 120 (137); 105, 252 (265).

ab, um einen funktionsfähigen Wettbewerb herzustellen und zu erhalten. An der Schnittstelle von Regulierung und Wettbewerbsfreiheit wirken sowohl die steuernde Intervention in das (bestehende) Wettbewerbsverhältnis als auch das objektive Recht, das die Wettbewerbssituation an sich ermöglicht oder begrenzt. Die Berufsfreiheit des Art. 12 Abs. 1 GG gewährt aber keinen Schutz vor Konkurrenz. Die Berufsfreiheit hat zwar wettbewerbsschützenden Charakter, jedoch kann sie nicht gegen die Konkurrenz durch private Konkurrenten und die öffentliche Hand schützen.[837] Wegen der Garantie der Wettbewerbsfreiheit innerhalb des Schutzbereichs der Berufsfreiheit von Art. 12 Abs. 1 GG hat der Gesetzgeber dafür zu sorgen, dass die rechtlichen Rahmenbedingungen für einen möglichst funktionsfähigen Wettbewerb festlegen, nämlich die „Garantie der gleichen Wettbewerbsfreiheit“.[838] Dadurch erklären sich die beiden Dimensionen der Wettbewerbsfreiheit: Zum einen der subjektiv-rechtliche Freiheitschutz gemäß Art. 12 Abs. 1 GG. Zum anderen das objektive Recht, das die rechtlichen Rahmenbedingungen mitbestimmt, die den Wettbewerb ermöglichen, erhalten und begrenzen. Hier sichert Art. 12 Abs. 1 GG „die Teilhabe am Wettbewerb nach Maßgabe seiner Funktionsbedingungen“.[839]

Aus Sicht der wirtschaftlichen Tätigkeiten geht es bei der Regulierung darum, wie die staatlichen Regulierungsmaßnahmen gerechtfertigt werden können. Des Weiteren werden die Intensität des Grundrechtseingriffs[840] und die mit der Regulierung verfolgten Ziele betrachtet.

(b) Regulierender Eingriff in die Berufsfreiheit

Nach ständiger Rechtsprechung des Bundesverfassungsgerichts wird die Rechtfertigung eines Eingriffs in die Berufsfreiheit mit der „Drei-Stufen Theorie“ geprüft. Diese wurde im sog. „Apothekenurteil“[841] vom Bundesverfassungsgericht entwickelt, um die Verfassungsmäßigkeit differenzierter prüfen zu können. Diese Theorie differenziert zunächst zwischen Berufsausübungsregelungen und subjektiven oder objektiven Berufswahlregelungen. Die je nach

837 BVerfGE 34, 252 (256); 55, 261 (269).; *Schmidt/Vollmöller* (Hrsg.), Kompendium Öffentliches Wirtschaftsrechts, § 2, Rn. 41 ff.; *J. Ziekow*, Öffentliches Wirtschaftsrecht, § 3, Rn. 20.

838 Vgl. *R. Scholz*, Entflechtung und Verfassung, S. 97.

839 BVerfGE 105, 252 (265).

840 BVerfGE 115, 276 (304).

841 BVerfGE 7, 377 (398).

„Stufen“ unterschiedliche Intensität des Eingriffs ist im Verhältnis zum Gewicht der verfolgten Zwecke zu setzen.[842] Die Erscheinungsformen der Regulierung in diesem Bereich sind namentlich die Marktzutrittsregulierung und Marktverhaltensregulierung sowie die unmittelbare oder mittelbare Beschränkung für die Gemeinwohlzielerreichung. Mit den Schutzgütern der Berufsfreiheit sind die Gegenstände dieser Erscheinungsformen deckungsgleich. Aber es ist nicht immer eindeutig, ob sich die Eingriffsform durch die Regulierung auf die Berufsausübungsregelung sowie auf die subjektive und objektive Berufswahlregelung bezieht. Wegen der oder trotz der heutigen Kritik hat die „Drei-Stufen-Theorie“ anerkannt, dass zumindest die Differenzierung und Typisierung zwischen der Berufsausübungsregelung und der subjektiven und objektiven Berufswahlregelung angeboten wird.[843]

Die Berufsfreiheit kann durch Regulierung beeinträchtigt werden. Aufgrund der abgestuften Skalen der Regulierung erscheinen die Eingriffsformen in die Grundrechte der Berufsfreiheit auch unterschiedlich. Staatliche Regulierung wird zunächst dann als Eingriff in das Grundrecht der Berufsfreiheit verstanden, wenn unmittelbar und final durch Rechtsakt auf das berufsfreiheitliche Verhalten eingewirkt wird.[844] Bei dem Zugang zu einem Teilnehmeranschluss im Telekommunikationsnetz handelt es sich z. B. um die Verpflichtung zur Abgabe eines nachfragegerechten Angebots der marktbeherrschenden Unternehmen,[845] was einen Eingriff in die Berufsausübungsfreiheit darstellen könnte. Für die Rechtfertigung der Regulierungsverfügung ist es zunächst entscheidend, welches Ziel mit der Regulierung verfolgt wird. Wie die positiven verfassungsrechtlichen Entscheidungen von Art. 87e und 87f GG in Bezug auf Art 143b GG gezeigt haben, ist das Ziel der Regulierung die Herstellung und Erhaltung des funktionsfähigen Marktes. Die Zielsetzung des Gesetzes gehört zu den Belangen des Allgemeinwohls, die geeignet sind, Einschränkungen der Berufsausübungsfreiheit zu rechtfertigen.[846] Das Gemeinwohl wird schon in der Phase der Verbesserung der Pareto-Effizienz der Wirtschaftstätigkeit reflektorisch verfolgt

842 Vgl. *G. Manssen*, in: *v. Mangoldt/Klein/Starck* (Hrsg.), Grundgesetz Kommentar, Bd. I, Art. 12, Rn. 139.

843 Vgl. *G. Manssen*, in: *v. Mangoldt/Klein/Starck* (Hrsg.), Grundgesetz Kommentar, Bd. I, Art. 12, Rn. 143 ff.; *C. Berringer*, Regulierung als Erscheinungsform der Wirtschaftsaufsicht, S. 171.

844 Sog. „klassischer Grundrechtseingriff“. Vgl. *G. Manssen*, Staatsrecht II, Rn. 131.; *V. Epping*, Grundrechte, Rn. 347.

845 BVerwGE 114, 160 (189 f.).

846 BVerwGE 114, 160 (191).

und damit ist die Regulierung als Eingriff in die Berufsausübungsfreiheit zu rechtfertigen.[847]

Die hier aufgezeigte Herstellung und Erhaltung der Wettbewerbsstruktur im Markt wird jedoch nicht mehr durch imperative Maßnahmen erreicht, weil diese wettbewerbsbezogenen Ziele mit den unterschiedlichen Formen der Regulierung verwirklicht werden können. Im Bereich der Marktprozesse geht die Reichweite staatlicher Beeinträchtigung schon über den Umfang des klassischen Eingriffsbegriffs hinaus.[848] Der heutige Grundrechtseingriff findet sich nicht nur in Gestalt hoheitlicher Akte, sondern durch mittelbare, faktische Weise. Die bestehenden Regulierungsvorgaben sehen die verschiedenen staatlichen Eingriffe in das Marktzutritts- und Marktverhaltensgeschehen vor. Die Möglichkeit zur Beeinträchtigung der Berufsfreiheit durch die staatliche Tätigkeit, die bisher nicht als Eingriff in Grundrechte betrachtet wurde, steht vor dem Bundesverfassungsgericht andauernd zur Diskussion.[849] Durch ihre unterschiedlichen Maßnahmen kann die Regulierung die Berufsfreiheit bzw. Berufsausübungsfreiheit oder Berufswahlfreiheit einerseits beeinträchtigen, anderseits kann sie aber als eine bloße Strukturbildung für die Ermöglichung des Wettbewerbs betrachtet werden. Die Berufsfreiheit ist dann berührt, wenn sich die Maßnahmen zwar nicht auf die Berufstätigkeit selbst beziehen, aber die Rahmenbedingungen der beruflichen Tätigkeit verändern und infolge ihrer Gestaltung einem engen Zusammenhang mit der Berufsausübung stehen, dass sie objektiv eine berufsregelnde Tendenz haben.[850] Dabei ist zu beachten, dass Veränderungen der Rahmenbedingungen der Berufsausübung allein jedoch keinen Eingriff in die Berufsfreiheit darstellen.[851] Ebenfalls lässt sich der Erlass einer abstrakt-generellen Regelung im Vorfeld der Berufsfreiheit nicht als Eingriff in die Grundrechte betrachten.[852] Wenn die rahmensetzende Regelung für eine Berufstätigkeit kein hinreichendes

847 Vgl. *C. Berringer*, Regulierung als Erscheinungsform der Wirtschaftsaufsicht, S. 177.

848 Vgl. *B. Weber-Dürler*, Der Grundrechtseingriff, VVDStRL 57 (1998), S. 57 (60 f).

849 Statt vieler, BVerfGE 105, 252 ff. („Glykolwein").; BVerfGE 115, 276 ff. („Sportwette").

850 BVerfGE 111, 191 (213).

851 Vgl. *G. Manssen*, Staatrecht II, Rn. 588.

852 BVerwGE 6 C 42.06 Rn. 19. „Die Festlegung der zu regulierenden Märkte im Wege der Marktdefinition ist eine der Bundesnetzagentur vom Gesetzgeber übertragene quasigesetzliche Aufgabe, die auf den Erlass einer abstrakt-generellen Regelung zielt [...] Demzufolge ist auch im Schrifttum überwiegend anerkannt, dass die Marktdefinition grundsätzlich im öffentlichen Interesse liegt und kein subjektives Recht auf die Definition eines bestimmten Marktes besteht."

finales Element enthält, lässt dies eine berufsregelnde Tendenz daher nicht deutlich erkennen.[853]

Darüber hinaus beschränkt sich die Regulierung nicht in der Bestimmung der Funktionsbedingungen des Wettbewerbs, sondern interveniert in den Markt um bestimmter gemeinwohlorientierter Ziele willen, die im Extremfall gegen das Wettbewerbsprinzip verwirklicht werden.[854] Art. 12 Abs. 1 GG enthält ein einheitliches Grundrecht der Berufsfreiheit und daher gilt der Regelungsvorbehalt des Art. 12 Abs. 1 S. 2 GG auch für die Berufswahl, jedoch ist nicht jeder Eingriff gleich intensiv.[855] Die „Drei-Stufen-Theorie", die schon ihre Fraglichkeit aufgeworfen ist, kann zwischen den Eingriffsstufen nicht mehr deutlich unterscheiden. Es ist auch nicht immer deutlich, ob die gemeinwohlverträgliche Zielsetzung der Regulierung und die dafür einsetzende Regulierungsverfügung als eine objektive Berufswahlregelung betrachtet werden kann. Die objektive Berufswahlregelung ist nur zum Schutz überragend wichtiger, vor allem verfassungsrechtlich geschützter Rechtsgüter zulässig.[856] Die Ziele der Regulierung können unterschiedliche Arten von Gemeinwohlbelangen außer Wettbewerbssicherung beinhalten, die auch den verfassungsrechtlich geschützten Stellenwert haben, wie Daseinsvorsorge, Umweltschutz, Versorgungssicherung und Infrastrukturgewährleistung. Unter diesem Blickwinkel ist es beachtenswert, dass das Bundesverfassungsgericht zur Rechtfertigung des Eingriffs in die Berufsausübungsfreiheit auch Gründe des Gemeinwohls verlangt. Der Eingriff in das Grundrecht der Berufsausübungsfreiheit ist nach Art. 12 Abs. 1 S. 2 GG auf der Grundlage einer gesetzlichen Regelung erlaubt, „wenn die eingreifende Norm kompetenzgemäß erlassen wurde, durch hinreichende, der Art der betroffenen Betätigung und der Intensität des jeweiligen Eingriffs Rechnung tragende Gründe des Gemeinwohls gerechtfertigt wird und dem Grundsatz der Verhältnismäßigkeit entspricht".[857] Daraus ergibt sich eine Veränderung des Verhältnismäßigkeitsprinzips, die zur Durchführung der „Zweck-Mittel-Kontrolle" führt.[858]

---

853 Vgl. *G. Manssen*, in: *v. Mangoldt/Klein/Starck* (Hrsg.), Grundgesetz Kommentar, Bd. I, Art. 12, Rn. 74.; BVerfGE 113, 128 ff.

854 Vgl. *M. Bäcker*, Wettbewerbsfreiheit als normgeprägtes Grundrecht, S. 176.

855 Vgl. *M. Gubelt*, in: *v. Münch/Kunig* (Hrsg.), Grundgesetz Kommentar, Bd. I, Art. 12, Rn. 44.

856 Vgl. *G. Manssen*, in: *v. Mangoldt/Klein/Starck* (Hrsg.), Grundgesetz Kommentar, Bd. I, Art. 12, Rn. 141.; *ders.*, Staatsrecht I, Grundrechtsdogmatik, Rn. 567 ff.

857 BVerfGE 115, 276 (303 f.).

858 Vgl. *O. Lepsius*, in: *Fehling/Ruffert* (Hrsg.), Regulierungsrecht, § 4, Rn. 50, 74 ff.; § 19, Rn. 44 ff.

Die Verfolgung der Gemeinwohlziele in den Netzsektoren bezieht sich eng auf die wettbewerblichen Ordnung. Mit dieser Verbindung von Gemeinwohl- und Wettbewerbsorientierung findet die Regulierung ihre Rechtfertigung. Ein typisches Element der Gemeinwohlverbindung in den Netzwirtschaften liegt in der allgemeinen Zugänglichkeit.[859] Nach der Öffnung der verschiedenen Netze durch die Liberalisierungstendenz geht es darum, wie funktionsfähiger Wettbewerb unter mehreren Netzdienstanbietern erschaffen werden kann, ohne die Effizienz des gesamten Netzsektors zu hemmen. Das heißt, es geht nicht um die überschneidende Investition jeder Anbieter, sondern um den Zugang zu den Netzen, über die der marktbeherrschende Betreiber verfügt. Netzzugangsverpflichtung und Netzzugangsanspruch könnten die Berufsausübungsfreiheit des marktbeherrschenden Betreibers beeinträchtigen. Die Netzzugangsregulierung ist aber auf die Herstellung, Erhaltung und Sicherstellung des funktionsfähigen Wettbewerbs in den Netzwirtschaften gerichtet, um die daseinsvorsorgerelevanten Güter flächendeckend, ausreichend, angemessen und sicher zu erbringen. Soweit der Maßstab des Verhältnismäßigkeitsprinzips als „Zweck-Mittel-Kontrolle" betrachtet wird, müssen die Regulierungsinstrumente zur Erreichung der Regulierungsziele geeignet, erforderlich und angemessen sein. Bei den Anforderungen an die Rechtfertigung der Netzzugangsverpflichtung und des Netzzugangsanspruchs mit Blick auf die Berufsfreiheit ist zu berücksichtigen, dass sie nicht als wettbewerbsverzerrend, sondern marktgewährleistend wirken.[860] Damit ist die Regulierung als Eingriff in das Grundrecht der Berufsfreiheit zu rechtfertigen. Aus diesem Ergebnis ergibt sich es, dass die Berufsfreiheit und ihre Rechtfertigungsgründe im Bereich des Regulierungsrechts eine begrenzte Rolle spielen können. Vielmehr wirkt sich die gemeinwohlorientierte Herstellung der Wettbewerbsstruktur im Ziel der Regulierung eher zugunsten der Rechtfertigung von Eingriffen in die Berufsfreiheit aus.[861] Es geht dabei um die Vielfältigkeit der Regulierungsinstrumente, die in der Marktzutritts- und Marktverhaltensregulierung beobachtet werden.

Aus diesen vielfältigen Möglichkeiten der Verhaltenssteuerung durch staatliche Maßnahmen, ergibt sich das komplexere mehrpolare Verhältnis.[862] Statt

---

859 Im Ergebnis ähnlich, *G. Hermes*, Gewährleistungsverantwortung als Infrastrukturverantwortung, in: *Schuppert* (Hrsg.), Der Gewährleistungsstaat - Ein Leitbild auf dem Prüfstand, S. 111 (124).

860 Vgl. *R. Broemel*, Strategische Verhalten in der Regulierung, S. 348.

861 Vgl. *M. Burgi*, Privatisierung öffentlicher Aufgaben - Gestaltungsmöglichkeiten, Grenzen, Regelungsbedarf, 68. DJT-Gutachten D, S. 99.; *O. Lepsius*, in: *Fehling/Ruffert* (Hrsg.), Regulierungsrecht, § 4. Rn. 53.

862 Vgl. *B. Weber-Dürler*, Der Grundrechtseingriff, VVDStRL 57 (1998), S. 57 (70 f.).

der zweipoligen, auf unmittelbare hoheitliche Eingriffe ausgerichteten Grundrechtsdogmatik, ist es unter diesen Umständen angebracht, dass der Eingriffsbegriff erweitert und die faktische Beeinträchtigung grundrechtsdogmatisch verstanden wird, und wiederum an die Erforderlichkeit des realen Grundrechtschutzes bzw. den Gewährleistungsgehalt der Grundrechte, anknüpft.[863]

(2) Eigentumsgarantie von Art. 14 GG

(a) Die Normgeprägtheit des Art. 14 GG

Eigentum ist aufgrund seines eigennützigen Charakters ein wesentlicher Lebensinhalt des Menschen. Es besteht kein Zweifel daran, dass seit Menschengedenken[864] Konflikte um das Eigentum bestanden haben. Eigentumsfähigkeit und Schutzbedürfnis zu bestimmen, ist eine der wichtigsten anfänglichen Erscheinungsformen der Rechtsordnung. Jeder Rechtsbereich, wie das Bürgerliche Recht oder das Strafrecht, hat bisher in vielfältiger Weise Eigentumsbegriff, -gegenstand und -garantie bestimmt. Dies zeigt, dass der Eigentumsbegriff sich rechtlich entwickelt hat. Die Verfassung soll diese verschiedenen Erscheinungen des Eigentums regeln, aber wegen seines Charakters als Grundlage der Gemeinwesensordnung ist der Eigentumsbegriff einigermaßen abstrakt und offen, um die rechtliche Gesamtordnung für Lebensverhältnis zu bilden und zu erhalten. Die geltende verfassungsrechtliche Bestimmung beschreibt kaum den konkreten Begriff und Inhalt des Eigentums. Gemäß Art. 14 Abs. 1 S. 2 GG hat der Gesetzgeber die Konstituierungs- und Konkretisierungsaufgabe und daher Gestaltungsspielräume bei der Bestimmung von Inhalt und Schranken des Eigentums. Das Eigentum ist deshalb in starkem Maße normgeprägt.[865] Die Eigentumsfreiheit hängt von der Rechtsordnung ab, in der der Gesetzgeber nach Art. 14 Abs. 1 S. 2 GG Inhalt und Schranken des Eigentums bestimmt hat. Die vom

---

863 Vgl. *W. Hoffmann-Riem*, Enge oder weite Gewährleistung der Grundrechte?, in: *Bäuerle* (Hrsg.), Haben wir wirklich Recht?, S. 53 (69 ff.).; *R. Broemel*, Strategische Verhalten in der Regulierung, S. 348 f.

864 Über die historische Problematik, vgl. *O. Kimminich*, in: Bonner Kommentar GG, Art. 14, Rn. 2 ff.

865 *G. Manssen*, Staatsrecht II, Rn. 645; *O. Depenheuer*, in: *v. Mangoldt/Klein/Starck* (Hrsg.), Grundgesetz Kommentar, Bd. I, Art. 14, Rn. 29, 36.; BVerfGE 24, 367 (369); 105, 252 (277).

Gesetzgeber vorgenommene Inhalts- und Schrankenbestimmung bindet die Judikative und Exekutive.[866]

Der Eigentumsbegriff wird konkretisiert durch die (gesetzgeberische) Bestimmung von Inhalt und Schranken des Eigentums und dabei geht es vor allem um den Eigentumsgegenstand und seine Tragweite. Wenn der Gesetzgeber bei einem Gegenstand ein rechtlich schutzfähiges vermögenswertes Recht anerkennt oder nicht, werden der Eigentumsbegriff und seine Tragweite ausgedehnt oder beschränkt. Dies bedeutet zunächst die zunehmende Ausgestaltung der Eigentumsgarantie durch Eigentumspolitik.[867] Der Eigentumsbegriff des Art. 14 GG ist also mit dem des bürgerlichen Rechts nicht mehr identisch, sondern wird auf alle konkreten vermögenswerten Rechte ausgedehnt.[868] Der Eigentumsbegriff im verfassungsrechtlichen Sinne kann nicht aus einfachgesetzlichen Normen abgeleitet, sondern muss aus der Verfassung selbst gewonnen werden.[869] Allerdings bedeutet dies nicht, dass der verfassungsrechtliche Eigentumsbegriff als ein „Selbststand" des Verfassungsrechts gegenüber dem einfachgesetzlichen Recht dargestellt wird, sondern dass sich der Inhalt des Eigentums aus der Gesamtheit der verfassungsmäßigen Gesetze ergibt.[870] Der konkrete Inhalt und die konkrete Tragweite der Befugnisse des Eigentümers ergeben sich aus den in einem bestimmten Zeitpunkt geltenden, die Eigentümerstellung regelnden gesetzlichen Vorschriften.[871] Die „Wandelbarkeit des Eigentumsbegriffs"[872] ist daher unvermeidlich, da er sich im Laufe der Zeit unterschiedlich darstellt.[873] Insbesondere ist der Eigentumsgegenstand je nach der zeitlichen, räumlichen, kulturellen und sonstigen Situation unterschiedlich zu bestimmen und kann auch neue

866 Vgl. *G. Manssen*, Privatrechtsgestaltung durch Hoheitsakt, S. 259.

867 Vgl. *P. Häberle*, Vielfalt der Property Rights und der verfassungsrechtliche Eigentumsbegriff, AöR 109 (1984), S. 36 (57).

868 Vgl. *B.-O. Bryde*, in: *v. Münch/Kunig* (Hrsg.), GG Kommentar, Bd. I, Art. 14, Rn. 11.; *G. Manssen*, Staatsrecht II, Rn. 647.; *O. Kimminich*, in: Bonner Kommentar GG, Art. 14, Rn. 10.; *K. Hesse*, Grundzüge des Verfassungsrechts der Bundesrepublik Deutschland, Rn. 444.

869 BVerfGE 58, 300 (335).

870 BVerfGE 58, 300 (336).; *B.-O. Bryde*, in: *v. Münch/Kunig* (Hrsg.), GG Kommentar, Bd. I, Art. 14, Rn. 11.; *O. Depenheuer*, in: *v. Mangoldt/Klein/Starck* (Hrsg.), Grundgesetz Kommentar, Bd. I, Art. 14, Rn. 35.

871 BVerfGE 58, 300 (336)

872 BVerfGE 2, 380 (401); *B.-O. Bryde*, in: *v. Münch/Kunig* (Hrsg.), GG Kommentar, Bd. I, Art. 14, Rn. 11; *K. Hesse*, Grundzüge des Verfassungsrechts der Bundesrepublik Deutschland, Rn. 442 ff.;

873 Zum kulturellen Prozess, vgl. *P. Häberle*, Vielfalt der Property Rights und der verfassungsrechtliche Eigentumsbegriff, AöR 109 (1984), S. 36 (59 ff.).

Gegenstände umfassen, die früher nicht anerkannt wurden. Da die Verfassung nicht bestimmen kann, an welchen Gegenständen es Eigentum gibt,[874] hat der Gesetzgeber bei der Bestimmung der Gegenstände der Eigentumsgarantie unterschiedliche Faktoren und Gesichtspunkte zu berücksichtigen.[875] Diese gesetzgeberische Bestimmung bedeutet also nicht das bloße „Vorfinden des gesellschaftlichen konstituierten Eigentums".[876] Der Gegenstand der Eigentumsgarantie wird nicht durch die gesellschaftliche Anforderung oder das Bedürfnis selbst, sondern durch die Konkretisierung und Ausgestaltung vom Gesetzgeber bestimmt. Dem Gesetzgeber ist die Konstituierung aufgetragen. Damit sind die Formen der Schranken und ihrer Maßnahmen auch neu zu definieren. Im Zuge der Konstituierung muss der Gesetzgeber zwischen den Interessen der einzelnen Eigentümer und dem Wohl der Allgemeinheit zur Abwägung machen. Nach Art. 14 Abs. 2 GG verpflichtet sich der Gesetzgeber, die Sozialpflichtigkeit des Eigentums zu berücksichtigen.

(b) Wohl der Allgemeinheit und Sozialbindung des Eigentums

Der Gebrauch des Eigentums soll dem Gemeinwohl dienen (Art. 14 Abs. 2 GG). Diese Sozialbindung suggeriert die Möglichkeiten und zugleich die Grenzen staatlicher Intervention in das Privateigentum, aufgrund des besonderen sozialen Rechtsstaatsprinzips. Das Eigentum ist aber ein elementares Recht, das in einem inneren Zusammenhang mit der Garantie der persönlichen Freiheit steht.[877] Ohne die Eigentumsgarantie sind die anderen einzelnen Freiheiten nicht denkbar und realisierbar.[878] Aus rechtsgeschichtlicher Sicht war das Recht zur Abwehr staatlicher Eingriffe in das Eigentum ein Wesentliches[879] für den Einzelnen. Die Relevanz der Eigentumsgarantie erlischt auch im modernen Verfassungsstaat nicht. Da das Eigentum das wichtigste Rechtsinstitut zur Abgrenzung privater Vermögensbereiche ist,[880] muss der Gesetzgeber bei der Bestim-

874 Vgl. *G. Manssen*, Privatrechtsgestaltung durch Hoheitsakt, S. 261.

875 Vgl. *M. Gellermann*, Grundrechte in einfachgesetzlichem Gewande, S. 102.

876 Dazu näher, *J. Eschenbach*, Der verfassungsrechtliche Schutz des Eigentums, S. 596 ff.

877 BVerfGE 14, 263 (277); 24, 367 (389).; Das Eigentum ist „die Voraussetzung freier und selbstverantwortlicher Lebenshaltung". vgl. *K. Hesse*, Grundzüge des Verfassungsrechts der Bundesrepublik Deutschland, Rn. 442

878 *O. Depenheuer*, in: *v. Mangoldt/Klein/Starck* (Hrsg.), Grundgesetz Kommentar, Bd. I, Art. 14, Rn. 28.

879 BVerfGE 50, 290 (344 f.), „Primäre Bedeutung der Eigentumsgarantie als Menschenrecht"

880 BVerfGE 14, 263 (277).

mung von konkretem Inhalt und Schranken des Eigentums den Einklang mit allen übrigen Verfassungsnormen und Grundsätzen - wie Gleichheitsprinzip, Verhältnismäßigkeitsprinzip und Vertrauensschutz - wahren.[881] Und er muss dem sozialen Bezug und dem individuellen Interesse oder der einzelnen Freiheit gleichermaßen Rechnung tragen. Bei der Bestimmung ist der Gesetzgeber deshalb nicht völlig frei. Nach der ständigen Rechtsprechung des Bundesverfassungsgerichts ist der Gesetzgeber je nach den unterschiedlichen Schranken zur Ausgestaltung befugt.[882] Zum einen erfährt die Eigentumsgarantie einen besonders ausgeprägten Schutz, wenn das Eigentum die persönliche Freiheit des Einzelnen im vermögensrechtlichen Bereich sichert. Zum anderen sind die weiten Gestaltungsspielräume des Gesetzgebers umso größer, je stärker die Sozialbindung des jeweiligen Eigentumsgegenstandes ist.[883] Daher reagiert die Theorie des Eigentumsrechts besonders empfindlich auf den Wandel der Eigentumsgegenstände und der Schranken.

(c) Rechtfertigung der Regulierungsverpflichtung

Die Eigentumsgarantie schützt jedes vermögenswerte Recht, die freie und privatnützige Verfügung über dieses Recht durch seinen Inhaber und die prinzipielle freie Disposition über den sachlichen, ökonomischen und sonstigen Nutzen dieses Rechtes.[884] So kann der Eigentümer bestimmen, wie er sein Eigentum verwendet, wer es nutzt, wie es genutzt wird und ob es überhaupt genutzt werden soll.[885] In dieses Recht des Eigentümers wird eingegriffen, wenn die Bestimmung der Nutzung oder der Verfügung über den Eigentumsgegenstand verboten wird.

Regulierung könnte als Eingriff in die Eigentumsposition des Einzelnen zu qualifizieren und deshalb rechtfertigungsbedürftig sein. Vor allem sind die Zugangsregulierung (§§ 16 TKG, §§ 20 EnWG) und die Frequenzregulierung in §§ 52 TKG sowie die Wegerechte in §§ 68 TKG als Eingriff anzusehen. Jede Regulierungsinstitution hat unterschiedliche Möglichkeiten zur Beeinträchtigung der

---

881 BVerfGE 14, 263 (263, 277); 100, 226 (240 f.).
882 BVerfGE 70, 191 (200); 79, 174 (198); 87, 114 (138 f.); 91, 294 (308); 100, 226 (241).
883 BVerfGE 100, 226 (241).
884 BVerfGE 20, 351 (255 f); 26, 215 (222); 31, 229 (240 f). *R. Scholz*, Entflechtung und Verfassung, S. 137.
885 BVerfGE 79, 292 (303 f.); 98, 17 (35); 101, 54 (75).

Eigentumsgarantie. Dabei geht es um den Maßstab der Rechtfertigung, die Interessen Einzelner oder den sozialen Bezug zu berücksichtigen.

Wie schon erwähnt wurde, soll der Gesetzgeber seine Tätigkeit nicht nur an der eigentlichen Garantie, sondern auch an deren Sozialbezug oder -pflichtigkeit des Eigentums ausrichten. Wie bei anderen wirtschaftlich relevanten Grundrechten geht es bei der Eigentumsgarantie um die weitgehenden Gestaltungsspielräume des Gesetzgebers. Die flexiblen Gestaltungsspielräume des Gesetzgebers nach dem Maßstab des Sozialbezugs ermöglichen eine „verfassungsrechtliche Diskriminierung des verantwortlichen Eigentümers“.[886] Der Sozialbezug von Grund und Boden, insbesondere die „Situationsgebundenheit des Eigentums“ im Bereich des Grund- und Bodeneigentums findet sich vor allem im Bereich der Netzinfrastruktur, in Hinblick auf ihre Ortsgebundenheit als ein wesentliches Merkmal des Infrastrukturbegriffs. Bei der Knappheitsverwaltung, insbesondere der Frequenzregulierung handelt es sich um die Möglichkeit zur Ermittlung der rechtlichen Einordnung von Frequenz als den Gegenstand der Eigentumsgarantie[887] und zugleich um die Möglichkeit, die soziale Funktion der Verteilung knapper Ressourcen zu bewerten.

Die verfassungsrechtliche Prüfung anhand des Verhältnismäßigkeitsprinzips, das als Abwägungsgebot bezeichnet wird, spielt hier im Vergleich zu anderen Freiheitsgrundrechten eine geringere Rolle. Mit den abwägungsrelevanten Maßstäben der Eigentumsgarantie, wie der Sozialpflichtigkeit oder Situationsgebundenheit des Eigentums, lässt sich die Regulierung wegen der weitgehenden Gestaltungsspielräume des Gesetzgebers ohne weiteres begründen und rechtfertigen. Der Gesetzgeber kann bei seiner Tätigkeit auf vielfältige Gründe des Gemeinwohls oder der Sozialbindung zurückgreifen. Um den Umfang der Sozialbindung des Eigentums festzustellen, geht die ständige Rechtsprechung des Bundesverfassungsgerichts von einer abgestuften Sozialpflichtigkeit aus.[888]

Bei der Netzregulierung, insbesondere der Zugangsregulierungsverpflichtung geht es vor allem um die Wirtschaftsgüter der Netzwirtschaften. Sozial-

---

886 Vgl. *O. Depenheuer*, in: *v. Mangoldt/Klein/Starck* (Hrsg.), Grundgesetz Kommentar, Bd. I, Art. 14, Rn. 278.

887 Dazu näher, *Demmel*, in: *Manssen* (Hrsg.), Telekommunikations- und Multimediarecht, Bd. I, Loseblatt., Stand: 2003 C § 44, Rn. 5.; *P. Binzel*, Frequenzhandel in Deutschland und Großbritanien, S. 69 ff.; *S. Bumke*, Frequenzvergabe nach dem Telekommunikationsgesetz, S. 36 ff.

888 BVerfGE 95, 64 (84 f.); 100, 226 (242).

pflichtigkeit und Sozialbindung des Netzeigentums gründet auf der Angewiesenheit Dritter auf die Nutzung der betreffenden Netzgüter.[889] Da Dritte auf die Nutzung des betreffenden Netzeigentums mangels Wirtschaftsgüter in den Netzwirtschaften auf die Bereitstellung der Zugangsobjekte angewiesen sind, liegt eine hohe Sozialbindung für das Netzeigentum und Zugangsrechte vor.[890] Wegen der Ineffizienz der duplierenden Investition von Konkurrenten wird ihre Sozialbindung auch betont. Daher sollte eine Regulierungsverpflichtung für den Markteintritt unter bestimmten Voraussetzungen erlaubt und gerechtfertigt werden[891] und auf die Sicherstellung eines funktionsfähigen Wettbewerbs und die Erbringung der gemeinwohlrelevante Dienstleistung ausrichten. Im Hinblick auf das typische Ziel der Regulierung - die Herstellung von Wettbewerb - kann die Regulierung diese Voraussetzungen erfüllen.

Im Bereich der Regulierung handelt es sich aufgrund der Herstellung von Wettbewerb um die mehrpolige Struktur der Regulierung. Regulierung als typische Erscheinungsform der Gewährleistungsverwaltung dient zur Konstituierung, zum Erhalt und zur Sicherstellung der wettbewerbsorientierten Verhältnisse von unterschiedlichen Grundrechtsträgern, wo angesichts der Effizienz und Innovation die verschiedenen Akteure den früher grundrechtsverpflichteten Staat ersetzt haben. Private Akteure sind zwar nicht grundrechtsverpflichtet, verantwortlich ist der Staat aber hier noch für das Erreichen des Gemeinwohlziels der Herstellung und Institutionalisierung der Wettbewerbsstruktur. Daher führt die komplizierte multipolare Struktur der Regulierung eine Abwägungsschwierigkeit zwischen den zahlreichen Akteuren untereinander herbei, weil die Abwägung der sozialen, politischen und vor allem wirtschaftlichen Wirklichkeit unterworfen ist.[892] In der Eigentumsgarantie kommt der verfassungsrechtlichen Kontrolle über Netzregulierung nur begrenzte Bedeutung zu. Vielmehr soll man aus der Eigentumsgarantie nicht eine Grenze für das Regulierungsrecht herleiten, sondern eine verfassungsrechtliche Grundlage der Regulierung gewinnen. Vor allem ermöglicht die Sozialpflichtigkeit des Eigentums einen Ansatz zur Wettbewerbsherstellung als Sozialbindung.

---

889 Vgl. *J. Kühling*, Sektorspezifische Regulierung in den Netzwirtschaften, S. 490 f.

890 Vgl. *J. Kühling*, Sektorspezifische Regulierung in den Netzwirtschaften, S. 491.

891 Vgl. *O. Depenheuer*, in: *v. Mangoldt/Klein/Starck* (Hrsg.), Grundgesetz Kommentar, Bd. I, Art. 14, Rn. 364.

892 Vgl. *O. Lepsius*, in: *Fehling/Ruffert* (Hrsg.), Regulierungsrecht, § 4. Rn. 79.

(d) Herstellung von Wettbewerb und die Sozialbindung des Eigentums

Trotz des Hintergrundes der liberalen Marktwirtschaft,[893] der Liberalisierungstendenz und der Privatisierung ist eine stärkere Sozialbindung des Netzeigentums zu beobachten. Der Wettbewerb selbst ist nicht Gegenstand der Eigentumsgarantie von Art. 14 GG. Die Konkurrenten nehmen das Risiko in Kauf, im Wettbewerb nicht mithalten zu können. Die grundrechtliche Absicherung des Wettbewerbs ist gerichtet auf die Freiheit und Funktionsfähigkeit des Wettbewerbsprozesses,[894] aber nicht auf den Schutz vor Konkurrenz.[895] Angesichts der Herstellung von Wettbewerb könnte die Wettbewerbsfreiheit im Bereich der Netzregulierung eine geringere Rolle spielen, weil sie grundsätzlich keinem Träger staatlicher Verwaltung zukommen kann, sei er öffentlich-rechtlich oder privatrechtlich organisiert.[896] Die Herstellung des Wettbewerbs im Bereich der Regulierung gehört nicht zum Schutzbereich der Wettbewerbsfreiheit, die nach der herrschenden Meinung und der ständigen Rechtsprechung von Art. 12 Abs. 1 GG ausgehen und geschützt werden soll.[897]

Diese Einführung marktwirtschaftlicher bzw. wettbewerblicher Strukturen in der Verwaltung, insbesondere bei der Aufgabenwahrnehmung, lässt sich erst durch die staatliche Tätigkeit ermöglichen („Paradox der De-Regulierungsdebatte"). Soweit Wettbewerb in der staatlichen Verwaltung für Effizienzgewinne und zugleich Gemeinwohlziele nutzbar gemacht werden soll, muss der Wettbewerb durch Verfassung und Gesetz konstituiert werden. Daher lassen sich Gemeinwohlorientierung und die Herstellung des Wettbewerbs im sektorspezifischen Bereich synchronisieren.[898] Die Einführung wettbewerblicher Strukturen, die unter Ausnutzung der Wettbewerbsmechanismen zugleich auf Gewinnerhöhung und Gemeinwohl ausgerichtet sind, stellen die erforderliche Ziele der Regulierung und ihre Konturen dar.[899]

---

893 Vgl. *O. Depenheuer*, in: *v. Mangoldt/Klein/Starck* (Hrsg.), Grundgesetz Kommentar, Bd. I, Art. 14, Rn. 9.

894 Vgl. *A. Musil*, Wettbewerb in der staatlichen Verwaltung, S. 63.

895 Vgl. *G. Manssen*, in: *v. Mangoldt/Klein/Starck* (Hrsg.), Grundgesetz Kommentar, Bd. I, Art. 12, Rn. 71.

896 Vgl. *A. Musil*, Wettbewerb in der staatlichen Verwaltung, S. 67.

897 BVerfGE 32, 311 (317).; 46, 120 (137).; 100, 252 (265).; *G. Manssen*, in: *v. Mangoldt/Klein/Starck* (Hrsg.), Grundgesetz Kommentar, Bd. I, Art. 12, Rn. 71.

898 Vgl. *A. Musil*, Wettbewerb in der staatlichen Verwaltung, S. 42.

899 Vgl. *M. Fehling*, Regulierung als Staatsaufgabe im Gewährleistungsstaat Deutschland - Zu den Konturen eines Regulierungsverwaltungsrechts, in: *H. Hill* (Hrsg.), Die Zukunft des öffentlichen Sektors, S. 91 (99).

Während die gemeinwohlorientierten Ziele der Netzregulierung in Bezug auf das Grundrecht der Berufsfreiheit nach Art. 12 GG der Zweck-Mittel-Kontrolle gedient haben, ist die „Herstellung von gemeinwohlpflichtigem Wettbewerb“ von Bedeutung bei der sozialen Bindung des Netzeigentums, die sich als Maßstab für die Abwägung zwischen dem Interesse der Marktteilnehmer und der sozialen Funktion des bestehenden Netzeigentums darstellt.[900] Der „regulierte Wettbewerb“ zielt auf die Herstellung von Wettbewerb für die gemeinwohlpflichtigen Ziele, insbesondere die daseinsvorsorgerelevante Grundversorgung ab.[901] Vor allem im Bereich der Netzwirtschaften, wo früher die daseinsvorsorgerelevanten Dienstleistungen durch die natürliche Monopolstruktur erbracht wurden, hat die staatliche Verwaltung den Wettbewerb künstlich konstruiert,[902] um die „Effizienz der staatlichen Verwaltung für das Gemeinwohl“ zu erhöhen. Zunächst kann der soziale Bezug des Netzeigentums angesichts der Angewiesenheit Dritter auf die Nutzung der betreffenden Netzgüter festgestellt werden.[903] Darüber hinaus liegt die Betonung unter dem rechtlichen Betrachtungswinkel darin, dass das Eigentumsrecht in den „gesetzlich institutionalisierten Wettbewerb“[904] bzw. hergestellten Wettbewerb einbezogen wird. Das Regulierungsziel besteht nicht nur in der Förderung des Wettbewerbs, sondern auch in dem bestimmten Ergebnis oder Zweck anhand der Herstellung von Wettbewerb, aufgrund der staatlichen Gewährleistungsverantwortung. In diesem Sinne bedeutet der Wettbewerb nicht das endgültige Ziel der Regulierung, sondern das Zwischenziel oder das Mittel für die Erreichung weiterer Regulierungsziele.[905] Die Sozialbindung des Eigentums in der Netzregulierung kann unter dem Aspekt des „regulierten Wettbewerbs“ bzw. der Herstellung von Wettbewerb so verstanden werden, dass man sich dabei an der effektiven und gemeinwohlverträglichen Verteilung der sozialbedeutenden Güter, der Leistungserbringung der gemeinwohlrelevanten Dienste ausrichtet und zugleich die Interessen der Eigentümer berücksichtigt. Nicht nur von der tatsächlichen Besonderheit des Netzeigentums, sondern vielmehr auch von der sozialen Bedeutung des Eigentums un-

---

900 Auch, *O. Lepsius*, in: *Fehling/Ruffert* (Hrsg.), Regulierungsrecht, § 4. Rn. 3, 5 und 61.; *J. Kühling*, Sektorspezifische Regulierung in den Netzwirtschaften, S. 490.

901 Dazu näher, *J. Kersten*, Herstellung von Wettbewerb als Verwaltungsaufgabe, VVDStRL 69 (2010), S. 288 (316 ff.).

902 Vgl. *A. Musil*, Wettbewerb in der staatlichen Verwaltung, S. 42.

903 Vgl. *J. Kühling*, Sektorspezifische Regulierung in den Netzwirtschaften, S. 490 ff.

904 *O. Lepsius*, in: *Fehling/Ruffert* (Hrsg.), Regulierungsrecht, § 4. Rn. 5.

905 „Doppelfunktion des Wettbewerbs als Regulierungsziel und als Regulierungsmittel“, vgl. *J. Masing*, Soll das Recht der Regulierungsverwaltung übergreifen geregelt werden?, Verhandlungen des 66 DJT, Bd. I, Gutachten D, S. 46.

ter dem gesetzlich institutionalisierten Wettbewerb sollte die Sozialbindung des (monopolistischen) Netzinfrastruktureigentums ausgehen. Sonst würde bei der Debatte um Liberalisierung, Privatisierung und Regulierung der Bedeutungsverlust des Rechts herbeigeführt.

Infolge der vermehrten Sozialbindung des Netzeigentums gewinnt der Gesetzgeber größere Gestaltungsspielräume. Dort muss er aber sowohl die Gemeinwohlbelange als auch das individuelle Interesse des Eigentümers berücksichtigen. Der Gesetzgeber muss die schutzwürdigen Interessen des Eigentümers und die Gemeinwohlbelange zu einem gerechten Ausgleich und in ein ausgewogenes Verhältnis bringen.[906] Jede Zielsetzung der Regulierung enthält auch die Herstellung von gemeinwohlpflichtigem Wettbewerb.[907] Gesetzlich klar definierte Gemeinwohlbelange können die Grenze für Eingriffe in die Freiheit des Eigentümers markieren,[908] soweit das Ziel des regulierten Wettbewerbs dabei nicht überdehnt wird.[909] Damit kann das Netzzugangsrecht von Konkurrenten in angemessener Weise bewertet und gerechtfertigt werden.[910]

Die Bedeutung der Herstellung von Wettbewerb als Ausgestaltung der Sozialbindung des Netzeigentums besteht auch darin, dass das Konzept des regulierten Wettbewerbs allein durch die Grundrechtsdogmatik und Debatte der Daseinsvorsorge begründen werden könnte, wenn keine Vorgaben wie Art. 87e oder 87f GG bestünden. Dies gewinnt vor allem bei der Rechtsvergleichung an Bedeutung. Zudem bedeutet die Herstellung von Wettbewerb in der Regulierung die Einführung der Wettbewerbsstruktur in das Verwaltungsrecht, und durch die Verbindung mit dem gemeinwohlorientierten Ziel werden die Funktion und Wirkung des Wettbewerbs rekonstruiert. Daher ist der Wettbewerbsmechanismus im Regulierungsrecht zwar ein notwendiges Mittel zum Zweck, aber wirtschaftliche Kriterien gewinnen keineswegs notwendig die Oberhand.[911] Dies wird auch dadurch bestätigt, dass die Herstellung von Wettbewerb in der Regu-

---

906 BVerfGE 87, 114 (138).; 91, 294 (308).

907 Statt vieler, §§ 1 und 2 Abs. 2 Nr. 2 TKG.

908 BVerfGE 50, 290 (340); 52, 1 (29); 79, 29 (40); 79, 179 (198); 87, 114 (138 f.).; Vgl. *O. Depenheuer*, in: *v. Mangoldt/Klein/Starck* (Hrsg.), Grundgesetz Kommentar, Bd. I, Art. 14, Rn. 225

909 Grundlegend, *R. Wendt*, in: *Sachs* (Hrsg.), GG Kommentar, Art. 14 GG, Rn. 99.

910 BVerwGE 114, 160 (192 f).

911 Vgl. *M. Fehling*, Regulierung als Staatsaufgabe im Gewährleistungsstaat Deutschland - Zu den Konturen eines Regulierungsverwaltungsrechts, in: *H. Hill* (Hrsg.), Die Zukunft des öffentlichen Sektors, S. 91 (99).

lierung sich anders darstellt, als die unmittelbare Rezeption des ökonomischen Maßstabs in der „economic regulation".

4. Fazit

In den sektorspezifischen, insbesondere in den infrastrukturellen Versorgungsbereichen werden die Netzeigenschaften deutlich. Die sich auf den Netzbegriff eng beziehende Netzregulierung hat daher Bedeutung in diesen Versorgungsbereichen. Der typische Hintergrund der Netzregulierung, wie Abbau der natürlichen Monopolstruktur, Liberalisierung, Privatisierung, Herstellung von Wettbewerb und die darauf folgende Umwandlung der Aufgabenwahrnehmungsmodi des Staates, ergibt sich deutlich aus der Entwicklung der Netzwirtschaften. Die Netzregulierung und ihr Hintergrund verändern die tradierte Verwaltungsrechtsdogmatik, insbesondere die Handlungsformen. Somit ist es notwendig, die Netzregulierung mit verfassungsrechtlichen Grundlagen zu begründen. Dabei geht es nicht darum, ob die verfassungsrechtlichen Maßstäbe als entscheidende Grenze für Rechtfertigung der Regulierungseingriffe bezeichnet werden können. Wesentlich ist vielmehr, dass sich die Regulierung als typische Erscheinungsform der Gewährleistungsverwaltung durch verfassungsrechtliche Grundlagen - insbesondere durch das Rechtsstaatsprinzip und die Grundrechte - erklären und belegen lässt.

Kapitel 4: Das Instrumentarium der Netzregulierung

A. Themabegrenzung

I. Wirtschaftliche Netzregulierung

1. Unterscheidung der wirtschaftlichen und nichtwirtschaftlichen Regulierung

Die staatliche Einflussnahme auf das privatwirtschaftliche Leben setzt eine Unterscheidung zwischen dem Staat und der Gesellschaft voraus. Ein staatliches Handeln ist nicht immer klar in den wirtschaftlichen oder nichtwirtschaftlichen Bereich einzuordnen. Betrachtet man die umfassende Verantwortlichkeit des Staates für die Beförderung des Gemeinwohls,[912] ist bereits die trennscharfe Unterscheidung zwischen „rein" wirtschaftlicher und nichtwirtschaftlicher Tätigkeit des Staates inkonsequent. Ferner könnten alle individuellen Tätigkeiten und die staatliche Intervention in die gesellschaftlichen Prozesse als wirtschaftsrelevantes Handeln eingeordnet werden, weil das jeweilige Wirtschaftsleben häufig die weiteren nichtwirtschaftlichen Bereiche überspannt und je nach dem Gesichtspunkt unterschiedlich eingeordnet wird.

Wegen ihrer verknüpften Ziele wird die Einordnung der Regulierung immer mehr erschwert. Ein Versuch, die wirtschaftliche und nichtwirtschaftliche Netzregulierung klar voneinander zu trennen, geht von der Übernahme und Koordination von Marktfunktion bei der Wirtschaftspolitik einerseits und dem Marktversagen in den Netzwirtschaften anderseits aus.[913] Das Marktversagen ist nicht nur in der natürlichen Monopolstruktur, sondern auch in Bezug auf Zielkonflikte zu identifizieren, wenn bestimmte Gemeinwohlziele mit der individuellen Ei-

---

912 Vgl. *U. Palm*, Die Berücksichtigung von Gemeinwohlbelangen im europäischen Wettbewerbsrecht, in: *P. Kirchhof* (Hrsg.), Gemeinwohl und Wettbewerb, S. 101 (103).

913 Vgl. *J. Kühling*, Sektorspezifische Regulierung in den Netzwirtschaften, S. 11 f.

gensucht oder dem ökonomischen Optimalgebot nicht kompatibel erscheinen.[914] Aufgrund der Netzeigenschaft wäre die Regulierung in den Netzwirtschaften zwar leichter zu klassifizieren. Aber diese Klassifizierung ist begrenzt auf die Ebene der jeweiligen sektorspezifischen Regulierungsinstitute bzw. Regulierungsinstrumente. Auch wenn man die Regulierungsphilosophie als freiheitliche, marktwirtschaftliche ausgerichtete Wettbewerbsordnung betrachtet, soll die wesentliche Eigenschaft der Regulierung unter der Verknüpfung mit dem Gemeinwohlziel verstanden werden. Die Klassifikation von wirtschaftlichen und nichtwirtschaftlichen Regulierung ist der Versuch einer Typisierung der Regulierung, die zur Bestimmung des Begriffs zur Regulierung und zur Abgrenzung von anderen Begriffen beitragen soll. Allerdings bedeutet diese Trennung keineswegs die Oberhand der wirtschaftlichen Perspektive. Dieser Versuch ist von Bedeutung, um die sektorspezifische Regulierungsinstrumente oder Organisation zu beleuchten und auszudifferenzieren. Die hier genannte „wirtschaftliche Regulierung" soll allerdings als auf das Instrumentarium der Regulierung begrenzt verstanden werden. Dann lässt sich die Untersuchung der sektorspezifischen Instrumente der Regulierung an der Entwicklung der typischen Handlungsformen der Gewährleistungsverwaltung ausrichten.

2. Regulierung in der Wirtschaftsverwaltung

Die staatliche Intervention in die Marktprozesse wird bisher verbreitet verstanden als die gesamtwirtschaftliche Steuerung bei der Erzeugung der Güter, bei der Erbringung von Dienstleistungen, bei der Sicherung eines funktionsfähigen Wettbewerbs und bei der gerechten Verteilung des erwirtschafteten Erfolgs, welche der Staat im Bereich der Wirtschaft anhand seiner Rechtsordnung schaffen und garantieren muss.[915] Wirtschaftliche Regulierung ist aber nicht gleichzusetzen mit dem gesamten Staatshandeln im Bereich der Wirtschaft. Eine Gleichsetzung von Regulierung mit dem gesamten Staatshandeln oder dem Recht wird in der Verwaltungsrechtswissenschaft nicht angenommen. Die Debatte um die wirtschaftliche Regulierung setzt daher die Exekutive bzw. die Ausübung öffentlicher Verwaltung voraus. Problematisch ist, dass die Verwal-

914 Vgl. *M. Fehling*, Regulierung als Staatsaufgabe im Gewährleistungsstaat Deutschland - Zu den Konturen eines Regulierungsverwaltungsrechts, in: *H. Hill* (Hrsg.), Die Zukunft des öffentlichen Sektors, S. 91 (99)

915 Vgl. *U. Schliesky*, Öffentliches Wirtschaftsrecht, S. 16 f.; *P. Badura*, Wirtschaftsverfassung und Wirtschaftsverwaltung, Rn. 1.; *J. Hecker*, Marktoptimierende Wirtschaftsaufsicht, S. 1.

tung im Bereich der Wirtschaft häufig regelsetzend handelt. So hat die klassische Wirtschaftsverwaltung die regelsetzende und durchsetzende Tätigkeit der öffentlichen Hand in der Wirtschaft erkannt und ihre Erscheinungsformen unterschieden. Seitdem sind die Instrumente der Wirtschaftsverwaltung untereinander aufgeteilt, aber diese Kategorisierung ist noch umstritten. Regulierung rekurriert auf diese Frage und die Voraussetzung der Wirtschaftsverwaltung. Anders als die frühere Aufteilung jeder Form der Wirtschaftsverwaltung, wie Wirtschaftsaufsicht, -lenkung und -überwachung, umfasst die Regulierung häufig die regelsetzende und durchsetzende Tätigkeit. Um die Regulierungsinstrumente in den Netzwirtschaften als ein Referenzgebiet auszuwählen, bedarf es zunächst einer Schematisierung der wirtschaftlichen Ausübung öffentlicher Verwaltung.

II. Regulierungsinstrument im mehrpoligen Rechtsverhältnis

Regulierung regelt die Dreiecksbeziehung zwischen dem Staat als Regulierer, dem regulierten Unternehmen und dem Bewerber oder Nutzer. Unter diesem Blickwinkel des mehrpoligen Verwaltungsverhältnisses wird die Regulierung zunächst von vertikalen und horizontalen Beziehungen geprägt. Im vertikalen Verhältnis arbeitet Regulierung mit imperativen oder leistenden Maßnahmen. Demgegenüber bildet die Regulierung selbst das horizontale Verhältnis, in dem die staatliche Neutralität und Eigenlogik der Subsysteme berücksichtigt werden. Abgesehen von der langen, heftigen Streitfrage um den „Dualismus von öffentlichem Recht und Privatrecht",[916] wird dieses als privatrechtlich, jenes als öffentlich-rechtlich angesehen. Bei der Verzahnung oder dem Querschnitt zwischen öffentlichem Recht und Privatrecht sollte die Regulierung das angemessene Instrumentarium beitragen.

Allein mit den tradierten ordnungsrechtlichen Instrumenten kann der moderne Staat die gewachsenen Aufgaben nicht bewältigen. Gemeinwohlverwirklichung im modernen Staat bedeutet nicht mehr - oder auch nicht - die staatliche Exklusivität oder Eigenhändigkeit allein, sondern zunehmend Erfüllung öffentli-

---

916 Dazu näher, *G. Manssen*, Privatrechtsgestaltung durch Hoheitsakt, S. 52 ff.; *W. Hoffmann-Riem*, Öffentliches Recht und Privatrecht als wechselseitige Auffangordnung - Systematisierung und Entwicklungsperspektiven, in: *ders./Schmidt-Aßmann* (Hrsg.), Öffentliches Recht und Privatrecht als wechselseitige Auffangordnung, S. 261 (264 ff.).

cher Aufgaben zusammen mit privaten Akteuren.[917] Die Veränderung des Aufgabenverständnisses und das Bedürfnis der Beteiligung Privater bei der Erfüllung öffentlicher Aufgaben sowie die sich daraus ergebende gesellschaftliche Selbstregulierung zeigen, dass Regulierung als Erscheinungsform der Gewährleistungsverwaltung auf administrative Handlungen abzielt, die die vielfältigen Reaktionen in den betroffenen gesellschaftlichen Bereichen im Interesse der Erreichung der erwünschten Ziele berücksichtigen.[918] Aus der Widerspiegelung der arbeitsteiligen oder kooperativen Gemeinwohlverwirklichung ergibt sich die Besonderheit des Regulierungsinstruments. Jedes Regulierungsinstrument hat daher die Aufgabe, die Problembewältigung im gesellschaftlichen Raum durch die Rahmensetzung, Zielsetzung, Strukturvorgaben und Verfahrenswahl zu ermöglichen.[919] So stellt die Regulierung die vorausgesetzte Struktur bereit, die die Eröffnung betroffener Märkte, die Verteilung knapper Ressourcen, die Sicherstellung eines funktionsfähigen Wettbewerbs und die Überwachung marktverzerrender Tätigkeit beinhaltet.

B. Zielsetzung und Instrument der Netzregulierung

Aus der These der Regulierung als eine Erscheinungsform der Gewährleistungsverwaltung ergibt sich nicht ohne weiteres ein bestimmtes Instrumentarium, sondern es wird daraus das Konzept der Regulierung hergeleitet.[920] Das Konzept der Regulierung lässt sich vor allem mit der Entwicklung zu einer neuen rechtlichen Form für öffentlich gewährleistete aber privat erbrachte Leistung bezeichnet werden, und dabei geht es um die Zielsetzung, das Zusammenwirken mit den Privaten konkret auszuformen.[921] Diese Zielsetzung steht notwendigerweise im Zusammenhang mit der politischen Wertentscheidung, wobei sich die Regulierung je nach den politischen, ökonomischen und soziologischen Umständen und Bedürfnissen hinsichtlich ihrer Reichweite flexibel gestalten lässt.

---

917 Vgl. *M. Schmidt-Preuß*, Rechtliche Rahmenbedingungen selbstregulativer Gemeinwohlverwirklichung, in: *P. Kirchhof* (Hrsg.), Gemeinwohl und Wettbewerb, S. 19 (20).

918 Grundlegend, *A. Voßkuhle*, Beteiligung Privater an der Wahrnehmung öffentlicher Aufgaben und staatliche Verantwortung, VVDStRL 62 (2003), S. 266 (305 ff).

919 Vgl. *W. Hoffmann-Riem*, Rechtsformen, Handlungsformen, Bewirkungsformen, in: *ders./Schmidt-Aßmann/Voßkuhle* (Hrsg.), Grundlagen des Verwaltungsrechts, Bd. II., § 33, Rn. 25.

920 Anders, *C. Berringer*, Regulierung als Erscheinungsform der Wirtschaftsaufsicht, S. 121.

921 Vgl. *O. Lepsius*, Ziele der Regulierung, in: *Fehling/Ruffert* (Hrsg.), Regulierungsrecht, § 19, Rn. 8.

In Hinblick auf den unterschiedlichen Fokus der Regulierung,[922] wie z. B. wirtschaftlicher oder nichtwirtschaftlicher Mittelpunkt, können die Ziele der Regulierung ebenso unterschiedlich erfasst werden.

Um die unterschiedlichen Ziele zu erreichen, bedient sich die Regulierung verschiedener Instrumente. Aus den häufig als „Regulierungsinstitute" bezeichneten Arten der Regulierung, wie Marktstruktur- oder Marktverhaltensregulierung, Zugangsregulierung oder Entgeltregulierung, ergeben sich aber keine bestimmten regulierungstypischen Handlungsformen, sondern nur die Kategorie eines typisierten Regulierungsvorgehens. Auch wenn eine Regulierungsmaßnahme in eine bestimmte Handlungsform einzuordnen ist, kann die Kategorisierung der Regulierungsinstrumente je nach Sektor in unterschiedlicher Weise vorgenommen werden, weil sich die einfachen Regulierungsrechtsordnungen aus den verschiedenen Ausformungen und den Reaktionen auf die gesellschaftlichen Anforderungen ergeben. Die Maßstäbe der Kategorisierung spiegeln die jeweiligen Ziele der Regulierung wieder. Die Debatte über die Regulierungsinstrumente sollte von den Zielen der Regulierung ausgehen.

I. Kontur der Regulierungsziele

1. Legaldefinition

In § 3 Nr. 13 TKG-1996 fand sich eine Begriffsbestimmung der Regulierung, als „die Maßnahmen, die zur Erreichung der in § 2 Abs. 2 genannten Ziele ergriffen werden und durch die das Verhalten von Telekommunikationsunternehmen beim Angebot von Telekommunikationsdienstleistungen, von Endeinrichtungen oder von Funkanlagen geregelt werden, sowie die Maßnahmen, die zur Sicherstellung einer effizienten und störungsfreien Nutzung von Frequenzen ergriffen werden".

Das Gesetz hat mit dem Begriff der „Maßnahmen" im § 3 Nr. 13 TKG-1996 keine bestimmte Handlungsform benannt. Beim geltenden Netzregulierungsrecht ließ der Gesetzgeber meistens den Wortlaut der „Maßnahmen" entfallen. Die Definition der Regulierung im geltenden Regulierungsrecht besteht meistens in der Bestimmung von Zwecken, Zielen, Zuständigkeiten und Aufgaben. Bei-

922 Statt vieler, *J. Kühling*, Sektorspezifische Regulierung in den Netzwirtschaften, S. 11 ff.

spielweise, das Telekommunikationsgesetz, das ein typisches Regulierungsrecht darstellt, erklärt die Ziele der Regulierung in § 1 TKG „...durch technologieneutrale Regulierung den Wettbewerb im Bereich der Telekommunikation...“. Die Zuständigkeit für die Regulierung ist in § 2 Abs. 1 TKG - „Die Regulierung der Telekommunikation ist eine hoheitliche Aufgabe des Bundes“ - vorgeschrieben. Zu den Zielen der Regulierung aus aufgabenbezogener Sicht gehören: „die Wahrung der Nutzer-, insbesondere der Verbraucherinteressen und die Wahrung des Fernmeldegeheimnisses“, „die Sicherstellung eines chancengleichen Wettbewerbs und die „Förderung nachhaltig wettbewerbsorientierter Märkte der Telekommunikation“, „effiziente Infrastrukturinvestitionen zu fördern und Innovationen zu unterstützen“, „die Sicherstellung der Grundversorgung“, „die Förderung von Telekommunikationsdiensten bei öffentlichen Einrichtungen“, „die Sicherstellung einer Nutzung von Frequenzen“, „Gewährleistung der Nummerierungsressourcen“ und „die Wahrung der Interessen der öffentlichen Sicherheit“ (§ 2 Abs. 2 TKG Nr. 1-9). In ähnlicher Weise wird im EnWG die Regulierung geregelt. § 1 Abs. 2 EnWG lautet: „Die Regulierung der Elektrizitäts- und Gasversorgungsnetze dient den Zielen der Sicherstellung eines wirksamen und unverfälschten Wettbewerbs bei der Versorgung mit Elektrizität und Gas und der Sicherung eines langfristig angelegten leistungsfähigen und zuverlässigen Betriebs von Energieversorgungsnetzen“.

Die Legaldefinitionen im geltenden Netzregulierungsrecht, die mit den sektorspezifischen Zielen der Regulierung verbunden sind, zeigt die repräsentative Eigenschaft der Regulierung: Regulierung ist eine zielerreichende Aktionsformel.[923] Die Regulierungsinstrumente sollen sich auch an ihrer Zielsetzung innerhalb der betreffenden Sektoren und dem Regulierungsanlass orientieren.

2. „Hauptziele“ der Regulierung

Es besteht eine Schwierigkeit bei der Systematisierung bzw. der einheitlichen Einordnung der Regulierungsziele. Allerdings sind die konkreten Regulierungsziele in den unterschiedlichen Sektoren teilweise in bestimmte Kategorien einzuordnen.

923 Siehe oben, 3. Kap. C IV 2 (2) (a) These 1.

(1) Regulierter Wettbewerb

Regulierung zielt auf die Herstellung, die Förderung und die Sicherstellung des Wettbewerbs ab, berücksichtigt zugleich die gemeinwohlverträglichen Ziele, wie die Grundversorgung mit daseinsvorsorgerelevanten Gütern. Diese „Hauptziele" oder sog. „Meta-Ziele"[924] der Regulierung zeichnen die Kontur der Regulierung als Rechtsinstitute.[925] Weder das Wettbewerbsziel noch das gemeinwohlorientierte Ziel lässt sich als ein primäres Ziel darstellen, weil die Gewährleistungsverwaltung die arbeitsteilige oder kooperative Gemeinwohlverwirklichung verfolgt und Wettbewerb hier nicht nur ein Ziel, sondern auch ein notwendiges Mittel zum Zweck der Erreichung des Gemeinwohls ist.[926] Die Verknüpfung des wettbewerbsbezogenen Handelns mit dem gemeinwohlorientierten Ergebnis bezeichnet die Grundidee der Regulierung.

Die enge Verknüpfung der Wettbewerbsziele mit den Gemeinwohlzielen relativiert die beiden Ziele wechselseitig. Da die Regulierung sowohl auf die fortlaufende Korrektur des Marktversagens als auch aufgrund der Zielkonflikte auf die Implementierung von Gemeinwohlanforderungen gerichtet ist, bildet sie eine „gestalterisch-abwägende Marktstruktur".[927] Ungeachtet der Liberalisierungstendenz oder der marktfreundlichen Wettbewerbsmechanismen unterliegen die regulierten Branchen aus rein marktwirtschaftlicher Sicht keinem freien und völlig unverfälschten Wettbewerb mehr.[928] Unter „reguliertem Wettbewerb" wird die „Herstellung und Sicherung des gemeinwohlpflichtigen Wettbewerbs" verstanden.[929]

---

924 Vgl. *O. Lepsius*, Ziele der Regulierung, in: *Fehling/Ruffert* (Hrsg.), Regulierungsrecht, § 19, Rn. 9.

925 Auch, *M. Fehling*, Regulierung als Staatsaufgabe im Gewährleistungsstaat Deutschland - Zu den Konturen eines Regulierungsverwaltungsrechts, in: *H. Hill* (Hrsg.), Die Zukunft des öffentlichen Sektors, S. 91 (99).

926 Vgl. *J. Masing*, Soll das Recht der Regulierungsverwaltung übergreifend geregelt werden?, Verhandlungen des 66 DJT, Bd. I, Gutachten D, S. 46.; *O. Lepsius*, Ziele der Regulierung, in: *Fehling/Ruffert* (Hrsg.), Regulierungsrecht, § 19, Rn. 32.

927 Vgl. *M. Fehling*, Regulierung als Staatsaufgabe im Gewährleistungsstaat Deutschland - Zu den Konturen eines Regulierungsverwaltungsrechts, in: *H. Hill* (Hrsg.), Die Zukunft des öffentlichen Sektors, S. 91 (97).

928 Vgl. *O. Lepsius*, Ziele der Regulierung, in: *Fehling/Ruffert* (Hrsg.), Regulierungsrecht, § 19, Rn. 33.

929 Vgl. *J. Masing*, Soll das Recht der Regulierungsverwaltung übergreifen geregelt werden?, Verhandlungen des 66 DJT, Bd. I, Gutachten D, S. 44.; *J. Kersten*, Herstellung von Wettbewerb als Verwaltungsaufgabe, VVDStRL 69 (2010), S. 288 (316 ff.).

(2) Gemeinwohlziel

Demgegenüber soll das Gemeinwohlziel in der Regulierung durch die Wettbewerbsmechanismen verwirklicht werden, die auch durch die Regulierung her- und sicherzustellen sind. Anders als die sozialstaatliche Leistungserbringung handelt es sich bei der Gemeinwohlverwirklichung durch die regulierte Wettbewerbsordnung um eine mehrpolige Rechtsverhältnisstruktur, in der die verschiedenen Betroffenen und jeweiligen Grundrechte miteinander konkurrieren. Es ist kaum möglich, ein absolutes Niveau der Gemeinwohlverwirklichung zu bestimmen. Die Vorstellung des absolutistischen Wohlfahrtsstaates,[930] die eine bestimmte angemessene Leistungserbringung bestimmen will, ist daher mit dem Gemeinwohlziel der Regulierung nicht vereinbar. Die Frage, welches und inwieweit das Gemeinwohlziel durch die Regulierung erreicht werden soll, ist grundsätzlich von der sozial- und wirtschaftspolitischen Entscheidung abhängig. Wegen des Zusammenhängens der Regulierung mit den sozial- und wirtschaftspolitischen Umständen sind die Gemeinwohlziele nicht ohne weiteres einheitlich abschließend systematisiert, sondern vielmehr sektorspezifisch ausdifferenziert und an die Umstände dynamisch angepasst.[931] Dies bedeutet aber nicht, dass das Gemeinwohlziel der Regulierung nur auf die Sicherung des Wettbewerbsmechanismus beschränkt ist oder keinen vorbestimmten Zweck enthält. Das Gemeinwohlziel der Regulierung bedeutet zwar nicht die sozialstaatliche „bestimmte angemessene Versorgung“, jedoch die „Gewährleistung der Grundversorgung durch die regulierten Wettbewerbsmechanismen“, die den Einsatz des Wettbewerbs zur Erreichung konkreter oder konkretisierbare Gemeinwohlziele und die Garantie bestimmter (mindestens abstrakter) Ergebnisse beinhalten.

(3) Einfluss der Zielverknüpfung auf die Regulierungsinstrumente

Die Verknüpfung und Relativierung der Regulierungsziele zeigen die Ambivalenz oder die dialektische Entwicklung des liberalen und sozialstaatlichen Staatsbildes. Und die auf dieser Verknüpfung beruhende Besonderheit der Regulierung wirkt auf die Instrumente der Regulierung ein. Die Regulierungsinstru-

---

930 Vgl. *K. Waechter*, Verwaltungsrecht im Gewährleistungsstaat, S. 7.

931 Dazu näher, *O. Lepsius*, Ziele der Regulierung, in: *Fehling/Ruffert* (Hrsg.), Regulierungsrecht, § 19, Rn. 5 und 25 ff.; *ders.*, Verfassungsrechtliche Rahmen der Regulierung, in: *Fehling/Ruffert* (Hrsg.), Regulierungsrecht, § 4, Rn. 79 und 87 ff.

mente verfolgen nicht nur die Wettbewerbsordnung, sondern auch das durch den Wettbewerb zu erreichende bestimmte Gemeinwohlziel. Sie sollen das Ergebnis sicherstellen, aber nicht direkt erfüllen, sondern legen die Ziele, Verfahren, Instrumente fest. Regulierung bedeutet nicht eine punktuelle Einflussnahme oder eine konkrete Inhaltsetzung, sondern eine strukturbezogene, bzw. strukturbildende Aktionsformel.[932] Die Regulierungsinstrumente bewirken daher die Schaffung oder „Festlegung" der Verfahren.

Wegen der komplexen Struktur der Regulierungsziele, vor allem aber wegen der Verknüpfung der beiden Ziele stößt der Staat auf die Herausforderungen neuer Regelungssituationen, wie der Ausdehnung von Verwaltungsmaßnahmen, Verzahnung von öffentlich-rechtlichem und privatrechtlichem Handeln, Kombinationen der Instrumente, Vermehrung politischer Wertentscheidungen aufgrund der wirtschaftlichen und sozialen Dynamik, und vor allem das multipolare Rechtsverhältnis. Nicht immer korrespondieren die herkömmlichen Handlungsformen der Verwaltung, die auf der Basis einer rechtsaktbezogenen Perspektive beruhen und auf das bipolaren Rechtsverhältnis gerichtet sind, mit der Idee der Gewährleistungsverwaltung und führen zur Ziele der Regulierung gerecht. Es ist erforderlich, die tradierte Formenlehre auszuweiten und den rechtlichen Problemen durch ein Zusammenwirken des „Instrumentenmix"[933] zu begegnen.

II. Die Eigenschaft und Funktion der Regulierungsinstrumente

1. Sektorspezifität der Regulierungsinstrumente

Die Regulierungsinstrumente sind auf die Erreichung unterschiedlicher Regulierungsziele gerichtet, die sich auf die in jeden bestimmten Sektor gegebenen Aufgaben beziehen. Die Ziele der Regulierung werden nicht einheitlich, sondern je nach Sektor formuliert und je nach ihren rechtlichen Wurzeln oder nach ihren

---

932 Siehe oben, 3.Kap. C IV 2 (2) (a) These 1.

933 Dazu näher, *W. Hoffmann-Riem*, Öffentliches Recht und Privatrecht als wechselseitige Auffangordnung - Systematisierung und Entwicklungsperspektiven, in: *ders./Schmidt-Aßmann* (Hrsg.), Öffentliches Recht und Privatrecht als wechselseitige Auffangordnung, S. 261 (307 ff.).; *L. Michael*, Formen- und Instrumentenmix, in: *Hoffmann-Riem/Schmidt-Aßmann/Voßkuhle* (Hrsg.), GVwR II, § 41.

Adressaten grob unterschiedlich gesetzt werden.[934] Auch sind die nominell gleichen Wettbewerbsziele sektoral unterschiedlich ausgestaltet, weil der sektoral verfolgte Gemeinwohlzweck der Regulierung sektorspezifisch ausgestaltet wird.[935] Dies erscheint in den Netzwirtschaften erheblich. Angesichts der unterschiedlichen Infrastruktur, Dienste, Güter und Potenziale in jedem Netzsektor enthält jede Netzregulierung ihre unterschiedlichen Gemeinwohlziele, die sich nicht immer auf die bestimmten Ansichten bezieht. Darüber hinaus, nicht alle gemeinwohlorientierten Ziele, wie der Datenschutz, der Umweltschutz, der Verbraucher- und der Jugendschutz sind immer wettbewerbsfreundlich. Der Versuch, die verschiedenen Regulierungstypen durch ihre (Haupt-)Ziele einheitlich in die Kategorie der Handlungsformen einzureihen, spielt daher nur eine begrenzte Rolle, weil die in allen Sektoren völlig übereinstimmenden Regulierungsziele bisher noch nicht zu extrahieren und zu konkretisieren sind.

2. „Paket der Handlungsformen"

Hier findet sich die Heterogenität der Regulierung auf der sachbezogenen Ebene bzw. bei ihrem Instrumentarium. Innerhalb der bestimmten typisierten Instrumente der Regulierung bedient sie sich verschiedener Handlungsformen. Ein „Paket unterschiedlicher Handlungsformen", in dem nicht nur pauschalisierte sondern auch ambivalente Formen, mehrstufige Verfahren oder ein Formenmix vorkommen, macht das Regulierungsinstrument aus. Jede (gegenständliche) Sektorspezifität und die gesetzten unterschiedlichen Ziele der Regulierung beruhen nicht auf der herkömmlichen Aufteilung in ordnende, leistende und planende Verwaltung, sondern auf der jeweiligen Aufgabenbezogenheit.[936] Aufgrund der herkömmlichen Aufteilung der Verwaltungstypen scheinen die Regulierungsinstrumente heterogen. Die Regulierung als eine Reaktionsweise der Verwaltungswissenschaft auf die gesellschaftlichen Veränderungen basiert nicht auf dem tradierten liberalen oder paternalistischen Staatsverständnisses, sondern auf der auf dem Gedanken der Verwaltungsverantwortung beruhenden

---

934 Vgl. *O. Lepsius*, Ziele der Regulierung, in: *Fehling/Ruffert* (Hrsg.), Regulierungsrecht, § 19, Rn. 7 und 25.; *H. Wißmann*, Regulierung, in: Evangelisches Staatslexikon, Sp. 1978 (1983 f.)

935 Vgl. *O. Lepsius*, Ziele der Regulierung, in: *Fehling/Ruffert* (Hrsg.), Regulierungsrecht, § 19, Rn. 10.

936 Auch, *M. Ruffert*, Regulierung im System des Verwaltungsrechts - Grundstrukturen des Privatisierungsfolgenrechts der Post und Telekommunikation, AöR 124 (1999), S. 237 (245).

Gewährleistungsverwaltung.[937] Es geht darum, wie die unterschiedlichen Handlungsformen innerhalb der kategorisierten Regulierungsinstrumente das Konzept der Regulierung wiederspiegeln, durchhalten und sich anpassen. Dieser Versuch korrespondiert mit dem Themenkreis des „Modernisierungsbedarfs für die Leistungsfähigkeit der Formenlehre“,[938] und bietet damit eine Begründung für die Regulierung als Erscheinungsform der Gewährleistungsverwaltung an, die systematisch noch nicht völlig erwiesen ist.

In Hinblick auf den Wandel der Aufgabenwahrnehmungsmodi des Staates beinhaltet die Gewährleistungsverwaltung die Schaffung arbeitsteiliger Strukturen für die Gemeinwohlverwirklichung und die Grundversorgung mit daseinsvorsorgerelevanten Leistungen. Im Zuge dieser Umwandlung wurde die bipolare Beziehung des Staats-Bürger-Verhältnisses auf die multipolaren Rechtsverhältnisse umgestellt. Nicht zuletzt erweist sich die Eigenschaft der Gewährleistungsverwaltung im Bereich der infrastrukturellen Netzindustrien. Da in der Gewährleistungsverwaltung die Thesen von Ordnungs- und Leistungsverwaltung nicht erlöschen, ist zwar deren Instrumentarium weiterhin heranzuziehen. Um die komplexere Regelungssituation der Gewährleistungsverwaltung ausreichend zu bewältigen, fehlt es jedoch diesem Instrumentarium für die Aufgabenwahrnehmung noch an einem passenden Arsenal entsprechender Handlungsformen.[939] Es bedarf daher nicht nur des herkömmlichen Instrumentariums, sondern auch der „neuen“ Handlungsformen, um die Grundidee der Gewährleistungsverwaltung zu erfüllen. Unter dieser Voraussetzung, die Regulierung als eine Erscheinungsform der Gewährleistungsverwaltung darzustellen, sind die Vielfalt und die Heterogenität der Regulierungstypen und -instrumente bereits absehbar. Aber dies bedeutet keinen Abbruch mit dem tradierten Handlungsformen oder den Methodenlehren.

Beispielsweise stellt die Regulierung ein Schema des privaten Handelns in den geöffneten Märkten auf. Dazu gehört in erster Linie die Festlegung der regulierungsbedürftigen Märkte, die Genehmigung der Entgelte für die effiziente Leistungsbereitstellung mit gerechten Kosten und die Festlegung des konkreten

---

937 Vgl. *C. Bumke*, Die Entwicklung der verwaltungsrechtswissenschaftlichen Methodik in der Bundesrepublik Deutschland, in: *Schmidt-Aßmann/Hoffmann-Riem* (Hrsg.), Methoden der Verwaltungsrechtswissenschaft, S. 73 (120).

938 Dazu näher, *W. Hoffmann-Riem*, Rechtsformen, Handlungsformen, Bewirkungsformen, in: *ders./Schmidt-Aßmann/Voßkuhle* (Hrsg.), Grundlagen des Verwaltungsrechts, Bd. II., § 33, Rn. 2.

939 Vgl. *R. Pitschas*, Entwicklung der Handlungsformen im Verwaltungsrecht, in: *Blümel/Pitschas* (Hrsg.), Reform des Verwaltungsverfahrensrechts, S. 229 (246).

Verfahrens von Verteilung knapper Ressourcen. Wie diese Festlegungs- und Genehmigungsverfahren gesetzlicher Regelung zugänglich ist, ist der Gesetzgeber verpflichtet (sog. der Grundsatz des Vorbehalts des Gesetzes, Parlamentsvorbehalt).[940] Aber die Festlegung des konkreten Inhalts und Verfahren werden der Verwaltung übertragen. Der Katalog der Instrumente, der die private Freiheitsbetätigung im Verfahren arbeitsteiliger oder kooperativer Gemeinwohlverwirklichung ermöglicht oder kontrolliert, wird als Genehmigung bezeichnet. Die Formen und Verfahren der Regulierung sind keine neu hergestellten Formen, sondern bereits im tradierten Verwaltungsrecht vorhanden. Die Handlungsformen des Verwaltungsrechts haben die eigenständige Ausformung und Weiterentwicklung in verschiedenen Teilen des Besonderen Verwaltungsrechts erfahren. Für die Regulierung gilt das Gleiche. Der „Formenwandel der Verwaltungshandeln" wird durch die Regulierungsinstrumente offensichtlich.

3. Zur typischen Handlungsform der Gewährleistungsverwaltung

Auf der sachbezogenen Ebene geht es daher um die Frage, wie die betreffenden Sachaufgaben regulierungszielmäßig wahrgenommen werden können. Die Frage der Regulierung, die sich als der Versuch einer Erklärung für die Veränderung der staatlichen Aufgabenwahrnehmung und den Wandel zur Gewährleistungsverwaltung darstellt,[941] darf nicht vorschnell beantwortet werden. Die Gewährleistungsverwaltung lässt sich durch die Einordnung sektorspezifischer Regulierungsziele und die Entwicklung der zielmäßigen Regulierungsinstrumente längerfristig erklären. Die Eigenschaft der Regulierungsinstrumente als ein zielmäßiges Handeln berücksichtigt zunächst die sektorspezifischen Umstände. Die jeweiligen Sektoren zeigen den unterschiedlichen Interventions- bzw. Privatisierungsgrad, und daher können die unterschiedlichen Instrumente zum Einsatz gelangen. Angesichts der vermehrten und gewandelten Beteiligung Privater bei der Aufgabenwahrnehmung behandelt die Regulierung das multipolare Rechtverhältnis. Die komplexe Regelungssituation der Regulierung verlangt sowohl die Zusammenstellung unterschiedlicher Formen zu einem Regelungswerk,[942] als auch die dadurch entstehende Kombination unterschiedlicher Formen. Durch

---

940 BVerfGE 49, 89 (126).

941 Vgl. *W. Hoffmann-Riem*, Rechtsformen, Handlungsformen, Bewirkungsformen, in: *ders./Schmidt-Aßmann/Voßkuhle* (Hrsg.), Grundlagen des Verwaltungsrechts, Bd. II., § 33, Rn. 54.

942 Grundlegend, *E. Schmidt-Aßmann*, Das allgemeine Verwaltungsrecht als Ordnungsidee, Kap. 6, Rn. 77 und 111.

das Instrumentenarsenal und den Instrumentenmix versucht die Regulierung die Komplexität zu bewältigen.

Dies entspricht eigentlich der traditionellen Methode der Verwaltungsrechtswissenschaft, insbesondere dem Verhältnis zwischen allgemeinem und besonderem Verwaltungsrecht. Die hier untersuchten Konzepte und rechtlichen Grundlagen der Regulierung haben zwar die skizzenhafte Kontur der Regulierung nachgezeichnet, jedoch keine übereinstimmbaren Handlungsformen hergestellt. Die Umwandlung und Entwicklung der Regulierungsinstrumente in den jeweiligen Sektoren führen schließlich zum dogmatischen Schritt auf der Ebene des allgemeinen Verwaltungsrechts, der vor allem die Handlungsformen der Verwaltung erfasst. Die Regulierungsinstrumente thematisieren die sektorspezifischen Ziele einerseits, anderseits orientieren sie sich aber längerfristig an der Grundidee der Gewährleistungsverwaltung. Neben dem Konzept der Regulierung sollte das Instrumentarium der Regulierung untersucht werden, nämlich wie die Regulierung auf sachbezogener Ebene tätig ist.

Aufgrund der These der Regulierung als „Erscheinungsform der Gewährleistungsverwaltung“ besteht die Besonderheit der Regulierungsinstrumente darin, dass die unterschiedlichen Handlungsformen nach der vollständigen Wandlung des Aufgabenverständnisses und der Aufgabenwahrnehmungsmodi umgewandelt, zusammengestellt und kombiniert werden. Im Zuge der Umwandlung könnten neue Handlungsformen gefunden werden. Die Rechtsentwicklung in einzelnen Gebieten des Besonderen Verwaltungsrechts kann sich so oft zu einem Trend verfestigen, der eine solche Wirkungsmacht entfaltet, dass er bis in die Ebene des allgemeinen Verwaltungsrechts reicht.[943] Alle Regulierungsinstrumente vollziehen die jeweiligen sektorspezifischen Ziele der Regulierung, zugleich spiegeln sie die Idee der Gewährleistungsverwaltung wieder, und könnten sie zukünftig die bestimmte Handlungsform der Regulierung bilden.

III. Fazit

Die Besonderheit der Regulierungsinstrumente bzw. der sachbezogenen Regulierungsinstitute erscheint quasi wie eine Wurzel der Entwicklung von der Verwaltungsrechtswissenschaft. In der Tat wird die Regulierung jedoch im Fluss

943 Vgl. *T. Groß*, Die Beziehung zwischen dem Allgemeinen und dem Besonderen Verwaltungsrecht, DV Beiheft 2 (1999), S. 57 (73).

der Entwicklung erfasst. Die Regulierungsinstrumente sind ein wichtiger Ansatz des qualitativen Wandels zur Gewährleistungsverwaltung.

C. Die wirtschaftliche Ausübung öffentlicher Verwaltung und die Netzregulierung

Durch die Einführung des marktwirtschaftlichen Mechanismus bzw. des Wettbewerbsprinzips ist die (Netz-) Regulierung als staatliche Einwirkung auf wirtschaftliches Handeln zu charakterisieren. Im Hinblick auf die Hauptziele der Regulierung (Wettbewerbs- und Gemeinwohlziele) kann man die Regulierung zunächst mit der tradierten Wirtschaftsaufsicht und Wirtschaftslenkung vergleichen, von der typischerweise als der wettbewerbsbezogenen bzw. marktwirtschaftsbezogenen Betätigung der Verwaltung gesprochen wird. Hier kann man die Frage stellen, ob die Regulierungsinstrumente immer mit derartiger Wirtschaftsaufsicht gleichzusetzen oder dieser unterzuordnen sind.

I. Wirtschaftsaufsicht, -lenkung und -politik

1. Wirtschaftsaufsicht

Die Herkunft der „Aufsicht“ soll aus einer wohlfahrtpolizeilichen Begriffstradition - „ius supremae inspectionis“ - herstammen.[944] Angesichts dieser Herkunft des Begriffs sind die Grundelemente der Wirtschaftsaufsicht so zu setzen, dass als Subjekte der Aufsicht nur staatliche (oder supranationale) Instanzen in Betracht kommen, und dass die Wirtschaftsaufsicht gegenständlich ausschließlich auf die Wirtschaft begrenzt wird.[945] Unter diesem Blickwinkel ist die Wirtschaftsaufsicht als diejenige staatliche Tätigkeit zu definieren, die das individuelle Verhalten der Teilnehmer am privatwirtschaftlichen Wirtschaftsverkehr mit den dafür geschaffenen Regeln (Gesetze oder behördlich gesetzte Maßstäbe) in Einklang hält.[946]

944 Vgl. *D. Ehlers*, Ziele der Wirtschaftsaufsicht, S. 3.

945 Vgl. *D. Ehlers*, Ziele der Wirtschaftsaufsicht, S. 5 ff.; *W. Kahl*, Die Staatsaufsicht, S. 32.; *C. Berringer*, Regulierung als Erscheinungsform der Wirtschaftsaufsicht, S. 7.

946 Vgl. *Battis/Gusy* (Hrsg.), Öffentliches Wirtschaftsrecht, S. 196.; *C. Berringer*, Regulierung als Erscheinungsform der Wirtschaftsaufsicht, S. 4.; *J. Hecker*, Marktoptimierende

Im Zuge staatlichen Handelns, das grundsätzlich nach Beförderung des Gemeinwohls streben soll,[947] werden einzelne Zweige (privat-)wirtschaftlicher Betätigung durch die Wirtschaftsaufsicht dem Gemeinwohl oder zum Schutz der Interessen betroffener Dritter besonderen Anforderungen unterworfen.[948] Das hier angesprochene Gemeinwohl bezieht sich vor allem auf das marktwirtschaftliche Grundprinzip bzw. den Wettbewerb, weil die Wirtschaftsaufsicht im herkömmlichen Sinne durch die Sicherstellung des freien Wettbewerbs das Gemeinwohl fördert. Daher stellt die Wirtschaftsaufsicht zunächst die Wahrung der Bedingungen für den freien Wettbewerb ins Zentrum ihrer Bemühungen. Dem liegt die Annahme zugrunde, dass die durch den freien Wettbewerbsprozess erzielten Ergebnisse regelmäßig mit dem Gemeinwohl vereinbar sind (sog. „Mustervoraussage“).[949] Wenn man auf diese Weise die Legitimation der Wettbewerbsergebnisse anerkennt, soll das Gemeinwohl nicht vorab konkret bestimmt werden, sondern durch die Verfolgung privatautonom gesetzter Ziele im Wettbewerbsprozess erreicht werden.[950] Bei der Gemeinwohlverwirklichung durch die Wirtschaftsaufsicht geht es daher um die Instrumentalisierung des Wettbewerbs als eine für die öffentliche Verwaltung nutzbare Steuerungsressource.[951] Diese Grundidee der tradierten Wirtschaftsaufsicht entspricht grundsätzlich der liberalen Staatsidee, die auch als Ordnungsmodell dargestellt werden kann.

Ohne staatliche Kontrolle oder Eingriffe besteht beim sich autonom verwaltenden Eigennutz so oft die Gefahr, dass die Gemeinwohlrichtigkeit der Wettbewerbsergebnisse beeinträchtigt wird, weil „der Mensch in erster Linie für sich

---

Wirtschaftsaufsicht, S. 9.; Ähnlich, *R. Schmidt*, Öffentliches Wirtschaftsrecht, Allg.Teil, S. 300.

947 Vgl. *J. Isensee*, in: *ders./Kirchhof* (Hrsg.), HStR IV, § 71, Rn. 1.

948 Vgl. *P. Badura*, Wirtschaftsverfassung und Wirtschaftsverwaltung, Rn. 207.

949 Vgl. *E. Hoppmann*, in: *ders.* (Hrsg.), Wirtschaftsordnung und Wettbewerb, S. 296 (310).; *M. Heise*, Das Verhältnis von Regulierung und Kartellrecht im Bereich der Netzwirtschaften, S. 124.

950 Auch, *W. Hoffmann-Riem*, Öffentliches Recht und Privatrecht als wechselseitige Auffangordnungen - Systematisierung und Entwicklungsperspektiven, in: *ders./Schmidt-Aßmann* (Hrsg.), Öffentliches Recht und Privatrecht als wechselseitige Auffangordnungen, S. 261 (268).

951 Grundlegend, *P. Kirchhof*, Das Wettbewerbsrecht als Teil einer folgerichtigen und widerspruchsfreien Gesamtrechtsordnung, in: *ders.* (Hrsg.), Gemeinwohl und Wettbewerb, S. 1 (7 ff.).; *M. Heise*, Das Verhältnis von Regulierung und Kartellrecht im Bereich der Netzwirtschaften, S. 126 ff.

und nicht für andere tätig wird".[952] Statt der unmittelbaren Intervention zur Erreichung konkreter Gemeinwohlziele schützt die Wirtschaftsaufsicht den Wettbewerbsprozess und prüft die Zulassung einer bestimmten wirtschaftlichen Tätigkeit. Daher arbeitet die Wirtschaftsaufsicht meistens mit präventiven (z. B. der Genehmigungspflicht) oder repressiven Instrumenten (z. B. der Untersagung). Da die Wirtschaftsaufsicht mit den typischen administrativen, imperativen Maßnahmen wie Befehl, Zwang, Auflagen und Versagungen arbeitet, um die Gefahren und Nachteile im Bereich der Wirtschaft abzuwehren, ist sie nach den tradierten Verwaltungstypen und Formenlehren meist unter der Ordnungsverwaltung einzuordnen.[953] Ferner ist die Wirtschaftsaufsicht grundsätzlich nicht die Regelsetzung, sondern als Regeldurchsetzung darzustellen, weil sie auf Regeln für die Verhaltenssteuerung individuellen Teilnehmer am Wirtschaftsleben angewiesen ist.[954] Sowohl nach der historischen Perspektive öffentlicher Verwaltung als auch nach dem Rechtsstaatsprinzip und dem Gesetzvorbehalt sei die Wirtschaftsaufsicht bisher als ein Fall staatlicher Maßstabsdurchsetzung anzusehen.[955]

2. Abgrenzung der Wirtschaftslenkung von Wirtschaftsaufsicht

Während die Wirtschaftsaufsicht als ordnende, maßstabsdurchsetzende Tätigkeit öffentlicher Verwaltung zu bezeichnen ist, stellt sich die Wirtschaftslenkung als eine staatliche Maßnahme dar, die auf den wirtschaftlichen Prozesse einwirkt, um einen bestimmten, gesamtwirtschaftlich oder sozialpolitisch erwünschten Zustand hervorzurufen und Ablauf des Wirtschaftsgeschehens herzustellen oder zu erhalten.[956] Nach den von weiteren Autoren erprobten Ansätzen zur Wirtschaftslenkung kann eine (grobe) Gemeinsamkeit festgehalten werden,

---

952 Vgl. *M. Heise*, Das Verhältnis von Regulierung und Kartellrecht im Bereich der Netzwirtschaften, S. 130 f.; *W. Hoffmann-Riem*, Öffentliches Recht und Privatrecht als wechselseitige Auffangordnungen - Systematisierung und Entwicklungsperspektiven, in: *ders./Schmidt-Aßmann* (Hrsg.), Öffentliches Recht und Privatrecht als wechselseitige Auffangordnungen, S. 261 (268).

953 Vgl. *J. Hecker*, Marktoptimierende Wirtschaftsaufsicht, S. 15.

954 Statt vieler, *M. Bullinger*, Staatsaufsicht in der Wirtschaft, VVDStRL 22(1965), S. 264 (270 ff.).

955 Vgl. *M. Bullinger*, Staatsaufsicht in der Wirtschaft, VVDStRL 22(1965), S. 264 (286).; *J. Hecker*, Marktoptimierende Wirtschaftsaufsicht, S. 18.; *C. Berringer*, Regulierung als Erscheinungsform der Wirtschaftsaufsicht, S. 3 ff.

956 Vgl. BVerwGE 71, 183 (190).; *P. Badura*, Wirtschaftsverfassung und Wirtschaftsverwaltung, Rn. 212

dass die Wirtschaftslenkung sämtlich auf einen erhöht interventionistischen Charakter der staatlichen Einwirkung innewohnt.[957]

Bei der Wirtschaftslenkung spielen wohlfahrtsstaatliches Denken und der Sozialgestaltungsauftrag des Staates auch eine wichtige Rolle.[958] Dann ist es umstritten, ob und inwieweit sich die Wirtschaftslenkung auch mit der Kategorie der Wirtschaftspolitik überschneidet.[959] Die Wirtschaftspolitik besteht aus den politischen Entscheidungen und Maßnahmen zur Verfolgung bestimmter Ziele im Bereich der Wirtschaft.[960] Beim öffentlichen Wirtschaftsrecht geht es um die Aufgabenformulierung und die Instrumentalisierung der Wirtschaftspolitik.[961] Angesichts der Angewiesenheit auf politische Entscheidungen ist hier die Rolle des Gesetzgebers von Bedeutung. Dies zeigt, dass öffentliches Wirtschaftsrecht nicht völlig unabhängig von politischen Entscheidungen oder staatstheoretischen Tendenzen ist. Aus normativer Sicht ist dem Gesetzgeber die Frage zu stellen, wie diese politischen Entscheidungen systematisch abgegrenzt und institutionalisiert werden können. Daher wählt die Rechtswissenschaft den Ausdruck der „Wirtschaftlenkung“, anstatt „Wirtschaftspolitik“ zu sagen. Erforderlich ist, die Funktion der Wirtschaftslenkung bei der gestaltenden Beeinflussung der Privatwirtschaft auf die instrumentale Verwendung rechtlicher Mittel einzugrenzen und nicht zuletzt durch Maßstabsetzung zu kennzeichnen.[962]

Aber diese Abgrenzung der Wirtschaftslenkung ist nur von Bedeutung, soweit sie sich von der „gesamten Ordnungspolitik“ unterscheidet. Die Klassifikation als Regelsetzung einerseits und als Regeldurchsetzung anderseits, durch die eine Eigenart der Wirtschaftslenkung gegenüber der Wirtschaftsaufsicht bemerkbar gemacht werden könnte, kann nicht trennscharf eingehalten werden. Auf der Ebene der Exekutive finden sich auch einige Tätigkeiten der Regelsetzung. Nicht immer kann der Gesetzgeber alle Regeln für das Wirtschaftsleben in klaren Begriffen festlegen. „Der Gesetzgeber muss sich abstrakter und unbe-

---

957 Vgl. *J. Hecker*, Marktoptimierende Wirtschaftsaufsicht, S. 23.

958 Vgl. *R. Schmidt*, Öffentliches Wirtschaftsrecht, Allg.Teil, S. 299.; *P. Badura*, Wirtschaftsverfassung und Wirtschaftsverwaltung, Rn. 206 und 212.;

959 Dafür, *P. Tettinger*, Rechtsanwendung und gerichtliche Kontrolle im Wirtschaftsverwaltungsrecht, S. 252.; *H. D. Jarass*, Wirtschaftsverwaltungsrecht, S. 12.; *P. Badura*, Wirtschaftsverfassung und Wirtschaftsverwaltung, Rn. 212.; Ablehnend, vgl. *R. Schmidt*, Öffentliches Wirtschaftsrecht, Allg.Teil, S. 299.

960 Vgl. *R. Schmidt*, Öffentliches Wirtschaftsrecht, Allg.Teil, S. 298.; *P. Badura*, Wirtschaftsverfassung und Wirtschaftsverwaltung, Rn. 117.

961 Vgl. *R. Schmidt*, Öffentliches Wirtschaftsrecht, Allg.Teil, S. 298.

962 Vgl. *P. Badura*, Wirtschaftsverfassung und Wirtschaftsverwaltung, Rn. 118.

stimmter Formulierungen bedienen können, um die Verwaltungsbehörden in die Lage zu versetzen, den besonderen Umständen des einzelnen Falles und den schnell wechselnden Situationen des Wirtschaftslebens gerecht zu werden".[963] Die Klassifikation, ob eine staatliche Maßnahme eine regelsetzende oder eine durchsetzende Tätigkeit ist, bietet weder trennscharfe Maßstäbe noch sinnvolle Begründungen für die Unterscheidung an.

Der andere Versuch zur Kategorisierung teilt die Wirtschaftslenkung und -aufsicht nach den unterschiedlichen Arten von Rechtsmitteln ein, die im privaten Wirtschaftsleben zum Einsatz zu kommen.[964] Diese Kategorisierung stellt zunächst die Unterscheidung zwischen dem liberalen und dem sozialen Steuerungsprinzip in den Vordergrund. Aufgrund des liberalen Rechtsstaatsprinzips soll die Wirtschaftsaufsicht vor allem der Abwehr von den Gefahren für die individuelle selbstbestimmte Freiheit dienen, die die durch den Freiheitsgebrauch des anderen beeinträchtigt werden können. Demgegenüber lege der Wirtschaftslenkung das soziale Rechtsstaatsprinzip zugrunde.[965] Die (Wirtschafts-) Lenkung sei nicht auf nur die Gefahrenabwehr beschränkt, sondern auch auf die Strukturierung der Voraussetzungen des Freiheitsgebrauchs gerichtet.

Um die Aufteilung trennscharf durchzuhalten, ersetzen die Anhänger dieser Kategorisierung oft den Begriff der Wirtschaftsaufsicht durch jenen der „Überwachung"[966] und führen die Kontrollerlaubnis (präventives Verbot mit Erlaubnisvorbehalt) als typisches Rechtsmittel für die Wirtschaftsüberwachung an. Dementsprechend können die Konzession und das Verteilungshandeln für die Wirtschaftslenkung zum Einsatz gelangen. Diese stärkere Dichotomie führt schließlich auf die rechtsdogmatische Unterscheidung zwischen der Kontrollerlaubnis und der Konzession zurück. Dann könnte die (Wirtschafts-)Überwachung nur die Gewähr dessen bedeuten, was der Bürger schon besaß oder ihm schon gegeben wurde.[967] Mit dieser engeren Perspektive kann öffent-

---

963 BVerfGE 8, 274 (326).; 13 (153).; 56, 1 (12).

964 Vgl. *R. Gröschner*, Das Überwachungsrechtsverhältnis, S. 128.; *C. Koenig*, Die öffentlich-rechtliche Verteilungslenkung, S. 77 ff.; *W. Kahl*, Die Staatsaufsicht, S. 363.

965 Vgl. *C. Koenig*, Die öffentlich-rechtliche Verteilungslenkung, S. 82 f.; Dagegen, Die Lenkung könne sich „aus der ordnenden oder aus der leistenden Verwaltung entwickeln." Vgl. *E. Schmidt-Aßmann*, Das allgemeine Verwaltungsrecht als Ordnungsidee, 3. Kap., Rn. 104.

966 Vgl. *W. Kahl*, Die Staatsaufsicht, S. 363.; *C. Berringer*, Regulierung als Erscheinungsform der Wirtschaftsaufsicht, S. 6.; Ähnlich, *J. Ziekow*, Öffentliches Wirtschaftsrecht, § 5, Rn. 6 ff.

967 Vgl. *M. Martini*, Der Markt als Instrument hoheitlicher Verteilungslenkung, S. 41.

liches Wirtschaftsrecht nicht den Gefahren entgegentreten, die in der heutigen Wirtschaftslage auftreten. In den verschiedenen Bereichen findet sich ein Nebeneinander, so pflegen Kontrollerlaubnis und Konzession auch gleichzeitig vorzukommen.[968] Möglicherweise besteht die heutige Bedeutung dieser trennscharfen Kategorisierung paradoxerweise darin, dass angesichts der modernen komplexen und labilen Wirtschaftslagen früher rechtsdogmatisch voneinander getrennte Instrumente (wie Kontrollerlaubnis oder Konzession) sich hin zu flexiblen Handlungsformen entwickeln. Die Eigenarten der Verwaltungsaufgaben und das Bedürfnis nach einem den wahrzunehmenden Aufgaben angepassten Instrumentarium haben eine bewegliche Vielfalt von Rechtsformen hervorgebracht.[969]

Ein anderer möglicher - aber auch nicht eindeutiger - Maßstab zur Einordnung einer Maßnahme in die Wirtschaftsaufsicht besteht darin, ob der Ausübung öffentlicher Gewalt in der Wirtschaft imperativer Charakter zugeschrieben werden kann.[970] Bei der Wirtschaftspolitik geht es um „die wirtschaftspolitische Diagnose des Istzustandes, die Entwicklung und Beschreibung des Sollzustandes der Wirtschaft als Ganzes und dessen Verwirklichung durch die wirtschaftliche Zielsetzung und deren Umsetzung mit den Mitteln der Ordnungs-, Struktur- und Prozesspolitik".[971] Wirtschaftsaufsicht bedeutet Umsetzung oder Anpassung der Wirtschaftspolitik, durch die vorhandenen imperativen Maßnahmen des (Verwaltungs-) Rechts.[972] Aber dieser Maßstab kann auch nur den Unterschied zwischen Wirtschaftsaufsicht und -politik erklären, jedoch nicht den eigenen Standort der Wirtschaftslenkung im System. In der heutigen Wirtschaftsaufsicht findet man sich die nicht-imperativen Maßnahmen. Darüber hinaus sind die imperativen Maßnahmen selbst umgewandelt oder voneinander entgrenzt.

Um die Systematik der Verwaltungsrechtswissenschaft durchzuhalten, beabsichtigt jeder Maßstab bewusst eine systematische Abgrenzung der Wirtschaftsaufsicht von den wirtschaftspolitischen Aspekten der Wirtschaftslenkung. Es ist zwar von Bedeutung, die Ausübung öffentlicher Verwaltung im Bereich der Wirtschaft in Wirtschaftsaufsicht und -lenkung mit dem Maßstab des tradierten

---

968 Vgl. *J. Hecker*, Marktoptimierende Wirtschaftsaufsicht, S. 25.

969 Vgl. *P. Badura*, in: *Schmidt-Aßmann* (Hrsg.), Besonderes Verwaltungsrecht, 3. Kap., Rn. 70.; zitiert nach *E. Schmidt-Aßmann*, Das allgemeine Verwaltungsrecht als Ordnungsidee, Rn. 43.

970 Vgl. *D. Ehlers*, Ziele der Wirtschaftsaufsicht, S. 42.

971 *R. Schmidt*, Öffentliches Wirtschaftsrecht, Allg.Teil, S. 339.

972 Vgl. *R. Schmidt*, Öffentliches Wirtschaftsrecht, Allg.Teil, S. 339.; *J. Hecker*, Marktoptimierende Wirtschaftsaufsicht, S. 22.

Staatsbildes oder seinen Instrumenten aufzuteilen. Aber diese Aufteilung ist auch nicht immer deutlich. Nur auf theoretische Weise könnten die Begriffe dadurch voneinander abgegrenzt werden, dass sie unterschiedliche Ausgangspunkte - den liberalen und den sozialen Rechtsstaat - haben. Die Wirtschaftsaufsicht im heutigen Sinne wird nicht durch die bloße Regeldurchsetzung gekennzeichnet, sondern umfasst auch den Aspekt der Regelsetzung, die früher in die Wirtschaftslenkung oder -politik eingeordnet war.[973] Durch die wirtschaftspolitischen Richtungen, Ansätze und Vorstellungen wirkt die Wirtschaftslenkung regelnd auf die Grundlage des wirtschaftlichen Prozesses ein.[974] Trotz der sinnvollen Bedeutung von Wirtschaftslenkung, findet sie nicht ihren genauen rechtlichen Standort. Dem Begriff der Wirtschaftslenkung mangelt es an trennscharfen Maßstäben für eine Trennung des Begriffs der Wirtschaftspolitik und dem der -aufsicht. In der juristischen Begriffsverwendung wird die Wirtschaftslenkung daher häufig nur auf die imperative Einflussnahme auf die Wirtschaft beschränkt und als eine Unterform der Wirtschaftsaufsicht verstanden.[975] Die bewusst systematische Abgrenzung zeigt zwar das formale bzw. (verwaltungs-) rechtssystematische Vorgehen öffentlicher Verwaltung im Bereich der Wirtschaft einerseits, anderseits aber die Erforderlichkeit des regelmäßigen Rückgriffs auf die ordnungspolitischen Anforderungen.

II. Regulierung als eine „neue“ Form der Wirtschaftsaufsicht?

1. Die Bezogenheit mit der Wirtschaftsaufsicht

Es liegt auf der Hand, dass das ökonomische Begriffsverständnis von Regulierung, das als jede staatliche Eingriffe in die Marktprozesse verstanden wird, auf den rechtswissenschaftlichen Regulierungsbegriff einwirkt. Sowohl der Be-

973 Daneben führt dies vor allem zur grundrechtsdogmatischen Debatten der Eingriffsdogmatik und der Ausgestaltungsdogmatik, ob die Wirtschaftsaufsicht als Grundrechtseingriff oder als Grundrechtsausgestaltung qualifiziert werden soll. Dazu näher, *G. Lübbe-Wolf*, Grundrechte als Eingriffsabwehrrechte, S. 75 ff.; *M. Gellermann*, Grundrechte in einfachgesetzlichen Gewande, S. 81 ff.; *R. Poscher*, Grundrechte als Abwehrrechte, S. 107 ff.;

974 *P. Badura*, Wirtschaftsverfassung und Wirtschaftsverwaltung, Rn. 118.

975 Vgl. *D. Ehlers*, Ziele der Wirtschaftsaufsicht, S. 42.; *R. Schmidt*, Öffentliches Wirtschaftsrecht, Allg.Teil, S. 339.

griff der Regulierung als auch der der Wirtschaftsaufsicht bedürfen der rechtssystematischen Begrenzung. Gemeinsam ist, dass die beiden Begriffe als jegliche Einflussnahme in Marktprozesse verstanden werden. Unter diesem Blickwinkel haben das Leitbild der Regulierung und der Wirtschaftsaufsicht den gleichen Ausgangspunkt. Im Lauf der Zeit erfuhr die Wirtschaftsaufsicht verschiedene Umwandlungen aufgrund des regelmäßigen Rückgriffs auf die dynamische Wirtschaftslage. Ungeachtet ihrer systematischen Begrenzung umfasst die Wirtschaftsaufsicht teilweise die regelsetzende Tätigkeit. Es finden sich dort auch leistende und planende Elemente. Die heutige Wirtschaftsaufsicht - und ferner das heutige Modell des Ordnungsrechts - lässt sich nicht allein auf die Gefahrenabwehr beschränken. Unter diesem Blickwinkel wird die Regulierung häufig als eine „neue“ oder „besondere“ Form der Wirtschaftsaufsicht verstanden.[976]

Diese Vorstellung geht zunächst von der wettbewerbsbezogenen Eigenschaft der Regulierung aus. Klar ist, dass der Wettbewerb im Wesentlichen der Regulierung unterliegt. Das Grundverständnis der Regulierung, sei es die wirtschaftliche oder die nichtwirtschaftliche Regulierung, lässt sich meistens im Rahmen der Wettbewerbsstruktur erfassen. Aber die Regulierung soll von anderen Formen wie die traditionelle Wirtschaftsaufsicht, insbesondere dem Kartellrecht oder dem Privatisierungsfolgenrecht unterscheidbar gemacht werden.[977] Die Anhänger des Ansatzes, dass die Regulierung als Wirtschaftsaufsicht anzusehen sei, versehen daher die Regulierung mit Beiwörtern, wie „Variante“, „neue“ oder „besondere“ Form der Wirtschaftsaufsicht.[978] Wenn man die Regulierung dennoch als eine „Variation“ ansehen will, müsste die Regulierung mit dem ordnungsrechtlichen Modell der Wirtschaftsaufsicht vereinbaren können.

---

976 Vgl. *Müller/Vogelsang*, Staatliche Regulierung, S. 342.; *P. Badura*, Wirtschaftsverfassung und Wirtschaftsverwaltung, Rn. 184 und 217.; Demgegenüber, „Regulierung als Sonderfall der Wirtschaftslenkung“, vgl. *J.-P. Schneider*, Flexible Wirtschaftsregulierung durch unabhängige Behörden im deutschen und britischen Telekommunikationsrecht, ZHR 164 (2000), S. 513 (516).

977 Siehe oben, 3. Kap. C IV 2 (3) (b)

978 Statt vieler, *P. Badura*, Wirtschaftsverfassung und Wirtschaftsverwaltung,, Rn. 217.

2. Abweichung von der Gemeinwohlvorstellung

(1) Gemeinwohl in der Kartellaufsicht

Hier steht die Gemeinwohlverwirklichung wieder im Zentrum der Diskussion. Im ordnungsrechtlichen Modell ist die Ausübung öffentlicher Verwaltung in der Wirtschaft vor allem durch die Gefahrenabwehr geprägt. Die elementare Aufgabe der Wirtschaftsaufsicht liegt im Schutz des Marktes gegen eine Beeinträchtigung des freien Wettbewerbs. Neben der Verhinderung eines Missbrauchs marktbeherrschender Macht dient die Wirtschaftsaufsicht der Wahrung der Gewerbefreiheit. Von wenigen Ausnahmen abgesehen besteht das Wesen der Wirtschaftsaufsicht darin, dass das Verhalten von Wirtschaftssubjekten beobachtet und nötigenfalls korrigiert wird.[979] Dieses Grundverständnis der Wirtschaftsaufsicht basiert auf der individuellen Handlungsfreiheit und dem Zusammenhang zwischen dem auf der individuellen Freiheit beruhenden Wettbewerb und dem Gemeinwohl.[980]

Aufgrund der „Mustervoraussage" wird das Gemeinwohl im freien Wettbewerbsprozess gewonnen. Der Staat verwirklicht das Gemeinwohl anhand der Bereitstellung der Wettbewerbsstruktur einerseits, anderseits ist er für den Schutz des freien Wettbewerbs verantwortlich. Das dem Gemeinwohl verpflichtete Handeln des Staates und das individuelle Handeln im Wettbewerb, die auf jeweils eigener Handlungsrationalität basieren, lässt sich daher als komplementär zueinander bezeichnen.[981] In dem Ordnungsmodell fungiert der Wettbewerb als ein notwendiges Instrument des Staates zur Gemeinwohlverwirklichung. Nach dem „Prinzip der freien Wahl von Zielen und Mitteln durch den Bürger" kann der Gesetzgeber anstatt des hoheitlichen Handelns den sich aus privater Handlungsrationalität ergebenden Gemeinwohlbezug wählen.[982] Um die

979 Vgl. *R. Schmidt*, Öffentliches Wirtschaftsrecht, Allg.Teil, S. 339.; *W. Kahl*, Die Staatsaufsicht, S. 378.

980 Vgl. *P. Kirchhof*, Das Wettbewerbsrecht als Teil einer folgerichtigen und widerspruchsfreien Gesamtrechtsordnung, in: *ders.* (Hrsg.), Gemeinwohl und Wettbewerb, S. 1 (3).; *A. Musil*, Wettbewerb in der staatlichen Verwaltung, S. 384.; *M. Heise*, Das Verhältnis von Regulierung und Kartellrecht im Bereich der Netzwirtschaften, S. 122 ff.

981 Vgl. *M. Heise*, Das Verhältnis von Regulierung und Kartellrecht im Bereich der Netzwirtschaften, S. 127.

982 Grundlegend, *W. Hoffmann-Riem*, Öffentliches Recht und Privatrecht als wechselseitige Auffangordnungen - Systematisierung und Entwicklungsperspektiven, in:

Vorstellung der „Mustervoraussage" richtig durchzuhalten, kann die Vorbestimmung bestimmter, konkreter Wettbewerbsergebnisse, bzw. die Festlegung des Gemeinwohlzieles nicht dem Gesetzgeber übertragen werden, sondern ist dem autonomen Prozess zu überlassen. Bei der wettbewerbsspezifischen Koordination beschränkt sich die Rolle der Wirtschaftsaufsicht nur auf die Sicherstellung der Bedingungen für den freien Wettbewerb, die als „Kartellaufsicht" bezeichnet wird. Die Kartellaufsicht intendiert weder die hoheitliche Programmierung des Wettbewerbs für die Verfolgung der planerischen Gemeinwohlziele, noch die Bestimmung des gemeinwohlorientierten Staatshandelns durch öffentlich-rechtliche Gesetzmäßigkeitsvoraussetzung.[983]

(2) Gemeinwohl in der Regulierung

Das Konzept der Regulierung geht über die Gemeinwohlvorstellung der Kartellaufsicht deutlich hinaus. Zunächst wird die Regulierung nicht von der ordnungsrechtlichen Gefahrenabwehr abgegrenzt. Die tradierte Wirtschaftsaufsicht, insbesondere die Kartellaufsicht, setzt den bereits bestehenden Wettbewerb voraus und verhindert den Missbrauch marktbeherrschender Stellung oder anderer Wettbewerbsbeschränkungen. Demgegenüber etabliert die Regulierung erst den Wettbewerb in den Märkten, insbesondere in den Netzwirtschaften, die vor allem auf die daseinsvorsorgerelevante Leistungserbringung bezogen sind. Die daseinsvorsorgerelevanten Infrastrukturleistungen in den Netzindustrien lassen sich heute durch den neu etablierten Wettbewerb erfüllt werden. Dies zeigt, dass die Effizienz und die Innovation der privaten Leistungserbringung auch in den daseinsvorsorgerelevanten Sektoren benötigt werden, wohingegen man hier zuvor auf natürliche oder staatliche Monopole vertraut hat. Diese Vorstellung wird mit den Schlagwörtern der „Liberalisierung" oder „Privatisierung" angesprochen. Für die Marktöffnung und die Privatisierung ist eine staatliche Normsetzung erforderlich (sog. Paradox der Deregulierung und der Privatisierung). Dies wird nicht nur mit dem Erfordernis der Korrektur des Marktversagens, sondern auch mit der Ermöglichung der Gemeinwohlverwirklichung durch Private begründet.

---

ders./Schmidt-Aßmann (Hrsg.), Öffentliches Recht und Privatrecht als wechselseitige Auffangordnungen, S. 261 (268).

983 Vgl. *M. Heise*, Das Verhältnis von Regulierung und Kartellrecht im Bereich der Netzwirtschaften, S. 128 ff.

Aufgrund der Gewährleistungsverantwortung des Staates geht es bei der Beteiligung Privater an der arbeitsteiligen Gemeinwohlverwirklichung um die Bereitstellung normativer Gewährleistungsvorgaben, innerhalb derer die Verwaltung auf die Entfaltungsräume regulativer Gemeinwohlrealisierung ausgerichtet, die erwünschten Ergebnisse sichergestellt und gegebenenfalls durch die staatliche Auffangverantwortung in Gefahrenlagen oder bei gravierenden Versorgungslücken bzw. im Fall privater Schlechterfüllung abgesichert werden.[984] In der Regulierung erweist sich die Gemeinwohlbindung der privaten Handlungsrationalität daher nicht durch markteigene Kräfte wie eine „unsichtbare Hand" oder eine „Mustervoraussage", sondern durch die gemeinwohlverträgliche Schaffung neuer Pflichten.[985] Die notwendige Beziehung der Regulierung zu den Gemeinwohl- und Wettbewerbszielen besteht hier darin, das private Verhalten zu steuern, die erwünschten Ergebnisse herbeizuführen und schließlich die Eigensucht und das Gemeinwohl miteinander zu harmonisieren. Unter diesem Blickwinkel ist die Regulierung als eine Vielzahl von Maßnahmen des Ausgleichs kollidierender Privatinteressen und öffentlicher Interessen darzustellen,[986] und „führt zu einer neuen rechtlichen Gestaltungsform für öffentlich gewährleistete aber privat erbrachte Leistungen."[987]

Neben der staatlichen Gewährleistungsverantwortung für die (netzinfrastrukturelle) Grundversorgung zielt die Regulierung auf wettbewerbsfremde oder nichtwirtschaftliche Gemeinwohlzwecke ab, die zuvor dem Staat auferlegt waren. Diese Einflussnahme der Regulierung auf das (private) Wirtschaftsleben ist grundsätzlich auf konkrete Gemeinwohlziele ausgerichtet. Im Wesentlichen unterliegt der gemeinwohlorientierte Staatshandel den öffentlich-rechtlichen Strukturen. Die private Leistungserbringung bezieht sich in den Regulierungssektoren grundsätzlich auf das gemeinwohlorientierte Staatshandeln, das öffentlich-rechtlich konstituiert ist. Gegebenenfalls sollen die Marktrationalität des Wettbewerbs und das Wettbewerbsverhalten Einzelner durch die Regulierung mit den Anforderungen des (sektorspezifisch) bestimmten Gemeinwohls verein-

---

984 Vgl. *C. Franzius*, Gewährleistung im Recht, S. 125.; *E. Schmidt-Aßmann*, Das allgemeine Verwaltungsrecht als Ordnungsidee, 3.Kap. Rn. 112.

985 Vgl. *O. Lepsius*, Ziele der Regulierung, in: *Fehling/Ruffert* (Hrsg.), Regulierungsrecht, § 19, Rn. 2.; *M. Heise*, Das Verhältnis von Regulierung und Kartellrecht im Bereich der Netzwirtschaften, S. 126.

986 Vgl. *H.-H. Trute*, Verzahnungen von öffentlichem und privatem Recht, in: *Schmidt-Aßmann/Hoffmann-Riem* (Hrsg.), Öffentliches Recht und Privatrecht als wechselseitige Auffangordnungen, S. 167 (172).

987 Vgl. *O. Lepsius*, Ziele der Regulierung, in: *Fehling/Ruffert* (Hrsg.), Regulierungsrecht, § 19, Rn. 8.

bar werden.[988] Das durch die Regulierung verfolgte Gemeinwohl ergibt sich nicht aus dem freien oder spontanen „Entdeckungsverfahren“, sondern aus der politischen Wertentscheidung. Die gemeinwohlorientierten Leistungen sollen in Verbindung mit den Anforderungen des Gemeinwohls erbracht werden.[989] Diese gemeinwohlsichernde Regulierungsfunktion kann nicht durch die Vorstellung der Wirtschaftsaufsicht erklärt und ins allgemeine Wettbewerbsrecht integriert werden.[990]

3. Prozess der Gemeinwohlverwirklichung

Die heutige Veränderung der Ausübung öffentlicher Verwaltung in der Wirtschaft beruht vor allem auf der Tendenz zur Liberalisierung, die eine weitgehende Beteiligung Privater bei der Erfüllung öffentlicher Aufgaben ermöglicht. Aufgrund der staatlichen Gewährleistungsverantwortung ist hier die Verwaltung nicht nur auf die klassischen gefahrenabwehrenden Tätigkeiten beschränkt, sondern ist vielmehr einer stärkeren wirtschaftsgestaltenden Zielrichtung verpflichtet.[991] Während unter Wirtschaftsaufsicht das imperative Eindringen in die Wirtschaft verstanden und die Wirtschaftslenkung als eine Unterform der Wirtschaftsaufsicht angesehen wird, sofern sie imperatives Handeln ist, geht die Regulierung von einer anderen Vorstellung aus: der arbeitsteiligen Gemeinwohlverwirklichung. In dem Prozess der arbeitsteiligen Gemeinwohlverwirklichung arbeitet die Regulierung nicht nur mit imperativen Rechtsmitteln, sondern auch mit den nichtimperativen, mittelbaren, informellen Instrumenten, und schließlich mit dem Zusammenwirken der mixenden Instrumente.[992]

Zudem können sowohl die Regeldurchsetzung als auch die behördliche Normsetzung zum Regulierungshandeln zählen. Darüber hinaus wird von Regulierung auch unter dem Stichwort der „gesellschaftlichen Selbstregelset-

988 Vgl. *M. Heise*, Das Verhältnis von Regulierung und Kartellrecht im Bereich der Netzwirtschaften, S. 128.

989 Vgl. *O. Lepsius*, Ziele der Regulierung, in: *Fehling/Ruffert* (Hrsg.), Regulierungsrecht, § 19, Rn. 3.

990 Vgl. *T. Höppner*, Die Regulierung der Netzstruktur, S. 42.

991 Vgl. *J. Hecker*, Marktoptimierende Wirtschaftsaufsicht, S. 24.

992 Dazu näher, *W. Hoffmann-Riem*, Rechtsformen, Handlungsformen, Bewirkungsformen, in: *ders./Schmidt-Aßmann/Voßkuhle* (Hrsg.), Grundlagen des Verwaltungsrechts, Bd. II., § 33, Rn. 25.; *L. Michael*, Formen- und Instrumentenmix, in: *Hoffmann-Riem/Schmidt-Aßmann/Voßkuhle* (Hrsg.), GVwR II, § 41, Rn. 72 ff.

zung“ bzw. der „privaten Normierung“ oder „kooperativen Normsetzung“ gesprochen. Während die bestehende Wirtschaftsaufsicht und -lenkung auf die behördliche Maßstabsetzungsbefugnis gerichtet ist, geht es bei der „Verlagerung der Regelsetzung auf die behördliche Seite“[993] vielmehr um die gesellschaftliche Selbstregelsetzung unter dem Stichwort der „Kooperation“ oder der „arbeitsteiligen Gemeinwohlverwirklichung“.[994] Allerdings ist dabei stets zu bedenken, dass die nicht-parlamentarische Normsetzungsbefugnis angesichts der verfassungsrechtlichen Grundlage, insbesondere der Grundrechte und dem Parlamentsvorbehalt, strikt limitiert werden muss. Unter Beachtung der verfassungsrechtlichen Vorgaben kann die kooperative Normsetzung bzw. die Beteiligung Privater an der Normsetzung aber bestätigt werden.[995]

Nicht zuletzt im Bereich der Infrastrukturgewährleistung basiert die Regulierung auf dem ordnungspolitische Grundgedanken. Dies beruht auf dem Übergang von der Erfüllungsverantwortung zur Gewährleistungsverantwortung des Staates. Wegen des Effizienz- und Informationsdefizits und der Zielkonflikte bedarf es der Wettbewerbsstruktur in Infrastrukturbereichen, für die früher ein „natürliches Monopol“ angenommen wurde. Durch die Marktöffnung und Privatisierung geht die staatliche Erfüllungsverantwortung hin zur Gewährleistungsverantwortung. Bei der Regulierung handelt es sich daher um die Ermöglichung einer flächendeckenden, angemessenen und ausreichenden Grundversorgung. Aus der Gewährleistungsverantwortung an sich könnte man noch keine unmittelbare Verpflichtung des Staates herleiten, aber sie ist als Staatszielbestimmung von Bedeutung. Die staatliche Gewährleistungsverantwortung im Infrastrukturbereich ist in den verfassungsrechtlichen Strukturprinzipien des sozialen und demokratischen Rechtsstaates sowie in der Verpflichtung des Staates zum Schutz der Grundrechte normativ verankert,[996] und wirkt regelnd auf die Grundlage des wirtschaftlichen Prozesses ein.[997]

---

993 Vgl. *C. Berringer*, Regulierung als Erscheinungsform der Wirtschaftsaufsicht, S. 5.

994 Statt vieler, *A. Voßkuhle*, Beteiligung Privater an der Wahrnehmung öffentlicher Aufgaben und staatliche Verantwortung, VVDStRL 62 (2003), S. 266 ff.

995 Dazu näher, *F. Becker*, Kooperative und konsensuale Strukturen in der Normsetzung, S. 351 ff.

996 Vgl. *H. Bauer*, Privatisierung und Verwaltungsaufgaben, VVDStRL 54 (1995), S. 243 (269).

997 Vgl. *P. Badura*, Wirtschaftsverfassung und Wirtschaftsverwaltung, Rn. 118 und 217.

4. Fazit

Die Regulierung beschränkt sich nicht auf eine Form der Wirtschaftsaufsicht. Umgekehrt wird die Ausübung öffentlicher Verwaltung in der Wirtschaft durch die Regulierung verändert. Die wirtschaftliche Regulierung lässt sich auch als eine Erscheinungsform der Gewährleistungsverwaltung verstehen, die in der Wirtschaft das Ziel öffentlicher Verwaltung durch den Prozess der arbeitsteiligen Gemeinwohlverwirklichung zu erreichen sucht. Wenn die wirtschaftliche Regulierung als nur eine Form der Wirtschaftsaufsicht angesehen würde, würde die Grundidee der Regulierung, die sowohl in der wirtschaftlichen als auch nichtwirtschaftlichen Regulierung gemeinsam ist, aufeinander angestoßen. Aus der Sicht, die Regulierung innerhalb der gesamten Weiterentwicklung moderner Verwaltung zu erfassen, soll dieser Abbruch abgelehnt werden.

III. Zwischenergebnis

Die herkömmlichen Instrumente der Wirtschaftsaufsicht werden zwar in der Regulierung verwendet. Die Regulierung rekurriert jedoch auf die Frage der Aufteilung von Wirtschafsaufsicht und Wirtschaftslenkung, weil sie sich auf das Thema der Reaktionsweise von Rechtswissenschaft auf die gesellschaftlichen, bzw. die wirtschaftspolitischen Anforderungen bezieht. Daher finden sich auch die Instrumente der Wirtschaftslenkung auch in der Regulierung. Die typischerweise aus der Wirtschaftsaufsicht und der -lenkung gestammte Formen sind jeweilig die „Kontrollerlaubnis“ und die „Konzession“.

D. Formen der Regulierungsinstrumente

I. Die Genehmigung als Regulierungsinstrument

Die Genehmigung, die eine traditionelle Form des Verwaltungsaktes ist, wird im öffentlichen Wirtschaftsrecht als wichtiges Instrument verwendet. Auch in den Vorschriften zur Regulierung der verschiedenen Netzwirtschaften, wie TKG und EnWG, findet sich die „Genehmigung“.

1. Die „typische" Form der Genehmigung

(1) Kontrollerlaubnis

Eine typische Form der Genehmigung ist die Kontrollerlaubnis, die auch als präventives Verbot mit Erlaubnisvorbehalt bezeichnet wird. Mit der Kontrollerlaubnis wird ein bestimmtes Verhalten verboten, um das Vorliegen der gesetzlichen Voraussetzung für dieses Verhalten überprüfen zu können.[998] Die Kontrollerlaubnis an sich stellt bereits unabhängig von den gesetzlichen Voraussetzungen einer Genehmigungserteilung einen Grundrechtseingriff dar. Diese Genehmigungspflichten sind vor allem ausgeprägt als Beschränkung der Ausübung von Freiheiten (z. B. Berufsausübung des Art. 12 Abs. 1 GG,[999] Vertragsfreiheit des Art. 2 Abs. 1 GG).[1000] Die Kontrollerlaubnis ist insofern grundrechtsrelevant, als in der vorenthaltenen Genehmigung eine Einschränkung der Verwirklichung der Garantie der Grundrechte (wie der Berufsfreiheit des Art 12 Abs. 1 GG, der Eigentumsgarantie des Art. 14 GG und des Gleichheitsprinzips des Art. 3 Abs. 1 GG) zu sehen ist.[1001] Die Kontrollerlaubnis erklärt sich aus der präventiven Kontrolle bestimmter Freiheitsbetätigungen, wodurch sie sich auf traditionelle Weise von den anderen Typen der Genehmigung unterscheiden lässt.[1002] Im Hinblick auf Grundrechte ist vor allem die Gefahrabwehr auf dem Gebiet des Marktzutritts, der Entgelte und der Überwachung von Bedeutung. Eine erlaubte, sozial wertvolle Betätigung wird durch die Kontrollerlaubnis zunächst verboten, deren Zulässigkeit im Voraus verwaltungsrechtliche geprüft werden soll.

---

998 Vgl. *M. Ruffert*, in: Erichsen/Ehlers (Hrsg.), Allgemeines Verwaltungsrecht, § 21, Rn. 55.

999 Vgl. *G. Manssen*, in: *v. Mangoldt/Klein/Starck* (Hrsg.), Grundgesetz Kommentar, Bd. I, Art. 12, Rn. 159.

1000 Vgl. *G. Manssen*, in: *v. Mangoldt/Klein/Starck* (Hrsg.), Grundgesetz Kommentar, Bd. I, Art. 12, Rn. 159.

1001 Vgl. *G. Manssen*, in: *v. Mangoldt/Klein/Starck* (Hrsg.), Grundgesetz Kommentar, Bd. I, Art. 12, Rn. 159.

1002 Dazu näher, *A. Gromitsaris*, Die Unterscheidung zwischen präventiven Verbot mit Erlaubnisvorbehalt und repressivem Verbot mit Befreiungsvorbehalt, DÖV 50 (1997), S. 401 ff.; *M. Ruffert*, in: Erichsen/Ehlers (Hrsg.), Allgemeines Verwaltungsrecht, § 21, Rn. 54 ff.

(2) Konzession

Die unter den Begriff der Kontrollerlaubnis zu fassende Form der Genehmigung ist vor allem die Konzession. Die Konzession wird bisher als eine von den Verwaltungsbehörden schwieriger zu erlangende Genehmigung angesehen (Dispens; Ausnahmebewilligung; repressives Verbot mit Befreiungsvorbehalt). Der historische Hintergrund der Konzession liegt dort, wo man die Monopolisierung bestimmter Wirtschaftstätigkeiten aufgrund staatlicher Ausschlussrechte zu klären versuchte.[1003] Laut *Otto Mayer* ist die Konzession als eine Verleihung staatlicher Rechtsmacht zu verstehen und daher (grundrechts-)dogmatisch von der Kontrollerlaubnis zu unterscheiden.[1004]

(3) Kritik an der schematischen Unterscheidung

Im Bereich der Wirtschaftsverwaltung werden sowohl die Kontrollerlaubnis als auch die Konzession typischerweise verwendet. Für die Wirtschaftsaufsicht, insbesondere die Wirtschaftsüberwachung, stellt sich die Kontrollerlaubnis als passende Maßnahme dar. Demgegenüber kommt die Konzession bei der Wirtschaftslenkung zum Einsatz. Diese Unterscheidung geht vor allem von der Intensität beider Eingriffsformen und den damit geforderten Rechtfertigungsgründen - insbesondere dem Gesetzesvorbehalt - aus. Aber es besteht keine Einigkeit zur Kategorisierung der „Wirtschaftsaufsicht, -lenkung und -überwachung". Auch ist der Maßstab öffentlicher Verwaltung im Wirtschaftsleben kein übergreifend geltendes Kriterium.

Die rechtsdogmatische Unterscheidung zwischen Kontrollerlaubnis und Konzession war früher - und zum Teil noch heute - anerkannt. Doch bei Verwendung der Typologie der „Genehmigung" wird heute nicht immer eindeutig zwischen beiden unterschieden.[1005] In der heutigen verfassungsrechtlichen[1006] und verwaltungsrechtlichen[1007] Dogmatik kommt der tradierten Unterscheidung

---

1003 Vgl. *C. Koenig*, Die öffentlich-rechtliche Verteilungslenkung, S. 102.

1004 Vgl. *M. Martini*, Der Markt als Instrument hoheitlicher Verteilungslenkung, S. 40.

1005 Auch, *G. Manssen*, Privatrechtsgestaltung durch Hoheitsakt, S. 122.

1006 Dazu näher, *M. Martini*, Der Markt als Instrument hoheitlicher Verteilungslenkung, S. 40 ff.; *A. Voßkuhle*, Das Kompensationsprinzip, S. 347 f.

1007 Statt vieler, *A. Gromitsaris*, Die Unterscheidung zwischen präventivem Verbot mit Erlaubnisvorbehalt und repressivem Verbot mit Befreiungsvorbehalt, DÖV 50 (1997), S. 401 (407 ff.).

zwischen den Genehmigungsformen nur wenig Bedeutung zu. Zunächst wurde die klassische dogmatische Vorstellung der Konzession überwunden. Im Anwendungsbereich der Konzession wurde die Grundrechtsbindung zunächst verneint, heute jedoch wieder anerkannt.[1008] Bei der Konzession ist ein Verhalten wegen der sozialen Schädlichkeit oder dem potentiellen Risiko generell verboten, das Verbot an sich muss aber im Hinblick auf die betroffenen Grundrechten gerechtfertigt werden können.[1009]

Die unter dem Vorbehalt der Kontrollerlaubnis stehende Betätigung ist aber grundsätzlich nicht nur präventiv verboten. Es bedarf darüber hinaus der gesetzlichen Vorgabe von Genehmigungsvoraussetzungen, die jeweils auf ihre Rechtfertigung zu prüfen sind. Unter diesem Blickwinkel wird die Konzession häufig als ein Sonderfall der Kontrollerlaubnis angesehen.[1010] Hierbei kommt es aber darauf an, welche Bedingungen für die Gefahrabwehr erforderlich sind. Der Gesetzgeber setzt die Genehmigungsvoraussetzung je nach den unterschiedlichen Sachaufgabenfeldern ein und sie erscheint je nachdem, welche Ziele verfolgt werden, in verschiedenen Ausformungen.[1011] Die Genehmigungsvoraussetzungen können dabei mit verschiedenen Inhalten und Intensitäten ausgestaltet werden,[1012] aber zugleich sind die bestimmten Ziele zu berücksichtigen. Bei der Überprüfung der einzelnen Genehmigungsvoraussetzungen muss die legitime Zwecksetzung durch den Gesetzgeber geprüft werden, ferner der Intensitätsgrad. Die Genehmigungsformen werden dabei unterschiedlich je nach der sektorspezifischen Sachaufgaben ausdifferenziert. Der wesentliche Unterschied zwischen den Genehmigungsformen reduziert sich schließlich auf die Konkretisierungsverantwortung der Verwaltung.[1013] „Je konkreter die Situation wird, desto geringer ist die Erklärungskraft der Unterscheidung“ zwischen der Kontrollerlaub-

---

1008 Vgl. *A. Voßkuhle*, Kompensationsprinzip, S. 347 ff.; *C. Bumke*, Verwaltungsakte, in: *Hoffmann-Riem/Schmidt-Aßmann/Voßkuhle* (Hrsg.), GVwR II, § 35, Rn. 91.

1009 Vgl. *M. Ruffert*, in: Erichsen/Ehlers (Hrsg.), Allgemeines Verwaltungsrecht, § 21, Rn. 56.

1010 Vgl. *M. Martini*, Der Markt als Instrument hoheitlicher Verteilungslenkung, S. 43.

1011 Zur aufgabenbezogenen Perspektive, vgl. *C. Bumke*, Die Entwicklung der verwaltungsrechtswissenschaftlichen Methodik in der Bundesrepublik Deutschland, in: *Schmidt-Aßmann/Hoffmann-Riem* (Hrsg.), Methoden der Verwaltungsrechtswissenschaft, S. 73 (76, 118 ff.).; ders, Verwaltungsakte, in: *Hoffmann-Riem/Schmidt-Aßmann/Voßkuhle* (Hrsg.), GVwR II, § 35, Rn. 97 ff.

1012 Vgl. *J. Masing*, Der Rechtsstatus des Einzelnen im Verwaltungsrecht, in: *Hoffmann-Riem/Schmidt-Aßmann/Voßkuhle* (Hrsg.), GVwR I, § 7, Rn. 167.

1013 Vgl. *A. Voßkuhle*, Kompensationsprinzip, S. 347 f.

nis und der Konzession.[1014] Je mehr die sektorspezifische Sachaufgaben vermehrt werden, die mit Hilfe von Genehmigungen bewältigt werden, desto weiter erlöscht die schematische Unterscheidung der Genehmigungsformen. Ferner beruht dieser Wandel der Genehmigungsformen auf dem veränderten Staatsverständnis und dem damit verbundenen Übergang zum neuen Verwaltungstypus der Gewährleistungsverwaltung.

(4) Genehmigung zur „strukturellen Querschnittsaufgabe"

Im Gewährleistungsstaat begegnet die Verwaltung einem neuen Konzept der Aufgabenerledigung, bei der Private und die öffentliche Verwaltung zusammenzuwirken. Insoweit kann das Konzept des Gewährleistungsstaats nicht durch kartellrechtliche Mechanismen angemessen erreicht werden, weil die Rolle des Gewährleistungsstaates nicht im bloßen Zurückziehen aus der Erfüllungsverantwortung liegt, welche als die „staatliche Rahmenverantwortung für einen gemeinwohlverträglichen Interessenausgleich unter Privaten" beschrieben wird und durch privatrechtliche Vorschriften, insbesondere das Wettbewerbsrecht, geregelt ist.[1015] Vielmehr reicht die Gewährleistungsverantwortung von dem Rückzug aus der Erfüllungsverantwortung über die staatliche Bereitstellung von Regelstrukturen bis hin zur Geltendmachung des Gemeinwohls. Obwohl der Staat nicht (mehr) selbst die Sachaufgaben erfüllt, kann er regulierend tätig werden, indem er gesetzliche Vorgaben für die private Aufgabenerfüllung ausgestaltet und deren Einhaltung überwacht,[1016] um die Handlungsbeiträgen Privater Gemeinwohlbeiträge Privater werden zu lassen.[1017] Indem der Staat den Gemeinwohlbeiträgen nicht-staatlicher Akteure die Regelungsstrukturen bereitstellt,[1018] entstehen vielfältige Verflechtungen beider (öffentlicher und privater) Teilrechtsordnungen, und Substitutions-, Ergänzungs- und Auffangbeziehungen

1014 Vgl. *C. Bumke*, Verwaltungsakte, in: *Hoffmann-Riem/Schmidt-Aßmann/Voßkuhle* (Hrsg.), GVwR II, § 35, Rn. 92.

1015 Vgl. *C. Franzius*, Gewährleistung im Recht, S. 104 f.; *H.-H. Trute*, Verzahnungen von öffentlichem und privatem Recht, in: *Schmidt-Aßmann/Hoffmann-Riem* (Hrsg.), Öffentliches Recht und Privatrecht als wechselseitige Auffangordnungen, S. 167 (198).

1016 Vgl. *A. Musil*, Wettbewerb in der staatlichen Verwaltung, S. 412.

1017 Vgl. *G. F. Schuppert*, Möglichkeiten und Grenzen der Privatisierung von Gemeinwohlvorsorge, in: *von Arnim/Sommermann* (Hrsg.), Gemeinwohlgefährdung und Gemeinwohlsicherung, S. 269 (294).

1018 Vgl. *G. F. Schuppert*, Das Gewährleistungsstaat - modisches Label oder Leitbild sich wandelnder Staatlichkeit?, in: *ders.* (Hrsg.), Der Gewährleistungsstaat - Ein Leitbild auf dem Prüfstand, S. 11 (15).

zwischen ihren jeweiligen Instrumenten.[1019] Unter Wahrung der jeweiligen Handlungsrationalitäten kann die Verwaltung die staatlichen und privaten Gemeinwohlbeiträge miteinander verkoppeln.[1020] Durch die Koordination beider Handlungsrationalität und beider Teilrechtsordnungen können die Verwaltungs- und Selbstregulierungspotentiale des öffentlichen, privaten und sog. dritten Sektors mobilisiert werden und parallel geschaltet werden.[1021]

Die Regulierung als Erscheinungsform der Gewährleistungsverwaltung kann hier eine entscheidende Rolle spielen. Häufig bedient sich die Regulierung der Form der „Genehmigung", um eine „strukturelle Querschnittsaufgabe" wahrzunehmen.[1022] Ausgangspunkt ist, dass die Gewährleistungsverwaltung durch rechtliche Bereitstellung und Strukturbildung auf die Problembewältigung und Gemeinwohlverwirklichung im gesellschaftlichen Rahmen richtet. Die Genehmigung als Regulierungsinstrument zielt dabei nicht nur auf die Erteilung und Sicherung von Ge- oder Verboten ab, vielmehr geht es um die jeweils gebotenen Maßnahmen, die in ihrer Gesamtheit zur Zielerreichung führen können sowie um Strukturbildung, innerhalb der die widerstreitenden Interessen und Rechtspositionen von Privaten gestaltet werden,[1023] damit das Konzept der Regulierung besonders in mehrpoligen Rechtsverhältnissen allgemein wirksam ist.[1024] Das heißt, dass die Genehmigung hier nicht nur als Verhaltenskontrolle, sondern auch als Strukturierung beider Teilrechtsordnungen wirkt, welche die kooperative oder arbeitsteilige Gemeinwohlverwirklichung ermöglichen. Bei dieser „strukturellen Querschnittsaufgabe" handelt es sich besonders um einen „privatrechtsgestaltenden Verwaltungsakt".

1019 Vgl. *H.-H. Trute*, Verzahnungen von öffentlichem und privatem Recht, in: *Schmidt-Aßmann/Hoffmann-Riem* (Hrsg.), Öffentliches Recht und Privatrecht als wechselseitige Auffangordnungen, S. 167 (197).

1020 Vgl. *C. Franzius*, Gewährleistung im Recht, S. 83.

1021 Vgl. *G. F. Schuppert*, Möglichkeiten und Grenzen der Privatisierung von Gemeinwohlvorsorge, in: *von Arnim/Sommermann* (Hrsg.), Gemeinwohlgefährdung und Gemeinwohlsicherung, S. 269 (294).

1022 Grundlegend, *C. Bumke*, Verwaltungsakte, in: *Hoffmann-Riem/Schmidt-Aßmann/Voßkuhle* (Hrsg.), GVwR II, § 35, Rn. 89 ff.; *H.-H. Trute*, Verzahnungen von öffentlichem und privatem Recht, in: *Schmidt-Aßmann/Hoffmann-Riem* (Hrsg.), Öffentliches Recht und Privatrecht als wechselseitige Auffangordnungen, S. 167 (199).; *C. Franzius*, Gewährleistung im Recht, S. 104 ff.

1023 Vgl. *C. Bumke*, Verwaltungsakte, in: *Hoffmann-Riem/Schmidt-Aßmann/Voßkuhle* (Hrsg.), GVwR II, § 35, Rn. 67.

1024 Grundlegend, *W. Hoffmann-Riem*, Rechtsformen, Handlungsformen, Bewirkungsformen, in: *ders./Schmidt-Aßmann/Voßkuhle* (Hrsg.), GVwR II., § 33, Rn. 16 ff.

2. Privatrechtsgestaltende Verwaltungsakte im Genehmigungserfordernis

(1) Allgemeines

Der Begriff des privatrechtsgestaltenden Verwaltungsakts geht von der Vorstellung der Privatrechtsgestaltung durch Hoheitsakt aus.[1025] Der privatrechtsgestaltende Verwaltungsakt ist ein Hoheitsakt, der den Tatbestand des § 35 VwVfG erfüllt. Die privatrechtgestaltenden Verwaltungsakte sind solche Akte, die zunächst als Verwaltungsakte qualifiziert werden, und „die unmittelbar die privatrechtliche Rechtsfähigkeit begründen oder aufheben oder die unmittelbar auf ein privates Rechtsgeschäft oder das privatrechtliche Rechte- und Pflichtensystem dergestalt abzielen, dass sie eine Änderung der Privatrechtslage final herbeiführen oder eine vom Gesetz vorgesehene rechtlich notwendige Bedingung für die Umgestaltung der privatrechtlichen Rechtslage sind".[1026] Die Rechtswirkungen müssen auf dem Gebiet des Privatrechts im Zusammenwirken mit dem öffentlichen Recht entfaltet werden.[1027] Vor allem erscheint der privatrechtsgestaltende Verwaltungsakt im Zusammenhang mit Genehmigungserfordernissen, wenn eine vertragliche Vereinbarung oder Einwirkung auf einen geschlossenen Vertrag von einer hoheitlichen Zustimmung oder Erklärung abhängig gemacht wird.[1028]

1025 Dazu näher, *G. Manssen*, Privatrechtsgestaltung durch Hoheitsakt, S. 19 ff.

1026 *G. Manssen*, Privatrechtsgestaltung durch Hoheitsakt, S. 32.

1027 Vgl. *U. Stelkens*, in: *Stelkens/Bonk/Sachs* (Hrsg.), Verwaltungsverfahrensgesetz Kommentar, § 35, Rn. 217.; *A. Tschentscher*, Der privatrechtsgestaltende Verwaltungsakt als Koordinationsinstrument zwischen öffentlichem Recht und Privatrecht, DVBl., 118 (2003), S. 1424 (1425).

1028 Vgl. *G. Manssen*, Privatrechtsgestaltung durch Hoheitsakt, S. 123.; *A. Tschentscher*, Der privatrechtsgestaltende Verwaltungsakt als Koordinationsinstrument zwischen öffentlichem Recht und Privatrecht, DVBl., 118 (2003), S. 1424 (1425).; *U. Stelkens*, in: *Stelkens/Bonk/Sachs* (Hrsg.), Verwaltungsverfahrensgesetz Kommentar, § 35, Rn. 217.; auch, BVerwGE 120, 53 (63).

(2) Privatrechtsgestaltender Verwaltungsakt und Regulierung

Die Entwicklung der modernen Verwaltungsrechtswissenschaft, die sich aus der Fundierung und Entwicklung des Rechtsstaatsprinzips ergibt, lässt sich durch den Wandel des staatlichen Aufgabenverständnisses angemessen beschreiben. Eine besondere Bedeutung erhält der privatrechtsgestaltende Verwaltungsakts nicht nur durch den „Aufstieg" des öffentlichen Rechts,[1029] sondern auch durch den „Rückzug des Staates". Die beiden Tendenzen beruhen gleichermaßen auf dem gewandelten Staatsaufgaben- und Verantwortungsverständnis. Die Gewährleistungsverwaltung meint aber nicht die quantitative Umwandlung der Staatsaufgaben und der Verwaltungsverantwortung, sondern den qualitativen Funktionswandel für die arbeitsteilige Gemeinwohlverwirklichung. Aufgrund dieses Funktionswandels kann und muss die Verwaltung die vielfältigen Formen der Sozialgestaltung berücksichtigen, damit „das Verwaltungsrecht auch zu einem Recht des Ausgleichs kollidierender Privatinteressen [...], das in Konkurrenz zu und an die Stelle von Formen privatrechtlicher Konfliktschlichtung tritt"[1030] werden kann. In Hinblick auf das gewandelte Aufgabenverständnis, die neu gefassten Eigenheiten einer Aufgabe und auf ihre Erledigung[1031] sowie die dadurch sektorspezifisch geschaffenen Regelungsstrukturen, sind die Typen von Verwaltungsakt auch sektorspezifisch ausdifferenziert, und werden zur Bewältigung von strukturellen Querschnittsaufgaben zum Einsatz gebracht.

3. Entgeltgenehmigung im TKG als privatrechtsgestaltende Verwaltungsakt

(1) Genehmigungspflicht

Nach § 30 Abs. 1 TKG unterliegen Entgelte für nach § 21 TKG auferlegte Zugangsgewährung der Genehmigungspflicht. Als Grundsatznorm bestimmt § 30 Abs. 1 S. 1 TKG die ex-ante-Regulierung der Entgelte für auferlegte Zugangs-

---

1029 Grundlegend dazu, *G. Manssen*, Privatrechtsgestaltung durch Hoheitsakt, S. 106 ff.

1030 Vgl. *H.-H. Trute*, Verzahnungen von öffentlichem und privatem Recht, in: *Schmidt-Aßmann/Hoffmann-Riem* (Hrsg.), Öffentliches Recht und Privatrecht als wechselseitige Auffangordnungen, S. 167 (172).

1031 Vgl. *C. Bumke*, Die Entwicklung der verwaltungsrechtswissenschaftlichen Methodik in der Bundesrepublik Deutschland, in: *Schmidt-Aßmann/Hoffmann-Riem* (Hrsg.), Methoden der Verwaltungsrechtswissenschaft, S. 73 (118).

leistungen. Die BNetzA kann aber solche Entgelte einer nachträglicher Regulierung nach § 38 TKG oder nach § 38 Abs. 2 bis 4 TKG unterwerfen, wenn dies ausreicht, um die Regulierungsziele zu erreichen(§ 30 Abs. 1 S. 2 TKG). Im Hinblick auf den europarechtlich vorgesehenen Ermessensspielraum der Regulierungsbehörde werden die Entgeltregulierungsstufen ergebnisoffen ausgestaltet.[1032] Im Folgenden wird der Regelfall der Entgeltgenehmigung unter der ex-ante-Regulierung untersucht.

(2) Der Maßstab der Entgeltgenehmigung

(a) Gesetzliche Maßstäbe

Die Vorgabe des § 30 Abs. 1 S. 1 TKG bestimmt ausdrücklich den genehmigungsbedürftigen Gegenstand: Entgelte für nach § 21 TKG auferlegte Zugangsleistungen. Konkreter gesagt, geht es um Entgelte für auferlegte Zugangsleistungen, zu deren Erbringung das Unternehmen nach § 13 TKG verpflichtet worden ist.[1033] Der Adressat der Genehmigungspflicht ist ein Betreiber eines öffentlichen Telekommunikationsnetzes, der über beträchtliche Marktmacht verfügt (§ 30 Abs. 1 S. 1 TKG). Die „beträchtliche Marktmacht" richtet sich sowohl auf das Ziel der Entgeltregulierung (§ 27 TKG) als auch auf die gesamte Zielvorgabe des TKG (§ 2 Abs. 2 Nr. 2 i. V. m. § 3 Nr. 4 TKG). Bei der Verfolgung der Regulierungsziele des § 2 Abs. 2 TKG sind die Regulierungsgrundsätze des § 2 Abs. 3 anzuwenden.[1034]

(b) Materieller Maßstab der „Kosten der effizienten Leistungsbereitstellung"

Aufgrund des primären Ziels der Entgeltregulierung nach § 27 Abs. 1 TKG wird der zentrale materielle Maßstab der „Kosten der effizienten Leistungsbereitstellung" (KeL, § 31 Abs. 1 Nr. 1 i. V. m. § 32 TKG) angelegt.[1035] Entgelte, die für nach § 21 TKG auferlegte Zugangsleistungen der Genehmigungspflicht

---

1032 BT-Drucks. 17/5707, S. 60.

1033 Vgl. *T. Mayen*, in: *Scheurle/ders.* (Hrsg.), Telekommunikationsgesetz Kommentar, § 30, Rn. 16.

1034 BT-Drucks. 17/5707, S. 60.

1035 Vgl. *Mayen/Hölscher/Lünenbürger*, in: *Scheurle/ders.* (Hrsg.), Telekommunikationsgesetz Kommentar, § 31, Rn. 1.; *Kühling/Elbracht*, Telekommunikationsrecht, Rn. 192.

nach Maßgabe des § 30 Abs. 1 TKG unterwerfen, sind genehmigungsfähig, wenn sie die Summe der Kosten der effizienten Leistungsbereitstellung und der Aufwendungen nach § 32 Abs. 2 TKG nicht überschreiten (§ 31 Abs. 1 S. 2 TKG). Als eine Sonderregelung über die materielle Entgeltmaßstäben vorliegt die Vorschrift der Genehmigung des „Resale"-Zugangsentgelts (§ 31 Abs. 2 Nr. 1 TKG). Hier spielt der Maßstab der Kosten der effizienten Leistungsbereitstellung eine Rolle als „Untergrenze" für die „Resale"-Entgelte.[1036]

(3) Rechtswirkung

Nach § 35 Abs. 1 S. 1 TKG ist die Entgeltgenehmigung ganz oder teilweise zu erteilen, wenn die Genehmigungsvoraussetzungen des § 35 Abs. 3 S. 1 TKG erfüllt werden und keine Versagensgründe nach § 35 Abs. 3 S. 2 und 3 TKG bestehen. Für die Rechtswirkung der nach § 35 Abs. 1 S. 1 erteilten Entgeltgenehmigung wird kraft Gesetzes die Rückwirkung angeordnet. Anders als im TKG 1996, bestimmt die Vorgabe des § 35 Abs. 5 S. 1 TKG 2004 ausdrücklich die Rückwirkung der Entgeltgenehmigungen, die früher scharf umstritten war.[1037] Gemäß § 35 Abs. 5 S. 1 wirken die erteilten Entgeltgenehmigungen auf den Zeitpunkt der erstmaligen Leistungsbereitstellung durch das Unternehmen mit beträchtlicher Marktmacht zurück, wenn sie die nach § 35 Abs. 3 TKG vollständig oder teilweise erteilte Genehmigung eines vertraglich bereits vereinbarten Entgelts beinhaltet. Die gesetzgeberische Entscheidung für die Rückwirkung von Entgeltgenehmigungen beruht zunächst auf ihrer wirtschaftlich hohen Relevanz.[1038] Es ist erforderlich, dass die vorher vertraglich vereinbarten Entgelte mit dem materiellen Kostenprüfungsmaßstab nachträglich überprüft werden, damit wettbewerbsfähige Produkte angeboten werden können.[1039] Der dogmatische Grund dafür ist vor allem der mit der Genehmigungspflicht verbundene Eingriff in die Berufsausübungsfreiheit des Art. 12 Abs. 1 GG.[1040]

1036 Vgl. *T. Mayen*, in: *Scheurle/ders.* (Hrsg.), Telekommunikationsgesetz Kommentar, § 30, Rn. 105.

1037 Statt vieler, OVG Münster, Beschl. v. 14. Dez. 2001, 13 B 1362/01, MMR 2002, 335 (340).; BVerwGE 120, 54 ff.

1038 Dazu näher, BT-Drucks 15/2316, S. 69.; auch, *Groebel/Seifert*, in: *F. J. Säcker* (Hrsg.), Berliner Kommentar zum TKG, § 35, Rn. 65.

1039 Vgl. *Groebel/Seifert*, in: *F. J. Säcker* (Hrsg.), Berliner Kommentar zum TKG, § 35, Rn. 65.

1040 Vgl. *Mayen*/Lünenbürger, in: *Scheurle/Mayen* (Hrsg.), Telekommunikationsgesetz Kommentar, § 35, Rn. 84.

Die Wirksamkeit des privatrechtlichen Vertrags über die Entgeltvereinbarungen steht unter der Rechtsbedingung der Erteilung der erforderlichen Entgeltgenehmigung.[1041] Die Entgeltgenehmigung wird hier als privatrechtsgestaltender Verwaltungsakt qualifiziert.[1042] Unter diesem Blickwinkel bestätigt sich wieder, dass sich die Entgeltregulierung im TKG nicht auf die kartellrechtliche Untersagung missbräuchlicher Entgelte beschränkt. Im wirtschaftsrechtlichen Bereich findet sich der privatrechtsgestaltende Verwaltungsakt vor allem dort, wo die kartellrechtlichen Mechanismen allein einen marktwirtschaftlichen Wettbewerb nicht angemessen gewährleisten können.[1043]

Dieser Bereich überschneidet sich mit dem Anwendungsbereich der Regulierung, indem das „Kooperationsspektrum zwischen staatlicher und privater Aufgabenerledigung"[1044] aufgrund der Gewährleistungsverantwortung des Staates auftritt. Die vielfältigen Abstufungen und Differenzierungen staatlicher Verantwortung liegen zwischen der Aufgabenerledigung beider Teilrechtsordnungen. Daher sind die der Verwaltung aufgegebenen Kooperationsaufgaben im Wesentlichen „ein Feld privatrechtlicher und öffentlich-rechtlicher Verzahnung".[1045] In der Tat bezieht sich die (De-) Regulierung im normbezogenen Sinne auf die Modifizierung der privatrechtlichen Handlungsfähigkeit im öffentlich-rechtlichen Bereich, oder - ganz umgekehrt - auf die besonderen Bedingungen, die im öffentlichen Interesse für die in das Privatrecht entlassenen Rechtsverhältnisse gelten.[1046] Die Regulierungsinstrumente in den liberalisierten, pri-

---

1041 Grundlegend, *G. Manssen*, Privatrechtsgestaltung durch Hoheitsakt, S. 284 ff., insbesondere 289 f.

1042 Auch, BVerwGE 120, 54 (67); *Schuster/Ruhle*, in: *Geppert/Piepenbrock/Schütz/ders.* (Hrsg.), Beck'scher TKG-Kommentar, § 35, Rn. 11; Groebel/Seifert, in: *F. J. Säcker* (Hrsg.), Berliner Kommentar zum TKG, § 35, Rn. 62 ff.; *Mayen/Lünenbürger*, in: *Scheurle/ders.* (Hrsg.), Telekommunikationsgesetz Kommentar, § 35, Rn. 83.

1043 Vgl. *C. Bumke*, Verwaltungsakte, in: *Hoffmann-Riem/Schmidt-Aßmann/Voßkuhle* (Hrsg.), GVwR II, § 35, Rn. 107.

1044 Vgl. *E. Schmidt-Aßmann*, Öffentliches Recht und Privatrecht: Ihre Funktion als wechselseitige Auffangordnungen - Einleitende Problemskizze, in: *ders./Hoffmann-Riem* (Hrsg.), Öffentliches Recht und Privatrecht als wechselseitige Auffangordnungen, S. 7 (29).

1045 Vgl. *H.-H. Trute*, Verzahnungen von öffentlichem und privatem Recht, in: *Schmidt-Aßmann/Hoffmann-Riem* (Hrsg.), Öffentliches Recht und Privatrecht als wechselseitige Auffangordnungen, S. 167 (197).

1046 Vgl. *W. Hoffmann-Riem*, Öffentliches Recht und Privatrecht als wechselseitige Auffangordnungen - Systematisierung und Entwicklungsperspektiven, in: *Schmidt-Aßmann/ders.* (Hrsg.), Öffentliches Recht und Privatrecht als wechselseitige Auffangordnungen, S. 261 (283 f. und 288 ff.).

vatisierten Sektoren sollen die Verzahnung beider Teilrechtsordnungen angemessen widerspiegeln, die angesichts der staatlichen Gewährleistungsverantwortung insbesondere im Prozess der arbeitsteiligen und kooperativen Gemeinwohlverwirklichung gefragt sind. Der privatrechtsgestaltende Verwaltungsakt wird hier als ein prominentes Regulierungsinstrument dargestellt, das auf die arbeitsteilige Aufgabenerledigung abzielt, die staatliche Gewährleistungsverantwortung berücksichtigt und den gerechten Ausgleich mehrpoliger Interessen ermöglicht.[1047]

4. Fazit

Die Kontrollerlaubnis und die Konzession, die als typische Formen der Genehmigung genannt wurden, lassen sich heute nicht mehr in jedem Fall trennscharf unterscheiden. Der Maßstab zur Unterscheidung der Genehmigungsformen spielt heute kaum noch eine Rolle, ebenso wie die Abgrenzung der Wirtschaftsverwaltungstypen. Aus der Unklarheit der Unterscheidung und der mehrpoligen Eigenschaft der Regulierung hat sich erwiesen, dass die Genehmigung als Regulierungsinstrument nicht immer pauschal in eine Kategorie der Wirtschaftsverwaltung eingeordnet werden kann. Das heißt, dass die Regulierung sich nicht auf eine Erscheinungsform der Wirtschaftsaufsicht oder der Wirtschaftslenkung beschränkt.

Die Verwaltungsaktstypen, die sich hinreichend an der Verwaltungspraxis ausrichten müssen, bedürfen nicht nur der Ergänzung,[1048] sondern vielmehr auch der Berücksichtigung der Entwicklung der Formenlehre und der Verwaltungstypen, um die Leistungsfähigkeit des Verwaltungsakts bei der Bewältigung komplexer Problemsituationen zu erhöhen.[1049] Angesichts der Veränderung des Staats- und Staatsaufgabenverständnisses wird die Verwaltung mit den neuen Aufgaben belastet, die in der Koordination des Zusammenwirkens von staatli-

---

1047 Vgl. *E. Schmidt-Aßmann*, Öffentliches Recht und Privatrecht: Ihre Funktion als wechselseitige Auffangordnungen - Einleitende Problemskizze, in: *ders./Hoffmann-Riem* (Hrsg.), Öffentliches Recht und Privatrecht als wechselseitige Auffangordnungen, S. 7 (31 f.).; grundlegend, *G. Manssen*, Privatrechtsgestaltung durch Hoheitsakt, S. 274 ff.

1048 Vgl. *C. Bumke*, Verwaltungsakte, in: *Hoffmann-Riem/Schmidt-Aßmann/Voßkuhle* (Hrsg.), GVwR II, § 35, Rn. 96.

1049 Vgl. *E. Schmidt-Aßmann*, Das allgemeine Verwaltungsrecht als Ordnungsidee, Kap. 6, Rn. 107.

cher und privater Aufgabenwahrnehmung und dem Ausgleich der privaten Interessen im mehrpoligen Rechtsverhältnis bestehen. Für die Kooperations- und Koordinationsaufgaben bzw. die Regulierungsaufgaben in der Gewährleistungsverwaltung, durch die mehrpolige Interessen richtig erfasst und verfahrensmäßig abgesichert werden müssen,[1050] wird der Anwendungsbereich des Verwaltungsakts ausgedehnt. Schließlich spiegelt sich der Übergang zur Gewährleistungsverwaltung in den unterschiedlichen Formen der Genehmigung als Regulierungsinstrument wider.

Die Umwandlung und Weiterentwicklung der Genehmigungsformen zeigen die augenfällige Perspektivenerweiterung der Erscheinungsformen und (ferner) der Verwaltungstypen. Bei der staatlichen Güterverteilung, die im Weiteren untersucht wird, zeigt sich ebenfalls diese Tendenz.

II. Staatliche Güterverteilung in der Gewährleistungsverwaltung

1. Verteilungsverwaltung

Obwohl der Gemeinwohlbegriff inhaltlich offen bleibt und vom Gesetzgeber nur abstrakt beschrieben werden kann, ist der Staat auf irgendeine Weise zur Verfolgung von Zielen des Gemeinwohls verpflichtet. Die Wandelbarkeit des Gemeinwohlbegriffs und seines Inhalts beeinflusst vor allem die Entscheidung für interventionistisches Handeln des Staates sowie die Wahl der Instrumente und des Intensitätsgrades. Das Instrument der Verteilung knapper Ressourcen durch den Staat bzw. der Verteilungsverwaltung kann als Beispiel dienen.

(1) Verteilungsverfahren

Ein Verwaltungsverfahren, bei dem eine individuell-konkrete und hoheitliche Verteilungsentscheidung getroffen wird, wird als Verteilungsverfahren be-

---

1050 Vgl. *E. Schmidt-Aßmann*, Öffentliches Recht und Privatrecht: Ihre Funktion als wechselseitige Auffangordnungen - Einleitende Problemskizze, in: *ders./Hoffmann-Riem* (Hrsg.), Öffentliches Recht und Privatrecht als wechselseitige Auffangordnungen, S. 7 (31 f.).

zeichnet. Beim Verteilungsverfahren geht es um die sachgerechte Verteilung bei einer Überzahl von mehreren Bewerbern, denen eine Verteilungssituation zugrunde liegt.[1051] Es wird eine Verteilung im engeren und weiteren Sinne unterschieden. Während die Verteilung im weiteren Sinne auf einen Ausgleich unter divergierenden Interessenten abzielt, geht es bei der Verteilung im engeren Sinne um eine Verteilung knapper Güter in der Verteilungssituation unter parallel Interessierten.[1052] Das Verteilungsverfahren für die knappen Ressourcen hat bislang eine grundlegende und voraussetzende Stellung der staatlichen Intervention in den Markt eingenommen.[1053]

(2) Die Knappheit der Güter und die staatliche Intervention

Die gerechte Allokation knapper Güter bildet eine substantielle Grundlage der wirtschaftlichen Tätigkeiten Einzelner. Die Herstellung und Bewirtschaftung knapper Güter verursacht Kosten, „weshalb der Zugang zu ihnen unter der Bedingung steht, dass das vom Anbieter verlangte Entgelt entrichtet wird".[1054] Daher stellt die Allokation knapper Güter auch grundsätzlich unter dem marktwirtschaftlichen System. Das marktwirtschaftliche Allokationssystem, insbesondere nach der Wirtschaftsordnung des Liberalismus bzw. der reinen liberalen Marktwirtschaft, geht davon aus, dass eine knappe Ressource durch den Marktwirtschaftsmechanismus, nämlich das Prinzip von Angebot und Nachfrage oder freien Wettbewerb zur optimalen Verteilung kommen könnte. Die Verteilung

---

1051 Grundlegend, *A. Voßkuhle*, Strukturen und Bauformen neuer Verwaltungsverfahren, in: *Hoffmann-Riem/Schmidt-Aßmann* (Hrsg.), Verwaltungsverfahren und Verwaltungsverfahrensgesetz, S. 277 (290 ff.).; auch, *H.-C. Röhl*, Ausgewählte Verwaltungsverfahren, in: *Hoffmann-Riem/Schmidt-Aßmann/Voßkuhle* (Hrsg.), GVwR II, § 30, Rn. 11.

1052 Vgl. C. Fuchs, Instrumente und Verfahren staatlicher Verteilungsverwaltung, in: E. V. Towfigh u. a. (Hrsg.), AssöR 49 (2009), S. 205 (207 f.).; *H.-C. Röhl*, Ausgewählte Verwaltungsverfahren, in: *Hoffmann-Riem/Schmidt-Aßmann/Voßkuhle* (Hrsg.), GVwR II, § 30, Rn. 11.

1053 Zur weiteren Begriffserklärung der Verteilung, der Verteilungsentscheidung, -lenkung und der -verfahren, vgl. *F. Wollenschläger*, Verteilungsverfahren, S. 2 ff.; *M. Martini*, Der Markt als Instrument hoheitlicher Verteilungslenkung, S. 5 ff.; *H.-C. Röhl*, Ausgewählte Verwaltungsverfahren, in: *Hoffmann-Riem/Schmidt-Aßmann/Voßkuhle* (Hrsg.), GVwR II, § 30, Rn. 10 ff.; *N. Malaviya*, Verteilungsentscheidungen und Verteilungsverfahren, S. 35 ff.; *C. Fuchs*, Instrumente und Verfahren staatlicher Verteilungsverwaltung, in: *E. V. Towfigh u. a.* (Hrsg.), AssöR 49 (2009), S. 205 (206 ff.).

1054 Vgl. *N. Malaviya*, Verteilungsentscheidungen und Verteilungsverfahren, S. 45.

knapper Ressourcen im Markt sei deshalb der spontanen privatautonomen Ordnung überlassen.

Aber nur im idealtypischen Fall werden durch das Modell der freien Marktwirtschaft knappe Güter fair verteilt, weil eine marktorientierte Ressourcenallokation nicht immer die erwünschten Ergebnisse bringen kann. Vielmehr wird die Allokation knapper Güter häufig als ein typischer Grund des Marktversagens betrachtet. Die vielfältige - physische, zeitliche, künstliche, natürliche und rechtliche - Knappheit der Güter führt das Marktversagen herbei, wie die Monopolstruktur und das missbräuchliche Verhalten. Der Staat interveniert in marktwirtschaftliche Allokationsprozesse, wenn der Markt versagt und unerwünschte Ergebnisse bringt. Die staatliche Intervention in Form von Verteilung knapper Güter wird zunächst als Marktkorrektur verstanden.

Die Rechtfertigung der staatlichen Verteilung knapper Ressourcen ist auch ein wichtiges Thema der staatlichen Intervention in die Marktwirtschaft. Ungeachtet dessen, dass aus Art. 20 Abs. 1 GG auf keine bestimmte Wirtschaftsordnung unmittelbar geschlossen werden kann, ist die Erforderlichkeit staatlicher Ressourcenallokation nicht nur durch das soziale Rechtsstaatsprinzip nach Art. 20 Abs. 1 GG, sondern auch durch die Gesamtschau anderer verfassungsrechtlicher Prinzipien und Grundrechte begründet. Die Einordnung der staatlichen Maßnahmen für die Marktwirtschaftssteuerung ist noch strittig.[1055] Aber sowohl die freiheitliche Marktwirtschaft als auch die staatlichen Intervention in den Markt sind aus dem Grundgesetz herzuleiten, ohne dass die „soziale Marktwirtschaft" ausdrücklich in der Verfassung anerkannt wird.

Ein Marktversagen führt nicht zwangsläufig, und auch nicht automatisch zur Erforderlichkeit oder Oberhand der hoheitlichen Allokation.[1056] Der Staat interveniert deshalb sowohl im Fall des Marktversagens als auch zur Erreichung bestimmter gemeinwohlorientierter Zwecke in das Allokationsverfahren.[1057] Je nach gegenständlichen knappen Gütern oder Knappheitssituationen interveniert der Staat mit unterschiedlichen Formen den Markt. Die staatliche Gütervertei-

---

1055 Vgl. *D. Ehlers*, Die wirtschaftliche Betätigung der öffentlichen Hand in der Bundesrepublik Deutschland, JZ 1990, S. 1089 ff.; *Arndt/Fetzer*, in: *Steiner* (Hrsg.), Besonderes Verwaltungsrecht, Teil VI, Rn. 114 ff.; *Ruthig/Storr*, Öffentliches Wirtschaftsrecht, § 1, Rn. 8 ff.

1056 Auch, *N. Malaviya*, Verteilungsentscheidungen und Verteilungsverfahren, S. 34.

1057 Dazu näher, *D. Kupfer*, Die Verteilung knapper Ressourcen im Wirtschaftsverwaltungsrecht, S. 37 ff.; *M. Martini*, Der Markt als Instrument hoheitlicher Verteilungslenkung, S. 12 ff.

lung reicht von der Rahmensetzung der Marktmechanismen über die Zugangs- und Verhaltenskontrolle bis hin zur intensiven Kontingentierung. Problematisch ist, ob der Staat dann für die Verteilung knapper Güter ein passendes Arsenal entsprechender Instrumente, Verfahren und Organisationen bereitstellt. So oft hat der Staat durch das Instrument der Genehmigung seine Verteilungsaufgaben wahrgenommen.

(3) Daseinsvorsorgerelevante Güter

Forsthoff hat unter dem Begriff der „Leistungen der Daseinsvorsorge" die Versorgungsaufgabe des Staates so formuliert,[1058] dass im verwaltungsrechtlichen Bereich die Aufgabe der Versorgung der Allgemeinheit dem Staat auferlegt sei. Bei den daseinsrelevanten Leistungen wie Energie-, Telekommunikations- und Verkehrsdienstleistungen bestehe die Problematik darin, dass der moderne Mensch auf diese Leistungen in hohem Maße angewiesen sei und daher keine Wahl bleibe, ob er sie annehmen möchte oder nicht.[1059] Die verfassungsrechtliche Grundlage der Daseinsvorsorge lässt sich aus dem Sozialstaatsprinzip nach Art. 20 Abs. 1 GG und dem objektiven Gehalt der Grundrechte entnehmen.[1060] Das Grundgesetz enthält aber zugleich die Gewährleistungsklausel nach Art. 87e Abs. 4 und Art. 87f Abs. 1 GG. Noch wird die heutige Daseinsvorsorge[1061] zwar regelmäßig mit der staatlichen (Leistungs-) Verwaltung in Zusammenhang gebracht,[1062] und bezieht sich auf die öffentliche Dienstleistung; angesichts der Daseinsvorsorge soll der Staat aber die Versorgung der Güter und Dienstleistungen für ein menschliches Dasein und eine menschenwürdige Existenz gewährleisten.[1063]

1058 Grundlegend, *E. Forsthoff*, Die Verwaltung als Leistungsträger, S. 7 ff.; *ders.* Lehrbuch des Verwaltungsrechts, S. 368 ff.

1059 Vgl. *E. Forsthoff*, Lehrbuch des Verwaltungsrechts, S. 292.

1060 Vgl. *G. Robbers*, in: Bonner Kommentar GG, Art. 20 Abs. 1, Rn. 1495.; BVerfGE 1, 97 (105).; *T. Höppner*, Die Regulierung der Netzstruktur, S. 37.

1061 Hier wird Daseinsvorsorge im engeren Sinne vorausgesetzt. Grundlegend, *W. Rüfner*, Daseinsvorsorge und soziale Sicherheit, in: *Isensee/Kirchhof* (Hrsg.), HStR IV, § 96, Rn. 6 ff.

1062 Vgl. *J.-C. Pielow*, Grundstrukturen öffentlicher Versorgung, S. 19.; auch, *H. Schweitzer*, Daseinsvorsorge, „service public", Universaldienst, S. 80.

1063 Vgl. *W. Rüfner*, Daseinsvorsorge und soziale Sicherheit, in: *Isensee/Kirchhof* (Hrsg.), HStR IV, § 96, Rn. 3.; *M. Knauff*, Der Gewährleistungsstaat: Reform der Daseinsvorsorge, S. 48.

Unter diesem Blickwinkel überschneidet sich der Begriff und die Kategorisierung der daseinsvorsorgerelevanten Güter oft mit den öffentlichen Gütern oder den Gemeinschaftsgütern; nicht nur gegenständlich, sondern auch inhaltlich.[1064] Obwohl man durch den Begriff der „Daseinsvorsorge" nicht immer deutlich erkennen kann, ob und inwieweit der Staat die daseinsvorsorgerelevanten Güter ausschließlich bewirtschaften soll, werden die Aufgaben für die Versorgung der daseinsrelevanten Güter als eine wichtige Aufgabe des Staates verstanden, deren Erfüllung im öffentlichen Interesse liegt. Die staatliche Verteilung daseinsrelevanter Güter ist Voraussetzung für diese Vorsorgungsaufgabe des Staates. Zugleich setzt der Begriff der Daseinsvorsorge die marktwirtschaftliche Güterallokation voraus. Da der Markt nicht immer in der Lage ist, die gerechte Allokation der Güter für ein menschliches Dasein und eine menschenwürdige Existenz zu erreichen, soll er die daseinsvorsorgerelevanten Güter gemeinwohlverträglich verteilen und erbringen. Aus dem ökonomischen Gesichtspunkt ist es einfach - oder grob - zu erklären: das Marktversagen. Vielfältigen Vorstellungen sind als Gründe und Lösungen des Marktversagens angegeben. Eine mögliche Vorkehrung könnte sein, dass die Verteilung daseinsvorsorgerelevanter Güter als Staatsaufgabe ausgestalten ist oder der staatlichen Erfüllungsverantwortung unterstellt ist.

Es war - und ist - aber umstritten, ob der Staat die Leistungen der Daseinsvorsorge immer selbst erbringen muss. Es ist bereits erwiesen, dass Daseinsvorsorge nicht von Natur aus eine originäre Staatsaufgabe, sondern eine öffentliche Aufgabe ist.[1065] Der Staat kann die Versorgungsaufgabe nicht nur selbst, sondern auch durch private Akteure erfüllen. Die Verantwortung des Staates in der Daseinsvorsorge liegt häufig darin, dass er zunächst die Rahmenbedingungen für eine flächendeckende, angemessene und ausreichende Versorgung und Dienstleistung setzt sowie anschließend die Aufsicht über private Akteure führt, damit die daseinsrelevanten Güter und Dienstleistungen angemessen verteilt und erbracht werden. Die Beteiligung Privater an der Wahrnehmung öffentlicher Aufgaben wird heute unter dem Stichwort des „Gewährleistungsstaats" und der „Gewährleistungsverwaltung" akzeptiert.[1066] Damit kommt die Privatisierung

---

1064 Auch, *M. Ronellenfitsch*, Daseinsvorsorge als Rechtsbegriff, in: *W. Blümel* (Hrsg.), Ernst Forsthoff, S. 53 (97 ff.).

1065 Vgl. *W. Rüfner*, Daseinsvorsorge und soziale Sicherheit, in: *Isensee/Kirchhof* (Hrsg.), HStR IV, § 96, Rn. 9.

1066 Vgl. *T. Lämmerzahl*, Die Beteiligung Privater an der Erledigung öffentlicher Aufgaben, S. 40 ff. und 116 ff.; *J.-C. Pielow*, Grundstrukturen öffentlicher Versorgung, S. 313 f.; *A. Voßkuhle*, Beteiligung Privater an der Wahrnehmung öffentlicher Aufgaben und staatliche Verantwortung, VVDStRL 62 (2003), S. 266 (273)..

staatlicher Daseinsvorsorge als ein zentrales Themenfeld in Betracht.[1067] Im Hinblick auf den Wandel der heutigen Aufgabenwahrnehmungsmodi des Staates, die Veränderung in den konzeptionellen Grundlagen des öffentlichen Interesses[1068] und die arbeitsteilige Gemeinwohlverwirklichung, enthält das Thema der Verteilung daseinsvorsorgerelevanter Güter alle wichtigen Gesichtspunkte. Es ist kein Zufall, dass die Debatte um den „Rückzug des Staates" von den öffentlichen Aufgaben oder um den „schlanken Staat" besonders im Bereich der Daseinsvorsorge geführt wird.

Innerhalb einer staatlichen Rahmensetzung, Strukturierung und Aufsicht kann die Daseinsvorsorge durch Private erfolgen.[1069] Jenseits vom schlanken Staat wird behauptet, dass der Staat die Erbringung daseinsvorsorgerelevanter Güter nicht immer selbst erfüllen muss, aber dass er für die Ermöglichung und Sicherstellung der Leistungserbringung durch Private verantwortlich ist. Zum großen Teil tritt diese „Gewährleistungsverantwortung des Staates" an die Stelle der staatlichen Erfüllungsaufgabe. Die Gewährleistungsverantwortung des Staates bezieht sich daher sehr eng auf die daseinsvorsorgerelevanten Güter, insbesondere auf die infrastrukturellen und netzwirtschaftlichen Güter. Damit wird das tradierte Konzept der Daseinsvorsorge auch in die „funktionelle Daseinsvorsorge" umgewandelt, da kein staatliches Monopol für die Daseinsvorsorge nachgewiesen wurde.

2. Die Verteilungsentscheidung im Wandel

Durch die heutige Tendenz der Liberalisierung, Deregulierung und Privatisierung wird die staatliche Vorsorgeaufgabe daseinsvorsorgerelevanter Güter weitgehend in den marktwirtschaftlichen Mechanismus übertragen. Die Tendenz der Liberalisierung wird vor allem als Marktöffnung dargestellt, und sie setzt so oft die Nutzung knapper Güter voraus. Als Beispiel wird die Frequenzzuteilung im TKG genannt. Dabei geht es um staatliche Güterverteilung, die als ein Ausgangspunkt der staatlichen Aufgabe für die Daseinsvorsorge angesehen wird.

1067 Allerdings beschränkt sich die Debatte um die Gewährleistungsverwaltung nicht auf das Themenfeld der Privatisierung. Auch, *H. Schulze-Fielitz*, Grundmodi der Aufgabenwahrnehmung, in: *Hoffmann-Riem/Schmidt-Aßmann/Voßkuhle* (Hrsg.), GVwR I, § 12, Rn. 53.

1068 Dazu näher, *H. Rossen-Stadtfeld*, Beteiligung, Partizipation, Öffentlichkeit, in: *Hoffmann-Riem/Schmidt-Aßmann/Voßkuhle* (Hrsg.), GVwR II, § 29, Rn. 56 ff.

1069 Vgl. *M. Knauff*, Der Gewährleistungsstaat: Reform der Daseinsvorsorge, S. 50.

Bisher wird die staatliche Verteilungsentscheidung knapper Güter oft in Form der Genehmigung, Konzession und Kontingentierung getroffen.

(1) Kontingentierung als eine klassische Instrument im Verteilungsverfahren

Unter der Verteilungsverwaltung hat der Gesetzgeber die rechtlichen Verteilungsinstrumente nach dem Kriterium der Intensität der Intervention den unterschiedlichen Verteilungsverfahren zugeordnet. Hier bestehen unterschiedliche Instrumente: von bloßer Erlaubnis, Konzession und Kontingent bis hin zum Monopol. Jede Form der Knappheitsverwaltung ist aber nicht mehr anhand eines einheitlichen Maßstabes zu unterscheiden. Obwohl der Unterschied - abgesehen vom Monopol als Sonderfall - zwischen der Kontrollerlaubnis und der Konzession sowie der Kontingentierung nicht immer deutlich ist, finden sich durch den Versuch der Bestimmung des Begriffs „Kontingentierung" einige Merkmale. Die Einordnung der staatlichen Güterverteilung mittels Kontingentierung ist - zumindest in skizzenhaften Stufen - einzuteilen.

Als zentrales Merkmal der Kontingentierung ist „die staatliche Festsetzung von Höchstzahlen"[1070] oder „die Zahl von Zulassungen für bestimmte Tätigkeiten auf ein quantitativ festgelegtes Maß"[1071] zu bezeichnen. Die staatliche quantitative Beschränkung der Höchstzahlen beruht vor allem auf der Knappheit von Ressourcen, die nicht nur naturgegebenen ist, sondern auch auf technischen, wirtschaftlichen sowie politischen Gründen basiert.[1072] Diese Beschränkung der Höchstzahlen bedeutet eine „einschneidende, beeinträchtigende Wirkung auf Grundrechte" und wird als „ein besonders intensiver Eingriff in die Freiheit des Einzelnen dargestellt".[1073]

Die Kontingentierung stellt sich vor allem in Bezug auf die Berufsfreiheit nach Art. 12 Abs. 1 GG als objektive Zulassungsvoraussetzungen dar. Da im Kontingentierungsverfahren der Staat über die Höchstzahl und den Umfang des Güterangebots selbst entscheidet,[1074] ist die staatliche Verteilung knapper Güter

---

1070 Vgl. *C. Koenig*, Die öffentlich-rechtliche Verteilungslenkung, S. 108.

1071 Vgl. *M. Martini*, Der Markt als Instrument hoheitlicher Verteilungslenkung, S. 43.

1072 Vgl. *J. Kühling*, Sektorspezifische Regulierung in den Netzwirtschaften, S. 171.; *M. Martini*, Der Markt als Instrument hoheitlicher Verteilungslenkung, S. 11 ff, 673 ff.

1073 *M. Martini*, Der Markt als Instrument hoheitlicher Verteilungslenkung, S. 45 und 674.

1074 Vgl. *N. Malaviya*, Verteilungsentscheidungen und Verteilungsverfahren, S. 37 f.

mittels Kontingentierung ein schärferer Eingriff in die Marktwirtschaft, als die (klassische) Kontrollerlaubnis. Daher sei die Kontingentierung zwischen dem staatlichen Monopol und der Kontrollerlaubnis einzuordnen.[1075] Aber es ist heute nicht mehr klar, wie man die Abgrenzung zwischen Kontrollerlaubnis und Kontingentierung deutlich ziehen kann.

Im Wortlaut der geltenden Gesetze werden die Kontrollerlaubnis und die Kontingentierung häufig nicht trennscharf abgegrenzt. Am Beispiel ist die Genehmigungspflicht bei der Aufnahme des Betriebs eines Energieversorgungsnetzes in § 4 Abs. 1 S. 1 EnWG. Es ist umstritten, ob die Genehmigung des Netzbetriebs nach § 4 Abs. 1 S. 1 EnWG auch als Kotrollerlaubnis verstanden werden kann.[1076] Die Berufsfreiheit des Betreibers eines Energieversorgungsnetzes könnte durch diese Genehmigungspflicht beeinträchtigt werden. Um die Genehmigung zu erhalten, muss der Antragsteller die personelle, technische sowie wirtschaftliche Leistungsfähigkeit und Zuverlässigkeit besitzen (§ 4 Abs. 2 S. 1 EnWG). Mit dem Vorliegen dieser Voraussetzungen ist die Genehmigung zu erteilen. Damit lässt sich die Vorschrift als eine (typische) Form der subjektiven Berufszulassungsregelung qualifizieren.[1077] Es bestehen beide Möglichkeiten, nämlich dass diese Genehmigung nach § 4 Abs. 1 EnWG eine „Kontrollerlaubnis (ein präventives Verbot mit Erlaubnisvorbehalt)" ist, oder „eine „Zwischenform" zwischen Konzession und Kontingentierung oder ein „Übergang zur Kontingentgenehmigung"[1078].

Bei der Instrumentenauswahl für die Verteilung knapper Güter geht es um die verfassungsrechtliche Rechtfertigung, insbesondere die Rechtfertigung des Grundrechtseingriffs. Die Berufsfreiheit und das Wettbewerbsprinzip aus den Art. 12 Abs. 1, 87e, 87f GG i. V. m dem Gleichheitsprinzip nach Art. 3 Abs. 1 GG sowie die Eigentumsgarantie nach Art. 14 GG sind der zentrale Maßstab für die staatliche Verteilung knapper Güter. Der Gesetzgeber muss bei der Gesetzgebung für die Güterverteilung aber noch weitere Punkte beachten, wie verfassungsrechtliche Prinzipien (z. B. das Sozialstaatsprinzip), ein modernes Staats-

---

1075 Vgl. *J. Kühling*, Sektorspezifische Regulierung in den Netzwirtschaften, S. 180.; *N. Malaviya*, Verteilungsentscheidungen und Verteilungsverfahren, S. 35 ff.

1076 Es ist umstritten, ob die Genehmigung nach § 4 Abs. 1 EnWG Regulierungsbefugnis von der BNetzA bildet. Dazu näher, *J.-C. Pielow*, Genehmigungsentscheidungen, in: *Baur/Salje/Schmidt-Preuß* (Hrsg.), Regulierung in der Energiewirtschaft, § 43, Rn. 3.

1077 Vgl. *Säcker/Paul*, in: *Säcker* (Hrsg.), Berliner Kommentar zum Energierecht, Bd. I, § 4, Rn. 10.

1078 Vgl. *J. Kühling*, Sektorspezifische Regulierung in den Netzwirtschaften, S. 138 und 169 f.

bild und damit die gewandelten Wahrnehmungsmodi der Aufgaben.[1079] Je nachdem, auf welche Leistungen, Gegenstände oder Güter sich die gesetzliche Regelung bezieht, sind die maßgeblichen verfassungsrechtlichen Kriterien für die Verteilung knapper Güter auf andere Grundrechte, Prinzipien und Staatsbilder auszudehnen.[1080] Damit sind die konkreten verfassungsrechtlichen Beurteilungen und Verfahren im jeweiligen Bereich auch abhängig von dem Gut, dem konkreten Anwendungsfeld und, vor allem dem unterschiedlichen Grund für die Knappheit. Somit hat die Verteilung knapper Güter einen unterschiedlichen Ausgangpunkt je nachdem, ob es sich um naturgegebene, technische oder wirtschaftspolitische Ressourcen handelt. Ferner gibt es unterschiedliche Maßnahmen und Verfahren, die den unterschiedlichen Wirtschaftssektoren eigenen Zielen ausgerichtet sind. Hier stellt sich die Frage, wie das Verhältnis zwischen dem Gegenstand und der Logik der Sektoren (oder Netze) ist. Aufgrund der freien Instrumentenwahl der Verwaltung geht es bei dem Instrument im Verteilungsverfahren um die aufgabenbezogene Typisierung und Sektorspezifität. In den einzelnen Rechtsvorgaben lässt sich nicht entnehmen, welches Instrument ausgewählt werden soll.[1081]

(2) Verteilung in der Gewährleistungsverwaltung

Die heutige Verteilung daseinsrelevanter Güter erfährt auch einen quantitativen und qualitativen Wandel. Ausgangspunkt ist, dass weder durch die marktwirtschaftliche noch durch die staatliche Verteilung daseinsvorsorgerelevanter Güter immer die tatsächliche und normative Optimierung zu erreichen ist. Bei der Verteilungsentscheidung steht der Staat vor der intrikaten Auswahlaufgabe, welcher der Bewerber am besten geeignet ist, dem Verteilungsziel gerecht zu werden.[1082] Die Entscheidung, die der Staat derzeit für am besten geeignet gehalten hat, um die knappen Güter „optimal" zu verteilen, bringt nicht immer Gewinnmaximierung und Effizienzgewinn (Zielkonflikte). Das Wissen- oder In-

---

1079 Vgl. *M. Martini*, Der Markt als Instrument hoheitlicher Verteilungslenkung, S. 656.

1080 Dazu näher, *N. Malaviya*, Verteilungsentscheidungen und Verteilungsverfahren, S. 131 ff.

1081 Vielmehr ergibt sich für das Verteilungsverfahren eine „Konzeptpflicht". Auch, *H.-C. Röhl*, Ausgewählte Verwaltungsverfahren, in: *Hoffmann-Riem/Schmidt-Aßmann/Voßkuhle* (Hrsg.), GVwR II, § 30, Rn. 18.; Dazu näher, *M. Eifert*, Das Verwaltungsrecht zwischen klassischem dogmatischen Verständnis und steuerungswissenschaftlichem Anspruch, VVDStRL 67 (2008), S. 286 (317 ff.).

1082 Vgl. *M. Martini*, Der Markt als Instrument hoheitlicher Verteilungslenkung, S. 296.

formationsdefizit des Staates und die Zielkonflikte werden als tatsächliches und normatives Beispiel aufgeführt.[1083]

Bei der Daseinsvorsorge handelt es sich vor allem um einen Bereich zwischen der Staatstätigkeit und dem gesellschaftlichen Handeln.[1084] In diesem Zwischenbereich findet sich auch die tatsächliche und normative Arbeitsteilung für die Verteilung daseinsvorsorgerelevanter Güter. Zudem hat der Staat die Verantwortung für die Sicherstellung der Versorgung, wo keine angemessene und ausreichende Verteilung durch private Akteure erbracht wurde. Umgekehrt orientieren sich private Akteure bzw. Unternehmen im betroffenen Bereich weiter an der Gewinnmaximierung. In den Fällen der Verteilung daseinsrelevanter Güter stehen der Staat und die Gesellschaft in einem Kooperations- und Spannungsverhältnis.[1085]

Die moderne Verwaltung ist durch Verantwortung für die Koordination zwischen der Gewinnmaximierung Privater und der Gemeinwohlverfolgung gekennzeichnet. Anders gesagt: Die kooperative oder die arbeitsteilige Gemeinwohlverwirklichung zwischen dem Staat und Gesellschaft ist das zentrale Element der Gewährleistungsverwaltung. Dieses Element zeigt die wechselseitige Angewiesenheit von Staat und Gesellschaft,[1086] und die Mobilisierung beider Handlungsrationalitäten, um zum Gemeinwohl beizutragen. Vor allem beschränkt sich das Anwendungsfeld der Regulierung nicht auf die Ermöglichung der Beteiligung Privater, sondern geht über die Mitgestaltung des Verwaltungsverfahrens (sog. „Partizipation“)[1087] bis hin zur kooperativen oder arbeitsteiligen Entscheidungsfindung. In der Gewährleistungsverwaltung bedient sich daher die staatliche Verteilungsentscheidung unterschiedlicher Instrumente, beispielsweise der Setzung der Rahmenbedingungen für die Teilhabe Privater am Verteilungsverfahren, der Implementation oder Umsetzung der (Teil-) Entscheidung Privater sowie zusätzlich korrigierender Kontrollinstrumente, um die effektive Güterverteilung und Güterbewirtschaftung durch Private zu gewährleis-

---

1083 Siehe oben, 1. Kap. B II 2.

1084 Vgl. *M. Knauff*, Der Gewährleistungsstaat: Reform der Daseinsvorsorge, S. 52.

1085 Vgl. *N. Malaviya*, Verteilungsentscheidungen und Verteilungsverfahren, S. 130.

1086 Vgl. *H. Rossen-Stadtfeld*, Beteiligung, Partizipation, Öffentlichkeit, in: *Hoffmann-Riem/Schmidt-Aßmann/Voßkuhle* (Hrsg.), GVwR II, § 29, Rn. 3.

1087 Dazu näher, *W. S. Gläser*, Die Position der Bürger als Beteiligte im Entscheidungsverfahren gestaltender Verwaltung, in: *Lerche/ders./Schmidt-Aßmann* (Hrsg.), Verfahren als staats- und verwaltungsrechtliche Kategorie, S. 35 (47).; *H. Rossen-Stadtfeld*, Beteiligung, Partizipation, Öffentlichkeit, in: *Hoffmann-Riem/Schmidt-Aßmann/Voßkuhle* (Hrsg.), GVwR II, § 29, Rn. 65.

ten. Die durch die Regulierung getroffene Verteilungsentscheidung erfolgt durch die Rechtskonkretisierung, die Wissensgenerierung, die Interessenoptimierung zwischen öffentlichem Sektor und Privaten, und die Verhaltenskontrolle im Verteilungsverfahren; insgesamt kommt es zur Wahrnehmung der Gestaltungsaufgabe der Verwaltung durch Private.[1088] Diese Vielfältigkeit der Instrumente in den Prozessen der Güterverteilung schafft häufig ein mehrstufiges Verfahren. In diesem Verfahren berücksichtigt das Verteilungshandeln auch das mehrpolige Verwaltungsrechtsverhältnis. Die einzelnen Instrumente sind nicht immer den überkommenen Handlungsformen eindeutig zuzuordnen, obwohl sie unter dem Titel tradierter Formen durchgeführt werden.

(3) Verteilungsregulierung

Mit dem Wandel staatlicher Verteilungsentscheidungen im Gewährleistungsstaat sind die verschiedenen Arten von Maßnahmen zur Güterverteilung unter den Begriff der Regulierung einzuordnen und dort miteinander zu kombinieren. Zunächst stellt sich diese Form der Regulierung als eine strukturbezogene Regulierung dar, weil der Marktzutritt bzw. Wettbewerb mittels der Verteilungsentscheidung neu hergestellt oder umgekehrt beschränkt werden kann.[1089] Durch die Logik der Netze aufgrund der Netzeigenschaft gewährleistet die Netzregulierung grundsätzlich die effiziente Nutzung der (knappen) Güter. Die juristische Rezeption und Ergänzung des Netzbegriffs ist eigentlich darauf ausgerichtet, die effiziente Nutzung der Güter, die in den Netzen transportiert werden, durch die Logik der Netze zu gewährleisten.[1090] Das Ziel der Netzregulierung auf dieser Ebene muss sowohl die effiziente Güternutzung als auch die Orientierung am Wettbewerb und damit Verwirklichung von Gemeinwohl in den Netzwirtschaften sein.

1088 Grundlegend, *R. Wahl*, Die Aufgabenabhängigkeit von Verwaltung und Verwaltungsrecht, in: *Hoffmann-Riem/Schmidt-Aßmann/Schuppert* (Hrsg.), Reform des Allgemeinen Verwaltungsrechts, S. 177 (196 ff.).; *J.-P. Schneider*, Strukturen und Typen von Verwaltungsverfahren, in: *Hoffmann-Riem/Schmidt-Aßmann/Voßkuhle* (Hrsg.), GVwR II, § 28, Rn. 1, 3 und 169.

1089 Auch, *J.-P. Schneider*, Telekommunikation in: *Fehling/Ruffert* (Hrsg.), Regulierungsrecht, § 8, Rn. 29 ff.

1090 Über die Knappheitsverwaltung mit gleichen Konsequenzen, *M. Martini*, Der Markt als Instrument hoheitlicher Verteilungslenkung, S. 35 f.

Voraussetzung dafür ist die effiziente, gemeinwohlorientierte Güterverteilung, deren Wahrnehmungsmodi noch weitgehend offen sind. Da die Gemeinwohlverwirklichung weder allein Staatsaufgabe noch den privaten Kräften überantwortet, sondern auf sachgerechte, dialogische Regelungsstrukturen angewiesen ist, die unter dem Paradigma der Gewährleistungsverwaltung eine Mobilisierung privater Gemeinwohlbeiträge bewirken sollen,[1091] sind die Instrumente der Güterverteilung ebenso von einem staatlichen Monopol bis zu den völlig liberalen Marktmechanismen einzuordnen. Die auf der Handlungsstrategie der Gewährleistungsverwaltung beruhende Erscheinungsform, um die unterschiedliche Handlungsrationalitäten und -beiträge möglichst optimal zu koordinieren, stellt sich als Regulierung dar. Die Verteilungsentscheidungen lassen sich sowohl durch das einseitige Verteilungsverfahren als auch mit den privaten Handlungsbeiträgen oder Mitgestaltung treffen. Diese Form der Regulierung ist hier als „Verteilungsregulierung" zu verstehen.

In der Verteilungsregulierung erscheint die Kombinierung der verschiedenen Verteilungsinstrumente, die unterschiedliche Intensität hoheitlicher Einflussnahme haben. Zur Gestaltung des Verteilungsverfahrens können die unterschiedlichen Regulierungsstrategien gewählt werden, etwa die hoheitlich erfüllende Regulierung, die regulierte Selbstregulierung und die gesellschaftliche Selbstregulierung. Es ist noch umstritten, wie sich diese kombinierenden oder „mixenden" Instrumente[1092] der Verteilungsregulierung in den Netzwirtschaften überkommenden Rechts- und Handlungsformen zuordnen lassen. Es fällt wesentlich schwerer, die passende Zuordnung zu tradierten Handlungsformen auf dem Gebiet der Netzregulierung zu finden.

Bei der Erklärung für das Regulierungsbedürfnis aufgrund der Eigenschaft der Netzwirtschaft handelt es sich begrenzt um die überkommene Handlungsformenlehre. Die Schwierigkeit besteht vor allem darin, dass der Wandel der Aufgabenwahrnehmungsmodi des Staates in den Netzwirtschaften erheblich betont wird. Angesichts der Gestaltungsaufgaben der Verteilungsverwaltung lässt sich das Verteilungsverfahren nicht allein mit dem Maßstab der Intensität ausgewählter Instrumente erklären.

1091 Vgl. *A. Voßkuhle*, Gesetzgeberische Regelungsstrategien der Verantwortungsteilung zwischen öffentlichem und privatem Sektor, in: *G. F. Schuppert* (Hrsg.), Jenseits von Privatisierung und schlankem Staat, S. 47 (85, 89.).; *C. Franzius*, Gewährleistung im Recht, S. 359.

1092 Zum grundlegenden Überblick, *L. Michael*, Formen- und Instrumentenmix, in: *Hoffmann-Riem/Schmidt-Aßmann/Voßkuhle* (Hrsg.), GVwR II, § 41.

III. Frequenzvergabe im TKG als Referenzgebiet

1. Allgemeines

Die „Frequenz“ ist eine physikalische Größe und die Schwingungsanzahl von sich periodisch wiederholenden Vorgängen pro Zeiteinheit.[1093] Die Frequenz, die als elektromagnetische Welle dargestellt wird, ermöglicht die drahtlose Übertragung von Information. Die Entwicklungen aller drahtlosen Kommunikationen, wie (Mobil-) Telekommunikation, Rundfunk, Internet und Multimedien, sind wesentlich von der Frequenznutzung abhängig. Es bedarf der technischen Kodierung zu übertragender Information (Modulation) und des Ausschnitts aus dem gesamten Spektrum der elektronischen Wellen, um alle drahtlosen Kommunikationen zu ermöglichen.[1094] Für eine sinnvolle Nutzung der Frequenz ist die Separierung erforderlich, d. h. die einzelnen Übertragungsvorgänge sind logisch voneinander zu trennen (Funkkanal),[1095] um die wechselseitigen Störungen bzw. Interferenzen zu vermeiden.[1096] Nach der technischen Entwicklung wurde die Nachfrage der Frequenznutzung erhöht und die Nachfrager verlangt die mehrere Frequenzbereiche. Aber die Frequenz ist eine natürliche Ressource und zeichnet sich durch die Knappheit. Einerseits ist die Nutzung von Frequenzen grundsätzlich durch die allgemeine Handlungsfreiheit nach Art. 2 Abs. 1. GG geschützt, anderseits aber handelt es sich bei der Nutzung der Frequenz aufgrund ihrer Eigenschaft als natürliche knappe Ressourcen um eine Verteilung, um die effiziente, störungsfreie und diskriminierungsfreie Nutzung sicherzustellen. Dem Gesetzgeber ist die Pflicht zur erforderlichen Normsetzung aufgegeben, dass die Frequenznutzung von der staatlichen Verteilungsentscheidung abhängig gemacht wird.

1093 Vgl. *Bundesministerium für Post und Telekommunikation*, Frequenzregulierung in der Bundesrepublik Deutschland, S. 10.; *Holznagel/Enaux/Nienhaus*(Hrsg.), Telekommunikationsrecht, Rn. 456.; *Korehnke/Tewes*, in: *Geppert/Pieppenbrock/Schütz/Schuster* (Hrsg.), Beck'scher TKG-Kommentar, Vor § 52, Rn. 2; *P. Binzel*, Frequenzhandel in Deutschland und Großbritannien, S. 69.

1094 Dazu näher, *Korehnke/Tewes*, in: *Geppert/Pieppenbrock/Schütz/Schuster* (Hrsg.), Beck'scher TKG-Kommentar, Vor § 52, Rn. 10 ff.

1095 Vgl. *Korehnke/Tewes*, in: *Geppert/Pieppenbrock/Schütz/Schuster* (Hrsg.), Beck'scher TKG-Kommentar, Vor § 52, Rn. 7.; *S. Bumke*, Frequenzvergabe nach dem Telekommunikationsgesetz, S. 37.

1096 Vgl. *M. Martini*, Der Markt als Instrument hoheitlicher Verteilungslenkung, S. 642.

2. Frequenzbereichszuweisungs- und Frequenznutzungsplan nach § 53 und 54 TKG

Zur Sicherstellung einer effizienten und störungsfreien Frequenznutzung regelt das TKG zunächst den Frequenzbereichszuweisungsplan nach § 53 Abs. 1 TKG. Der Plan separiert das elektromagnetische Spektrum in Frequenzbereiche und bestimmt die Funkdienste oder andere Anwendungen elektronischer Wellen zum Zwecke der Benutzung jedes Bereiches.[1097] Der Frequenzbereichszuweisungsplan wird in der Rechtsform der Rechtsverordnung erlassen (§ 53 Abs. 1 S. 1 TKG). Damit kommt dem Zuweisungsplan der Frequenzbereiche verbindliche Außenwirkung zu.[1098]

Auf der Grundlage des Frequenzbereichszuweisungsplans erstellt die BNetzA den Frequenznutzungsplan (§ 54 Abs. 1 TKG). Der Frequenzbereichszuweisungsplan stellt sich daher als Basis für den Frequenznutzungsplan dar. Der Nutzungsplan der Frequenz konkretisiert den Frequenzbereichszuweisungsplan, damit für die konkreten Funkdienste die entsprechenden Frequenzen genutzt werden können.[1099] Der Frequenznutzungsplan ist mit den Zielen der Regulierung nach § 2 Abs. 2 TKG, der europäischen Harmonisierung, der technischen Entwicklung und der Verträglichkeit von Frequenznutzungen in den Übertragungsmedien zu vereinbaren. Da der Nutzungsplan der Frequenz diese Belange zu berücksichtigen hat, hat der Gesetzgeber die Rechtsnatur des Frequenznutzungsplans nicht festgelegt.[1100] Anders als der Frequenzbereichszuweisungsplan ist der Nutzungsplan der Frequenz nach § 54 keine Rechtsverordnung, sondern eine interne Verwaltungsvorschrift, die nicht unmittelbar an-

---

1097 Vgl. *Kühling/Elbracht*, Telekommunikationsrecht, Rn. 330.; *Hahn/Hartl*, in: *Scheurle/Mayen* (Hrsg.), TKG-Kommentar, § 53, Rn. 11.

1098 Vgl. *S. H. Korehnke*, in: *Geppert/Pieppenbrock/Schütz/Schuster* (Hrsg.), Beck'scher TKG-Kommentar, § 53, Rn. 3.; W. Wegmann, in: *Säcker* (Hrsg.), Berliner Kommentar zum TKG, § 53, Rn. 4.

1099 Vgl. *Kühling/Elbracht*, Telekommunikationsrecht, Rn. 331.

1100 Vgl. *Hahn/Hartl*, in: *Scheurle/Mayen* (Hrsg.), TKG-Kommentar, § 54, Rn. 4.; *S. H. Korehnke*, in: *Geppert/Pieppenbrock/Schütz/Schuster* (Hrsg.), Beck'scher TKG-Kommentar, § 54, Rn. 3.

greifbar ist und zugleich von eigener Art ist, die über die sonstiger Verwaltungsvorschriften hinausgeht.[1101]

3. Frequenzzuteilung nach §§ 55 TKG

(1) Zusätzliche Verhaltenskontrolle

Die GenehmigungsRL vom 7. 3. 2002 zielt auf die Schaffung eines einheitlichen Binnenmarktes für elektronische Kommunikationsnetze und -dienste durch die Harmonisierung und Vereinfachung der Genehmigungsbedingungen ab (Art. 1 Abs. 1 GenehmigungsRL). Die Lizenzerteilung nach § 6 und 8 TKG-alt wurde in die Meldepflicht nach § 6 Abs. 1 TKG umgesetzt, die als Allgemeingenehmigung bezeichnet wird (Art. 3 Abs. 2 S. 1 GenehmigungsRL). Grundsätzlich gilt der Grundsatz der Allgemeingenehmigung auch für die Frequenznutzung von jedem Rechtsrahmen der Mitgliedstaaten.[1102] Angesichts der natürlichen Knappheit und der volkswirtschaftlichen Bedeutung der Frequenzen bedarf es aber einer staatlichen Koordinierung und Steuerung der Frequenznutzung.[1103] Als eine Verwaltungsaufgabe für die Verteilung knapper Ressourcen hat der Gesetzgeber aber die Vorgaben für die Frequenzzuteilung in §§ 52-54 TKG geregelt.

Dementsprechend hat der Gesetzgeber im § 55 Abs. 1 S. 2 TKG die Abhängigkeit von Erteilung der Erlaubnis für die Frequenznutzung geregelt. Jede Nutzung einer Frequenz bedarf einer vorherigen Frequenzzuteilung, die die behördерliche oder durch Rechtsvorschriften erteilte Erlaubnis zur Nutzung bestimmter Frequenzen unter festgelegten Bedingungen ist (§ 55 Abs. 1 S. 1 und 2 TKG). Neben der Meldepflicht nach § 6 Abs. 1 TKG ist die Frequenznutzung einer zusätzlichen Verhaltenskontrolle für einen Betrieb eines Netzes in §§ 55 TKG unterzogen. Da in der Regel die Nutzung der Frequenz die Ausübung eines Grundrechts ist und daher das Verhalten der Frequenznutzung grundsätzlich erlaubt ist,

---

1101 Vgl. *Holznagel/Enaux/Nienhaus*(Hrsg.), Telekommunikationsrecht, Rn. 489.; *Hahn/Hartl*, in: *Scheurle/Mayen* (Hrsg.), TKG-Kommentar, § 54, Rn. 11.; *S. H. Korehnke*, in: *Geppert/Pieppenbrock/Schütz/Schuster* (Hrsg.), Beck'scher TKG-Kommentar, § 54, Rn. 3.

1102 Vgl. *Korehnke/Tewes*, in: *Geppert/Pieppenbrock/Schütz/Schuster* (Hrsg.), Beck'scher TKG-Kommentar, Vor § 52, Rn. 73 ff.

1103 Vgl. *S. Bumke*, Frequenzvergabe nach dem Telekommunikationsgesetz, S. 111.; BT-Drucks. 15/2316, S. 78.

wird die Erlaubnis in § 55 Abs. 1 TKG als Kontrollerlaubnis (präventives Verbot mit Erlaubnisvorbehalt) verstanden.[1104]

Der Gesetzgeber hat zunächst das Frequenzzuteilungsverfahren normiert, also „für welche Dienste welche Teile des verfügbaren Frequenzspektrums verwendet werden dürfen".[1105] Gemäß § 55 Abs. 1 S. 3 TKG erfolgt die Frequenzzuteilung nach Maßgabe des Frequenznutzungsplans nach § 54 TKG diskriminierungsfrei auf der Grundlage nachvollziehbarer und objektiver Verfahren. § 55 Abs. 1 S. 3 TKG zeigt, dass die Frequenzzuteilung frequenzbezogen aber nicht gerätebezogen erfolgt; zudem stellt die Zweckbindung klar, dass die Frequenzen nicht zu beliebigen, sondern nur zu den in der Zuteilung anzugebenden Zwecken genutzt werden können.[1106]

(2) Allgemeinzuteilung und Einzelzuteilung (§ 55 Abs. 2 und 3 TKG)

Als Regelfall bestimmt § 55 Abs. 2 TKG die Allgemeinzuteilung.[1107] Frequenzen werden von Amts wegen als Allgemeinzuteilung durch die BNetzA für die Nutzung von bestimmten Frequenzen in Form einer Allgemeinverfügung zugeteilt (§ 55 Abs. 2 S. 1 TKG). § 55 Abs. 3 TKG formuliert die Einzelzuteilung von Frequenzen als Ausnahmefall, so dass die Zuteilung der Frequenz auf Antrag erfolgt, wenn eine Allgemeinzuteilung nicht möglich ist. In diesen Fällen werden Frequenzen für die einzelnen Frequenznutzungen in Form von Verwaltungsakten zugeteilt.[1108] Das Regel-Ausnahmeverhältnis der Frequenzzuteilung beruht auf der Vorgabe des Art. 5 Abs. 2. GenehmigungsRL[1109] und der Berücksichtigung der Frequenzknappheit im Bezug auf § 55 Abs. 5 Nr. 2 TKG.[1110] Die konkreteren Voraussetzungen für die Frequenzzuteilung werden in § 55 Abs. 5 TKG bestimmt. Diese Bestimmung enthält zugleich einen Rechtsanspruch auf Zuteilung.

1104 Vgl. BT-Drucks. 15/2316, S. 77.; 116/01, S. 7 und 10.; *Hahn/Hartl*, in: *Scheurle/Mayen* (Hrsg.), TKG-Kommentar, § 55, Rn. 5.; *W. Wegmann*, in: *Säcker* (Hrsg.), Berliner Kommentar zum TKG, § 55, Rn. 1.

1105 *M. Martini*, Der Markt als Instrument hoheitlicher Verteilungslenkung, S. 642.

1106 Vgl. BT-Drucks. 15/2316, S. 77.

1107 Vgl. BT-Drucks. 15/2316, S. 77.

1108 Vgl. *S. Bumke*, Frequenzvergabe nach dem Telekommunikationsgesetz, S. 113

1109 Vgl. *Göddel*, in: *Geppert/Pieppenbrock/Schütz/Schuster* (Hrsg.), Beck'scher TKG-Kommentar, § 55, Rn. 6.

1110 Vgl. *D. Kupfer*, Die Verteilung knapper Ressourcen im Wirtschaftsverwaltungsrecht, S. 140 ff.

(3) Zuteilung der Frequenzen im mehrstufigen Vergabeverfahren (§ 55 Abs. 3 und 9, § 61 TKG)

(a) Vergabeverfahren

Das Vergabeverfahren für Frequenz ist im TKG als ein mehrstufiges Verfahren ausgestaltet.[1111] Zunächst ist durch die BNetzA gemäß § 55 Abs. 3 TKG die Durchführung eines Vergabeverfahrens anzuordnen. Wenn Frequenzen nicht in ausreichendem Umfang vorhanden sind oder mehrere Anträge für eine bestimmte Frequenz gestellt sind, kann die BNetzA unbeschadet des Vorliegens der Voraussetzungen des § 55 Abs. 5 TKG anordnen, dass der Zuteilung der Frequenzen ein Vergabeverfahren nach § 61 voranzugehen hat (§ 55 Abs. 9). In einem zweiten Schritt wird die Entscheidung für die Wahl der Vergabeverfahrensart getroffen. Die BNetzA legt nach Anhörung der betroffenen Kreise entweder das Versteigerungsverfahren oder das Ausschreibungsverfahren fest, und diese Entscheidung über die Wahl des Verfahrens sowie die Festlegungen und Regeln für die Durchführung für die Vergabeverfahren sind zu veröffentlichen (§ 61 Abs. 1 und 2 TKG). Für die Wahl, welches Vergabeverfahren durchgeführt wird, hat die BNetzA gemäß der § 61 TKG ein Auswahlermessen.[1112] Auf der dritten Stufe soll die BNetzA die Vergabebedingungen festlegen, welcher oder welche der Antragsteller am besten geeignet sind, die zu vergebenden Frequenzen effizient zu nutzen, um ein Vergabeverfahren durchzuführen (§ 61 Abs. 4 S. 1 TKG). Schließlich werden die Regeln für die Durchführung des Versteigerungsverfahrens oder die Regeln für die Durchführung des Ausschreibungsverfahrens im Einzelnen festgelegt (§ 61 Abs. 5 und 6 TKG). Im Falle der Ausschreibungsverfahren bestimmt die BNetzA die Kriterien, nach denen die Eignung der Bewerber bewertet wird (§ 61 Abs. 6 S. 1 TKG).

(b) Versteigerungs- und Ausschreibungsverfahren

Bei der Frequenzknappheit wird der effizienteste Nutzer im Versteigerungs- oder Ausschreibungsverfahren ermittelt. Gemäß § 61 Abs. 1 S. 1 TKG kann die BNetzA das Versteigerungsverfahren nach § 61 Abs. 5 TKG oder das Aus-

1111 Vgl. *Hahn/Hartl*, in: *Scheurle/Mayen* (Hrsg.), TKG-Kommentar, § 61, Rn. 6.
1112 Vgl. *S. Bumke*, Frequenzvergabe nach dem Telekommunikationsgesetz, S. 119.

schreibungsverfahren (§ 61 Abs. 6 TKG) auswählen und durchführen. Das TKG gibt das Regel-Ausnahme-Verhältnis oder „eine Verfahrenshierarchie“[1113] in § 61 Abs. 2 TKG vor, wonach die Durchführung des Versteigerungsverfahrens grundsätzlich dem Ausschreibungsverfahren vorgeht.

Bei dem Verteilungsverfahren, welcher der Bewerber am besten geeignet ist, das Ziel der Verteilung zu erreichen, ist die Einführung der Marktmechanismen gefordert. Zunächst stellt das Versteigerungsverfahren fest, welche Bieter am besten geeignet sind, nämlich wer am effizientesten die zugeteilte Frequenz für die öffentlichen Telekommunikationsdienste nutzen kann.[1114] Wegen des Wissens- und Informationsdefizits lässt sich durch die staatliche Verteilung knapper Güter nicht immer das optimale Allokationsergebnis erbringen. Ferner kann die staatliche Verteilungsverwaltung nicht immer die schnellste und effizienteste Lösung anbieten, wenn es der neuen Güterverteilung bedarf, was auf die technische Entwicklung oder Umwandlung der ökonomischen Situation zurückzuführen ist. Im Hinblick auf die Effizienzerwägung werden Versteigerungen als „flexibles Mittel zur Durchsetzung öffentlicher Zwecke“ dargestellt („Auctions are flexible policy tools“).[1115]

Der Einführung der Versteigerung im staatlichen Verteilungsverfahren liegt das Vertrauen zugrunde, dass die (privaten) Bewerber bessere Fähigkeiten und Informationen zur effizienten Güternutzung haben. Daher wurde das Konzept der Versteigerung im §§ 11 Abs. 1 und 4 und 47 Abs. 5 S. 1 TKG-alt eingeführt: „Wer den größten Mehrwert erzeugen kann - weil er am kostengünstigsten ist und/oder die höherwertigsten Produkte entwickeln kann - wird auch den höchsten Gewinn machen und damit die höchste Zahlungsbereitschaft haben“.[1116] Der Ansatz des Versteigerungsverfahrens im staatlichen Verteilungsverfahren geht davon aus, dass die marktwirtschaftlich optimale bzw. effiziente Güterallokation durch die Zahlungsbereitschaft ermittelt werden kann. Die Informationen und Nutzungsvorstellungen des Bewerbers für die Verfolgung eines eigenen Gewinns können ein optimales und effizientes Verteilungsergebnis bringen. Die Frequenzverteilung durch die Versteigerung bedeutet daher ein Verteilungsver-

1113 *F. Wollenschläger*, Verteilungsverfahren, S. 435.
1114 Vgl. BT-Drucks, 15/2316, S. 80.
1115 Vgl. *A. Leist*, Versteigerung als Regulierungsinstrument, S. 38.
1116 Vgl. BT-Drucks, 14/4002, S. 57.

fahren, das auf dem Marktmechanismus aufbaut.[1117] Es ist zutreffend, dass die (Verteilungs-) Regulierung den Marktmechanismus als Instrument hoheitlicher (Verteilungs-) Steuerung verwendet, um das Wissens- und Informationsdefizit der staatlichen (Verteilungs-) Entscheidung zu vermeiden und das Gemeinwohl mit Hilfe der privaten, insbesondere der marktwirtschaftlichen Kräfte zu verwirklichen.

Bei dem Versteigerungsverfahren verhalten sich die (privaten) Bewerber nicht in allen Situationen rational und verfügen so oft über die ungerechte, ungenügende Information.[1118] Ferner besteht die Möglichkeit, dass die Bewerber eine Verzerrung - beispielsweise „Fluch des Gewinners („Winner's curse") - erhalten.[1119] Nach der Erfahrung mit der Verteilung von UMTS-Frequenzen ist erwiesen, dass das Höchstgebot ausgedrückter Zahlungsbereitschaft im Versteigerungsverfahren nicht immer die effizienteste Verteilung und Nutzung der Frequenzen garantieren kann und gegebenenfalls auch unerwünschte Ergebnisse herbeiführen kann.[1120] Zudem kann die Versteigerung dazu führen, dass das Entgelt für die Nutzung der Güter zu erhöhen ist und die Dienstanbieter diese Kosten über die Preise der anzubietenden Dienstleistung an die Verbraucher weitergeben.[1121] Mit dem ökonomischen Ansatz der Versteigerung allein, der durch den Preismechanismus die Unsicherheit der Verteilungs- und Auswahlentscheidung löst, lassen sich die Ziele der effizientesten Nutzung nicht völlig erreichen.

Die Durchführung der Versteigerung im staatlichen Güterverteilungsverfahren geht von der staatlichen Regelsetzung für das sachgerechte Verfahren aus. Der Gesetzgeber kann zwar der wirtschaftlichen Effizienzerwägung einen Vorrang einräumen, jedoch hat er das öffentliche Interesse an der angemessenen

---

1117 Vgl. *A. Voßkuhle*, Strukturen und Bauformen neuer Verwaltungsverfahren, in: *Hoffmann-Riem/Schmidt-Aßmann* (Hrsg.), Verwaltungsverfahren und Verwaltungsverfahrensgesetz, S. 277 (304).

1118 Vgl. *M. Martini*, Der Markt als Instrument hoheitlicher Verteilungslenkung, S. 379.; *N. Malaviya*, Verteilungsentscheidungen und Verteilungsverfahren, S. 173.

1119 Dazu näher, *M. Martini*, Der Markt als Instrument hoheitlicher Verteilungslenkung, S. 554 ff.

1120 Vgl. *C. Degenhart*, Verfassungs- und verwaltungsrechtliche Rechtsfragen der Versteigung der UMTS-Lizenzen, in: *Pippenbrock/Schuster* (Hrsg.), UMTS-Lizenzvergabe, S. 259 (266 ff.).; *M. Fehling*, in: *ders./Ruffert* (Hrsg.), Regulierungsrecht, § 20, Rn. 30.; BT-Drucks, 14/4002, S. 57.; *N. Malaviya*, Verteilungsentscheidungen und Verteilungsverfahren, S. 166 ff.

1121 Vgl. *N. Malaviya*, Verteilungsentscheidungen und Verteilungsverfahren, S. 173.

Versorgung zu berücksichtigen, die mit Hilfe wettbewerbsorientierter bzw. wirtschaftlicher Instrumente nachhaltig sichergestellt werden kann. Die Einführung der Versteigerung bei der staatlichen Güterverteilung, wo bisher nur unter der hoheitlich imperativen Verteilungsmechanismen unterstellt wurde,[1122] sollte nicht eine direkte Übernahme der wirtschafstheoretischen Prinzipien bewirken, sondern eine flexible Eröffnung formaler Märkte im sektorspezifischen Bereich. Anders gesagt geht es nicht um die Kommerzialisierung, sondern um die Ökonomisierung des öffentlichen Rechts.[1123]

Die Verteilungsregulierung stellt auf Effizienzerwägung ab, verknüpft aber auch die Ziele der Regulierung nach § 2 Abs. 2 TKG (§ 61 Abs. 2 S. 1 und 2 TKG). Das Vergabeverfahren für die Sicherstellung einer effizienten und störungsfreien Frequenznutzung hat geeignet zu sein, den chancengleichen Wettbewerb und die Förderung nachhaltig wettbewerbsorientierter Märkte sowie die flächendeckende Grundversorgung zu gewährleisten. Wenn das Versteigerungsverfahren jedoch nicht geeignet ist, die Regulierungsziele nach § 2 Abs. 2 TKG sicherzustellen, dann wird auf das Ausschreibungsverfahren zurückgegriffen.[1124] Das Ausschreibungsverfahren kommt dann ausnahmsweise in Betracht, wenn auf dem sachlich und räumlich relevanten Markt, für den die Funkfrequenzen unter Beachtung des Frequenznutzungsplanes verwendet dürfen, bereits Frequenzen ohne vorherige Durchführung eines Versteigerungsverfahrens zugeteilt wurden, oder ein Antragsteller für die zuzuteilenden Frequenzen eine gesetzlich begründete Präferenz geltend machen kann (§ 61 Abs. 2 S. 2 TKG). Beim Ausschreibungsverfahren geht es um die Eignung der Bieter, die Nachfrage der Nutzer nach der öffentlichen Telekommunikationsdienstleistung zu befriedigen.[1125] Die Verteilungsregulierung im Wege des Vergabeverfahrens von Frequenzen orientiert sich an der Zielsetzung des Telekommunikationssektors und stellt sich als strukturbezogene, zielerreichende Aktionsformel dar.[1126]

1122 Vgl. *G. Kirchgässner*, Auf der Suche nach dem Gespenst des Ökonomismus, Analyse und Kritik 19 (1997), S. 127 (128 f.).

1123 Zur „Ökonomisierung" des öffentlichen Rechts, *J.-P. Schneider*, Zur Ökonomisierung von Verwaltungsrecht und Verwaltungsrechtswissenschaft, DV 34 (2001), S. 317 ff.; *A. Voßkuhle*, „Ökonomisierung" des Verwaltungsverfahrens, DV 34 (2001), S. 347 ff.;

1124 Vgl. *Hahn/Hartl*, in: *Scheurle/Mayen* (Hrsg.), TKG-Kommentar, § 61, Rn. 11.

1125 Vgl. *J.-P. Schneider*, Ökonomisierung von Verwaltungsrecht und Verwaltungsrechtswissenschaft, DV 34 (2001), S. 317 (329).

1126 Siehe oben, 3. Kap. C IV 2 (2) (a) These 1.

Daher ist für die Wahl der Vergabeverfahren entscheidend, welches am besten für die Sicherstellung der Regulierungsziele nach § 2 Abs. 2 TKG geeignet ist. Im Zusammenhang mit diesem unbestimmten Rechtsbegriff der „Geeignetheit" ist es umstritten, ob die BNetzA ein Auswahlermessen hat, welches der beiden gesetzlichen Vergabeverfahren unter der Bedingung der „Geeignetheit zur Sicherstellung der Regulierungsziele" durchgeführt werden soll.[1127] Teilweise wird zwar vertreten, dass ein Auswahlermessen der BNetzA aufgrund des Wortlauts des § 61 Abs. 1 S. 1 TKG eröffnet ist.[1128] Im Zusammenhang mit § 61 Abs. 2 S. 1 TKG besteht aber nur ein eingeschränkter Beurteilungsspielraum der BNetzA auf der Tatbestandsseite, weil kaum Spielräume des behörderlichen Handelns auf der Rechtsfolgenseite vorhanden sind.[1129]

(c) Festlegung als eine Form der Verteilungsregulierung im Vergabeverfahren

In den Bestimmungen des Vergabeverfahrens von Frequenzen im TKG hat der Gesetzgeber eine Auswahlentscheidung vorgesehen, dass die BNetzA die Durchführung des Vergabeverfahrens vor der Zuteilung von Frequenzen anordnen kann, das durch die Versteigerung im Regelfall oder durch die Ausschreibung im Ausnahmefall durchgeführt wird (§ 55 Abs. 9, § 61 Abs. 1 S. 1 TKG). Das Verteilungsverfahren im Wege der Versteigerung und der Ausschreibung zielt auf die effiziente Nutzung knapper Güter ab, die für Bewerber lukrativ ist. Und die Güterverteilung im Wege des Vergabeverfahrens bezieht sich auf die Verwirklichung der Grundrechte. Diese Güterverteilung stellt sich als ein Eingriff in das Grundrecht der Berufsfreiheit des Art. 12 Abs. 1 GG (ggf. Eigentumsgarantie des Art. 14 GG) i. V. m. dem Gleichheitsprinzip des Art. 3 Abs. 1 GG dar.[1130] Aufgrund des Rechtsstaatsprinzips nach Art. 20 Abs. 3 i. V. m. Art. 28 Abs. 1 GG und der Grundrechten muss der Gesetzgeber die Grundlage der

---

1127 Dazu näher, *M. Geppert*, in: *ders.*/Pieppenbrock/Schütz/Schuster (Hrsg.), Beck'scher TKG-Kommentar, § 61, Rn. 11 f.; *Hahn/Hartl*, in: *Scheurle/Mayen* (Hrsg.), TKG-Kommentar, § 61, Rn. 10.; *S. Bumke*, Frequenzvergabe nach dem Telekommunikationsgesetz, S. 119.

1128 Vgl. *Hahn/Hartl*, in: *Scheurle/Mayen* (Hrsg.), TKG-Kommentar, § 61, Rn. 10.

1129 Vgl. *M. Geppert*, in: *ders./Pieppenbrock/Schütz/Schuster* (Hrsg.), Beck'scher TKG-Kommentar, § 61, Rn. 8.

1130 Zum verfassungsrechtlichen Problem staatlicher Verteilungstätigkeit und -verfahren, *F. Wollenschläger*, Verteilungsverfahren, S. 31 ff.; *N. Malaviya*, Verteilungsentscheidungen und Verteilungsverfahren, S. 186 ff.; besonders zur telekommunikationsrechtlichen Sektor, vgl. *M. Martini*, Der Markt als Instrument hoheitlicher Verteilungslenkung, S. 656 ff.

Vergabeverfahren bzw. Versteigerung und Ausschreibung selbst bestimmen (Vorbehalt des Gesetzes). Vor allem ist der Gesetzgeber verpflichtet, die wesentlichen bzw. die grundrechtsrelevanten Entscheidungen selbst zu treffen (sog. Wesentlichkeitstheorie).[1131] Wenn die Verfahren Güterverteilungen betreffen, ohne die der Grundrechtsgebrauch unmöglich ist oder beträchtlich erschwert wird oder von denen eine erhebliche Gefahr für die grundrechtlich gesicherte Freiheit ausgeht, verdichtet sich der Vorbehalt des Gesetzes zum Parlamentsvorbehalt.[1132] Nach der Rechtsprechung des Bundesverfassungsgerichts gehört die Regelung über die Auswahl der Bewerber zum Kern des Zulassungswesens, welcher wegen der einschneidenden Bedeutung vom Gesetzgeber selbst zu regeln ist.[1133]

Diese Grundlage des Vergabeverfahrens, die durch den Gesetzgeber bestimmt ist, umfasst aber nicht die konkrete Gestaltung jedes Vergabeverfahrens bzw. des Versteigerungs- und Ausschreibungsverfahrens. Soweit die Vergabeordnung durch die gesetzliche Regelung vom Gesetzgeber selbst festgelegt ist und nicht dem Ermessen der Verwaltungsbehörde überlassen ist,[1134] wird das Prinzip des Parlamentsvorbehaltes erfüllt. Da sich die Verpflichtung des Gesetzgebers darauf erstreckt, im Bereich der Grundrechtsausübung die der gesetzlichen Gestaltung offenliegende Rechtsspähre selbst abzugrenzen,[1135] ist die konkrete Gestaltung der Versteigerungsregeln und des -verfahrens daher der Verwaltungsbehörde bzw. BNetzA zu überlassen. Dementsprechend hat der Gesetzgeber im TKG geregelt, dass die Regulierungsbehörde bzw. BNetzA die Entscheidung über die Wahl des Verfahrens treffen kann und die Festlegung und Regeln für die Durchführung der Verfahren aufstellen kann (§ 61 Abs. 1 S. 2 TKG).[1136] Die Festlegung nach § 61 Abs. 4 TKG ist auf das Hauptziel der Versteigerung gerichtet, welcher der Bieter am besten geeignet ist, die zu versteigernden Frequenzen am effizientesten für das Angebot der zu zuteilenden Telekommunikationsdienstleistungen für die Öffentlichkeit zu nutzen.[1137] Wenn die

1131 Vgl. *G. Manssen*, Staatsrecht II, Rn. 160.

1132 Vgl. *V. Epping*, Grundrechte, Rn. 357 ff..

1133 Vgl. *A. Leist*, Versteigerung als Regulierungsinstrument, S. 110.; BVerfGE 33, 303 (345 f.).

1134 BVerfGE 34, 165 (192 f).

1135 BVerfGE 34, 165 (192 f.).; 49, 89 (126).

1136 Vgl. *M. Geppert*, in: *ders./Pieppenbrock/Schütz/Schuster* (Hrsg.), Beck'scher TKG-Kommentar, § 61, Rn. 42.

1137 Vgl. *C. Degenhart*, Verfassungs- und verwaltungsrechtliche Fragen der Versteigerung der UMTS-Lizenzen, in: *Piepenbrock/Schuster* (Hrsg.), UMTS-Lizenzvergabe, S. 259 (272).; *Schuster/Müller*, MMR 2000, S. 26 (29).

Gestaltung konkreter Vergaberegeln umgekehrt durch den parlamentarischen Gesetzgeber erfolgen würde, könnte dies die Marktsituation nicht korrekt widerspiegeln, die in jedem sektorspezifischen Vergabeverfahren neu festgelegt werden muss.[1138] Die Versteigerungsregelungen im TKG fokussieren die „Festlegung und Regeln Durchführung der Verfahren“ von der Regulierungsbehörde. Die Funktionsweise der staatlichen Güterverteilung verwandelt sich hier in die Festlegung und Mitgestaltung der Verfahren.

4. Fazit

Unter der Gewährleistungsverantwortung erfüllt die staatliche Verwaltung nicht immer selbst die Sachaufgabe. In Zusammenhang mit der Liberalisierungstendenz richten die Regulierungsinstrumente auf die Nutzbarkeit der gesellschaftlichen Kräfte. Daher orientiert sich Regulierung der rechtlichen Strukturierung der gesellschaftlichen Prozesse, insbesondere der Marktprozesse, im Wege der arbeitsteiligen Gemeinwohlverwirklichung. Dazu gehören die inhaltsfestlegenden, regelsetzenden und rahmenordnenden Regulierungsmaßnahmen, die der privaten Akteuren die freiheitsrechtsrelevante Tätigkeit in den bestimmten Sektoren ermöglicht und sichergestellt werden können, die früher wegen der unterschiedlichen Gründe rechtlich oder tatsächlich beschränkt ist. Der parlamentarische Gesetzgeber sieht allerdings vor, welche gesellschaftliche Prozesse für die Zielerreichung der Regulierung anzuwenden ist. Innerhalb der gesetzgeberisch bestimmten Bereiche kann die Verwaltung durch die Regulierungsverfügung den konkreten Inhalt festlegen, wie Auswahl des Vergabeverfahrens von Frequenzen. Bei der Festlegung und der Ergänzung konkreter Prozesse und Inhalte der arbeitsteiligen Gemeinwohlverwirklichung zieht die Regulierung „die gesellschaftliche Selbstregelungskräfte und Eigenüberwachung“[1139] heran, um die flexible und effiziente Freiheitsverwirklichung der privaten Akteure im mehrpoligen Verhältnis zu gewährleisten.

1138 Vgl. *A. Leist*, Versteigerung als Regulierungsinstrument, S. 110.
1139 Vgl. *C. Franzius*, Gewährleistung im Recht, S. 136.

Kapitel 5: Zusammenfassung

1. Der Begriff der Regulierung kann durch die jeweiligen Auslegungsmaßstäbe unterschiedlich bestimmt werden. Die verschiedenen Konzepte der Regulierung müssen in der konsistenten Einordnung der Bedeutungsschichten erfasst werden, trotzdem beziehen die vielfältigen Bedeutungsschichten aufeinander.

2. Da der Begriff der Regulierung aus den wirtschaftswissenschaftlichen Theorien und dem US-amerikanischen Begriff „economic regulation“ stammt, geht es darum, die ökonomische Theorie der Regulierung in Betracht zu ziehen. Es wird gleichwohl nötig, von der normativen Regulierungstheorie auszugehen.

3. Der Begriff des Gemeinwohls ist offen zu halten und die Gemeinwohlverwirklichung bedarf der situationsgebundenen Konkretisierung und Optimierung. Um das Gemeinwohl im bestimmten Gemeinwesen zu erkennen, entwickelte sich die Staatsaufgabenlehre. Da sich eine Staatsaufgabe oder eine öffentliche Aufgabe immer mit dem Bezug auf das Gemeinwohl definieren lässt, stellt sich die Frage, wie das Verhältnis zwischen Staat und Gesellschaft zu bestimmen ist.

4. In der modernen Staatlichkeit hat der Staat die privaten Gemeinwohlbeiträge zu fördern. Die verschiedenen Gemeinwohlbeiträge können im Prozess der arbeitsteiligen Gemeinwohlverwirklichung zwischen Staat und Gesellschaft koordiniert werden. Im heutigen Wandel der Aufgabenwahrnehmungsmodi des Staates, spielt der Maßstab der staatlichen oder nichtstaatlichen Aufgaben jedoch eine begrenzte Rolle.

5. Alle Versuche, eine feste Existenz der Kernstaatsaufgabe zu erweisen, sind unfruchtbar. Die Fragen, ob privatisierungsfeste Staatsaufgaben existieren und welche residuale Verantwortung ihm in der Privatisierungsfolgephase auferlegt wird, sind nicht durch die Aufgabenlehre gelöst worden, sondern durch die Verantwortungslehre.

6. Die Verwaltungsverantwortungslehre dient dazu, die methodische Öffnung in der Verwaltungsrechtswissenschaft zu aktivieren und das Kooperationsspektrums zwischen staatlicher und privater Aufgabenerfüllung zu erklären.

7. Der Begriff der Gewährleistungsverantwortung steht unter dem Gewährleistungsparadigma, dass der Staat auf die Aktivierung privater Kräfte für die Gemeinwohlverwirklichung setzt und die Bereitstellung gemeinwohlsichernder Regelungsstrukturen ermöglicht. Diese arbeitsteilige Struktur liegt im Bereich der Verzahnung zwischen öffentlichem und privatem Recht. Regulierung als eine Erscheinungsform soll ihr Leitbild aus dieser Vorstellung der Gewährleistungsverantwortung herleiten.

8. Die US-amerikanische „economic regulation" ist die terminologische Wurzel der „Regulierung". Unter der „common law" Tradition ist die „(economic) regulation" häufig mit allen Formen des exekutiven Handelns oder mit dem Verwaltungsrecht gleichzusetzen. Bei der Debatte um die Regulierung im deutschen Verwaltungsrecht handelt sich es um die Frage, wie dieser Begriff dem Verwaltungsrecht mit der herkömmlichen Rechtslehre oder mit dem neu entwickelten Staatsbild zugeordnet werden kann.

9. Von der „juristischen Methode" über die Leistungsverwaltung bis hin zur „Krise des regulativen Rechts" stellt sich regelmäßig die Frage, wie sich die verschiedenen und gewandelten Ansprüche der Gesellschaft und die darüber angestellten Reflexionen sowie die inneren Zusammenhänge der dogmatischen Entwicklung dem System des Verwaltungsrechts zuordnen lassen.

10. Als Reaktion gegen die Krise des regulativen Rechts fordert der Staat den Wandel des staatlichen Handelns wie die Tendenz der Liberalisierung, Privatisierung und vor allem Deregulierung. Da die (De-) Regulierung mit verschiedenen Begriffsverständnissen und unterschiedlichen Kategorien nicht folgerichtig zu erklären ist, bedarf es eines Perspektivenwechsels. Deregulierung gliedert sich hier in zwei Teile: normbezogene und sachbezogene Deregulierung. Die normbezogene Deregulierung wird auf dialektische Weise wieder qualitativ umgewandelt und die sachbezogene Deregulierung spiegelt diese qualitative Umwandlung wider. Bei der Privatisierungsdebatte, vor allem in der Privatisierungsfolgephase, geht es nicht mehr um die vollständige Entlastung der Staatsaufgaben oder die Übertragung auf Private, sondern um die qualitative Umwandlung der Verwaltung. Hier spielt die Gewährleistungsverantwortung des Staates eine maßgebliche Rolle.

11. Im quantitativen und qualitativen Wandel des Staatshandelns finden sich man die elementaren Ansätze des neuen Staatsbildes: der Gewährleistungsstaat. Aufgrund der Gewährleistungsverantwortung nimmt der Gewährleistungsstaat nicht mehr alle öffentlichen Aufgaben eigenhändig wahr, sondern ermöglicht und fördert die private Leistungserbringung im Zuge der arbeitsteiligen Gemeinwohlverwirklichung. Als eine dialektische Entfaltung umfasst der Gewährleistungsstaat die unterschiedlichen Bestandteile des früheren Staatsbildes.

12. Die Leitidee der Gewährleistungsverwaltung kann einerseits in der Entwicklung der Grundrechtsdogmatik hin zum grundrechtlichen Gewährleistungsgehalt normativ begründet werden, anderseits in der Verknüpfung und Interaktion zwischen Rechtsdogmatik und interdisziplinären Faktoren reflektiert werden. Die Notwendigkeit der Gewährleistungsverwaltung besteht darin, dass sie die Prozesse arbeitsteiliger Gemeinwohlverwirklichung schafft und zugleich den Konflikt von multipolaren Rechtsverhältnissen bewältigt

13. Die Ebene der Diskussion um die Regulierung als eine Erscheinungsform der Verwaltung sollte mindestens davon unterschieden werden, dass der bisherige Begriff der Regulierung alle staatlichen Interventionsformen umfasst. Die rechtsdogmatische Strukturbildung der Regulierung soll von der Entwicklung zur Gewährleistungsverwaltung ausgehen. Anhand der verschiedenen Skalen repräsentiert Regulierung die Handlungsweise der Gewährleistungsverwaltung.

14. Die hoheitliche Regulierung ist nicht nur eine punktuelle, sondern eine strukturbezogene, zielerreichende Aktionsformel. Wegen der komplexeren Problemlage erscheint der heterogene Mix der Handlungsformen und der Instrumente in der hoheitlichen Regulierung, um das Problem angemessen zu bewältigen. Schließlich berücksichtigt die hoheitliche Regulierung die Gemeinwohlziele unter dem Blickwinkel der Grundidee der Gewährleistungsverwaltung.

15. Die gesellschaftliche Selbstregulierung stellt die individuelle oder kollektive Verfolgung von Privatinteressen in Wahrnehmung grundrechtlicher Freiheiten zum legitimen Eigennutz dar. Die Regulierungsstrategie der gesellschaftlichen Selbstregulierung liegt in der Verknüpfung privater Nutzen mit der Gemeinwohlverwirklichung.

16. Die regulierte Selbstregulierung stellt eine idealtypische Erscheinungsform der Gewährleistungsverwaltung dar. Die Aspekte, nämlich die Instrumentalisierung der Gesellschaft zur Gemeinwohlverwirklichung und die Einpassung der gesellschaftlichen Selbstregulierung in den staatlich gesetzten Rahmen, machen das Konzept der regulierten Selbstregulierung aus.

17. Obwohl die Erklärung des juristischen Netzbegriffs noch offen ist, finden sich Anwendungsfelder des Netzbegriffs, vor allem im Rechtsgebiet infrastruktureller Netzwirtschaft. Die Grundlage der Netzregulierung kann zunächst durch die Eigenschaft der Netzwirtschaft charakterisiert werden.

18. Alle Regulierungsmaßnahmen müssen sich auf Grundgesetz ausrichten. Ihre Rechtfertigungsgründe finden sich in den verfassungsrechtlichen Prinzipien und Grundrechten wie dem sozialen Rechtsstaatsprinzip, den Gewährleistungsklauseln in Art. 87e Abs. 4 und Art. 87f Abs. 1 GG, der Berufsfreiheit nach Art. 12 Abs. 1 GG und der Eigentumsgarantie von Art. 14 GG. Die Netzregulierung als staatliche Intervention in die marktwirtschaftliche Netzindustrie gründet auf der rechtlichen Wirtschaftsordnung, die wiederum auf den verfassungsrechtlichen Prinzipien und Grundrechten beruht.

19. Regulierung zielt auf die Herstellung, die Förderung und die Sicherstellung des Wettbewerbs ab und berücksichtigt zugleich die gemeinwohlverträglichen Ziele. Die Verknüpfung und Relativierung der Regulierungsziele beziehen sich auf das Gewährleistungsstaatsbild.

20. Da die Regulierungsziele sektorspezifisch formuliert und je nach ihren rechtlichen Wurzeln oder nach ihren Adressaten grob unterschiedlich gesetzt werden, findet sich die Heterogenität der Regulierung auf der sachbezogenen Ebene bzw. bei ihrem Instrumentarium. „Paket der Regulierungshandlungsformen“ beruht auf der jeweiligen Sektorspezifität und Aufgabenbezogenheit.

21. Wirtschaftliche Regulierung rekurriert auf die Frage, wie die wirtschaftliche Ausübung öffentlicher Verwaltung kategorisiert. Die wirtschaftliche Regulierung beschränkt sich nicht auf eine traditionelle oder neue Wirtschaftsaufsicht. Vielmehr lässt sie sich als eine Erscheinungsform der Gewährleistungsverwal-

tung verstehen, die in der Wirtschaft das Ziel öffentlicher Verwaltung durch den Prozess der arbeitsteiligen Gemeinwohlverwirklichung zu erreichen sucht.

22. Die Genehmigung stellt sich als eine typische Form des Regulierungsinstruments dar. Bei der Gewährleistungsverwaltung geht es häufig um die Genehmigung zur strukturellen Querschnittsaufgabe. Die Genehmigung wirkt hier nicht nur als Verhaltenskontrolle, sondern auch als Strukturierung beider Teilrechtsordnungen, welche die kooperative oder arbeitsteilige Gemeinwohlverwirklichung ermöglichen.

23. Die Entgeltgenehmigung in § 30 Abs. 1 S. 1 TKG wird als privatrechtsgestaltender Verwaltungsakt qualifiziert. Der privatrechtsgestaltende Verwaltungsakt wird als ein prominentes Regulierungsinstrument dargestellt, das auf die arbeitsteilige Aufgabenerledigung abzielt, die staatliche Gewährleistungsverantwortung berücksichtigt und den gerechten Ausgleich mehrpoliger Interessen ermöglicht.

24. Die Verteilungsentscheidungen in der Gewährleistungsverwaltung lassen sich sowohl durch das einseitige Verteilungsverfahren als auch mit den privaten Handlungsbeiträgen oder der Mitgestaltung treffen. Diese Form der Regulierung ist als „Verteilungsregulierung“ zu verstehen. Die Verteilungsregulierung im TKG stellt auf Effizienzerwägung ab, verknüpft aber auch die Ziele der Regulierung nach § 2 Abs. 2 TKG.

25. Die Verteilungsregulierung im Wege des Vergabeverfahrens von Frequenzen orientiert sich an der Zielsetzung des Telekommunikationssektors und stellt sich als strukturbezogene, zielerreichende Aktionsformel dar. In der Frequenzverteilung durch die Versteigerung oder Ausschreibung hat der Gesetzgeber sowohl die wirtschaftliche Effizienzerwägung als auch das öffentliche Interesse an der angemessenen Versorgung zu berücksichtigen. Die BNetzA kann durch die Regulierungsverfügung den konkreten Inhalt „festlegen“, wie die Auswahl des Vergabeverfahrens von Frequenzen.

Literaturverzeichnis

Attendorn, Thomas, Regulierte Selbstregulierung, DÖV 61 (2008), S. 715 ff.

Bäcker, Matthias, Wettbewerbsfreiheit als normgeprägtes Grundrecht, Baden-Baden 2007.

Badura, Peter, Verwaltungsrecht im liberalen und im sozialen Staat, Recht und Staat 328, Tübingen 1966.

Ders., Wettbewerbsaufsicht und Infrastrukturgewährleistung durch Regulierung im Bereich der Post und der Telekommunikation, in: *Hübner*, Ulrich/ *Ebke*, Werner F. (Hrsg.), Festschrift für Bernhard Großfeld zum 65. Geburtstag (zit.: FS Großfeld), Heidelberg 1999, S. 35 ff.

Ders., Die Erfüllung öffentlicher Aufgaben und die Unternehmenszwecke bei der wirtschaftlichen Betätigung der öffentlichen Hand, in: *von Münch*, Ingo (Hrsg.), Staatsrecht, Völkerrecht, Europarecht, Festschrift für Hans-Jürgen Schlochauer zum 75. Geburtstag (zit.: FS Hans-Jürgen Schlochauer), Berlin 1981, S. 3 ff.

Ders., Wirtschaftsverfassung und Wirtschaftsverwaltung, 4. Auflage, Tübingen 2011.

Ders., Art. 87f, in: *Dolzer*, Rudolf/*Graßhof*, Karin/*Kahl*, Wolfgang/*Waldhoff*, Christian (Hrsg.): Bonner Kommentar zum Grundgesetz, Loseblattsammlung seit 1950, Heidelberg (zit.: Bonner Kommentar GG).

Baer, Susanne, Verwaltungsaufgaben, in: *Hoffmann-Riem*, Wolfgang/*Schmidt-Aßmann*, Eberhard/*Voßkuhle*, Andreas (Hrsg.), Grundlagen des Verwaltungsrechts, Band I, § 11, München 2006 (zit.: GVwR I).

Baldwin, Robert/*Cave*, Martin/*Lodge*, Martin, Understanding regulation, 2. Edition, Oxford 2012.

Barbknecht, Klaus-Dieter, § 28a, in: *Säcker*, Franz Jürgen (Hrsg.), Berliner Kommentar zum Energierecht, Band 1, 2. Auflage, Frankfurt a. M. 2010.

Basedow, Jürgen, Wirtschaftsregulierung zwischen Beschränkung und Förderung des Wettbewerbs, in: *Fuchs*, Andreas/*Schwintowski*, Hans-Peter/*Zimmer*, Daniel (Hrsg.), Wirtschafts- und Privatrecht im Spannungsfeld von Privatautonomie, Wettbewerb und Regulierung, Festschrift für Ulrich Immenga zum 70. Geburtstag, München 2004 (zit.: FS Immenga), S. 3 ff.

Battis, Ulich/*Gusy*, Christoph, Öffentliches Wirtschaftsrecht, Heidelberg 1983.

Bauer, Hartmut, Privatisierung von Verwaltungsaufgaben, VVDStRL 54 (1995), S. 243 ff.

Becker, Florian, Kooperative und konsensuale Strukturen in der Normsetzung, Tübingen 2005.

Benda, Ernst, § 17, in: *ders.*/*Maihofer*, Werner/*Vogel*, Hans-Joachim (Hrsg.), Handbuch des Verfassungsrechts, 2. Auflage, Berlin 1994.

Benz, Angelika, Privatisierung und Deregulierung, Die Verwaltung 28 (1995), S. 337 ff.

Benz, Arthur, Kooperative Verwaltung, Baden-Baden 1994.

Berringer, Christian, Regulierung als Erscheinungsform der Wirtschaftsaufsicht, München 2004.

Binzel, Patrick, Frequenzhandel in Deutschland und Großbritannien, Baden-Baden 2006.

Böckenförde, Ernst-Wolfgang, Die verfassungstheoretische Unterscheidung von Staat und Gesellschaft als Bedingung der individuellen Freiheit, Opladen 1973.

Ders., Gemeinwohlvorstellungen bei Klassikern der Rechts- und Staatsphilosophie, in: *Münkler*, Herfried/*Fischer*, Karsten (Hrsg.), Gemeinwohl und Gemeinsinn im Recht, Berlin 2002, S. 43 ff.

Bonhoeffer, Dietrich/*Bethge*, Eberhard (Hrsg.), Ethik, 8. Auflage, München 1975.

Bonk, Heinz Joachim, § 71a, in: *Stelkens*, Paul/*ders.*/*Sachs*, Michael (Hrsg.), Verwaltungsverfahrensgesetz Kommentar, 7. Auflage, München 2008.

Boysen, Sigrid u.a., Netzwerke im Öffentlichen Recht, in: *ders.* u.a. (Hrsg.), Netzwerke, 47. Assistententagung Öffentliches Recht, Berlin 2007, S. 289 ff.

Bryde, Brun-Otto, Art. 14, in: *von Münch*, Ingo/*Kunig,* Philip (Hrsg.): Grundgesetz-Kommentar, 5. Auflage, München 2003.

Broemel, Roland, Strategisches Verhalten in der Regulierung, Tübingen 2010.

Brohm, Winfried, Die Dogmatik des Verwaltungsrechts vor den Gegenwartsaufgabe der Verwaltung, VVDStRL 30 (1972), S. 245 ff.

Budäus, Dieter, Privatisierung öffentlich wahrgenommener Aufgaben, in: *Gusy*, Christoph (Hrsg.), Privatisierung von Staatsaufgaben, 1998, S. 12 ff.

Bullinger, Martin, Staatsaufsicht in Verwaltung und Wirtschaft, VVDStRL 22 (1965), S. 264 ff.

Bumke, Christian, Die Entwicklung der verwaltungsrechtswissenschaftlichen Methodik in der Bundesrepublik Deutschland, in: *Schmidt-Aßmann*, Eberhard/*Hoffmann-Riem*, Wolfgang (Hrsg.), Methoden der Verwaltungsrechtswissenschaft, Baden-Baden 2004, S. 73 ff.

Ders., Verwaltungsakte, in: *Hoffmann-Riem*, Wolfgang/*Schmidt-Aßmann*, Eberhard/*Voßkuhle*, Andreas (Hrsg.), Grundlagen des Verwaltungsrechts, Band II, § 35, München 2008 (zit.: GVwR II).

Bumke, Susanne, Frequenzvergabe nach dem Telekommunikationsgesetz, Berlin 2006.

Bundesminister für Post und Telekommunikation (Hrsg.), Frequenzregulierung in der Bundesrepublik Deutschland, Gutachten der Gutachterkommission für Grundsatzfragen der Frequenzregulierung im zivilen Fernmeldewesen, Bonn 1991.

Burgi, Martin, Privatisierung, in: *Isensee*, Josef/*Kirchhof*, Paul (Hrsg.), Handbuch des Staatsrechts der Bundesrepublik Deutschland, Band IV, 3. Auflage, Heidelberg 2006 (zit.: HStR IV), S. 205 ff.

Ders., Soll das Recht der Regulierungsverwaltung übergreifend geregelt werden?, NJW 2006, S. 2439 ff.

Ders., Privatisierung öffentlicher Aufgaben, Gutachten zum 67. Deutschen Juristentag, München 2008.

Ders., Funktionale Privatisierung und Verwaltungshilfe, Tübingen 1999.

Cannivé, Klaus, Infrastrukturgewährleistung in der Telekommunikation zwischen Staat und Markt, Berlin 2001.

Creech, Kenneth, Electronic Media Law and Regulation, 5. Edition, Amsterdam u.a. 2007.

Degenhart, Christoph, Verfassungs- und verwaltungsrechtliche Rechtsfragen der Versteigerung der UMTS-Lizenzen, in: *Piepenbrock*, Hermann-Josef/*Schuster*, Fabian (Hrsg.), UMTS-Lizenzvergabe, Baden-Baden 2001, S. 259 ff.

Denninger, Erhard/*Hoffmann-Riem*, Wolfgang/*Schneider*, Hans-Peter/*Stein*, Ekkehart (Hrsg.), Kommentar zum Grundgesetz für die Bundesrepublik Deutschland, 3. Auflage, Neuwied und Kriftel 2001.

Deregulierungskommission, Unabhängige Expertenkommission zum Abbau Marktwidriger Regulierungen, Marktöffnung und Wettbewerb, Stuttgart, 1991.

Demmel, Annette, C § 44, in: *Manssen,* Gerrit (Hrsg.), Telekommunikations- und Multimediarecht, Ergänzbarer Kommentar zum Telekommunikationsgesetz, Mediendienste-Staatsvertrag, Teledienstegesetz, Teledienstedatenschutzgesetz, Signaturgesetz, einschließlich Gesetzes- und Verordnungstexten und europäischen Vorschriften, Band I, Berlin, Stand 9, 2003.

Depenheuer, Otto, Art. 14, in: *von Mangoldt*, Hermann/*Klein*, Friedrich/*Starck,* Christian (Hrsg.), Kommentar zum Grundgesetz, Band 1, 6. Auflage, München 2010.

Di Fabio, Udo, Der Verfassungsstaat in der Weltgesellschaft, Tübingen 2001.

Ders., Privatisierung und Staatsvorbehalt, JZ (1999), S. 585 ff.

Dolde, Klaus-Peter, Verwaltungsverfahren und Deregulierung, NVwZ 25 (2006), S. 857 ff.

Dreier, Horst, Verantwortung im demokratischen Verfassungsstaat, in: *Neumann*, Ulfrid/*Schulz*, Lorenz (Hrsg.), Verantwortung in Recht und Moral, Stuttgart 2000, S. 9 ff.

Ehlers, Dirk, Die wirtschaftliche Betätigung der öffentlichen Hand in der Bundesrepublik Deutschland, JZ 1990, S. 1089 ff.

Ders., Ziele der Wirtschaftsaufsicht, München u.a. 1997.

Ehmke, Horst, Wirtschaft und Verfassung, Karlsruhe 1961.

Eifert, Martin, Grundversorgung mit Telekommunikationsleistungen im Gewährleistungsstaat, Baden-Baden 1998.

Ders., Innovation in und durch Netzwerkorganisation, in: ders./Hoffmann-Riem, Wolfgang (Hrsg.), Innovation und rechtliche Regulierung, Baden-Baden 2002, S. 88 ff.

Ders., Regulierte Selbstregulierung und die lernende Verwaltung, in: Regulierte Selbstregulierung als Steuerungskonzept des Gewährleistungsstaates, Die Verwaltung Beiheft 4, 2001, S. 137 ff.

Ders., Regulierungsstrategien, in: *Hoffmann-Riem*, Wolfgang/*Schmidt-Aßmann*, Eberhard/*Voßkuhle*, Andreas (Hrsg.), Grundlagen des Verwaltungsrechts, Band I, § 19, München 2006 (zit.: GVwR I).

Ders., Das Verwaltungsrecht zwischen klassischem dogmatischen Verständnis und steuerungswissenschaftlichem Anspruch, VVDStRL 67 (2008), S. 286 ff.

Epping, Volker, Grundrechte, 5. Auflage, Heidelberg u.a. 2012.

Eschenbach, Jürgen, Der verfassungsrechtliche Schutz des Eigentums, Berlin 1996.

Fehling, Michael, Das Recht der Eisenbahnregulierung, in: *Lüdemann*, Jörn (Hrsg.), Telekommunikation, Energie, Eisenbahn, Tübingen 2008, S. 118 ff.

Ders., Hochschule, in: *ders./Ruffert*, Matthias (Hrsg.), Regulierungsrecht, § 17, Tübingen 2010.

Ders., Instrumente und Verfahren, in: *ders./Ruffert,* Matthias (Hrsg.), Regulierungsrecht, § 20, Tübingen 2010.

Ders., Regulierung als Staatsaufgabe im Gewährleistungsstaat Deutschland - Zu den Konturen eines Regulierungsverwaltungsrechts, in: *Hill*, Hermann (Hrsg.), Die Zukunft des öffentlichen Sektors, Baden-Baden 2006, S. 91ff.

Fisch, Stefan, Der Wandel des Gemeinwohlverständnisses in der Geschichte, in: *von Arnim*, Hans Herbert/*Sommermann*, Karl-Peter (Hrsg.) Gemeinwohlgefährdung und Gemeinwohlsicherung, Berlin 2004, S. 43 ff.

Fleiner-Gerster, Thomas, Kriterien für die Aufgabenverteilung von Staat und Gesellschaft, in: Bitburger Gespräche Jahrbuch 1984, München 1984, S. 25 ff.

Forsthoff, Ernst, Die Umbildung des Verfassungsgesetzes, in: *ders.* (Hrsg.), Rechtsstaat im Wandel, 2. Auflage, München 1976, S. 130 ff.

Ders., Die Verwaltung als Leistungsträger, Stuttgart 1938.

Ders., Lehrbuch des Verwaltungsrechts, 10. Auflage, München 1973.

Franzius, Claudio, Der "Gewährleistungsstaat", Der Staat 42 (2003), S. 493 ff.

Ders., Gewährleistung im Recht, Tübingen 2009.

Ders., Vom Gewährleistungsstaat zum Gewährleistungsrecht, in: *Schuppert*, Gunnar Folke (Hrsg.), Der Gewährleistungsstaat, Baden-Baden 2005, S. 53 ff.

Fritsch, Michael/*Wein*, Thomas/*Ewers*, Hans-Jürgen (Hrsg.), Marktversagen und Wirtschaftspolitik, 7. Auflage, München 2007.

Fuchs, Claudia, Instrumente und Verfahren staatlicher Verteilungsverwaltung, in: *Towfigh*, Emanuel V. u.a. (Hrsg.), Recht und Markt, 49. Assistententagung Öffentliches Recht, Baden-Baden 2009, S. 205 ff.

Gellermann, Martin, Grundrechte in einfachgesetzlichem Gewande, Tübingen 2000.

Geppert, Martin/*Piepenbrock*, Hermann-Josef/*Schütz*, Raimund/*Schuster*, Fabian (Hrsg.): Beck`scher TKG-Kommentar, 3. Auflage, München 2006.

Gersdorf, Hubertus, Art. 87f, in: *von Mangoldt*, Hermann/*Klein*, Friedrich/*Starck,* Christian (Hrsg.), Kommentar zum Grundgesetz, Band 3, 6. Auflage, München 2010.

Göddel, Guido, § 55, in: *Geppert*, Martin/*Piepenbrock*, Hermann-Josef/*Schütz*, Raimund/*Schuster*, Fabian (Hrsg.): Beck´scher TKG-Kommentar, 3. Auflage, München 2006

Gubelt, Manfred, Art. 12, in: *von Münch*, Ingo/*Kunig*, Philip (Hrsg.), Grundgesetz Kommentar, 5. Auflage, Band I, München 2003.

Görres-Gesellschaft (Hrsg.), Staatslexikon, Band 7, 7. Auflage, Freiburg u.a. 1993.

Gramm, Christof, Privatisierung und notwendige Staatsaufgaben, Berlin 2001.

Grande, Edgar, Vom produzierenden zum regulierenden Staat, in: *König*, Klaus/*Benz*, Angelika (Hrsg.), Privatisierung und staatliche Regulierung, Baden-Baden 1997, S. 576 ff.

Grimm, Dieter, Der Wandel der Staatsaufgaben und die Krise des Rechtsstaats in: *ders.* (Hrsg.), Wachsende Staatsaufgaben, Baden-Baden 1990, S. 291 ff.

Ders., Regulierte Selbstregulierung in der Tradition des Verfassungsstaates, in: Regulierte Selbstregulierung als Steuerungskonzept des Gewährleistungsstaates, Die Verwaltung Beiheft 4, 2001, S. 9 ff.

Groebel, Annegret/*Seifert*, Christiane, § 35, in: *Säcker*, Franz Jürgen (Hrsg.), Berliner Kommentar zum Telekommunikationsgesetz, 2. Auflage, Frankfurt a. M. 2009.
Gromitsaris, Anthanasios, Die Unterscheidung zwischen präventivem Verbot mit Erlaubnisvorbehalt und repressivem Verbot mit Befreiungsvorbehalt, DÖV 1997, S. 401 ff.
Gröpl, Christoph, Staatsrecht I, 3. Auflage, München 2011.
Gröschner, Rolf, Das Überwachungsrechtsverhältnis, Tübingen 1992.
Groß, Thomas, Die Beziehungen zwischen dem allgemeinen und dem besonderen Verwaltungsrecht in: Die Wissenschaft vom Verwaltungsrecht, Die Verwaltung Beiheft 2, 1999, S. 57 ff.
Ders., Die Verwaltungsorganisation als Teil organisierter Staatlichkeit, in: *Hoffmann-Riem*, Wolfgang/*Schmidt-Aßmann*, Eberhard/*Voßkuhle*, Andreas (Hrsg.), Grundlagen des Verwaltungsrechts, Band I, § 13, München 2006 (zit.: GVwR I).
Günther, Klaus, Der Wandel der Staatsaufgaben und die Krise des regulativen Rechts, in: *Grimm*, Dieter (Hrsg.), Wachsende Staatsaufgaben, Baden-Baden 1990, S. 291 ff.
Häberle, Peter, Die Wesensgehaltsgarantie des Art. 19 Abs. 2 Grundgesetz. 3. Auflage, Heidelberg 1983.
Ders., Grundrechte im Leistungsstaat, VVDStRL 30 (1972), S. 43 ff.
Ders., Öffentliches Interesse als juristisches Problem, Bad Homburg v.d.H. 1970.
Ders., Öffentlichkeit und Verfassung, in: *ders.*, Verfassung als öffentlicher Prozeß, 3. Auflage, Berlin 1998, S. 225 ff.
Ders., Der kooperative Verfassungsstaat, in: *ders.*, Verfassung als öffentlicher Prozeß, 3. Auflage, Berlin 1998, S. 407 ff.
Ders., Verfassungslehre als Kulturwissenschaft, 2. Auflage, Berlin 1998.
Ders., Verfassungsstaatliche Staatsaufgabenlehre, AöR 111 (1986), S. 595 ff.
Ders., Vielfalt der Property Rights und der verfassungsrechtliche Eigentumsbegriff, AöR 109 (1984), S. 36 ff.
Habermas, Jürgen, Faktizität und Geltung, Frankfurt a.M. 1998.
Ders., Theorie des kommunikativen Handelns, Band 1, 8. Auflage, Frankfurt a.M. 1995.
Ders., Theorie des kommunikativen Handelns, Band 2, 8. Auflage, Frankfurt a.M. 1995.
Hayek, Friedrich A., Recht, Gesetzgebung und Freiheit, Band 1, München 1980.
Ders., Recht, Gesetzgebung und Freiheit, Band 3, München 1981.
Hahn, Rüdiger/*Hartl*, Andreas M., § 53, in: *Scheurle*, Klaus-Dieter/*Mayen,* Thomas (Hrsg.), Telekommunikationsgesetz Kommentar, 2. Auflage, München 2008.

Dies., § 54, in: *Scheurle*, Klaus-Dieter/*Mayen*, Thomas (Hrsg.), Telekommunikationsgesetz Kommentar, 2. Auflage, München 2008.

Dies., § 54, in: *Scheurle*, Klaus-Dieter/*Mayen*, Thomas (Hrsg.), Telekommunikationsgesetz Kommentar, 2. Auflage, München 2008.

Dies., § 61, in: *Scheurle*, Klaus-Dieter/*Mayen,* Thomas (Hrsg.), Telekommunikationsgesetz Kommentar, 2. Auflage, München 2008.

Hecker, Jan, Marktoptimierende Wirtschaftsaufsicht, Tübingen 2007.

Heintzen, Markus, Beteiligung Privater an der Wahrnehmung öffentlicher Aufgaben und staatliche Verantwortung, VVDStRL 62 (2003), S. 220 ff.

Heise, Michael, Das Verhältnis von Regulierung und Kartellrecht im Bereich der Netzwirtschaften, Berlin 2008.

Heller, Hermann, Rechtsstaat oder Diktatur?, in: *ders./Drath*, Martin/*Müller*, Christoph (Hrsg.), Recht, Staat, Macht, Gesammelte Schriften, Band. II, Leiden 1971, S. 443 ff.

Herdegen, Matthias, Freistellung neuer Telekommunikationsmärkte von Regulierungseingriffen, MMR 2006, S. 580 ff.

Hermes, Georg, Gewährleistungsverantwortung als Infrastrukturverantwortung, in: *Schuppert*, Gunnar Folke (Hrsg.), Der Gewährleistungsstaat, Baden-Baden 2005, S. 111 ff.

Ders., Staatliche Infrastrukturverantwortung, Tübingen 1998.

Herzog, Roman, Art. 20, VIII, in: *Maunz*, Theodor/*Dürig*, Günter (Hrsg.), Grundgesetz Kommentar, Loseblattsammlung seit 1958, München.

Hesse, Konrad, Bemerkung zur heutigen Problematik und Tragweite der Unterscheidung von Staat und Gesellschaft, DÖV 1975, S. 437 ff.

Ders., Die verfassungsrechtliche Stellung der politischen Parteien im modernen Staat, VVDStRL 17 (1959), S. 11 ff.

Ders., Grundzüge des Verfassungsrechts der Bundesrepublik Deutschland, 20. Auflage, Heidelberg 1999.

Heun, Werner/*Honecker*, Martin/*Morlock*, Martin/*Wieland*, Joachim (Hrsg.), Evangelisches Staatslexikon, Neuausgabe, Stuttgart 2006.

Hoffmann-Riem, Wolfgang, Das Recht des Gewährleistungsstaates, in: *Schuppert*, Gunnar Folke (Hrsg.), Der Gewährleistungsstaat, Baden-Baden 2005, S. 89 ff.

Ders., Die Eigenständigkeit der Verwaltung, in: *ders./Schmidt-Aßmann*, Eberhard/*Voßkuhle*, Andreas (Hrsg.), Grundlagen des Verwaltungsrechts, Band I, § 10, München 2006 (zit.: GVwR I).

Ders., Enge oder weite Gewährleistungsgehalte der Grundrechte?, in: *Bäuerle*, Michael/*Hanebeck*, Alexander/*Hausotter*, Carola (Hrsg.), Haben wir wirklich Recht?, Baden-Baden 2004, S. 53 ff.

Ders., Gesetz und Gesetzesvorbehalt im Umbruch, AöR 130 (2005), S. 5 ff.

Ders., Grundrechtsanwendung unter Rationalitätsanspruch, Der Staat 43 (2004), S. 203 ff.

Ders., Modernisierung von Recht und Justiz, Frankfurt a.M. 2001.

Ders., Öffentliches Recht und Privatrecht als wechselseitige Auffangordnungen, in: ders./*Schmidt-Aßmann*, Eberhard (Hrsg.), Öffentliches Recht und Privatrecht als wechselseitige Auffangordnungen, Baden-Baden 1996, S. 167 ff.

Ders., Rechtsformen, Handlungsformen, Bewirkungsformen, in: *Hoffmann-Riem*, Wolfgang/*Schmidt-Aßmann*, Eberhard/*Voßkuhle*, Andreas (Hrsg.), Grundlagen des Verwaltungsrechts, Band II, § 33, München 2008 (zit.: GVwR II).

Ders., Reform des Allgemeinen Verwaltungsrechts, DVBl. 1994, S. 1381 ff.

Ders., Tendenzen der Verwaltungsrechtsentwicklung, DÖV 1997, S. 433 ff.

Ders., Verwaltungsrechtsreform, in: *ders./Schmidt-Aßmann*, Eberhard/Schuppert, Gunnar Folke (Hrsg.), Reform des Allgemeinen Verwaltungsrechts, Baden-Baden 1993, S. 115 ff.

Holznagel, Bernd/*Enaux*, Christoph/*Nienhaus*, Christoph, Telekommunikationsrecht, 2. Auflage, München 2006.

Hoppmann, Erich, Grundsätze marktwirtschaftlicher Wettbewerbspolitik, in: *ders.* (Hrsg.), Wirtschaftsordnung und Wettbewerb, Baden-Baden 1988, S. 296 ff.

Höppner, Thomas, Die Regulierung der Netzstruktur, Baden-Baden 2009.

Hünnekens, Georg, Rechtsfragen der wirtschaftlichen Infrastruktur, Köln, München u.a. 1995

Isensee, Josef, Die alte Frage nach der Rechtfertigung des Staates, JZ (1999), S. 265 ff.

Ders., Gemeinwohl im Verfassungsstaat, in: *ders./Kirchhof*, Paul (Hrsg.), Handbuch des Staatsrechts der Bundesrepublik Deutschland, Band IV, 3. Auflage, Heidelberg 2006 (zit.: HStR IV), S. 3 ff.

Ders., Staatsaufgaben, in: *ders./Kirchhof*, Paul (Hrsg.), Handbuch des Staatsrechts der Bundesrepublik Deutschland, Band IV, 3. Auflage, Heidelberg 2006 (zit.: HStR IV), S. 117 ff.

Ders., Konkretisierung des Gemeinwohls in der freiheitlichen Demokratie, in: *von Arnim*, Hans Herbert/*Sommermann*, Karl-Peter (Hrsg.) Gemeinwohlgefährdung und Gemeinwohlsicherung, Berlin 2004, S. 95 ff.

Jarass, Hans Dieter, Wirtschaftsverwaltungsrecht, 3. Auflage, Neuwied 1997.

Ders., Art. 12, in: *ders./Pieroth*, Bodo, Grundgesetz für die Bundesrepublik Deutschland, 11. Auflage, München 2011.

Jellinek, Georg, Allgemeine Staatslehre, 3. Auflage, Bad Homburg v.d.H. u.a. 1966.

Jellinghaus, Lorenz, Zwischen Daseinsvorsorge und Infrastruktur, Frankfurt a.M. 2006.
John-Koch, Monika, Organisationsrechtliche Aspekte der Aufgabenwahrnehmung im modernen Staat, Berlin 2005.
Jonas, Hans, Das Prinzip Verantwortung, 3. Auflage, Frankfurt a.M. 2003.
Kahl, Wolfgang, Die Staatsaufsicht, Tübingen 2000.
Kämmerer, Jörn Axel, Privatisierung, Tübingen 2001.
Kaufer, Erich, Theorie der öffentlichen Regulierung, München 1981.
Kersten, Jens, Die Herstellung von Wettbewerb als Verwaltungsaufgabe, VVDStRL 69 (2010), S. 288 ff.
Kielmansegg, Sebastian Graf, Netzwerke im Völkerrecht?, in: *Boysen*, Sigrid u.a. (Hrsg.), Netzwerke, 47. Assistententagung Öffentliches Recht, Berlin 2007, S. 83 ff.
Kimer, Petra, Der Begriff der öffentlichen Aufgaben in der Rechtsprechung des Bundesverfassungsgerichts, München 1995.
Kimminich, Otto, Art. 14, in: *Dolzer*, Rudolf/*Graßhof*, Karin/*Kahl*, Wolfgang/*Waldhoff*, Christian (Hrsg.): Bonner Kommentar zum Grundgesetz, Loseblattsammlung seit 1950, Heidelberg (zit.: Bonner Kommentar GG).
Kirchgässner, Gebhard, Auf der Suche nach dem Gespenst des Ökonomismus, Analyse & Kritik 19 (1997), S. 127 ff.
Kirchhof, Paul, Das Wettbewerbsrecht als Teil einer folgerichtigen und widerspruchsfreien Gesamtrechtsordnung, in: *ders.* (Hrsg.), Gemeinwohl und Wettbewerb, Heidelberg 2005, S. 1 ff.
Kirchner, Christian, Privates Wettbewerbsrecht und Gemeinwohlverwirklichung, in: *Kirchhof*, Paul (Hrsg.), Gemeinwohl und Wettbewerb, Heidelberg 2005, S. 45 ff.
Klein, Hans Hugo, Zum Begriff der öffentlichen Aufgabe, DÖV 1965, S. 755 ff
Kleinsteuber, Hans J., Regulierung und politisch-ökonomische Kultur der USA, in: *Thiemeyer*, Theo/*Bohret*, Carl/*Himmelmann*, Gerhard (Hrsg.), Öffentliche Bindung von Unternehmen, Baden-Baden 1983, S. 175 ff.
Klement, Jan Henrik, Verantwortung, Tübingen 2006.
Knauff, Matthias, Der Gewährleistungsstaat: Reform der Daseinsvorsorge, Berlin 2004.
Knemeyer, Franz-Ludwig, Deregulierung, Verfahrensvereinfachung und Verfahrensbeschleunigung, in: *Grupp*, Klaus/*Ronellenfitsch*, Michael (Hrsg.), Planung - Recht - Rechtsschutz, Festschrift für Willi Blümel zum 70. Geburtstag (zit.: FS W. Blümel, S. 259 ff.
Knieps, Günter, Wettbewerbsökonomie, 3. Auflage, Berlin u.a. 2008.
Koenig, Christian, Die öffentlich-rechtliche Verteilungslenkung, Berlin 1994.

König, Klaus/*Benz*, Angelika, Zusammenhänge von Privatisierung und Regulierung, in: *ders./ders.* (Hrsg.), Privatisierung und staatliche Regulierung, Baden-Baden 1997, S. 13 ff.

König, Klaus/*Theobald*, Christian, Liberalisierung und Regulierung netzgebundener Güter und Dienste, in: *Grupp*, Klaus/*Ronellenfitsch*, Michael (Hrsg.), Planung - Recht - Rechtsschutz, Festschrift für Willi Blümel zum 70. Geburtstag, S. 277 ff.

Korehnke, Stephan Hubertus/*Tewes*, Daniel, § 52, in: *Geppert*, Martin/*Piepenbrock*, Hermann-Josef/*Schütz*, Raimund/*Schuster*, Fabian (Hrsg.): Beck´scher TKG-Kommentar, 3. Auflage, München 2006.

Dies., Stephan Hubertus, § 53, in: *Geppert*, Martin/*Piepenbrock*, Hermann-Josef/*Schütz*, Raimund/*Schuster*, Fabian (Hrsg.): Beck´scher TKG-Kommentar, 3. Auflage, München 2006.

Dies., § 54, in: *Geppert*, Martin/*Piepenbrock*, Hermann-Josef/*Schütz*, Raimund/*Schuster*, Fabian (Hrsg.): Beck´scher TKG-Kommentar, 3. Auflage, München 2006.

Krautzberger, Michael, Die Erfüllung öffentlicher Aufgaben durch Private, Berlin 1971.

Krebs, Walter, Die Juristische Methode im Verwaltungsrecht, in: *Schmidt-Aßmann*, Eberhard/*Hoffmann-Riem*, Wolfgang (Hrsg.), Methoden der Verwaltungsrechtswissenschaft, Baden-Baden 2004, S. 209 ff.

Kristoferitsch, Hans, Vom Staatenbund zum Bundesstaat?, Wien u.a. 2007.

Kühling, Jürgen, Sektorspezifische Regulierung in den Netzwirtschaften, München 2004.

Kühling, Jürgen/*Elbracht*, Alexander, Telekommunikationsrecht, Heidelberg 2008.

Kunig, Philip, Das Rechtsstaatsprinzip, Tübingen 1986.

Kupfer, Dominik, Die Verteilung knapper Ressourcen im Wirtschaftsverwaltungsrecht, Baden-Baden 2005.

Lämmerzahl, Torsten, Die Beteiligung Privater an der Erledigung öffentlicher Aufgaben, Berlin 2007.

Leist, Alexander, Versteigerung als Regulierungsinstrument, Berlin 2004.

Lepsius, Oliver, Verwaltungsrecht unter dem Common Law, Tübingen 1997.

Ders., Was kann die deutsche Staatsrechtslehre von der amerikanischen Rechtswissenschaft lernen?, in: *Schulze-Fielitz*, Helmuth (Hrsg.), Staatsrechtslehre als Wissenschaft, Berlin 2007, S. 319 ff.

Ders., Verfassungsrechtlicher Rahmen der Regulierung, in: *Fehling*, Michael/*Ruffert*, Matthias (Hrsg.), Regulierungsrecht, § 4, Tübingen 2010.

Ders., Ziele der Regulierung, in: *Fehling*, Michael/*Ruffert*, Matthias (Hrsg.), Regulierungsrecht, § 19, Tübingen 2010.

Lübbe-Wolff, Gertrude, Grundrechte als Eingriffsabwehrrechte, Baden-Baden 1988

Lüdemann, Jörn, Netzwerke, Öffentliches Recht und Rezeptionstheorie, in: *Boysen*, Sigrid u.a. (Hrsg.), Netzwerke, 47. Assistententagung Öffentliches Recht, Berlin 2007, S. 266 ff.

Luhmann, Niklas, Rechtssystem und Rechtsdogmatik, Stuttgart 1974.

Ders., Soziale Systeme, 5. Auflage, Frankfurt a.M. 1994.

Ders., Ökologische Kommunikation, 5. Auflage, Wiesbaden 2008.

Majone, Giandomenico, Deregulation or Re-regulation, London u.a. 1990.

Malaviya, Nina, Verteilungsentscheidungen und Verteilungsverfahren, Tübingen 2009.

Manssen, Gerrit, Privatrechtsgestaltung durch Hoheitsakt, Tübingen 1994.

Ders., Art. 12, in: *von Mangoldt*, Hermann/*Klein*, Friedrich/*Starck,* Christian (Hrsg.), Kommentar zum Grundgesetz, Band 1, 6. Auflage, München 2010.

Ders., Staatsrecht II, 8. Auflage, München 2011.

Martens, Wolfgang, Öffentlich als Rechtsbegriff, Bad Homburg v.d.H. u.a. 1969.

Martini, Mario, Der Markt als Instrument hoheitlicher Verteilungslenkung, Tübingen 2008.

Masing, Johannes, Die US-amerikanische Tradition der Regulated Industries und die Herausbildung eines europäischen Regulierungsverwaltungsrechts, AöR 128 (2003), S. 558 ff.

Ders., Freistellung neuer Telekommunikationsmärkte von Regulierungseingriffen, Die Verwaltung 36 (2003), S. 1 ff.

Ders., Post und Telekommunikation, in: *Isensee*, Josef/*Kirchhof*, Paul (Hrsg.), Handbuch des Staatsrechts der Bundesrepublik Deutschland, Band IV, 3. Auflage, Heidelberg 2006 (zit.: HStR IV), S. 811 ff.

Ders., Soll das Recht der Regulierungsverwaltung übergreifend geregelt werden?, Gutachten zum 66. Deutschen Juristentag, München 2006

Ders., Der Rechtsstatus des Einzelnen im Verwaltungsrecht, in: *Hoffmann-Riem*, Wolfgang/*Schmidt-Aßmann*, Eberhard/*Voßkuhle*, Andreas (Hrsg.), Grundlagen des Verwaltungsrechts, Band I, § 7, München 2006 (zit.: GVwR I).

Ders., Zur Möglichkeit und Notwendigkeit übergreifender Grundsätze der Netzregulierung, in: *Lüdemann*, Jörn (Hrsg.), Telekommunikation, Energie, Eisenbahn, Tübingen 2008, S. 155 ff.

Maunz, Theodor/*Dürig*, Günter/*Herzog*, Roman/*Scholz*, Rupert (Hrsg.), Grundgesetz, Band 3, München 1992.

Mayen, Thomas/*Hölscher*, Frank/*Lünenbürger*, Simone, § 31, in: *Scheurle*, Klaus-Dieter/*Mayen,* Thomas (Hrsg.), Telekommunikationsgesetz Kommentar, 2. Auflage, München 2008.

Dies., § 35, in: *Scheurle*, Klaus-Dieter/*Mayen,* Thomas (Hrsg.), Telekommunikationsgesetz Kommentar, 2. Auflage, München 2008.

Mayer-Hesemann, Wolfgang, Methodenwandel in der Verwaltungsrechtswissenschaft, Heidelberg 1981.

Michael, Lothar, Formen- und Instrumentenmix, in: *Hoffmann-Riem*, Wolfgang/*Schmidt-Aßmann*, Eberhard/*Voßkuhle*, Andreas (Hrsg.), Grundlagen des Verwaltungsrechts, Band II, § 41, München 2008 (zit.: GVwR II).

Möllers, Christoph, Theorie, Praxis und Interdisziplinarst in der Verwaltungsrechtswissenschaft, VerwArch 93 (2002), S. 22 ff.

Möschel, Wernhard, Privatisierung, Deregulierung und Wettbewerbsaufsicht, JZ 43 (1988), S. 885 ff.

Ders., Regulierung und Deregulierung, in: *Fuchs*, Andreas/*Schwintowski*, Hans-Peter/*Zimmer*, Daniel (Hrsg.), Wirtschafts- und Privatrecht im Spannungsfeld von Privatautonomie, Wettbewerb und Regulierung, Festschrift für Ulrich Immenga zum 70. Geburtstag (zit.: FS Immenga), München 2004, S. 277 ff.

Müller, Jürgen/*Vogelsang*, Ingo, Staatliche Regulierung, Baden-Baden 1979.

Murswiek, Dietrich, Die staatliche Verantwortung für die Risiken der Technik, Berlin 1985

Ders., Grundrechte als Teilhaberrecht, soziale Grundrechte, in: *Isensee*, Josef/*Kirchhof*, Paul (Hrsg.), Handbuch des Staatsrechts der Bundesrepublik Deutschland, Band V, 2. Auflage, Heidelberg 2000 (zit.: HStR V), S. 243 ff.

Musil, Andreas, Wettbewerb in der staatlichen Verwaltung, Tübingen 2005.

Neuhaus, Patrick Alexander, Regulierung in Deutschland und den USA, Frankfurt a.M. U.a. 2009.

Ossenbühl, Fritz, Die Erfüllung von Verwaltungsaufgaben durch Private, VVDStRL 29 (1971), S. 137 ff.

Ders., Die Freiheiten des Unternehmens nach dem Grundgesetz, AöR,. 115 (1990), S. 1 ff.

Osterloh, Lerke, Privatisierung von Verwaltungsaufgaben, VVDStRL 54 (1995), S. 204 ff.

Palm, Ulrich, Die Berücksichtigung von Gemeinwohlbelangen im europäischen Wettbewerbsrecht, in: *Kirchhof*, Paul (Hrsg,), Gemeinwohl und Wettbewerb, Heidelberg 2005, S. 101 ff.

Peters, Hans, Öffentliche und staatliche Aufgaben, in: *Rolf*, Dietz/*Hübner*, Heinz (Hrsg.), Festschrift für Hans Carl Nipperdey (zit.: FS Nipperdey zum 70. Geburtstag, Band 2, München 1965, S. 875 ff.

Pielow, Johann-Christian, Genehmigungsentscheidungen, in: *Bauer*, Jürgen/*Salje*, Peter/*Schmidt-Preuß*, Matthias (Hrsg.), Regulierung in der Energiewirtschaft, Köln 2011, S. 623 ff.

Ders., Grundstrukturen öffentlicher Versorgung, Tübingen 2001.

Pitschas, Rainer, Entwicklung der Handlungsformen im Verwaltungsrecht, in: *Blümel*, Willi/ *ders.* (Hrsg.), Reform des Verwaltungsverfahrensrechts, Berlin 1994, S. 229 ff.

Ders., Verwaltungsverantwortung und Verwaltungsverfahren, München 1990.

Poscher, Ralf, Grundrechte als Abwehrrechte, Tübingen 2003.

Reiner, Schmidt, Staatliche Verantwortung für die Wirtschaft, in: *Isensee*, Josef/*Kirchhof*, Paul (Hrsg.), Handbuch des Staatsrechts der Bundesrepublik Deutschland, Band IV, 3. Auflage, Heidelberg 2006 (zit.: HStR IV), S. 885 ff.

Reichard, Christoph, Das Konzept des Gewährleistungsstaates, in: *Göbel*, Elisabeth/*Gottschalk*, Wolf/*Lattmann*, Jens/*Lenk*, Thomas/*ders.*/*Weber*, Martin, Neue Institutionenökonomik, Public Private Partnership, Gewährleistungsstaat, Referat auf der Jahrestagung 2003 des Wissenschaftlichen Beirats der Gesellschaft für öffentliche Wirtschaft am 5./6. März in Berlin, Berlin 2004, S. 48 ff.

Ritter, Ernst-Hasso, Das Recht als Steuerungsmedium im kooperativen Staat, in: *Grimm*, Dieter (Hrsg.), Wachsende Staatsaufgaben, Baden-Baden 1990, S. 69 ff.

Ders., Der kooperativer Staat, AöR 104 (1979), S. 389 ff.

Robbers, Gerhard, Art. 20 Abs. 1 GG, in: *Dolzer*, Rudolf/*Graßhof*, Karin/*Kahl*, Wolfgang/*Waldhoff*, Christian (Hrsg.): Bonner Kommentar zum Grundgesetz, Loseblattsammlung seit 1950, Heidelberg (zit.: Bonner Kommentar GG).

Röhl, Klaus F./*Röhl*, Hans Christian, Allgemeine Rechtslehre, 3. Auflage, Köln 2008

Röhl, Hans Christian, Verwaltungsverantwortung als dogmatischer Begriff?, in: Die Wissenschaft vom Verwaltungsrecht, Die Verwaltung Beiheft 2, 1999, S. 33 ff.

Ders., Ausgewählte Verwaltungsverfahren, in: *Hoffmann-Riem*, Wolfgang/*Schmidt-Aßmann*, Eberhard/*Voßkuhle*, Andreas (Hrsg.), Grundlagen des Verwaltungsrechts, Band II, § 30, München 2008 (zit.: GVwR II).

Ders., Soll das Recht der Regulierungsverwaltung übergreifend geregelt werden?, JZ 2006, S. 831 ff.

Ronellenfitsch, Michael, Daseinsvorsorge als Rechtsbegriff, in: *Blümel*, Willi (Hrsg.), Ernst Forsthoff, Berlin 2003, S. 53 ff.

Rossen-Stadtfeld, Helge, Beteiligung, Partizipation und Öffentlichkeit, in: *Hoffmann-Riem*, Wolfgang/*Schmidt-Aßmann*, Eberhard/*Voßkuhle*, Andreas (Hrsg.), Grundlagen des Verwaltungsrechts, Band II, § 29, München 2008 (zit.: GVwR II).

Ruffert, Matthias, Regulierung im System des Verwaltungsrechts, AöR 124 (1999), S. 237 ff.

Ders., Verwaltungsakt, in: *Erichsen*, Hans-Uwe/*Ehlers*, Dirk (Hrsg.), Allgemeines Verwaltungsrecht, 14. Auflage, Berlin 2010, S. 669 ff.

Rüfner, Wolfgang, Daseinsvorsorge und soziale Sicherheit, in: *Isensee*, Josef/*Kirchhof*, Paul (Hrsg.), Handbuch des Staatsrechts der Bundesrepublik Deutschland, Band IV, 3. Auflage, § 96, Heidelberg 2006 (zit.: HStR IV), S. 1049 ff.

Ruge, Reinhard, Die Gewährleistungsverantwortung des Staates und der regulatory State, Berlin 2004.

Rupert, Scholz, Entflechtung und Verfassung, Baden-Baden 1981.

Rusteberg, Benjamin, Der grundrechtliche Gewährleistungsgehalt, Tübingen 2009.

Ruthig, Josef/*Storr*, Stefan, Öffentliches Wirtschaftsrecht, 3. Auflage, Heidelberg 2011.

Ryu, Jee-Tai, Die Rolle des Staates in der Telekommunikation, VerwArch 97 (2006), S. 541 ff.

Sachs, Michael (Hrsg.), Grundgesetz Kommentar, 6. Auflage, München 2011.

Säcker, Franz Jürgen, Das Regulierungsrecht im Spannungsfeld von öffentlichem und privatem Recht, AöR 130 (2005), S. 180 ff.

Ders., Einleitung I, in: *ders.* (Hrsg.), Berliner Kommentar zum Telekommunikationsgesetz, 2. Auflage, Frankfurt a. M. 2009.

Säcker, Franz Jürgen/*Paul*, Kerstin § 4, in: *ders.* (Hrsg.), Berliner Kommentar zum Energierecht, Band 1, 2. Auflage, Frankfurt a. M. 2010.

Saladin, Peter, Verantwortung als Staatsprinzip, Bern u.a. 1984.

Schapp, Jan, Phänomenologie und Recht, in: *Gropp*, Walter/*Lipp*, Martin/*Steiger*, Heinhard (Hrsg.), Rechtswissenschaft im Wandel, Festschrift des Fachbereichs Rechtswissenschaft zum 400jährigen Gründungsjubiläum der Justus-Liebig-Universität Gießen, Tübingen 2007, S. 289 ff.

Scheele, Ulrich, Privatisierung öffentlicher Unternehmen, in: *Blanke*, Thomas/*Fedder* Sebastian (Hrsg.) Privatisierung, 2. Auflage, Baden-Baden 2010, S. 71 ff.

Scheuner, Ulrich, Die neuere Entwicklung des Rechtsstaats in Deutschland, in: Forsthoff, Ernst (Hrsg.), Rechtsstaatlichkeit und Sozialstaatlichkeit, Darmstadt 1968, S. 461 ff.

Scheurle, Klaus-Dieter/*Mayen,* Thomas (Hrsg.), Telekommunikationsgesetz Kommentar, 2. Auflage, München 2008.

Schiek, Dagmar, Art. 20, in: *Denninger*, Erhard/*Hoffmann-Riem*, Wolfgang/*Schneider,* Hans-Peter/*Stein*, Ekkehart (Hrsg.), Kommentar zum Grundgesetz für die Bundesrepublik Deutschland, Loseblattsammlung, Neuwied 2001 (zit.: Kommentar zum GG).

Schliesky, Utz, Öffentliches Wirtschaftsrecht, 3. Auflage, Heidelberg 2008.

Schmidt, Reiner, Die Reform von Verwaltung und Verwaltungsrecht, Reformbedarf, VerwArch 91 (2000), S. 149 ff.

Ders., Staatliche Verantwortung für die Wirtschaft, in: *Isensee*, Josef/*Kirchhof*, Paul (Hrsg.), Handbuch des Staatsrechts der Bundesrepublik Deutschland, Band IV, 3. Auflage, § 92, Heidelberg 2006 (zit.: HStR IV).

Ders., Öffentliches Wirtschaftsrecht, Allgemeiner Teil, Berlin u.a. 1990.

Schmidt, Reiner/*Vollmöller*, Thomas (Hrsg.), Kompendium Öffentliches Wirtschaftsrecht, 3. Auflage, Berlin u.a. 2007.

Schmidt-Aßmann, Eberhard, Verwaltungsverantwortung und Verwaltungsgerichtsbarkeit, VVDStRL 34 (1976), S. 221 ff.

Ders., Zur Reform des Allgemeinen Verwaltungsrechts, in: *Hoffmann-Riem*, Wolfgang/*Schmidt-Aßmann*, Eberhard/Schuppert, Gunnar Folke (Hrsg.), Reform des Allgemeinen Verwaltungsrechts, Baden-Baden 1993, S. 11 ff.

Ders., Zur Funktion des allgemeinen Verwaltungsrechts, Die Verwaltung 27 (1994), S. 137 ff.

Ders., Öffentliches Recht und Privatrecht, in: *Hoffmann-Riem*, Wolfgang/*ders.* (Hrsg.), Öffentliches Recht und Privatrecht als wechselseitige Auffangordnungen, Baden-Baden 1997, S. 7 ff.

Ders., Regulierte Selbstregulierung als Element verwaltungsrechtlicher Systembildung, Die Verwaltung Beiheft 4, 2001, S. 253 ff.

Ders., Methoden der Verwaltungsrechtswissenschaft, in: *ders.*/*Hoffmann-Riem*, Wolfgang, Methoden der Verwaltungswissenschaft, Baden-Baden 2004, S. 387 ff.

Ders., Das allgemeine Verwaltungsrecht als Ordnungsidee, 2. Auflage, Berlin u.a. 2006.

Schmidt-Aßmann, Eberhard/*Schoch*, Friedrich (Hrsg.), Besonderes Verwaltungsrecht, 14. Auflage, Berlin 2008.

Schmidt-Preuß, Matthias, Rechtliche Rahmenbedingungen selbstregulativer Gemeinwohlverwaltung, in: *Kirchhof*, Paul (Hrsg.), Gemeinwohl und Wettbewerb, Heidelberg 2005, S. 19 ff.

Ders., Verwaltung und Verwaltungsrecht zwischen gesellschaftlicher Selbstregulierung und staatlicher Steuerung, VVDStRL 56 (1997), S. 160 ff.

Ders., Regulierung - Reflexion aus Anlass der Liberalisierung im Strom- und Gassektor, in: *Bauer*, Hartmut/*Czybulka*, Detlef/*Kahl*, Wolfgang/*Voßkuhle*, Andreas (Hrsg.), Wirtschaft im offenen Verfassungsstaat, Festschrift für Reiner Schmidt zum 70. Geburtstag, München 2006 (zit.: FS R. Schmidt), S. 547 ff.

Ders., Verfassungsrechtliche Grundlagen der Energiepolitik, Einleitung C., in: *Säcker*, Franz Jürgen (Hrsg.), Berliner Kommentar zum Energierecht, Band 1, 2. Auflage, Frankfurt a. M. 2010

Schneider, Jens Peter, Flexible Wirtschaftsregulierung durch unabhängige Behörden im deutschen und britischen Telekommunikationsrecht, ZHR 164 (2000), S. 513 ff.

Ders., Zur Ökonomisierung von Verwaltungsrecht und Verwaltungsrechtswissenschaft, Die Verwaltung 34 (2001), S. 317 ff.

Ders., Stand und Perspektiven der Energiemarktregulierung, in: *Lüdemann*, Jörn (Hrsg.), Telekommunikation, Energie, Eisenbahn, Tübingen 2008, S. 100 ff.

Ders., Strukturen und Typen von Verwaltungsverfahren, in: *Hoffmann-Riem*, Wolfgang/*Schmidt-Aßmann*, Eberhard/*Voßkuhle*, Andreas (Hrsg.), Grundlagen des Verwaltungsrechts, Band II, § 28, München 2008 (zit.: GVwR II).

Ders., Telekommunikation, in: *Fehling*, Michael/*Ruffert*, Matthias (Hrsg.), Regulierungsrecht, § 8, Tübingen 2010.

Schmitt-Glaeser, Walter, Position der Bürger als Beteiligte im Entscheidungsverfahren gestaltender Verwaltung, in: *Lerche*, Peter/*ders.*/*Schmidt-Aßmann*, Verfahren als staats- und verwaltungsrechtliche Kategorie, Heidelberg, 1998, S. 35 ff.

Schoch, Friedrich, Gemeinsamkeiten und Unterschiede von Verwaltungsrechtslehr und Staatsrechtslehr, in: *Schulze-Fielitz*, Helmuth (Hrsg.), Staatsrechtslehre als Wissenschaft, Die Verwaltung Beiheft 7, 2007, S. 177 ff.

Scholz, Rupert, Entflechtung und Verfassung, Baden-Baden 1981.

Schöndorf-Haubold, Bettina, Netzwerke in der deutschen und europäischen Sicherheitsarchitektur, in: *Boysen*, Sigrid u.a. (Hrsg.), Netzwerke, 47. Assistententagung Öffentliches Recht, Berlin 2007, S. 149 ff.

Schröder, Rainer, Verwaltungsrechtsdogmatik im Wandel, Tübingen 2007.

Schubert, Jörg, Das "Prinzip Verantwortung" als verfassungsstaatliches Rechtsprinzip, Baden-Baden 1998.

Schulz, Wolfgang, Regulierte Selbstregulierung im Telekommunikationsrecht, in: Regulierte Selbstregulierung als Steuerungskonzept des Gewährleistungsstaates, Die Verwaltung Beiheft 4, 2001, S. 101 ff.

Schulze-Fielitz, Helmuth, Grundmodi der Aufgabenwahrnehmung, in: *Hoffmann-Riem*, Wolfgang/*Schmidt-Aßmann*, Eberhard/*Voßkuhle*, Andreas (Hrsg.), Grundlagen des Verwaltungsrechts, Band I, § 12, München 2006 (zit.: GVwR I).

Ders., Staatsaufgabenentwicklung und Verfassung, in: Grimm, Dieter (Hrsg.), Wachsende Staatsaufgaben, Baden-Baden 1990, S. 11 ff.

Ders., Staatsrechtslehre als Wissenschaft, in: ders. (Hrsg.), Staatsrechtslehre als Wissenschaft, Berlin 2007, S. 11 ff.

Schuppert, Gunnar Folke, Das Konzept der regulierten Selbstregulierung als Bestandteil einer als Regelungswissenschaft verstandenen Rechtswissenschaft, in: Regulierte Selbstregulierung als Steuerungskonzept des Gewährleistungsstaates, Die Verwaltung Beiheft 4, 2001, S. 201 ff.

Ders., Der Gewährleistungsstaat, in: *ders.* (Hrsg.), Der Gewährleistungsstaat, Baden-Baden 2005, S. 11 ff.

Ders., Die öffentliche Verwaltung im Kooperationsspektrum staatlicher und privater Aufgabenerfüllung, Die Verwaltung 31 (1998), S. 415 ff.

Ders., Möglichkeiten und Grenzen der Privatisierung von Gemeinwohlvorsorge, in: *von Arnim*, Hans Herbert/*Sommermann*, Karl-Peter (Hrsg.) Gemeinwohlgefährdung und Gemeinwohlsicherung, Berlin 2004, S. 269 ff.

Ders., Rückzug des Staates?, DÖV 1995, S. 761 ff.

Ders., Das Konzept der regulierten Selbstregulierung als Bestandteil einer als Regelungswissenschaft verstandenen Rechtswissenschaft, in: Regulierte Selbstregulierung als Steuerungskonzept des Gewährleistungsstaates, Die Verwaltung Beiheft 4, 2001, S. 201 ff.

Ders., Verwaltungsorganisation und Verwaltungsorganisationsrecht als Steuerungsfaktoren, in: *Hoffmann-Riem*, Wolfgang/*Schmidt-Aßmann*, Eberhard/*Voßkuhle*, Andreas (Hrsg.), Grundlagen des Verwaltungsrechts, Band I, § 16, München 2006 (zit.: GVwR I).

Ders., Verwaltungsrechtswissenschaft als Steuerungswissenschaft, in: *Hoffmann-Riem*, Wolfgang/*Schmidt-Aßmann*, Eberhard/*ders.* (Hrsg.), Reform des Allgemeinen Verwaltungsrechts, Baden-Baden 1993, S. 65 ff.

Ders., Vom produzierenden zum gewährleistenden Staat, in: *König*, Klaus/*Benz*, Angelika (Hrsg.), Privatisierung und staatliche Regulierung, Baden-Baden 1997, S. 539 ff.

Schuster, Fabian/*Müller*, Ulf, Rechtliche Grundlagen und Praxis der Frequenzvergabe durch die RegTP, MMR 2000, S. 26 ff.

Schweitzer, Heike, Daseinsvorsorge, „service public", Universaldienst, Baden-Baden 2002.

Seelmann, Kurt, Rechtsphilosophie, 5. Auflage, München 2010.

Smend, Rudolf, Verfassung und Verfassungsrecht, in: *ders.,* Staatsrechtliche Abhandlungen und andere Aufsätze, 2. Auflage, Berlin 1968. S. 123 ff

Ders., Integrationslehre, in: *ders.,* Staatsrechtliche Abhandlungen und andere Aufsätze, 2. erweitere Auflage, Berlin 1968. S. 475 ff.

Sommermann, Karl-Peter, Art. 20, in: *von Mangoldt*, Hermann/*Klein*, Friedrich/*Starck,* Christian (Hrsg.), Kommentar zum Grundgesetz, Band 2, 6. Auflage, München 2010.

Steiner, Udo, Öffentliche Verwaltung durch Private, Hamburg 1975.

Ders. (Hrsg.), Besonderes Verwaltungsrecht, 8. Auflage, Heidelberg, 2006.

Stelkens, Ulrich, § 35, in: *Stelkens*, Paul/*Bonk*, Heinz Joachim/*Sachs*, Michael (Hrsg.), Verwaltungsverfahrensgesetz Kommentar, 7. Auflage, München 2008.

Stern, Klaus, Das Staatsrecht der Bundesrepublik Deutschland, Band II, München 1980.

Sterzel, Dieter, Verfassungsrechtliche und kommunalrechtliche Rahmenbedingungen für der Privatisierung öffentlicher Aufgaben, in: Blanke, Thomas/Fedder Sebastian (Hrsg.) Privatisierung, 2. Auflage, Baden-Baden 2010, 150 ff.

Stober, Rolf, Deregulierung im Wirtschaftverwaltungsrecht, DÖV 48 (1995), S. 125 ff.

Stolleis, Michael, Entwicklungsstufen der Verwaltungsrechtswissenschaft, in: *Hoffmann-Riem*, Wolfgang/*Schmidt-Aßmann*, Eberhard/*Voßkuhle*, Andreas (Hrsg.), Grundlagen des Verwaltungsrechts, Band I, § 2, München 2006 (zit.: GVwR I).

Tettinger, Peter J., Rechtsanwendung und gerichtliche Kontrolle im Wirtschaftsverwaltungsrecht, München 1980.

Teubner, Gunther, Das regulatorische Trilemma, in: Quaderni Fiorentini per la Storia del Pensiero Giuridico Moderno 13, Mailand 1984, S. 109 ff.

Ders., Reflexives Recht. Entwicklungsmodell des Rechts im vergleichender Perspektive, ARSP 68 (1982), S. 13 ff.

Ders., Recht als autopoietisches System, Frankfurt a.M. 1989.

Ders., Verrechtlichung, in: *Kübler*, Friedrich (Hrsg.), Verrechtlichung in Wirtschaft, Arbeit und sozialer Solidarität, Baden-Baden und Frankfurt 1984, S. 289 ff.

Thoma, Anselm Christian, Regulierte Selbstregulierung im Ordnungsverwaltungsrecht, Berlin 2008.

Tilch, Horst/*Arloth*, Frank (Hrsg.), Deutsches Rechts-Lexikon, Band 1, 3. Auflage, München 2001.

Dies., Deutsches Rechts-Lexikon, Band 3, 3. Auflage, München 2001.

Trute, Hans-Heinrich, Wechselseitige Verzahnungen zwischen öffentlichem Recht und Privatrecht, in: *Hoffmann-Riem*, Wolfgang/*Schmidt-Aßmann*, Eberhard (Hrsg.), Öffentliches Recht und Privatrecht, Baden-Baden 1996, S. 167 ff.

Ders., Verantwortungsteilung als Schlüsselbegriff eines sich verändernden Verhältnisses von öffentlichem und privatem Sektor, in: *Schuppert*, Gunnar Folke (Hrsg.), Jenseits von Privatisierung und „schlankem“ Staat: Verantwortungsteilung als Schlüsselbegriff eines sich verändernden Verhältnisses von öffentlichem und privatem Sektor, Baden-Baden 1999, S. 13 ff.

Tschentscher, Axel, Der privatrechtsgestaltende Verwaltungsakt als Koordinationsinstrument zwischen öffentlichem Recht und Privatrecht, DVBl. 2003, S. 1424 ff.

Uerpmann-Wittzack, Robert, Das öffentliche Interesse, Tübingen 1999

Ders., Art. 87e, in: *von Münch*, Ingo/*Kunig,* Philip (Hrsg.): Grundgesetz-Kommentar, 5. Auflage, München 2003.

Ders., Art. 87f, in: *von Münch*, Ingo/*Kunig,* Philip (Hrsg.): Grundgesetz-Kommentar, 5. Auflage, München 2003.

von Danwitz, Thomas, Was ist eigentlich Regulierung?, DÖV 2004, S. 977 ff.

Vesting, Thomas, Die Staatsrechtslehre und die Veränderung ihres Gegenstandes, VVDStRL 63 (2004), S. 41 ff.

von Hagemeister, Adrian, Die Privatisierung öffentlicher Aufgaben, München 1992

Voßkuhle, Andreas, Das Kompensationsprinzip, Tübingen 1999.

Ders., Gesetzgeberische Regelungsstrategien der Verantwortungsteilung zwischen öffentlichem und privatem Sektor, in: *Schuppert*, Gunnar Folke (Hrsg.), Jenseits von Privatisierung und "schlankem" Staat, Baden-Baden 1999, S. 47 ff.

Ders., "Schlüsselbegriff" der Verwaltungsrechtsreform, VerwArch. 92 (2001), S. 184 ff.

Ders., "Ökonomisierung" des Verwaltungsverfahrens, Die Verwaltung 34 (2001), S. 347 ff.

Ders., Der Wandel von Verwaltungsrecht und Verwaltungsprozeßrecht in der Informationsgesellschaft, in: *Hoffmann-Riem*, Wolfgang/*Schmidt-Aßmann*, Eberhard (Hrsg.), Verwaltungsrecht in der Informationsgesellschaft, Baden-Baden 2000, S. 349 ff.

Ders., Strukturen und Bauformen neuer Verwaltungsverfahren, in: *Hoffmann-Riem*, Wolfgang/*Schmidt-Aßmann*, Eberhard (Hrsg.), Verwaltungsverfahren und Verwaltungsverfahrensgesetz, Baden-Baden 2002, S. 277 ff.

Ders., Beteiligung Privater an der Wahrnehmung öffentlicher Aufgaben und staatliche Verantwortung, VVDStRL 62 (2003), S. 277 ff.

Ders., Neue Verwaltungsrechtswissenschaft, in: *Hoffmann-Riem*, Wolfgang/*Schmidt-Aßmann*, Eberhard/*ders.* (Hrsg.), Grundlagen des Verwaltungsrechts, Band I, § 1, München 2006 (zit.: GVwR I).

Waechter, Kay, Verwaltungsrecht im Gewährleistungsstaat, Tübingen 2008.

Wahl, Rainer, Die Aufgabenabhängigkeit von Verwaltung und Verwaltungsrecht, in: *Hoffmann-Riem*, Wolfgang/*Schmidt-Aßmann*, Eberhard/*Schuppert*, Gunnar Folke (Hrsg.), Reform des Allgemeinen Verwaltungsrechts, Baden-Baden 1993, S. 177 ff.

Ders., Privatorganisationsrecht als Steuerungsinstrument bei der Wahrnehmung öffentlicher Aufgaben, in: *Schmidt-Aßmann*, Eberhard/*Hoffmann-Riem*, Wolfgang (Hrsg.), Verwaltungsorganisationsrecht als Steuerungsressource, Baden-Baden 1997, S. 301 ff.

Weber, Max, Wirtschaft und Gesellschaft, 5. Auflage, Tübingen 2002.

Weber-Dürler, Beatrice, Der Grundrechtseingriff, VVDStRL 57 (1998), S. 57 ff.

Wegmann, Winfried, § 53, in: *Säcker*, Franz Jürgen (Hrsg.), Berliner Kommentar zum Telekommunikationsgesetz, 2. Auflage, Frankfurt a. M. 2009.

Ders., § 55, in: *Säcker*, Franz Jürgen (Hrsg.), Berliner Kommentar zum Telekommunikationsgesetz, 2. Auflage, Frankfurt a. M. 2009.

Weimar, Robert, Der staatliche Eingriff im Bereich der Wirtschaft, in: *Schreckenberger*, Waldmar (Hrsg.), Die Idee des Rechts und soziale Verantwortung als Handlungsgrundlage der modernen Staatenwelt, Speyer 2010, S. 19 ff.

Weiß, Wolfgang, Privatisierung und Staatsaufgaben, Tübingen 2002.

Wendt, Rudolf, Art. 14, in: *Sachs*, Michael (Hrsg.), Grundgesetz Kommentar, 6. Auflage, München 2011.

Wieland, Joachim, Die Entwicklung der Wirtschaftsregulierung in den Vereinigten Staaten von Amerika, Die Verwaltung 18 (1985), S. 84 ff.

Ders., Der soziale Rechtsstaat als Gewährleistungsstaat, in: *Manssen*, Gerrit/*Jachmann*, Monika/*Gröpl*, Christoph (Hrsg.), Nach geltendem Verfassungsrecht, Festschrift für Udo Steiner zum 70. Geburtstag (zit.: FS Steiner), Stuttgart u.a. 2009, S. 932 ff.

Ders., Art. 87f, in: *Dreier*, Horst (Hrsg.): Grundgesetz Kommentar, 2.Auflage, Tübingen 2008.

Wiethölter, Rudolf, Materialization and Proceduralization in Modern Law, in: *Teubner*, Gunther (ed.), Dilemmas of Law in the Welfare State, Berlin 1985, S. 221 ff.

Wilkens, Sarah, Wettbewerbsprinzip und Gemeinwohlorientierung bei der Erbringung von Eisenbahndienstleistungen, Berlin 2006

Willke, Dieter, Über Verwaltungsverantwortung, DÖV 1975, S. 509 ff.

Windhorst, Kay, Art. 87e, in: *Sachs*, Michael (Hrsg.), Grundgesetz Kommentar, 6. Auflage, München 2011.
Wolff, Hans J./*Bachof*, Otto/*Stober*, Rolf/*Kluth*, Winfried, Verwaltungsrecht 1, 12. Auflage, München 2007.
Wolfram, Dieter, Prozeduralisierung des Verwaltungsrechts, Baden-Baden 2005.
Wollenschläger, Burkard, Wissensgenerierung im Verfahren, Tübingen 2009.
Wollenschläger, Ferdinand, Verteilungsverfahren, Tübingen 2010.
Zacher, Hans F., Das soziale Staatsziel, in: *Isensee*, Josef/*Kirchhof*, Paul (Hrsg.), Handbuch des Staatsrechts der Bundesrepublik Deutschland, Band II, 3. Auflage, Heidelberg 2004 (zit.: HStR II), S. 659 ff.
Ziekow, Jan, Öffentliches Wirtschaftsrecht, 2. Auflage, München 2010.

Regensburger Beiträge zum Staats- und Verwaltungsrecht

Herausgegeben von Gerrit Manssen

Band 1 Simone Maria Koitek: Windenergieanlagen in der Raumordnung. 2005.

Band 2 Barbara Reil: Reformüberlegungen zur Richtervorlage. Beitrag zur Funktionenverteilung zwischen Bundesverfassungsgericht und Fachgerichtsbarkeiten bei der Kontrolle des parlamentarischen Gesetzgebers. 2005.

Band 3 André Zorger: Der Beirat für Stadtgestaltung der Stadt Regensburg. Eine Untersuchung zur baurechtlichen und kommunalrechtlichen Zulässigkeit. 2005.

Band 4 Gerrit Manssen / Boguslaw Banaszak (Hrsg.): Religionsfreiheit in Mittel- und Osteuropa zwischen Tradition und Europäisierung. 2006.

Band 5 Markus Tändler: Umweltprüfung und Umweltkontrolle in der Bauleitplanung. Eine Bewertung aus juristischer und kommunalpraktischer Sicht. 2006.

Band 6 Christian Bartsch: Vorbeugender Hochwasserschutz im Recht der Raumordnung und Landesplanung. 2007.

Band 7 Anja Rösch: Das A-Modell im Bundesautobahnbau. Bau, Erhaltung, Betrieb und Finanzierung von Bundesautobahnabschnitten durch Private und Refinanzierung auf Grundlage der Autobahnmaut. 2008.

Band 8 Tanja Böhm: Nicht gemeldete erlaubnispflichtige Schusswaffen in Bayern. Eine empirische Untersuchung unter Sportschützen und Jägern. 2007.

Band 9 Gerrit Manssen (Hrsg.): Die Finanzierung von politischen Parteien in Europa. Bestandsaufnahme und europäische Perspektive. 2008.

Band 10 Stefan Diemer: Die Verantwortlichkeit der Organe öffentlich-rechtlicher Wettbewerbsversicherungsanstalten. Eine Darstellung unter besonderer Berücksichtigung der Versicherungskammer Bayern Versicherungsanstalt des öffentlichen Rechts. 2008.

Band 11 Martin Denecke: Das Selbstgestaltungsrecht der Gemeinde im baulichen Bereich. 2009.

Band 12 Albert J. Schmid: Die Eignung als Zugangskriterium für ein öffentliches Amt unter besonderer Berücksichtigung des Fragerechts des Dienstherren. 2009.

Band 13 Gerrit Manssen (Hrsg.): Die verfassungsrechtlich garantierte Stellung der Abgeordneten in den Ländern Mittel- und Osteuropas. 2009.

Band 14 Benedikt Grünewald: Die Betonung des Verfahrensgedankens im deutschen Verwaltungsrecht durch das Gemeinschaftsrecht. 2010.

Band 15 Marion Robl: Das beschleunigte Verfahren für Bebauungspläne der Innenentwicklung. Ein Aspekt des Innenstadtentwicklungsgesetztes („BauGB 2007"). 2010.

Band 16 Ines Jahnes: Initiativermittlungen im Bereich der Organisierten Kriminalität. 2010.

Band 17 Astrid Kühne: Die Änderungen der Außenbereichsvorschrift des § 35 BauGB durch das Europarechtsanpassungsgesetz Bau. 2011.

Band 18 Franz Guttenberger: Ausgleichsansprüche nach § 24 Abs. 2 und § 25 BBodSchG. 2011.

Band 19 Andreas Alscher: Rechtliche Möglichkeiten einer integrierten kommunalen Verkehrsplanung. 2011.

Band 20 Florian P. Schrems: Ist das geltende Friedhofs- und Bestattungsrecht noch zeitgemäß? Das Friedhofs- und Bestattungsrecht im Lichte verfassungsrechtlicher Vorgaben. Unter besonderer Berücksichtigung gewandelter Ansichten in der Bevölkerung sowie integrationspolitischer Herausforderungen. 2012.

Band 21 Inkook Kay: Regulierung als Erscheinungsform der Gewährleistungsverwaltung. Eine rechtsdogmatische Untersuchung zur Einordnung der Regulierung in das Staats- und Verwaltungsrecht. 2013.

www.peterlang.de

www.ingramcontent.com/pod-product-compliance
Ingram Content Group UK Ltd.
Pitfield, Milton Keynes, MK11 3LW, UK
UKHW021839290926
8980IPUK00005B/546

9 783631 627372